Carl Clemen

Die Chronologie der Paulinischen Briefe

Aufs neue Untersucht

Carl Clemen

Die Chronologie der Paulinischen Briefe
Aufs neue Untersucht

ISBN/EAN: 9783743606883

Hergestellt in Europa, USA, Kanada, Australien, Japan

Cover: Foto ©ninafisch / pixelio.de

Weitere Bücher finden Sie auf **www.hansebooks.com**

DIE CHRONOLOGIE

DER

PAULINISCHEN BRIEFE

AUFS NEUE UNTERSUCHT

VON

LIC. DR. CARL CLEMEN,

PRIVATDOCENT AN DER UNIVERSITÄT HALLE-WITTENBERG.

HALLE A. S.

MAX NIEMEYER.

1893.

Wij hebben aan geene alleszins bevredigende
kennis van s'apostels leven en werken te denken,
zoolang wij niet de door niets gestaafde meening
omtrent de prioriteit van den Galaterbrief laten
varen.

Straatman, in der Theologisch Tijdschrift 1877, 36.

Vorwort.

Das Resultat der vorliegenden Untersuchung ist, obwohl ganz selbständig gefunden und überhaupt hier zum ersten mal allseitig begründet, doch nicht so neu, als es vielleicht scheinen könnte. Wie beinahe die ganze alte Kirche seit Theodoret, so setzten auch in neuerer und neuester Zeit viele Theologen — Flacius, Sixtus von Siene, Baronius, Bullinger, Hunnius, Balduin, Pareus, Lightfoot, Calov, Hammond, Mill, (unter Vorbehalt auch Usher, Petavius und J. J. Lange,) endlich Schrader, Köhler, Wurm — den Galaterbrief nach dem an die Römer an. Erst vor sechzig Jahren wurde die bislang schon hie und da vertretne Ansicht, wonach jener nach den Thessalonicher- und vor den Corintherbriefen geschrieben ist, in Deutschland namentlich durch Schott, Neander, Usteri, Rückert und dann durch Credner zur Herrschaft gebracht, obwohl der letztere ihn schon wieder näher an den Römerbrief heanrücken möchte. Viel allgemeiner aber ist es immer in England und auch in Frankreich als eine unmögliche Gewalttätigkeit empfunden worden, zwei so ähnliche Briefe durch andre zu trennen. Ebenso ist dort und desgleichen dann in Holland schon längst nicht nur bezüglich der Eschatologie, sondern auch an zahlreichen andern Punkten eine Entwicklung innerhalb des Paulinismus selbst konstatiert worden. Dass man in Deutschland immer noch vielfach diese Thatsache zum grössten Teil verkennt, ist wohl der schädlichste, weil weitreichendste Einfluss, den Baur auf unsre gesamte theologische Forschung ausgeübt hat. Wird vollends jene künstliche Stagnierung des Stroms paulinischen Denkens an einer bestimmten, aber willkürlichen Stelle konsequent durchgeführt, dann kommt man notwendigerweise dazu, auch aus den vier Homologumenen immer mehr Abschnitte als unecht auszuscheiden. Aber so verkehrt nun auch diese sog. Konjekturalkritik, wie sie nach dem Vorgang mancher älterer Theologen jetzt namentlich in Holland betrieben wird, im Prinzip sein mag: im einzelnen hat sie doch nicht nur auf manche bisher ungelöste Schwierigkeiten aufmerksam gemacht, sondern an einigen Stellen m. E. bereits richtige Resultate erzielt. So habe auch ich selbst im Nachstehenden namentlich die Ausscheidung von Stücken des vorkanonischen Corinther- und eines älteren Philipperbriefes versucht, wenngleich ich die eingehendere Begründung dieser Hypothesen und die Abweisung anderer, die doch einmal geschehen muss, erst in einer eignen Abhandlung geben kann, die hoffentlich im Laufe des nächsten Jahres erscheinen wird. Die hier vorliegende wäre leicht auf das doppelte ihres Umfangs angewachsen, wenn ich die angeregten Fragen unter beständiger Polemik gegen abweichende Ansichten hätte zu Ende führen wollen; zunächst kam es mir nur darauf an, einmal die verschiednen Gedankenreihen, die mir alle zu demselben Ziel hinzuführen scheinen, neben einander zu stellen. Diese Methode der Beweisführung aber war einfach durch die Art des Problems erfodert, wennschon sie wenigstens auf diesem Gebiet noch vielfach verurteilt wird. Inductive evidence, sagt darüber ein moderner amerikanischer Geolog [1]), differs from other kinds of evidence in one respect, which, in fact, constitutes its strength to the scientific, but its weakness to the popular mind. It is a kind of circumstantial evidence, but its force does not consist in a few strong circumstances easily appreciated, such as strike the popular mind, and force conviction, but rather in a multitude of small circumstances, each by itself insignificant, but all together pointing to one conclusion and demanding one explanation. Such evidence is, indeed, overwhelming, but only to the mind that masters it. Möchten meine Aufstellungen eine solche sachkundige und eingehende Prüfung finden, die nicht nach der gerade herrschenden Tradition, sondern nach den stärkeren Gründen entscheidet.

---

[1]) Le Conte, Evolution: Its Nature, Its Evidences, and Its Relation to Religious Thought [2] 1892, 64.

INHALT.

EINLEITUNG.

1. Die Bedeutung der Frage.

So gleichgiltig die chronologische Reihenfolge der paulinischen Briefe auf den ersten Blick erscheinen mag, von so weitreichender Wichtigkeit ist sie doch für das Verständnis Pauli und des Urchristentums, sowie weiterhin der gesammten bisherigen und zukünftigen Entwickelung unserer Religion. Zum Beweis für diese Behauptung muss ich gleich hier auf einige Schwierigkeiten hinweisen, die durch eine andere Gruppierung der bezüglichen Urkunden gelöst werden würden — ohne dass natürlich schon dadurch über die Richtigkeit einer solchen irgend etwas präjudiziert werden sollte.

a. Die Bedeutung der Frage für die Geschichte Pauli (§ 1).

Was zunächst an dem Heiden-Apostel rein als historischer Persönlichkeit jeden interessieren muss — denn gänzlich uninteressierte Untersuchungen aus pseudowissenschaftlicher Neugier halte ich auch hier für nichts weiter, als gelehrten Müssiggang — das ist eben seine Bestreitung der nationalen Vorzüge Israels und die damit gegebene Proklamation allgemeiner Gleichheit auch unter den einzelnen Völkern. Der verewigte Lechler hat dies seinerzeit als den Punkt bezeichnet, wo die Bedeutung Pauli aus der Kirchengeschichte in die allgemeine Welt-, d. h. Kulturgeschichte, hinüberreicht[1]), und ein Schotte,

---

1) Das apostolische und nachapostolische Zeitalter 1885, 127, 1; vgl. Rogge, die Anschauungen des Apostels Paulus von dem religiös-sittlichen Charakter des Heidentums 1888, 1: Ist schon an sich nächst der Stiftung

G. Matheson, behandelte noch ganz vor kurzem dieses „Wachstum seines Menschheitsbewusstseins" als die geistliche Entwickelung des Apostels schlechthin[2]). Wie aber schon mit
diesem Titel angedeutet ist, nehmen seine Briefe zu unserer
Frage eine verschiedene Stellung ein, namentlich die beiden
äusserlich so ähnlichen Hauptbriefe, um deren gegenseitiges
Verhältnis es sich im folgenden vor allem handeln wird: der
Römer- und Galaterbrief. Während dort 2, 25 die Beschneidung
unter Voraussetzung der Gesetzeserfüllung als nützlich gilt und,
wenngleich dann im 3. Kapitel die Vorzüge Israels aufgelöst
werden, doch 9, 4 f. wieder als solche erscheinen, so ist im
Galaterbrief von Anfang an das Heil nicht für Israel, sondern
die Heiden bestimmt. Das ergiebt sich, obwohl man es gewöhnlich leugnet[3]), unweigerlich aus der Vergleichung von
Gal. 3, 8 mit Röm. 4, 11 f. 16 ff. und noch deutlicher beinah
aus der Anwendung von gen. 21, 10 auf Israel Gal. 4, 30. Die
Frage ist aber nun die: hat Paulus, wie man bei der herkömm-
lichen Datierung der Briefe annehmen muss, zuerst das Vorrecht des auserwählten Volkes verworfen, dann aber doch
wieder anerkannt und so sein Lebenswerk selbst in Frage gestellt; oder liegt die Sache etwa umgekehrt? Ich brauche
hier noch nicht auf die Erklärung einzugehen, die man für
diesen Meinungswechsel, eben damit doch die Schwierigkeit
der Sache anerkennend, beigebracht hat, sondern eile zu einem
andern Rätsel weiter, das uns in engem Zusammenhang mit
dem eben angedeuteten die genannten beiden Briefe aufgeben.

Paulus hat dem Universalismus des Heils zum Siege ver-
holfen; aber wie hat er das erreicht? Das ist ein zweiter
Punkt, an dem seine Geschichte nicht nur für den Streiter
Christi, sondern für jeden Verfechter irgend welcher neuen
Idee von unendlicher Wichtigkeit ist. Hat Paulus erst (im
Galaterbrief) seine Gegner unbedingt verdammt und ihnen dann
doch (im Römerbrief) wenigstens zunächst wieder so ziemlich

des Christentums seine Loslösung vom Judentum, die Begründung desselben als einer selbständigen Religion, der bedeutendste Vorgang der
Weltgeschichte, so gewinnt die Person dessen, der diesen Umschwung
herbeiführte, noch ein ganz besonderes Interesse.

2) Spiritual Development of St. Paul 1890.

3) auch Weizsäcker, Das apostolische Zeitalter [2] 1892, 409.

alles, was sie nur wünschten, zugegeben? Wie misslich diese
Annahme ist, geht schon daraus hervor, dass man den Apostel
dort wegen seiner Schärfe, hier wegen seiner allzu grossen
Milde entschuldigen zu müssen glaubt. „Paulus schickte den
Galaterbrief auf der Stelle ab," sagt Renan. „Hätte er sich
eine Stunde Ueberlegung gelassen, so mag man zweifeln, ob
er ihn abgesandt hätte"[4]). Und über den Römerbrief urteilt
Holsten: „Unter dem Druck eines grossen, praktischen, religiösen Interesses, dessen Befriedigung Paulus in Corinth als
gebieterische Notwendigkeit erkannt hatte, Gemüt nämlich und
Bewusstsein der römischen Judenchristen mit der Wahrheit
seines Evangeliums zu versöhnen, hat das geistige und freie
Denken des Apostels zu dem sinnlichen und gesetzlichen Bewusstsein der Judenchristen oft bis an die Grenze des Möglichen sich herabgelassen"[5]). Ja Holtzmann[6]) und im Anschluss
an ihn auch Pfleiderer[7]) ziehen sogar die Wittenberger Con-
cordie und Zubehör, die doch auch auf den Tag von Marburg
erst gefolgt sei, zur Veranschaulichung des Verhältnisses beider
Briefe herbei, ohne zu beachten, in welches Licht dadurch
Paulus gesetzt wird. Denn mag es immerhin selbsterwählte

---

4) Saint Paul 1869, 323.

5) Der Gedankengang des Römerbriefes cap. I—IX mit Bezug auf
„des Paulus Römerbrief" von Volkmar, JpTh 1879, 99 f.; vgl. schon
ZwTh 1872, 456 sowie Hilgenfeld, Einleitung in das Neue Testament
1875, 310; Sabatier, L'apôtre Paul ² 1881, 161 f.; Pfleiderer, Das Urchristentum 1887, 126 ff.; der Paulinismus ² 1890, 323 ff.; Weiss, Einleitung
in das Neue Testament ² 1889, 236, 2; Holtzmann, Einleitung in das
Neue Testament ³ 1892, 241. 272; Lipsius, Handcommentar zum Neuen
Testament II, 2 ², 1892, 81; auch Farrar, The Life and Work of St. Paul,
Popular Edition 1890, 452, 3 und ganz eigentümlich Matheson a. a. O.
194. Ich darf schon hier darauf hinweisen, dass mit dem Nachweis des
heidenchristlichen Charakters seiner Leser (vgl. besonders Weizsäcker
a. a. O. 408 ff.; über die früheren Verhandlungen neuestens Hilgenfeld,
Der Römerbrief, ZwTh 1892, 296 ff.) auch dieser conciliatorischen Auffassung
des Römerbriefes der Hauptanlass entzogen ist. Denn dieser selbst deutet
weder 1, 11 noch 6, 19 noch irgendwo sonst dergleichen Tendenzen an;
aus Phil. 1, 15 aber folgt ein gemässigtes Judenchristentum innerhalb der
römischen Gemeinde deshalb nicht, weil die Stelle wahrscheinlich überhaupt
nicht von Judaisten redet. (Weiss a. a. O. 277, 2 gegen Pfleiderer, Das
Urchristentum 146 ff.)

6) ThJB 1888, 101 f.

7) Paulinismus 36.

Geistlichkeit und Demut sein, wenn man die Gestalten der
Bibel zu fehlerlosen Heroen und unnahbaren Halbgöttern macht⁸);
mit Melanchthon wird man einen Paulus doch auch nicht wohl
vergleichen können. Und doch muss man unter den gewöhnlichen chronologischen Voraussetzungen wie dessen theologische
Entwickelung auch die des Apostels ansehen, in der nun allerdings seine Hauptbedeutung liegt.

Man bezeichnet gewöhnlich die Lehre von der Rechtfertigung aus dem Glauben als Kern- und Sternpunkt des gesammten religiösen Denkens Pauli, auch wenn man aus ihrer
antithetischen Pointierung schliesst, dass sie erst im Kampfe
mit den Judaisten ausgebildet worden sei. Dann konnte sie
allerdings in den Thessalonicher- und Corintherbriefen, die
keinen Anlass zu jener Polemik boten, ignoriert, nicht aber
geleugnet werden, wie es thatsächlich geschieht. Oder widerspricht das Wort 1. Cor. 7, 19: die Beschneidung thut es nicht
und die Vorhaut thut es nicht, sondern die Erfüllung göttlicher
ἐντολαί⁹), obwohl es, allerdings charakteristisch genug modifiziert, auch Gal. 5, 6. 15 vorkommt, nicht doch der sonstigen
Grundanschauung gerade dieses Briefes? Und wie verträgt
sich damit, dass Gal. 5, 4 die, welche durch das Gesetz gerechtfertigt werden wollen, als aus der Gnade gefallen angesehen werden, das Wort an die Römer 2, 13: nicht die Hörer,
sondern die Thäter des Gesetzes werden gerechtfertigt werden?
Müssen wir Paulus nicht gerade an diesem Hauptpunkt seiner
Lehre der allerbedenklichsten Unklarheit zeihen? Denn wenn
man auch — mit Recht — einwendet, der Zusammenhang sei
jeweils ein verschiedener: der Widerspruch bleibt doch bestehen.
Sollen wir also vielleicht die Corintherstelle mit Straatman und
Baljon¹⁰) für unecht erklären, die Schwierigkeit im Römerbrief
aber durch die verzweifelte Verlegenheitsauskunft hinwegdeuten,
dass sich Paulus hier vier Kapitel hindurch mit voller Ab-
sichtlichkeit auf den Standpunkt des jüdisch-gesetzlichen Bewusstseins gestellt habe — ohne das mit einem Wort anzu-

---

8) Farrar a. a. O. 4; vgl. Renan a. a. O. 327; Sabatier a. a. O. III.

9) Paulus versteht darunter im Römerbrief (7, 8 ff. 13, 9) immer das
Gesetz und nur Col. 4, 10 eine menschliche Anweisung; I. Cor. 14, 37 ist
ἐντολή kritisch nicht ganz sicher.

10) vgl. Schmiedel, Handcommentar II, 1, 1891, 103; sowie unten § 29,6.

deuten!?[11]) Wäre es da nicht richtiger, erst einmal die dabei zu Grunde gelegte Chronologie zu revidieren, zumal sie auch einer widerspruchslosen Vorstellung von jener Gegnerschaft des Apostels und dem ganzen nicht paulinischen Christentum erhebliche Schwierigkeiten in den Weg legt?

b. Die Bedeutung der Frage für die Entwickelung des Urchristentums (§ 2).

Bekanntlich hat Baur, wie im zweiten, so auch im ersten Jahrhundert einen durchgehenden und allbestimmenden Gegensatz zwischen Paulinismus und Judenchristentum wahrnehmen zu können geglaubt. Schon Hase unterschied in letzterem aber wieder eine gemässigtere und eine strengere Richtung[1]), und Harnack nimmt endlich vier verschiedene Parteien im Urchristentum an, deren Schlagworte lauten würden: prinzipieller und praktischer Partikularismus und Nomismus; prinzipieller Universalismus, praktischer Partikularismus; prinzipieller und praktischer Universalismus und Antinomismus; prinzipieller und praktischer Universalismus mit Spiritualisierung und Entschränkung des Gesetzes[2]). Da diese letztere, heidenchristliche Richtung jedenfalls anfangs nicht weit verbreitet war, so kommt alles darauf an, genaueres über die ersten beiden, die judaistische und judenchristliche[3]), zu erfahren. Dafür sind wir aber, wenn auch nicht ausschliesslich, so doch zum grossen Teil wieder an die paulinischen Briefe gewiesen, vorzüglich an den Galaterbrief, den Renan die Grundlage aller Chronologie dieses Zeitalters, den Schlüssel, der alles öffnet, genannt hat, dessen erste beiden Kapitel ganz gewiss die beiden wichtigsten Seiten für das Studium des entstehenden Christentums wären[4]). In der That hat Holsten namentlich daraus zu er-

---

11) L ü d e m a n n, Die paulinische Anthropologie 1872, 206; R i t s c h l, Rechtfertigung und Versöhnung [3] II, 1890, 155. 316 ff.; G r a f e, Die paulinische Lehre vom Gesetz 1884, 4. 20.

1) Die Tübinger Schule 1855, 67 ff.

2) Lehrbuch der Dogmengeschichte I[2], 1888, 79 f.

3) S c h l i e m a n n, Die Clementinen 1844, 371; L e c h l e r a. a. O. 30 ff.; anders R i t s c h l, Die Entstehung der altkatholischen Kirche [2] 1857, 106 f.; H a r n a c k a. a. O. 244 f.; L o o f s, Leitfaden zum Studium der Dogmengeschichte [2] 1890, 50 f.

4) Les apôtres 1866, XL.

weisen gesucht, dass das judaistische Evangelium erst seit dem
Vorfall in Antiochien Gal. 2, 11 ff. die Oberhand über das pe-
trinische gewonnen habe [5]). Dabei ist freilich die traditionelle
Ansetzung der Paulinen zu Grunde gelegt, die uns bereits nach
dem bisher beigebrachten nicht mehr absolut feststehen kann.
Auch hoffe ich unten zu zeigen, dass gerade in Antiochien und
schon auf dem kurz vorher stattgehabten sogenannten Apostelconcil die δοκοῦντες und die παρείσακτοι ψευδάδελφοι, wie Paulus sagt, sich vielmehr trennten, während sie vorher gemeinsame
Sache gemacht hatten. Wiederum aber der Galaterbrief ist
jedenfalls, da Paulus all das seinen Lesern wie etwas neues
erzählt und selbst noch von dem erlebten innerlichst erregt
ist, nicht allzu lange nachher geschrieben; wir könnten also
zugleich mit ihm auch jene Ereignisse datieren, die jedenfalls
für die äussere Geschichte des Judenchristentums von der aller-
grössten Bedeutung gewesen sind.

Aber mehr noch für seine innere Entwicklung. Nach der
rezipierten Chronologie wäre der Verlauf des Kampfes dieser:
gleich zu Anfang traten die Judaisten in Galatien mit der absoluten Bestreitung der apostolischen Würde des Paulus und
den schroffsten Forderungen bezüglich der Beschneidung auf.
Könnte man das unklug finden, so soll ihr Benehmen in Corinth
desto schlauer gewesen sein. Nach dem ersten Brief kritisierten
sie nur erst ganz vorsichtig das Benehmen des Paulus, liessen
aber von der Beschneidung so wenig verlauten, dass daneben
die Neigung zum ἐπισπᾶσθαι noch ebenso stark war [6]). Es
mag zweifelhaft erscheinen, ob solche Fanatiker sich derart
beherrschen und verstellen konnten; aber sei es darum: weshalb haben sie dann nicht wenigstens später, als es nach
II. Cor. 12, 14. 13, 2 zu einem förmlichen Zusammenstoss mit
Paulus kam, ihm, wie in Galatien, die Apostelwürde bestritten?
Dass das nicht geschehen war, folgt trotz mannichfachen Widerspruchs, auf den ich unten zurückkomme, aus der ganzen Art
seiner Verteidigung; aber, warum war es nicht geschehen, wo
sich so treffliche Gelegenheit bot? Denn dass die Corinther

---

5) Die drei ursprünglichen, noch ungeschriebenen Evangelien 1883,
33 ff. 51 f.

6) I. Cor. 9, 1 ff. 7, 18 f.

noch viel eher als die Galater für eine Parteibildung zu haben
waren, das beweisst ja abgesehen von dem sonstigen Volks-
charakter der Hellenen jene Spaltung eben dieser Gemeinde,
von der I. Cor. 1, 12 die Rede ist. Gewiss liesse sich schliesslich auch der eine oder andere Grund ausfindig machen, wesshalb sich diese Erwartung nicht erfüllte — aber wäre es nicht
bei weitem eine bessere Erklärung, wenn die Opposition damals
in der That noch nicht zu solchem Antagonismus gegen Paulus
fortgeschritten war, der Galaterbrief und die ihm voraufgehenden
Zusammenstösse also erst später fielen?

Doch mehr noch scheint eine solche Annahme durch das
Verhalten des Paulus gegenüber diesen Irrlehrern geboten zu
sein. Wie konnte er, selbst wenn eine solche Aeusserung mit
seinen eigenen Anschauungen damals vereinbar war, seinen
Gegnern unvorsichtigerweise soweit entgegen kommen, dass er
an der bereits bezeichneten Stelle im ersten Corintherbrief die
Gesetzesbeobachtung für wertvoll erklärte? War er denn blind,
dass er ihre letzten Absichten, auch wenn sie sie hier noch
nicht zeigten, nicht erkannte, nachdem er doch vorher den
galatischen Judaisten ihre geheimsten Motive aufgedeckt hatte?
Freilich setze ich dabei voraus, was in neuerer Zeit wieder
bezweifelt worden ist, dass die Opposition hier wie dort wesentlich dieselben Ziele verfolgte, und nehme ebenfalls schon hier
an, was ich erst unten wahrscheinlich zu machen gedenke,
dass sie sich an beiden Stellen auch auf die Urapostel berief.
Aber wenn dem so ist, wie konnte dann Paulus I. Cor. 9, 5.
15, 5 ff. so hoch von diesen (und so niedrig von sich selbst)
reden, zumal nachdem er jene Gal. 2 in der schärfsten Weise
getadelt hatte? Sollen wir auch hier wieder auf jene leidige
Auskunft rekurrieren, dass sich der Apostel von seiner Leiden-
schaftlichkeit habe hinreissen lassen und dann sein Unrecht einge-
sehen und wieder gut zu machen gesucht habe — oder ver-
hält sich die Sache umgekehrt: glaubte und hoffte er sich
während der Corintherbriefe noch mit seinen Vorgängern eins
und zerschnitt er erst auf dem Apostelconcil, das also nebst
dem Galaterbrief später fallen würde, ein für alle mal das
Tafeltuch zwischen sich und ihnen? Doch so wahrscheinlich
auch diese Konstruktion sein mag: zunächst handelt es sich
hier doch nur darum, auf die Schwierigkeiten aufmerksam zu

machen, die die bisherige Ansetzung der Paulusbriefe bietet
und vor allem für die Aufgabe des Christentums in unserer
Zeit bietet.

c. Die Bedeutung der Frage für die Arbeit der Gegenwart (§ 3).

Mögen viele Christen und Theologen sich die dringende
Notwendigkeit noch immer verbergen oder über kleinlichen
Zänkereien keine Zeit dazu finden: unsere Hauptpflicht ist heutzutage die Verteidigung unseres Glaubens. Und sie muss auch
seiner geschichtlichen Vergangenheit und nicht zum mindesten
dem Apostel Paulus zu gute kommen. Wird er doch selbst
von solchen, die sich sonst dem Christentum nicht feindlich
gegenüberstellen, genau ebenso wie seinerzeit in den Clemens-
romanen, als dessen Fälscher und Verderber hingestellt. „Hätte
Paulus," so schreibt Graf Schack, „fortgefahren, die Christen
zu verfolgen, wie er es bei der Steinigung des Stephanus gethan, er würde dem Christentum weit weniger Schaden zu-
gefügt haben, als da er sich, ihm seine Wahnvorstellungen
unterschiebend, angeblich zu ihm bekannte. Indem er als
Mittelpunkt seiner Lehre den Satz von dem alleinseligmachenden
Glauben an den für unsere Sünden gestorbenen Sohn Gottes
aufstellte, verdarb er das Evangelium schon im Beginn"[1]).
Man weiss, wie oft diese Lehre vollends von Gegnern des Christentums angegriffen worden ist; aber auch seinen treuesten Be-
kennern machen gewisse Theorien des Apostels immer wieder
Schwierigkeiten. Ich erinnere vor allem an seine Degradation
der Frau, die unzweifelhaft in I. Cor. 11 enthalten ist[2]). Man
mag dagegen auf die gleich folgende Modifikation oder
auch die rechtliche Gleichstellung von Mann und Weib 7, 10 f.
hinweisen: der Anstoss bleibt bestehen. Wohl aber würde er
sich beträchtlich verringern, wenn die Stelle Gal. 3, 28 nicht
früher, sondern später wäre. Dann könnten wir jedem sagen:
gewiss, Paulus hat anfangs das Weib für ein Wesen zweiter
Ordnung gehalten, wie es für einen Pharisäer einfach nicht

---

1) Ein halbes Jahrhundert 1888, II, 266 ff.
2) vgl. M-o, Eine Anfrage an die Herren Theologen Deutschlands
aus den Kreisen christlicher gebildeter Frauen, christl. Welt 1891, 904 f.;
auch Robertson. Sein Lebensbild in Briefen 1888, 198 f.

anders möglich war[3]); aber wir sind daran nicht mehr gebunden, da er sich selbst von jener Anschauung später frei-
machte und Mann und Weib das gleiche Recht vor Gott zu-
erkannte.

Auch sonst müssen wir heutzutage nicht zwar an ober-
flächliche Bedenken oder an flüchtige Tagesmeinungen, sondern
nur an solche ernste Zweifel und die unleugbare Wahrheit,
gegen die sich zu verstocken einfach Gotteslästerung ist, mancherlei Concessionen machen, wie sie Paulus auch sonst, namentlich den Corinthern gegenüber betreffs der Bedeutung der
γνῶσις und der Art des Fortlebens nach dem Tode, gemacht
hat. Aber wie hat er das gethan und wie müssen wir es thun?
Bisher hat die Kirche nur allzu oft irgend eine neue Entdeckung,
die sich nicht sofort in ihre jeweiligen Glaubensvorstellungen
einfügte, verdammt und schliesslich doch, nachdem sie freilich
schon wegen ihrer kulturfeindlichen Borniertheit zum Spott geworden, als „selbstverständlich" anerkannt. Ich weiss nicht, ob
man sich für dieses Verfahren jemals auf das Beispiel des
Apostels Paulus berufen hat; jedenfalls traut man ihm bei der
gewöhnlichen Datierung des Galater- und Römerbriefes etwas
ähnliches zu. Wie anders aber würde er vor uns stehen, wenn
beider Verhältnis das umgekehrte wäre! Dann konnte er,
nachdem er im Römerbrief nicht durch Zugeständnisse wider
seine bessere Ueberzeugung, sondern durch liebevolles Eingehen auf die gegnerischen Bedenken sein Evangelium gerechtfertigt und doch nicht zur Anerkennung gebracht hatte, nun
im Galaterbrief mit Fug und Recht nur noch seine eigene
Meinung vertreten und jede abweichende einfach verdammen.
Haben wir erst alle Einwürfe unserer Gegner widerlegt, dann,
aber auch nur dann, ist es uns gestattet, sie so, wie wir jetzt
gewöhnlich thun, a limine abzufertigen und ruhig bei unserer
Ansicht zu verharren.

Und das Christentum muss heutzutage bei aller Fortschritt-
lichkeit doch konservativ sein; denn jeder gewaltsame Bruch
mit der Vergangenheit würde einen Rückschritt bedeuten. Die
Reformation hat, wie schon Augustin[4]), auf Paulus zurück-

---

3) vgl. Renan a. a. O. 122.
4) Harnack a. a. O. III, 1890, 65, 1 vgl. 31. 46 und im allgemeinen
I, 244; auch Kähler, Die Wissenschaft der christlichen Lehre 1883, 71.

gegriffen; so müssen auch wir — neben den Evangelien —
von ihm ausgehen. Luther nannte namentlich den Galaterbrief
seinen Brief, mit dem er sich verlobt habe und Schelling hat
ihn einmal als das älteste Dokument des Protestantismus bezeichnet[5]). Aber zeigt er uns auch den ganzen Paulus? Oder
ist dieser nicht unendlich reicher und vielseitiger? Ja, liegt
nicht vielleicht der Schwerpunkt seines Glaubens wo anders
als man bisher gewöhnlich annahm? Heinrici hat wegen ihrer
oben erwähnten Eigentümlichkeit aus den Corintherbriefen gefolgert, dass die eigentlichen Zentrallehren des Paulus vielmehr
die von der Vorsehung und vom Geiste Gottes seien[6]), ist aber
dafür von Schmiedel von neuem auf die Entstehung der Rechtfertigungslehre aus den Erfahrungen des Gesetzeseiferers hingewiesen worden[7]). Ich muss gestehen, dass mir ganz abgesehen von der Frage nach der Richtigkeit der Wortexegese
der Beweisstellen, diese Deduktionen[8]) trotz allen darin auf-
gewandten Scharfsinns mindestens für jenen Zweck nie recht
genügend vorgekommen sind; aber widerlegt wären sie doch
erst, wenn der Nachweis gelänge, dass der Galaterbrief unter
den vier grossen Paulinen nicht die erste, sondern vielmehr
die letzte Stelle einnimmt. Selbstverständlich darf der Wunsch,
dass es so sein möchte, die Untersuchung darüber nicht im
geringsten beeinflussen; ebenso wenig wie die Furcht vor etwaigen Konsequenzen dazu verleiten sollte, ihr von Anfang an
mit Misstrauen entgegenzukommen und, wenn auch nicht ihre
Ausführungen, so doch schliesslich ihre Resultate zu verwerfen.
Denn auch wenn diese in dem angedeuteten Sinne ausfallen
sollten, so wären doch damit die oben angerührten Fragen
noch längst nicht nach irgend einer Seite hin entschieden. Ich
habe diese überhaupt nur aufgeworfen, um auch bei anderen

———— — —

5) vgl. für L. Köstlin, Martin Luther II, 1875, 304; für Sch. König,
Die Echtheit der Apostelgeschichte des heiligen Lukas 1867, 159; auch
Hilgenfeld, Kommentar zum Galaterbrief 1852, 194.

6) Das zweite Sendschreiben des Apostels Paulus an die Korinthier
1887, 571 f.; vgl. Beyschlag, Neutestamentliche Theologie II, 1892, 25.

7) a. a. O. 67.

8) Baur, Paulus² II, 1867, 133 ff.; Krenkel, Paulus 1869, 35 ff.; Hausrath, Neutestamentliche Zeitgeschichte² III, 1875, 71 ff.; Pfleiderer a.
a. O 2 ff.; Sabatier a. a. O. 50 ff. 253; Beyschlag a. a. O. S. 10. 14 ff.

für eine Erörterung Interesse zu erwecken, die sich mir ganz
abgesehen von ihren weiteren Folgen bei dem Studium der
paulinischen Briefe als nötig erwies. Und nur das suchte ich
vorläufig auch hier zu beweisen, dass die bisherige Ansetzung
der Paulinen in der verschiedensten Beziehung erhebliche Bedenken hervorruft. Aber haben diese nicht doch zu schweigen
gegenüber den Gründen, die für die alte Ansicht sprechen?

2. Die Mängel der bisherigen Lösungen.

Beachtet man, wie hartnäckig die traditionelle Chronologie
der paulinischen Briefe trotz kleiner Modifikationen durch Jahrhunderte, ja Jahrtausende hin bis auf den heutigen Tag selbst
da festgehalten wird, wo nicht nur die Apostelgeschichte, sondern
auch die Briefe für unglaubwürdig gelten[1]) — dann könnte man
allerdings auf den Gedanken kommen, sie müsse wohl uner-
schütterlich festbegründet sein. Und doch war sie, auch schon
bevor sie von jenen zwei verschiedenen Seiten her angegriffen
wurde, innerlich brüchig und unhaltbar, wie hier freilich, um
Wiederholungen im folgenden zu vermeiden, nur im allgemeinen
nachgewiesen werden kann.

a. Die Methodelosigkeit der alten Harmonistik (§ 4).

Die älteste uns erhaltene Bearbeitung unseres Problems
findet sich in Eusebs Chronik. Wahrscheinlich indes hat er
dafür schon das Chronologikon des Julius Africanus benutzt,
während bei Tatian, Theophilus und Clemens Alexandrinus,
auf welchen dieser wieder fusste, die Berechnung nur dem
Altersbeweis des Christentums diente und deshalb nicht über
dessen Anfang hinausgeführt worden war. Andrerseits schlossen
sich an Euseb mit geringen Abweichungen Syncellus und Hieronymus, mit grösseren Prosper Aquitanicus, Johannes Malalas
und das Chronicon paschale an. Zugleich aber wurde je länger
desto mehr neben der biblischen und profanen Ueberlieferung

---

1) Naber et Pierson, Verisimilia 1886, 204: Non credimus com-
positos esse libros Novi Testamenti post tempora, quibus hodie a peritis
iudicibus assignantur; Steck, Der Galaterbrief 1888, 40. 110 f.

auch die legendenhafte Tradition berücksichtigt und dadurch
die Rechnung noch unzuverlässiger gemacht, als sie es, wie
wir gleich sehen werden, bereits durch ihre Ausgangspunkte
war. Erst seit dem sechzehnten Jahrhundert begann wieder
eine verhältnismässig kritische und relativ selbständige Untersuchung der einschlägigen Instanzen, die denn auch namentlich
bei Baronius und Petavius und noch mehr bei Usher, Span-
heim, Pearson, Tillemont und Basnage zu wesentlich neuen
Resultaten führte. Dann trat die Chronologie der apostolischen
Zeit lange hinter die des Lebens Jesu zurück und wurde eigentlich erst in diesem Jahrhundert wieder neu untersucht, so
besonders von Vogel, Süskind, Schmidt, Wurm. Gegen Köhlers
Bestimmung der Abfassungszeit der neutestamentlichen Briefe
richtete sich Schott; Anger und Wieseler brachten nach dem
damaligen Stand der Forschung die Frage zum vorläufigen
Abschluss[1]. Seitdem sind teils ältere Aufstellungen mit geringen Aenderungen erneuert worden, so die des Petavius von
Weber[2], teils auf Grund neuer Kombinationen aus dem vorliegenden Material im einzelnen andere Folgerungen gezogen
worden, so von Hilgenfeld[3], Lehmann[4], Laurent[5], Stölting[6],
Sabatier[7], Hausrath[8], Wendt[9], Nösgen[10], Anderson[11], Beyschlag[12], Wandel[13]. Dabei blieb aber die einmal angenommene
Reihenfolge der Briefe, etwa das gegenseitige Verhältnis der

---

1) Anger, de temporum in actis apostolorum ratione 1833; Wieseler,
Chronologie des apostolischen Zeitalters 1848. Hier zugleich (Anger a. a.
O. 5a, y; Wieseler a. a. O. 6 ff.) das nähere über die oben referierte Ge-
schichte des Problems.

2) Kritische Geschichte der Exegese des 9. Kapitels resp. der Verse
14–23, des Römerbriefs 1889, 177 ff.

3) a. a. O. 204 ff.

4) Chronologische Bestimmungen der in der Apostelgeschichte, cap.
13—18 erzählten Begebenheiten, StKr. 1858, 321 ff.

5) Neutestamentliche Studien 1866, 67 ff.

6) Beiträge zur Exegese der paulinischen Briefe 1869.

7) a. a. O. XXIII f.

8) Paulus, BL IV, 1872, 418 ff.

9) Meyer-W., Commentar über die Apostelgeschichte [5]1881. [6] 1886, 32 f.

10) Commentar über die Apostelgeschichte des Lukas 1882, 63 ff.

11) Fasti apostolici 1883.

12) Paulus, HbA II, 1864, 1155.

13) Zur Chronologie des Lebens Pauli, ZWL 1888, 127 ff. 167 ff.

Gefangenschaftsbriefe abgerechnet, durchaus unverändert. Nur in der englischen Schule gilt vielfach der Galaterbrief für später als die an die Corinther[14]), wofür sich ausser Bleck[15]) neuerdings auch bedingungsweise Brückner[16]) erklärt hat, allerdings unter gleichzeitiger Herabsetzung der vier Hauptbriefe in die Jahre 61 und 62. Die radikale Kritik in Holland und Deutschland endlich hält den Galaterbrief für abhängig vom Römerbrief, während bei konservativeren Theologen ihre Nachweise noch keinen Eindruck gemacht zu haben scheinen. Viele verzichten thatsächlich oder ausdrücklich auf eine sichere Bestimmung der chronologischen Reihenfolge der paulinischen Briefe, so namentlich Reuss[17]).

In der That erheben sich gegen alle diese bisherigen Berechnungen schon auf ihrem eigenen Standpunkte manichfache Bedenken. Sie gehen grösstenteils auf der einen Seite von Datierungen des Todes Jesu aus, die ich an anderer Stelle als unrichtige werde zu erweisen haben; andernteils wird bei der Berechnung rückwärts vom Todesjahr Pauli, das freilich auch zwischen 64 und 68 schwankt, noch immer vielfach eine doppelte Gefangenschaft und dazwischen liegende erneute Missionsthätigkeit des Apostels angenommen, obwohl doch längst mindestens höchst wahrscheinlich gemacht worden ist, dass bei dem Mangel aller älteren und deutlicheren Spuren einer solchen Ueberlieferung, ja bei dem Widerspruch einer gleichzeitigen, andern Tradition sowohl die kurze Notiz des muratorischen Fragments, wie sie auch im einzelnen gedeutet werden mag, als auch die Bemerkung Eusebs und des von ihm abhängigen Hieronymus, der sich dafür ausdrücklich auf das Zeugnis des Apostels be-

---

14) vgl. Lightfoot, St. Paul's Epistle to the Galatians ⁹ 1876, 36 ff.; Farrar a. a. O. 423; sowie Holtzmann, Einleitung 221.

15) Einleitung in das Neue Testament ⁴ 1886, 548 f.

16) Die chronologische Reihenfolge, in welcher die Briefe des neuen Testamentes verfasst sind 1890, 187 ff. 191 f.; vgl. auch O. Holtzmann, ThLz 1891, 618. — Rovers, de chronolog. volgorde der brieven van het N. T., BMTh XI, 487 ff. und Weston, the Order of the Epistles in the Development of Christianity. The O. and N. T. Student 1892, 138 ff. waren mir nicht zugänglich.

17) Geschichte der heiligen Schriften des Neuen Testaments ⁶ 1887, 72 vgl. 49.

ruft, erst aus dem neuen Testament selbst, nämlich Röm. 15.
24. 28; II. Tim. 4, 6. 16 ff. erschlossen sind[18]). Weiterhin rechnen
eine ganze Anzahl Gelehrter die vierzehn Jahre Gal. 2, 1 von
der Bekehrung (manche von einem noch früheren Zeitpunkt)
und nicht, wie es doch allein dem Zweck der Auseinandersetzung entspricht, von dem ersten Besuch in Jerusalem ab;
andere wieder setzen, so neuerdings namentlich Straatman[19]),
Kellner[20]) und Weber[21]) den Wechsel zwischen Felix und Festus
zu früh an, während doch bei den „vielen Jahren" act. 24, 10
sicher an mehr als zwei oder drei zu denken ist[22]) und auch
die positiven Gründe für jene Annahme von Schürer[23]) und
schon von Wieseler[24]) zurückgewiesen worden sind. Endlich
das einzige Datum aber, das in all den verschiedenen Ansetzungen so ziemlich gleichmässig und wohl richtig angegeben
wird[25]), nämlich das der Hungersnot unter Claudius act. 11, 28 ff.,
findet sich gerade in einem Zusammenhang, der hinsichtlich
seiner Glaubwürdigkeit den stärksten Zweifeln unterliegt.

Soweit ich sehe, ist der an dieser Stelle zwischen der
Apostelgeschichte und dem Galaterbrief vorliegende Widerspruch
bisher trotz aller Anstrengung noch nie gelöst worden[26]). Soll
der Bericht act. 15 dem in Gal. 2 gegebenen entsprechen, wie
bei der unvoreingenommener Vergleichung beider Kapitel kein
Zweifel sein kann[27]), so ist durch die Bestimmung Gal. 2, 1
jene Kollektenreise act. 11, 29 f. schlechthin ausgeschlossen.
Denn dass Paulus dort nicht ein vollständiges Verzeichnis seiner

18) W. Schmidt, Paulus RE²XI, 1883, 375 f.; Holtzmann a. a.
O. 280 ff.; auch gegen Hesse, die Entstehung der neutestamentlichen
Hirtenbriefe 1889, 28 ff. 244 ff.
19) Paulus 1874, 106.
20) Felix, Wetzer und Weltes Kirchenlexion ²IV, 1886, 1311 ff.
21) a. a. O. 182 ff.
22) gegen ebenda 188.
23) Geschichte des jüdischen Volkes ²I, 1890, 484.
24) a. a. O. 74 f.; vgl. auch noch Schiller, Geschichte des römischen
Kaiserreichs unter der Regierung des Nero 1873, 211 f. 388.
25) abweichend neuerdings Straatman a. a. O. 100.
26) vgl. ebenda 97.
27) vgl. Zeller, Die Apostelgeschichte 1854, 217 ff; Supernatural
Religion, Complete Edition III, 1879, 216 ff.; Zimmer, Galaterbrief und
Apostelgeschichte 1882, 2 ff.

Reisen nach Jerusalem habe geben wollen, wie nach älteren noch Wandel[28]) unter Berufung auf die von Paulus ebenfalls übergangene, aber schon deshalb nicht minder ungeschichtliche Reise act. 18, 22 annimmt: das hat schon Neander für unwahrscheinlich erklärt, selbst freilich durch die Unterstellung, dass die Tradition, die in diesem Zeitraum Barnabas und Paulus in ihrer Thätigkeit mit einander zu nennen gewohnt war, sie auch hier zusammenstellte, wenngleich hier aus irgend einem Grunde eine Ausnahme gemacht oder Paulus zwar auch zum Abgeordneten gewählt, seine Abreise aber durch einen unbekannten Umstand verhindert worden sei, den Widerspruch ebenso wenig gelöst[29]). Aber auch die allererste Reise wird, wie Neander selbst zugiebt[30]), beiderseits verschieden erzählt. Denn dass die $\dot\eta\mu\dot\epsilon\rho\alpha\iota$ $\tau\iota\nu\dot\epsilon\varsigma$ act. 9, 19 nicht etwa im Unterschied von v. 23. 43. 18, 11. 27, 7 hier auf einmal drei Jahre sind[31]), erhellt zum Ueberfluss auch noch aus der Angabe der Apostelgeschichte selbst, aus der ja hier $\delta\iota\alpha\lambda\epsilon\varkappa\tau\iota\varkappa\tilde\omega\varsigma$ argumentiert werden kann, dass die Jerusalemer Gemeinde sich vor Paulus gefürchtet habe, was doch nach einem solchen Zeitraum ganz unerklärlich wäre. Korrigiert man aber hier die Apostelgeschichte nach dem Galaterbrief, so ist es absolut unmethodisch, in andern Punkten dessen Angaben wiederum nach jener zu fälschen. Und doch geschieht das bisher fast immer und geschieht noch vielfach bezüglich der Bemerkung Gal. 2, 5, Paulus habe bei den Verhandlungen des Apostelconcils die Galater im Auge gehabt. Da diese nach der gewöhnlichen Auslegung der Akten damals überhaupt noch nicht christianisiert waren, so muss man in dem $\dot\upsilon\mu\tilde\alpha\varsigma$ eine Individualisierung der Heidenchristen im allgemeinen sehen[32]), worauf freilich ohne jene Rücksicht auf die

---

28) a. a. O. 132 ff.

29) Geschichte der Pflanzung und Leitung der christlichen Kirche durch die Apostel, Neuabdruck der 5. Aufl., 1890, 169.

30) ebenda 145 f.

31) dagegen Sup. Rel. a. a. O. 208 f. und im allgemeinen Brückner a. a. O. 146: Stets ist es die Natur sagenhafter Ueberlieferungen, Vermittelungen, Entwickelungsprozesse im religiösen Leben und daher auch Zeiträume, die dazu erforderlich waren, einfach zu übergehen, ja geflissentlich dieselben zu beseitigen, damit die Thatsachen, indem sie plötzlich und unvermittelt eintreten, als ein wunderbares Eingreifen Gottes erscheinen und daher um so mehr Bewunderung erregen.

Apostelgeschichte niemals ein Mensch verfallen wäre. Geringer
ist der Widerspruch zwischen act. 17, 14 ff. 18, 5 und I. Th.
3, 1 ff., aber doch harmonistisch absolut nicht auszugleichen,
mag man nun mit Wieseler[33]) und von Soden[34]) die Worte des
Paulus so „paraphrasieren," dass sie das Gegenteil besagen,
oder mit Hofmann[35]), P. Schmidt[36]), Spitta[37]) und Zimmer[38]) die
Akten nach dem Briefe umdeuten.

Endlich wissen jene auch so gut wie gar nichts von den
wiederholten Besuchen Pauli in Corinth, die in den Briefen
doch klar genug unterschieden werden, aber eben wegen des
Einflusses der Apostelgeschichte bisher nur selten genügend
auseinandergehalten worden sind. Das allerverkehrteste aber
ist es, wenn man aus ihrem Schweigen über in gewissen Abschnitten der Pastoralbriefe vorausgesetzte Reisen Pauli gegen
die Echtheit auch nur jener betreffenden Verse argumentiert,
ohne sich nur einmal die Frage vorzulegen, ob denn nicht
unsere Akten, wie auf vielen anderen Punkten, so auch hier,
lückenhaft sein könnten. Mir ist es überhaupt je länger desto
mehr als ein unlösbares psychologisches Rätsel erschienen, wie
man sich, obwohl man sonst beinah alles in Frage stellte, doch
fast immer bei der traditionellen Chronologie hat beruhigen
können. Doch trifft dieser Vorwurf kurzsichtiger Inkonsequenz
nicht sowohl diejenigen, die nur die eben erwähnten Widersprüche zwischen Akten und Paulusbriefen anerkennen — und
das muss jeder, der sich wirklich mit der Frage beschäftigt[39])

———— ———

32) Holsten, Das Evangelium des Paulus I, 1, 1880, SS. 148; Meyer-
Sieffert, Handbuch über den Brief an die Galater ⁷ 1886, 99; Weizsäcker a. a. O. 91; Lipsius a. a. O. 24 f.

33) a. a. O. 249.

34) Der erste Thessalonicherbrief, StKr 1885, 291 f.

35) Die heilige Schrift neuen Testaments I ², 1869, 205 ff.

36) Der erste Thessalonicherbrief 1885, 41. 95.

37) Die Apostelgeschichte 1891, 239.

38) Theologischer Kommentar zu den Thessalonicherbriefen 1891,
17. — Gegen alle diese Hypothesen entscheidet, dass die Apostelgeschichte
mit 18, 5 offenbar auf 17, 15 zurückgreift.

39) anders freilich L. Schulze, Handbuch der theologischen Wissenschaften I, 2 ³, 1889, 75: wie historisch getreu der Verfasser verfährt, ergiebt sich aus der völlig ungesuchten Uebereinstimmung seiner Angaben
mit denen der Briefe.

— sondern vielmehr die, welche die Apostelgeschichte überhaupt im wesentlichen für unhistorisch halten, wie wir uns
jetzt an zweiter Stelle zu vergegenwärtigen haben.

b. Die Unglaubwürdigkeit der Apostelgeschichte (§ 5).

Wenn die Tübinger Schule die Ungeschichtlichkeit der
Akten behauptete, so war das in erster Linie eine philosophische
und zwar hegelsche Schlussfolgerung aus einer literarhistorischen
Thatsache, von der später noch des näheren die Rede sein
wird. Wie Strauss das Leben Jesu aus unbewusster Mythen-
bildung auf Grund der messianischen Idee, bezw. zugleich aus
absichtlicher Erdichtung erklärt hatte, so suchten Baur, Schwegler und Zeller, sowie in anderer Weise B. Bauer die Geschichte
der Apostel als mehr oder minder freie Fiktion zum besten
der bestimmten Tendenz des autor ad Theophilum zu verstehen[1]. Deshalb seien, wie schon Schneckenburger nachgewiesen habe[2], Petrus und Paulus durchgängig in Parallele zu
einander gesetzt worden, möchte nun, wie man früher annahm[3],
dieser nach jenem, oder umgekehrt, wie neuerdings namentlich
von Mauen behauptet[4], Petrus nach Paulus geschildert sein.
In Wahrheit freilich ist eine Abhängigkeit beider Erzählungs-
kreise von einander nur auf ganz wenigen Punkten, namentlich
in der Darstellung der Lahmenheilungen 3, 2 ff. und 14, 8 ff.,
an vielen anderen Stellen aber, so zwischen der Verfluchung
von Ananias und Saphira 5, 1 ff. und der Blendung des Elymas
13, 6 ff., der Anbetung des Petrus durch Cornelius 10, 25 und
des Paulus in Lystra 14, 11 ff. nicht einmal irgend eine nähere
Beziehung vorhanden. Was aber die sonstigen Aehnlichkeiten,
die von beiden Aposteln berichteten Dämonenaustreibungen und
Wunderheilungen, Geistesmitteilungen und Verfolgungen „bei

---

1) Baur a. a. O. I, 1866, 92 vgl. 78 unterscheidet zwar von der aus
einer bestimmten Absicht hervorgegangen freien Komposition das zufällig
entstandene Produkt der mythischen Tradition, schlägt aber doch meist
auch die dabei vorauszusetzende geschichtliche Grundlage allzu gering an.

2) Der Zweck der Apostelgeschichte 1841, 52 ff.

3) Baur a. a. O. 105. 179; Zeller a. a. O. 347; Volkmar, Die Religion Jesu 1859, 341 f.; de Wette-Overbeck, exeg. Handbuch zur
Apostelgeschichte ⁴ 1870, 195.

4) Paulus I, 1890, 126 ff.

Leuten, die in demselben Beruf in derselben Zeit bei ähnlichen
Begebenheiten unter denselben Verhältnissen wirken," irgend
verfängliches haben soll, das ist in der That schwer einzu-
sehen[5]). Auch wäre doch dann, wenn das alles nur von dem
einen Apostel auf den andern übertragen worden wäre, diese
unproduktive Ohnmacht der Tendenz, irgend etwas wirklich
neues zu schaffen, neben der produktiven Kraft, die ihr andrerseits beigelegt wird, allzu verwunderlich[6]). Freilich in Wahrheit wird auch das glänzendste Beispiel von dieser letzteren,
das Hilgenfeld[7]) zuerst entdeckt und Lipsius[8]) am eingehendsten
verteidigt hatte, nämlich die Gestalt des Simon Magus, jetzt
von denselben Gelehrten anders und zwar geschichtlich erklärt[9]). Aber trotzdem wird man allerdings andere Notizen,
ebenso wie in der vielfach ähnlichen Chronik, ganz oder teilweise auf Erdichtung zurückführen müssen, wenn sie sich nämlich auch bei der vorurteilsfreiesten Exegese nicht als geschichtlich erweisen lassen.

Das gilt nun in der That namentlich von dem amtlichen
Verhalten der beiden Haupthelden, des Petrus und Paulus.
Wenn jener wirklich, wie es ihm 10, 28 in den Mund gelegt
wird, die Heiden überhaupt nicht mehr für unrein gehalten
hätte, dann würde er gewiss auch später in Antiochien diesen

---

5) Lekebusch, Composition und Entstehung der Apostelgeschichte
1854, 256 ff.; Trip, Paulus nach der Apostelgeschichte 1866, 162 ff.;
König a. a. O. 152 ff.; Oertel, Paulus in der Apostelgeschichte 1868,
189 ff.; Nösgen a. a. O. 13; vgl. auch Holtzmann a. a. O. 402 f.: Handcommentar I², 1892, 320.

6) Beyschlag, Leben Jesu ²I, 1887, 155 f.

7) Die Clementinen 1848, 319 f.

8) Bl. V, 1875, 301 ff.; vgl. im übrigen Hilgenfeld, Der Magier
Simon, ZwTh 1868, 357 ff.; Einleitung 43. 603 ff.; weiterhin Overbeck
a. a. O. 120; Lipsius, Die Quellen der römischen Petrussage 1872, 32.
33, 1; Hausrath a. a. O. IV, 1877, 135. 142. 238, 7; Bahnsen, Ist die
Apostelgeschichte paulinischen oder judenchristlichen Ursprungs? JpTh
1879, 156.

9) Hilgenfeld, Die Kirchenpolitik der Apostelgeschichte, ZwTh
1878, 327, 1; Cerdon und Marcion, ebenda 1881, 16; Ketzergeschichte des
Urchristentums 1884, 163 ff. 184; Lipsius, Apokryphe Apostelgeschichten
und Apostellegenden II, 1, 1884, 50; sowie Möller, Simon Magus, RE²
IV, 1884, 246 ff.; Harnack a. a. O. 207. 269; Wendt a. a. O. 201 f.; anders
Holtzmann a. a. O. 355 f.; IV, 1891, 122.

Grundsatz nicht wieder verleugnet haben[10]). · Neander[11]) hat
zwar gemeint, eben diese Scene spreche eher für die Geschichtlichkeit der Corneliusepisode, als dagegen; doch das gilt nur
für den anfänglichen Verlauf der ersteren. Dass aber jene
Speisegemeinschaft des Petrus mit Heiden vielmehr unserer
Geschichte zu Grunde liege, ist zunächst nur eine Hypothese,
die nach Bauers Vorgang[12]) neuerdings Pfleiderer[13]), Steck[14])
und Holtzmann[15]) aufgestellt haben. Die Versuche Feines[16])
und Wendts[17]), einen andern geschichtlichen Kern aus ihr
herauszuschälen, der nur von einer einzelnen Bekehrung geredet hätte, werden wir später zu beurteilen haben; unseren
Bericht in diesem Sinne zu erklären, wird durch die prinzipielle
Fassung von 10, 28[b] einfach unmöglich gemacht[18]). Andererseits ist die Methode des Paulus, fast immer zuerst den Juden
zu predigen, so natürlich sie scheint, und so gut sie zu Röm. 1,
16. 2, 9 f.[19]) 9, 1 ff.; I. Cor. 1, 22 ff. (9, 20. 10, 32) passt[20]), doch
mindestens bei Gründung der thessalonischen Gemeinde nicht

10) Baur a. a. O. 91 ff.; Zeller a. a. O. 189 f.; Overbeck a. a. O. 151 f.

11) a. a. O. 99.

12) Kritik der paulinischen Briefe III, 1852, 124.

13) Urchristentum 571 f.

14) a. a. O. 118.

15) a. a. O. I, 366.

16) Eine vorkanonische Ueberlieferung des Lukas 1891, 200 ff 205.

17) Der Kern der Corneliuserzählung, ZThK 1891, 230 ff.; vgl. auch
Ritschl, Entstehung der altkatholischen Kirche ² 1857, 126; Hausrath
a. a. O. II, 1875, 386; Holtzmann, Forschungen zur Apostelgeschichte,
ZwTh 1885, 430.

18) Zeller a. a. O. 185, 1. 190; Overbeck a. a. O. 152 f.; Weizsäcker a. a. O. 86; gegen Schneckenburger a. a. O. 179; Oertel a.
a. O. 209; Weiss a. a. O. 129, 2.

19) Selbst wenn hier πρῶτον zu streichen wäre (Sup. Rel. a. a.
O. 289 ff.; Michelsen, Kritisch onderzoek naar den oudsten tekst van
'Paulus' brief aan de Romeinen, ThT 1887, 174; auch Lipsius, Handcommentar 94; dagegen vgl. unten § 33) so bliebe doch durch die Voranstellung der Juden noch immer ein gewisses Vorrecht derselben angedeutet.

20) Schneckenburger a. a. O. 79 ff.; Lechler a. a. O. 104 ff.;
Lekebusch a. a. O. 322 ff.; Baumgarten, Die Apostelgeschichte ² II,
1859, 39 ff.; Trip a. a. O. 228 ff.; Oertel a. a. O. 84 ff.; Krenkel a. a. O.
42. 57 ff.; Hausrath a. a. O. III, 119; K. Schmidt, Die Apostelgeschichte I,
1882, 180 ff. 428 ff.; Nösgen a. a. O. 249; Havet, Le Christianisme et

befolgt worden. Denn der erste, bald nachher geschriebene Brief des Paulus an diese weiss nur von Bekehrten aus den Heiden und Verfolgungen seitens dieser. So ist also hier die Darstellung der Apostelgeschichte trotz ihrer Verteidigung selbst durch Renan[21]), Krenkel[22]), Hausrath[23]) und Pfleiderer[24]) für unhistorisch zu erklären. Dasselbe gilt von der Schlussscene in Rom, die wiederum der letztgenannte[25]) wenigstens teilweise zu halten versucht, indem er 28, 21 f. nur ausgedrückt findet, die römischen Juden seien ohne Voreingenommenheit bereit, die Predigt des Paulus zu hören, wogegen doch der Wortlaut so energisch wie nur irgend möglich protestiert. Desgleichen dass sie ihre unmittelbare Bekanntschaft mit dem Christentum nicht hätten eingestehen wollen[26]), ist lediglich ein apologetischer Notbehelf ohne allen Anhalt im Texte[27]). Aber auch K. Schmidts[28]) und Nösgens[29]) Auskunft, diese Ableugnung jeder selbständigen Kunde nur auf Paulus Antijudaismus oder Prozess zu beziehen, wird der Allgemeinheit der Aussage nicht gerecht. Man wird also Wendt[30]) zustimmen müssen, dass hier in der That eine unhistorische Ueberlieferung vorliegt. Dasselbe erkennt aber selbst Lekebusch[31]) auch von dem nun folgenden Ausspruch des Paulus an. In der That hätte dieser, wenn ein Teil der Juden glaubte, gewiss nicht Jes. 6, 9 ganz im allgemeinen auf sie angewandt. Aber noch unmöglicher ist die ähnliche Scene 23, 7 ff. Zwar hat man gegen Baurs Reflexionen, dass die beiden jüdischen Parteien sich über ihre

ses origines IV, 1884, 103 f.; Pfleiderer a. a. O. 141 ff.; Paulinismus 517 ff.; Weizsäcker a. a. O. 92 ff.; gegen Baur a. a. O. 351 ff.; Schwegler, Das nachapostolische Zeitalter 1846, II, 88 ff.; Zeller a. a. O. 210. 308. 311 ff.; Overbeck a. a. O. 207 ff.; Sup. Rel. a. a. O. 289 ff., Holtzmann, Handcommentar 316 f.

21) Saint Paul 158.
22) a. a. O. 83.
23) a. a. O. 194.
24) Urchristentum 587 f.; vgl. auch Schmiedel a. a. O. 2.
25) ebenda 607; vgl. auch Straatman a. a. O. 333; Steck a. a. O. 375 f.
26) Trip a. a. O. 153; Oertel a. a. O. 53.
27) Overbeck a. a. O. 474.
28) a. a. O. 229 ff.
29) a. a. O. 481.
30) a. a. O. 559 f.
31) a. a. O. 237 ff.

Differenzen längst so sehr an einander abgerieben haben müssten,
dass diese nicht bei jeder Gelegenheit aufs neue zum Gegenstand des heftigsten Streites werden konnten, unter boshafter
Berufung auf Meyer, K. Schmidt und Bethge als in dieser
Richtung Sachverständige eingewandt, dass theologisch erhitzte
Parteien eben doch mit Begierde jede Gelegenheit wahrzu-
nehmen pflegten, um Zeugnis wieder einander abzulegen[32]). Aber
dann bleibt immer noch die Parteinahme der Pharisäer für
Paulus, zumal in dieser Form, schlechthin undenkbar[33]); denn
so, wie v. 6, kann jener sich eben auch nie als einen der ihren
bezeichnet haben[34]). Das genügt zur Entscheidung über die
Ungeschichtlichkeit dieser Scene, ohne dass wir uns zu fragen
hätten, ob Paulus vielleicht in kluger Absicht[35]) oder in sou-
veränem Trotz[36]) das Christentum einmal blos als Auferstehungs-
glauben betrachten konnte: sich selbst in dieser Weise als
Pharisäer bekennen konnte er auch dann nicht[37]). Ueberhaupt
ist die Judaisirung des Paulus wohl die eclatanteste Unrichtig-
keit in der ganzen Apostelgeschichte. Zwar über die Fest-
besuche in Jerusalem wird so schnell hinweggegangen,
dass durch sie kaum seine Gesetzlichkeit veranschaulicht
werden sollte[38]); dass trotzdem wenigstens die Reise 11, 28 f.
ungeschichtlich sein muss, wurde bereits oben gezeigt und ist
wiederum auch von Wendt[39]) zugestanden worden. Dagegen
ist der Bericht von einer Haarschur 18, 18, auch wenn er sich
auf Paulus bezieht, doch durchaus unverfänglich[40]), dafür aber

32) Hausrath a. a. O. 397; Holtzmann a. a. O. 411; gegen Baur
a. a. O. 233.

33) ebenda 235; Straatman a. a. O. 287 ff.; Hausrath a. a. O. 354 f.;
Pfleiderer a. a. O. 600 f.; auch Spitta a. a. O. 266.

34) gegen Nösgen a. a. O. 416.

35) Trip a. a. O. 256; König a. a. O. 134; Wendt a. a. O. 452 f.;
vgl. auch Holtzmann a. a. O.

36) Baumgarten a. a. O. 198 ff.; K. Schmidt a. a. O. 276 ff.

37) vgl. auch Schneckenburger a. a. O. 144 ff.; Zeller a. a. O.
254 f.; Overbeck a. a. O. 404 f.; Straatman a. a. O. 293 ff.

38) Lekebusch a. a. O. 287 ff.; Trip a. a. O. 72 ff. 233 ff.; Oertel
a. a. O. 64; Pfleiderer, Paulinismus 516; gegen Baur a. a. O. 221 f.;
auch Overbeck a. a. O. 175**. 297*.

39) a. a. O. 264.

40) Trip a. a. O. 240; gegen Baur a. a. O. 221 nebst not. 1; Zeller
a. a. O. 305 f.

seine Beteiligung an dem andern Gelübde der vier Nasiräer
21, 23 ff., wenn sie zu dem angegebenen Zweck geschah, desto
undenkbarer[41]). Die fortwährende Berufung auf I. Cor. 9, 20
leistet hier gar nichts: denn es handelt sich in unserem Falle
eben nicht um einen Accomodations-, sondern um einen Be-
kenntnisakt[42]). Dass aber Paulus auch nur aus Schwäche[43])
oder Uebereilung[44]) sich dazu verstanden habe, das findet Hausrath[45]) mit Recht ebenso undenkbar, als dass Luther in seinem
Alter auf Erbsen nach Einsiedeln gewallfahrtet oder dass Calvin auf seinem Todenbette der heiligen Mutter Gottes einen
goldenen Rock gelobt habe. Und ebenso glaube ich über den
Bericht von der Beschneidung des Timotheus 16, 3 in diesem
Zusammenhang urteilen zu müssen[46]). Vor dem Apostelconcil
mochte sie denkbar sein, wie wir später noch genauer sehen
werden; aber nachdem er sich soeben bezüglich des Titus den
Forderungen der Jerusalemiten nicht gefügt hatte[47]), konnte er

---

41) Baur a. a. O. 224 ff.; Zeller a. a. O. 274 ff.; Overbeck a. a. O.
379; Straatman a. a. O. 269 ff.

42) Holtzmann a. a. O. 407; auch gegen Renan a. a. O. 515 ff.;
Schürer, ThLz 1882, 348; Jacobsen, Die Quellen der Apostelgeschichte
1885, 22 f.; Pfleiderer, Urchristentum 599; doch vgl. Paulinismus 516 f.;
noch deutlicher Schneckenburger, Beiträge zur Erklärung der Kritik
der Apostelgeschichte, StKr 1855, 566: Ohne Zweifel sind darüber weitere
Erklärungen von Seiten des Paulus ergangen, der sehr bestimmt seinen
Gesichtspunkt muss hervorgehoben haben, unter welchem er sich zu dem
angesonnenen ἁγιασμός verstehen konnte; Farrar a. a. O. 527: He did
not so much object to ceremonies as to placing any reliance on them,
was aber gerade hier eintraf.

43) Gfrörer, Die heilige Sage 1839, 431.

44) Trip a. a. O. 246 f.

45) a. a. O. 352; vgl. Krenkel a. a. O. 163 ff.

46) Baur a. a. O. 147 f.; Schwegler a. a. O. 82 f.; Zeller a. a. O.
235 ff.; Overbeck a. a. O. 248 f.; Straatman a. a. O. 217 f.; Hausrath
a. a. O. 69; Sup. Rel. a. a. O. 295 ff.; auch gegen Renan a. a. O. 125;
Jacobsen a. a. O. 20; Pfleiderer, Urchristentum 585 f.; Paulinismus 515.

47) Gal. 2, 3 ff., wo freilich Klostermann, Probleme im Apostel-
text 1883, 34 ff.; Steck a. a. O. 112 und Völter, Die Komposition der
paulinischen Hauptbriefe I, 1890, 128 f. wieder οἷς οὐδέ streichen (vgl.
dagegen Sieffert, ThLz 1884, 627; Galaterbrief 90) während
Spitta a. a. O. 190 ff. diese Bemerkung nur auf die allgemeineren Forderungen der Judaisten bezieht, v. 3 aber ausgedrückt findet, Titus sei nicht
zur Beschneidung gezwungen, sondern aus freiem Entschluss beschnitten
worden (vgl. Sieffert a. a. O. 88; dagegen Lipsius a. a. O. 23).

unmöglich rücksichtlich des Timotheus einer etwa zu erwartenden Bedenklichkeit der Juden nachgeben. Damit sind wir
aber nun endlich auf jenen Kompromiss zwischen Paulus und
den Uraposteln selbst zurückgeführt worden, dessen Darstellung
in der Apostelgeschichte seinerzeit vor genau fünfzig Jahren
zuerst von Schwegler in einer Recension Neanders angezweifelt
und seitdem bis in die allerneuste Zeit vor allen gegen die
Glaubwürdigkeit der Akten ins Feld geführt worden ist[48]).
Zwar sind die ursprünglichen Aufstellungen der Tübinger auch
hier nicht nur von gegnerischer Seite mit Erfolg bestritten,
sondern auch von ihnen selbst später mannichfach modifiziert
worden, am meisten von Ritschl[49]), Pfleiderer[50]) und Keim[51]),
vorübergehend auch von Holtzmann[52]), Lipsius[53]) und Weizsäcker[54]), die aber doch neuerdings, ebenso wie mehrere Ge-
lehrte anderer Richtung[55]), im wesentlichen zu der kritischen
Auffassung haben zurückkehren müssen. Zwar, dass der Grund
der Reise von Paulus und Barnabas beidemale verschieden
angegeben wird, das erklärt sich völlig aus dem verschiedenen
Interesse beider Schriftstücke: der Galaterbrief will Paulus'
Unabhängigkeit beweisen: darum betont er, dass er nicht um
Menschen zu gefallen, sondern auf Gottes Befehl nach Jerusalem gezogen sei; die Apostelgeschichte will die Regelung der
Heidenmission durch die Urapostel erzählen: darum berichtet
sie von einem äusseren Anlass der Verhandlungen, wie er an
sich nicht unwahrscheinlich, ja ähnlich wenigstens geradezu

---

48) Schwegler, Deutsche Jahrbücher 1842, 42 ff.; vgl. nachapostol.
Zeitalter I, 116; ferner Baur a. a. O. 119 ff.; Zeller a. a. O. 224 ff.;
Krenkel a. a. O. 63. 66 ff.; Straatman a. a. O. 187 ff; Hilgenfeld,
Einleitung 227 ff.

49) a. a. O. 127 ff. 149 ff.

50) Paulinismus ¹ 1873, 500 ff. ² 507 ff.; paulinische Studien, JpTh 1883,
75 ff.; Urchristentum 578 ff.

51) Aus dem Urchristentum 1878, 64 ff.

52) Bunsens Bibelwerk VIII, 1866, 351 ff.; doch vgl. Der Apostelconvent,
ZwTh 1882, 436 ff. 1883, 129 fl.; Einleitung 400 f.; Handcommentar 351 f.

53) Apostelconvent, BL I, 1869, 194 ff.; doch vgl. Handcommentar 27 f.

54) Das Apostelconcil, JdTh 1873, 191 ff.; doch vgl. apostol. Zeitalter 168 ff.

55) so bes. Sommer, Das Aposteldekret, theol. Studien und Skizzen
aus Ostpreussen I, 1887, 175 ff., II, 1889, 141 ff.; und in seiner Weise auch
Spitta a. a. O. 206 ff.

zu postulieren ist[56]). Auch die kritische Behauptung, dass der
Galaterbrief nur von privaten Verhandlungen, die Apostelgeschichte von einem offiziellen Concil rede, ist namentlich an
Lechlers energischem Widerspruch zu schanden geworden[57]).
Wohl aber „tritt hier an die Stelle des Kampfes friedliche Auseinandersetzung; wo dort Mann gegen Mann und Glaube gegen
Glaube steht und der Fortschritt aus dem Ringen der Charak-
tere hervorgeht, da bewegt sich hier alles in dem ruhigen
Fahrwasser geordneter Zustände, wo die Behörde entscheidet
und sichern Gehorsam findet"[58]). Die Urapostel und namentlich Petrus stehen nach den Akten bereits auf Seiten des Paulus,
ja jener redet paulinischer als dieser selbst es irgendwo thut[59]),
während sie nach dem Galaterbrief nicht blos neben andern
geringeren Concessionen die Beschneidung des Titus ver-
langten[60]), sondern sich wohl auch zur Anerkennung der pau-

56) Oertel a. a. O. 231; Zimmer, Galaterbrief 92; Weizsäcker a. a.
O. 148 f.; Pfleiderer a. a. O. 579; Paulinismus [2] 508; Steck a. a. O. 95 f.

57) a. a. O. 166 ff.; vgl. Keim a. a. O. 65 und ff.; Holtzmann, ZwTh
1882, 446 ff.; Weizsäcker a. a. O. 151 ff.; Pfleiderer, Urchristentum
579; Paulinismus 508 f.

58) Weizsäcker a. a. O. 168.

59) Zeller a. a. O. 230.

60) Baur a. a. O. 137 ff. 144; Hilgenfeld a. a. O. 228; gegen
Lechler a. a. O. 171 ff.; Keim a. a. O. 70 ff.; Pfleiderer, Urchristentum 580; Paulinismus 508; vermittelnd Ritschl a. a. O. 150; Hausrath
a. a. O. 161; unbestimmt Weizsäcker a. a. O. 155; Lipsius a. a. O. 19.
Wer Gal. 2, 1—3 ohne Rücksicht auf act. 15 liest, kann das hier vorausgesetzte Ansinnen einer Beschneidung des Titus nur entweder von der
ganzen Gemeinde (αὐτοῖς) oder den Uraposteln (τοῖς δοκοῦσιν) ableiten.
(Spitta a. a. O. 192 ff. denkt an die jüdischen Gemeinden überhaupt, aber
wegen εἰς Ἱεροσόλυμα v. 1, das hier als Sitz der Urapostel und der Urgemeinde in Betracht kommt, und τοῖς δοκοῦσιν v. 2, die wegen v. 7. 9
nur die Urapostel sein können, sowie der παρείσακτοι ψευδάδελφοι v. 4,
die doch deutlich genug nach Jerusalem versetzt sind, sicher mit Unrecht.)
Desshalb ist auch eine Ergänzung zu v. 3 durchaus nicht nötig, (gegen
Weizsäcker a. a. O. 153) geschweige denn in v. 7 thatsächlich gegeben
(gegen Keim a. a. O. 73, 1). Das hier wie v. 6 anzunehmende Anakoluth
erklärt sich vielmehr völlig aus der inneren Erregung des Paulus während
der Abfassung unseres Briefes und namentlich bei der Erinnerung an
jene Vorgänge. Und so versteht sich auch die scharf ironische und bitter
geringschätzige Art, mit der er selbst hier von den Uraposteln redet, wo
er sich auf ihr Zeugnis, das vielleicht von den Judaisten gefälscht worden
war, beruft (vgl. Hausrath a. a. O. 177; Farrar a. a. O. 228).

linischen Mission nur nach manchen Bedenken entschlossen,
Petrus aber, wie wir bereits sahen, bald nachher in Antiochien
selbst diese Zugeständnisse zurücknahm. Und ebenso widersprechen sich beide Berichte endlich auch noch über das Resultat der Verhandlungen. Paulus versichert, dass ihm ausser
der Fürsorge für die Armen der Urgemeinde, worauf ich ebenso wie auf die Trennung der Missionsgebiete unten nochmals
genauer eingehen werde, absolut keine Auflage gemacht worden
sei; die Akten berichten gerade von einer solchen, die Paulus
auch nicht einmal für ihre unmittelbaren Addressaten annehmen
konnte. Denn selbst wenn sich dies aus Gal. 2, 6 herauslesen
liesse, wie Franke[61]) versucht, so hätte doch Paulus damit die
Meinung der δοχοῦντες in einer Weise umgangen, deren Je-
suitismus Hilgenfeld[62]) genügend ins Licht gestellt hat. In
Wahrheit weiss von den Jakobusklauseln, wie namentlich
Sommer[63]) überzeugend nachgewiesen hat, das ganze Heidenchristentum bis etwa 170 so gut wie nichts, so dass jede
unserem Bericht gegenüber spätere Ansetzung jenes Kompro-
misses mindestens problematisch bleibt[64]). Damit sind wir
aber bereits auf die Frage nach der Bezeugung der Apostelgeschichte gekommen, aus der man endlich noch ihre späte
Entstehung und somit ihre geringe Glaubwürdigkeit zu erweisen gesucht hat.

Nach Zeller[65]), dem Verfasser von Supernatural Religion[66]),
und Harnack[67]) sind die Akten überhaupt erst um 170 nachweisbar und wenn das auch entschieden unrichtig ist, so sind
die Spuren ihres Vorhandenseins allerdings merkwürdig gering. Der erste sichere Anklang an eine Stelle der Apostel-

---

61) Galaterbrief und Apostelgeschichte, StKr 1890, 678 ff.; vgl. auch
Weiss a. a. O. 136, 3.

62) Die neuesten Verteidiger des Aposteldekrets, ZwTh 1891, 224;
vgl. auch Zöckler, Kurzgefasster Kommentar zum Neuen Testament II,
1886, 224.

63) a. a. O. 1889, 141 ff. 178 ff.; vgl. auch Holtzmann, ZwTh 1883,
137 ff. 159 ff.

64) auch gegen Overbeck a. a. O. 229; Weizsäcker a. a. O. 175.
179 ff.; Pfleiderer, Urchristentum 584; Paulinismus 512 f.

65) a. a. O. 1 ff.

66) a. a. O. 1 ff.

67) a. a. O. 312 f.; Das Neue Testament um das Jahr 200, 1889, 53.

geschichte, nämlich 13, 22 findet sich I. Cl. 18, 1; denn die
beiderseits wiederkehrende Einschaltung von ἄνδρα κατὰ τὴν
καρδίαν μου (vgl. I. Sam. 13, 14) und τὸν τοῦ Ἰσσαί in das
Zitat ps. 89, 21, sowie die Verwendung von μαρτυρεῖν kann
kaum zufällig sein[65]). Dass deshalb auch 2, 1 das an sich ja
ebenso gut anderswoher beziehbare Herrenwort doch aus act. 20,
35 entnommen sei, ist selbst aus der Wiederkehr der dort an-
gewandten Einführungsformel an zwei andern Stellen des Briefes,
nämlich 13, 1. 46, 7 darum noch nicht zu erweisen, weil diese
auch sonst, so bei Polykarp 2, 3 vorkommt[66]). Sicher ist hier
nur 1, 2 die eigentümliche Verbindung ὃν ἤγειρεν ὁ θεὸς λύσας
τὰς ὠδῖνας τοῦ ἄδου, die sich noch nicht aus LXX ps. 18, 5;
Hiob 39, 2 erklärt[70]), der Pfingstpredigt des Petrus act. 2, 24
entlehnt[71]). Dagegen sind die Berührungen mit Ignatius sowie mit Barnabas, Hermas und der Didache durchaus nicht
zwingend[72]). Wohl aber scheint bei Papias, nicht zwar der
Bericht über Barsabbas — denn die Anführung von act. 1, 23
bei Euseb h. l. 3, 39, 10 ist Zuthat des letzteren — sondern
die Schilderung vom Ende des Verräters, auf die Apostelgeschichte, nicht nur eine auch dort verarbeitete Tradition zurückzugehen. Denn wenn jenes Anschwellen des Judas, das

---

65) König a. a. O. 36 f.; gegen Zeller a. a. O. 9; Sup. Rel. a. a. O.
3 f.; Holtzmann, Einleitung 406.

69) gegen Zahn, Geschichte des neutestamentlichen Kanons I, 1888,
841, 2. 919 1.

70) Bleek, StKr 1836, 1038 f.; Einleitung 459; Weiss, Kritisches
Beiblatt zur deutschen Zeitschrift für christliche Wissenschaft und christ-
liches Leben 1854, 84 (anders Einleitung 570, 2); gegen Lekebusch a. a.
O. 404; Zeller a. a. O. 502; König a. a. O. 182; Overbeck a. a. O. 40;
Sup. Rel. a. a. O. 96 f.; Wendt a. a. O. 81; Holtzmann, Handcommentar
332; vgl. auch Kähler, Die Reden des Petrus in der Apostelgeschichte,
StKr 1873, 511. Zur Entstehungszeit des griechischen Hiob vgl. Schürer,
Geschichte II, 1886, 609, 8; gegen Holtzmann, Judentum und Christen-
tum 1867, 51 f.; Grätz, Das Zeitalter der griechischen Uebersetzung des
Buches Hiob, Monatsschrift für Geschichte und Wissenschaft des Judeu-
tums 1877, 83 ff.; auch Kautzsch, de veteris testamenti locis a Paulo
apostolo allegatis 1869, 70. 109 ff.

71) König a. a. O. 39 f.; Zahn a. a. O. 923, 2; vgl. Zeller a. a. O.
52 f.; gegen Sup. Rel. a. a. O. 13 f.

72) Zeller a. a. O. 8. 9 f. 51 f.; gegen König a. a. O. 35 f. 41 f.;
Zahn a. a. O. 923, 2. 932 ff.

Papias so krass ausmalt, umgekehrt vielmehr auch schon bei
ἐλάχησε μέσος vorausgesetzt wäre, so würde es wohl eben erzählt
oder wenigstens angedeutet worden sein[73]); wie der Text lautet,
braucht man nur an einen jähen Sturz zu denken, durch den Judas
umkam — nicht notwendig auf seinem Acker, obwohl Papias beide
Notizen in dieser Weise zusammengefasst hat. Auch seine Bemerkung, der Platz sei nun bis heute ἔρημον καὶ ἀοίκητον
geblieben, scheint auf das Zitat act. 1, 20 zurückzugehen, wenngleich der Acker hier in einem andern Sinne ἔρημος hiess[74]).
Aber mit alledem ist doch immer nur gerade dieses Stück
1, 15—26 gedeckt; denn die Bezugnahme seines Prologs auf
den des Lukasevangeliums ist nicht sicher genug[75]). Ja selbst
Justin brauchte noch nicht die ganze Apostelgeschichte gekannt zu haben. In der Apologie ist sie vielleicht überhaupt
nicht benutzt; denn um von sonstigen durchaus nicht auf lite-
rarische Abhängigkeit zurückzuführenden Berührungen gleich
abzusehen, ist auch der θεὸς ἄγνωστος II, 10. 48 E nicht notwendig aus act. 17, 23 abzuleiten; aber im Dialog ist allerdings,
wenn schon 68. 293 D die Abänderung des Zitats ps. 132, 11
kaum unabhängig von act. 2, 30, so namentlich die Beschuldigung gegen die Juden: ἀπεκτείνατε τὸν δίκαιον καὶ πρὸ
αὐτοῦ τοὺς προφήτας αὐτοῦ 16. 234 B sicher aus der Stephanus-
rede act. 7, 52 entlehnt[76]). Dagegen scheinen die übrigen
älteren Apologeten, auch Theophilus, die Apostelgeschichte
überhaupt nicht zu kennen[77]), während Hegesipps Bericht über

---

73) Zahn, Papias von Hierapolis, StKr 1866, 658; gegen Overbeck, Ueber zwei neue Ansichten von Zeugnissen des Papias für die
Apostelgeschichte und das vierte Evangelium, ZwTh 1867, 43 ff. 51; Apostelgeschichte 13; Hilgenfeld, Papias von Hierapolis, ZwTh 1875, 264 f.;
auch Strauss, Leben Jesu für das deutsche Volk 1864, 567.

74) Zahn a. a. O.; Steitz, Des Papias von Hierapolis Auslegung
der Reden des Herrn, StKr 1868, 88.

75) gegen Riggenbach, Johannes der Apostel und der Presbyter,
JdTh 1868, 323; Hilgenfeld, Einleitung 58, 2; Holtzmann a. a. O. 96 f

76) gegen Zeller a. a. O. 49 f.; vgl. König a. a. O. 43 f.; Zahn,
Geschichte I, 579 ff.; doch gegen dessen Schlussbemerkung: nach einem
Widerspruch gegen die Apostelgeschichte sucht man vergeblich; vgl.
Clemen, Die religionsphilosophische Bedeutung des stoisch-christlichen
Eudämonismus in Justins Apologie 1890, 119.

77) gegen Zahn a. a. O. 194, 4. Die bemerkenswerteste Anspielung
von II, 8 auf act. 17, 28 ist in der That keine; denn bei Theophilus handelt

das Ende des Jacobus[78]) wohl die Perikope über Stephanus
voraussetzt[79]). Ausdrücklich zitiert wird sie in dem Schreiben
der Gemeinden von Vienne und Lyon vom Jahre 177 [80]), damit
aber wohl zugleich auch die ganze Apostelgeschichte in der
Redaktion des autor ad Theophilum bezeugt, da vorher eine
Stelle aus den Kindheitsgeschichten des Evangeliums angeführt
wird, die, wie wir später sehen werden, dieser erst eingefügt
haben dürfte.

c. Die Bestreitung der paulinischen Briefe (§ 6).

In weit höherem Masse noch, als die ältere Kritik der
Apostelgeschichte ist die moderne Diskreditierung der vier
grossen Paulinen wenigstens anfangs von philosophischen Vor·
aussetzungen ausgegangen, die wohl weiterhin jene Anschauung
Hegels von der schöpferischen Allmacht der Idee in sich auf-
nahmen, zunächst aber dessen Grundannahmen durchaus entgegengesetzt waren. Nach der neueren Evolutionslehre verläuft
jede Entwickelung, also auch die der Religion, nicht etwa durch
den Gegensatz von Thesis und Antithesis hindurch, sondern
in regelmässig aufeinander folgenden, stufenweisen Fortschritten
vom niederen zum höhern[1]). Wohl sei manchmal in einzelnen
Persönlichkeiten wirklich neues in die Welt getreten, aber eine
solche Entwicklung des Christentums, wie sie bisher behauptet
worden, bleibe undenkbar[2]). Doch stellen wir uns dieselbe
wirklich noch so unvermittelt vor, wie der Hauptvertreter dieser
Kritik, Loman, meint? Selbstverständlich ohne ihm daraus

---

es sich gar nicht um die Göttlichkeit der Menschen, sondern den Glauben
an eine Vorsehung, für den er den Anfang der Phänomena des Aratos
und so auch jenes τοῦ γὰρ καὶ γένος ἐσμέν heranzieht.

78) Eus. h. e. 2, 23. 13. 16.

79) vgl. König a. a. O. 52 f.; Sup. Rel. a. a. O. 16.

80) Eus. h. e. 5, 2, 5.

1) vgl. Völter, Ein Votum zur Frage nach der Echtheit, Integrität
und Komposition der vier paulinischen Hauptbriefe, ThT 1880, 266. 269;
Holtzmann, ThJB 1889, 101; Gloel, Die jüngste Kritik des Galaterbriefes 1890, 82; Pfleiderer a. a. O. 36; Schmiedel a. a. O. 34.

2) Loman, Quaestiones Paulinae, ThT 1882, 146: Deze Paulus is
een psychologisch raadsel, als wij hem denken op een zoo korten afstand
van Jezus; vgl. van Manen, Zur Litteraturgeschichte der Kritik und
Exegese des Neuen Testaments, JpTh 1883, 600; auch Brückner a. a. O. 192.

einen Vorwurf machen zu wollen, glaube ich doch, dass ihn
seine langjährige Blindheit verhindert hat, vollständig auch
von der neueren Litteratur über unsere Frage Notiz zu nehmen,
in der doch die meisten seiner Aufstellungen, wenn sie dessen
überhaupt bedurften, längst widerlegt waren. Und diesen Eindruck einer unverantwortlichen Einseitigkeit machen nun auch
mehr oder minder alle übrigen Arbeiten derselben Tendenz,
so dass sie schon veraltet waren, bevor sie nur erschienen.
Das gilt namentlich mit Bezug auf die Verwendung der Akten,
die als entweder durchaus oder wenigstens mehr glaubwürdig
als die Paulusbriefe gelten, etwa wie die Synoptiker mehr als
Johannes. Selbst Völter, der dieses unkritische Gebahren
scharf tadelt, hält doch schliesslich sogar das Aposteldekret
für durchaus historisch[3]). Ebenso gilt Jesus noch immer durchaus als Jude, bei dem jeder Anknüpfungspunkt für den paulinischen Universalismus gefehlt hätte[4]), während doch sonst die
gegenwärtige Wissenschaft, allerdings mit einer beachtens-
werten Ausnahme[5]), gelernt hat, eben jenen schon bei dem Heiland keimhaft vorgebildet zu sehen[6]). Aber wie dieses, so
wird von den Holländern auch ein anderes den Paulinismus
vorbereitendes Ferment, nämlich das hellenistische Judentum
in seinen verschiedenen Schattierungen, bis auf einige ebendeshalb einseitig urgierte Anklänge daran, die ich später zu
erwähnen haben werde, gelegentlich ganz ignoriert. Und endlich schildert zumal van Manen[7]), der sich erst allmählich zu
der neuen Richtung bekehrt hat, (aber auch schon Steck[8]) und
Mühliss[9])) den Paulinismus, namentlich seine Christologie und
seinen Antijudaismus, immer in der Form, die sie im Römer-
und Galaterbrief haben, obwohl gerade der Holländer Straat-

---

3) Die Komposition 4 f. 144 ff.; vgl. Steck a. a. O. 80. 373. 91 ff.
95 ff.; Mühliss, Die unechtheit des galaterbriefes 1891, 51.

4) van Manen a. a. O. II, 1891, 140. 142 f. 290 f.

5) Weiss, Leben Jesu ³ 1888, I, 490 ff.; Biblische Theologie des
Neuen Testaments ⁵ 1888, 78 ff.

6) übertreibend Glock, Die Gesetzesfrage im Leben Jesu und in
der Lehre des Paulus 1885.

7) a. a. O. 140 ff.

8) a. a. O. 75 ff.

9) a. a. O. 40 ff.

man schon vor achtzehn Jahren, wie wir noch sehen werden,
deren Lehre als das Ende einer Entwickelung innerhalb der
paulinischen Theologie zu erweisen versucht hat [10]). Heben
sich so die allgemeinen Hauptbedenken gegen die alte Vorstellung von der Geschichte des Urchristentums, so spricht
gegen die neue vor allem schon die hier wirklich vorhandene
Undenkbarkeit. Denn wenngleich die Konstruktion Lomans
später von ihm selbst zum Teil aufgegeben worden ist [11]) und
die Phantasmagorien von Pierson und Naber kaum ernst zu
nehmen sind [12]), so ist doch auch van Manens Anschauung,
wonach aus der jüdischen Sekte der „Heiligen" seit der Zerstörung Jerusalems durch die Mission unter den Heiden allmählich das freisinnige „Christentum" wurde [13]), und gar Stecks
zum Teil auf Bauers Hypothesen zurückgreifende Meinung,
dass neben dem Judentum auch das römische Griechentum
zur Entstehung des Christentums beigetragen hätte [14]), schon
rein an sich betrachtet mehr als unwahrscheinlich. Hat doch
der Verfasser selbst, wenn er neuerdings mit Recht die bunte
Mannigfaltigkeit, das freie Neben- und Durcheinander der lite-
rarischen Erscheinungen als das geschichtlich wirkliche betrachtet, damit vor allen der „langweiligen Regelmässigkeit
und dem ordentlichen Nacheinander" seiner Konstruktion das
Urteil gesprochen [15]). Ja, man könnte sich dadurch ermächtigt
glauben, nun auch sein früheres Urteil über die alte Vorstellung
von Pauli Entwicklung als das Studierstubenfündlein eines
deutschen Professors vielmehr gegen seine eigene Hypothese
zu kehren und zu sagen: in den lebendigen Fluss der Geschichte gehört diese Vorstellung nicht [16]). Aber dieses Ver-
werfungsurteil über die Theorie im ganzen bestätigt sich nun
auch weiterhin an den einzelnen dafür vorgebrachten Beweisen,
die indes immerhin auf einige bisher übersehene Schwierig-

10) a. a. O. 46 ff.

11) vgl. van Manen, Jp'Th 1883, 594. 604 f. 615. 1886, 424 f.

12) vgl. ebenda 1883, 617; Paulus Episcopus, ebenda 1887, 395 ff.

13) Paulus II, 290 ff.

14) a. a. O. 376 f.; dagegen schon Kuenen, Volksreligion und Welt-
religion 1883, 190 f. 329 ff.

15) Zur paulinischen Frage, PrKz 1889, 108.

16) Galaterbrief 283.

keiten aufmerksam gemacht und sogar auf einem Punkte, wie
wir sehen werden, die bisherige Anschauung mit Recht umgekehrt haben dürften.

Steck folgert die Unechtheit des Galaterbriefes in erster
Linie aus der Dunkelheit der in ihm vorausgesetzten Situation[17]).
Sicher in jedem Falle eine sehr eigentümliche Beweisführung.
Denn angenommen auch, die vorausgesetzte Lage wäre so unverständlich und nicht vielmehr gerade nach den von Steck
selbst gegebenen Andeutungen klarer als bisher zu erkennen;
würde nicht ihre kurze Skizzierung erst recht unerklärlich sein,
wenn sie frei erfunden oder auch nur nach der Apostelgeschichte
bezw. deren Quelle ausgeschmückt wäre?[18]) Ja, ist es überhaupt, ausser bei jenem hegelschen Aberglauben, denkbar, dass
aus einer abstrakten Idee so individuelle Züge erdichtet werden
konnten? Steck beruft sich gegenüber diesem auch später
noch mehrfach ihm gemachten Einwand[19]) auf die Naturwahr-
heit eines modernen Romans[20]); aber wird da nicht eben immer,
ausser wo die Unklarheit Absicht ist oder Manier geworden,
die vorausgesetzte Situation, auch wenn sie frei erfunden wäre,
doch ganz genau geschildert oder doch mindestens verständlich
angedeutet? Dagegen in einem Privatbriefe beschreibt man
ja auch heute nicht erst eingehender die beiden Teilen bekannten Verhältnisse. Dass dieselben aber hier nicht positiv
unmögliche sind: das werde ich später zu zeigen versuchen.
Dagegen bedarf die Deutung des δουλεύει Gal. 4, 25 von der
politischen Knechtung Israels in folge der Zerstörung von Jerusalem durch die Römer[21]) kaum erst der Widerlegung. Desgleichen sind es lediglich leere Behauptungen, dass die Taufe
für die Toten 1. Cor. 15, 29, die Ehevorschriften c. 7 und die

---

17) ebenda 24 ff.

18) ebenda 78 ff. 119. 334; PrKz 1889, 106. 841 f.; vgl. (van Manen)
ein holländisches Urteil über Stecks Galaterbrief, ebenda 647 ff.; Paulus
II, 1882 ff.; Mühliss a. a. O. 15.

19) Harnack, Dogmengeschichte I, 48, 2; Brückner a. a. O. 127 ff.;
Holsten, Kritische Briefe über die neueste paulinische Hypothese, PrKz
1889, 597 (freilich auch gegen: Der Philipperbrief, JpTh 1876, 354 ff.);
Gloel a. a. O. 91 f.; Schmiedel a. a. O. 36; Beyschlag, Neutestamentliche Theologie II, 4; vgl. auch van Manen a. a. O. 200 ff.

20) a. a. O. 103.

21) Steck, Galaterbrief 133 f.; Mühliss a. a. O. 59 f.

Diakonissin Phoebe Röm. 16, 1 notwendig auf spätere Zeit
hinwiesen[22]). Endlich van Manens Nachweise einer Bekanntschaft des Römerbriefes mit der neronischen Verfolgung und
der Zerstreuung Israels nach 70[23]) können nicht einmal ihm
selbst überzeugend gewesen sein, während die ebenfalls namentlich von ihm betonten Anklänge an spätere Lehrformen[24]) nur
von neuem zeigen, dass dieselben eben nicht, wie man noch
immer gewöhnlich annimmt, einen plötzlichen Abfall von dem
(einseitig abgeblassten) Paulinismus, sondern seine naturgemässe
Weiterentwicklung bilden. Und ist man deshalb neuerdings
immermehr davon zurückgekommen, die kleinen Briefe, in denen
dieser Uebergang längst aufgefallen war, Paulus abzusprechen,
so sollte man doch jetzt nicht einen bereits antiquierten Standpunkt dadurch konsequent weiterführen wollen, dass man auch
die vier Hauptbriefe in Zweifel zieht. Ebenso geht man von
einem vollkommen willkürlichen Phantom, das man sich von
Paulus Stil gebildet hat, ohne eine Zeile von ihm zu besitzen,
aus, wenn man behauptet, er könnte diese oder jene Ungenauigkeit nicht begangen haben[25]). Dass aber endlich ein
briefschreibender Zeltweber auch schon im allgemeinen unwahrscheinlich sei[26]), ist einfach geschichtswidrig. Die jüdischen
Schriftgelehrten trieben, obwohl Jesus Sirach seinerzeit davon
abgeraten[27]), doch in der römischen Zeit vielfach wieder ein
Handwerk, von dem sie lebten[28]). Und dass sich mit dieser
rabbinischen Bildung und hebräischen Denkweise, wie sie die
paulinischen Briefe sicher zeigen[29]), griechische und philosophische Einflüsse paarten, war nicht nur möglich, sondern unter

---

22) Steck a. a. O. 265 ff.
23) a. a. O. 170 ff.
24) ebenda 154 ff.
25) vgl. Schmiedel a. a. O. 35.
26) van Manen a. a. O. 124.
27) 38, 25 f.
28) Stade-O. Holtzmann, Geschichte des Volkes Israel II, 1888,
554; Schürer a. a. O. 255 ff.; Krenkel a. a. O. 11. 217 f.; Gloel a. a. O. 74 f.
29) Holsten, Das Evangelium des Paulus XIV; PrKz 1889, 366;
Havet a. a. O. 102; Harnack a. a. O. 78. 251, 2; Beyschlag a. a. O.
22 f.; gegen Steck a. a. O. 212 ff.; PrKz 1889, 979 ff. 1009 ff.; van Manen
a. a. O. 186 ff.; auch Weyler, Paul's Rabbinic Education, Andover Review
1892, 88 ff.

den damaligen Verhältnissen direkt notwendig[30]). Nur darf
man nicht annehmen, dass Paulus alle derartigen Gedanken
eben dort gefunden haben muss, wo wir sie gerade jetzt lesen:
sie mochten auch schon längst zum Allgemeingut geworden
und vielmehr an jener andern Stelle erst später schriftlich
niedergelegt worden sein. Wir werden das mehrfach zu beachten haben, wenn wir jetzt endlich noch zusehen, was aus
ihrem litterarischen Verhältnis zu den Erzeugnissen der ersten
beiden christlichen Jahrhunderte gegen die Echtheit der Paulinen gefolgert worden ist und für dieselben angeführt werden
kann.

Während Loman, Pierson und namentlich E. Johnson, der
Verfasser der Antiqua Mater bis nach der Mitte des zweiten
Jahrhunderts alle Zeugnisse für den Paulinismus nicht nur bei
christlichen, sondern auch bei jüdischen und heidnischen Schrift-
stellern einfach beseitigten[31]), so haben sich Steck und van
Manen auch um den umgekehrten positiven Beweis für die
Abhängigkeit der Paulinen von späteren Schriftwerken bemüht,
wenngleich mit ebenso wenig Erfolg. Dass in den ersteren
Seneca benutzt sei, wird wohl heutzutage keiner mehr behaupten, der einerseits die Entstehung des Stoizismus, andrerseits seinen Unterschied vom Christentum berücksichtigt[32]). Ob
die zum Teil allerdings höchst überraschenden Anklänge an
Philos Schriften nicht vielmehr, da seine dualistische Grundanschauung durchaus fehlt, auf die sicher zahlreichen und
weit verstreuten Vorgänger des im einzelnen ja keineswegs
originellen alexandrinischen Systematikers zurückgehen, kann
hier unerörtert bleiben; selbst im entgegengesetzten Falle würde
daraus noch nicht die Unechtheit der Paulinen folgen[33]). Das-

---

30) Harnack a. a. O. I, 39. 44. 45, 1. 61, 1. 91, 1. 95, 1. 99, 2; Schultz,
Alttestamentliche Theologie ⁴ 1889, 371 f. 374 f. 394. 400; Möller, Lehrbuch der Kirchengeschichte I, 1889, 41 ff. 85.

31) vgl. van Manen, JpTh 1883, 602. 608, 1. 614; auch Mühliss
a. a. O. 8 f.: das erste Zeugnis werden wir nicht vor das Jahr 170 ansetzen
dürfen; und daneben Zahn a. a. O. 828 f.

32) gegen Steck, Galaterbrief 247 f.; van Manen a. a. O. 261 f.; vgl.
auch Talamo, Le origini del cristianesimo e il pensiero stoico, Studi
e documenti di storia e diritto 1888, 11 ff. 175 ff. 359 ff.; 1889, 37 ff. 269 ff. 383 ff.

33) gegen Steck a. a. O. 237 ff.; PrKz 1889, 1009 ff.; van Manen
a. a. O. 189 ff. 259 f.

selbe gilt von der übrigens wohl eher umgekehrt zu erklärenden
Berührung mit der assumptio Mosis[34]). Deutlich ist zwischen
den Paulusbriefen und dem IV. Esra die Unabhängigkeit auf
Seiten des letzteren[35]). Ein gleiches ergiebt sich bei jeder nicht-
voreingenommenen Prüfung der fraglichen Stellen für das Lukasevangelium und die Apostelgeschichte. Allerdings will auch
van Manen nur die von ihm als Quelle der letzteren ausge-
schiedenen Paulusakten in den Briefen benutzt finden[36]), aber
selbst das ist unerweislich. Dagegen hält es Steck schliesslich
selbst für möglich, dass die verwendeten Herrensprüche aus
der mündlichen Ueberlieferung stammten und hat überhaupt
mit der ihm eigenen Wahrheitsliebe zugestanden, dass die
ganze Frage des litterarischen Abhängigkeitsverhältnisses noch
nicht endgiltig entschieden sei[37]). Wenn er freilich trotzdem
in demselben Zusammenhang seine Ansicht als kaum noch
stark zu erschüttern bezeichnet[38]), so ist vielmehr mit Recht
von Anfang an als Hauptargument gegen sie eben die Beziehung der übrigen neutestamentlichen Schriften zu den Paulusbriefen angesehen worden[39]). Van Manen erklärt jene Anklänge
freilich jetzt aus einem vor den Hauptbriefen schon vorhandenen

---

34) Für die Priorität derselben L o m a n a. a. O. 478 f.; S t e c k, Ga-
laterbrief 230 ff.; auch noch H i l g e n f e l d, ZwTh 1890, 360; für die des
Paulus L i p s i u s a. a. O. 104; vgl. S c h ü r e r a. a. O. 636; für gegenseitige
Unabhängigkeit S c h o l t e n und neuerdings L o m a n bei v a n M a n e n,
JpTh 1883, 612. 614; G l o e l a. a. O. 57 f.

35) gegen S t e c k a. a. O. 232 f.; H i l g e n f e l d a. a. O. IV. Esra 6, 1 ff.
wird gegen die christliche Lehre von der Welt-Schöpfung und -Vollendung
durch Christum polemisiert (V o l k m a r, Handbuch der Einleitung in die
Apokryphen II, 1863, 37; dagegen K a b i s c h, Das vierte Buch Esra 1889,
48, 1). Die christlichen Versionen, der Syrer, Aethiopier und Araber merkten
das und lasen desshalb: initium per filium hominis, finis autem per memet
ipsum oder ähnlich. (H i l g e n f e l d, Messias Judaeorum 1869, 54. 222 f.
275. 384.)

36) vgl. oben not. 18.

37) PrKz 1889, 108.

38) ebenda 111.

39) S c h o l t e n, Historisch-critische bijdragen 1882, 27 ff ; S c h m i e d e l,
LC 1888, 169 ff.; H o l t z m a n n, ThJB 1889, 97 ff.; W e i f f e n b a c h, ThLz
1889, 275 ff.; K a p p e l e r, Der Galaterbrief nach seiner Echtheit untersucht, ThZSch 1889, 11 ff.; G l o e l a. a. O. 68 ff.; P f l e i d e r e r a. a. O. 35;
P. V. S c h m i d t, Der Galaterbrief im Feuer der neuesten Kritik 1892, 232 ff.

40) a. a. O. 209. 166.

Paulinismus, den er aber doch sonst eben erst zur Zeit des Gnosticismus, frühestens im zweiten Jahrzehnt des zweiten Jahrhunderts auftreten lässt[40]). Und wenn er vollends die marcionitische Rezension der Briefe für die ältere erklärt[41]), so ist diese Annahme längst widerlegt und sollte eigentlich nicht mehr möglich sein. Endlich Justin hält Loman für einen Vorgänger[42]), van Manen wenigstens für einen jüngeren Zeitgenossen des Paulus canonicus[43]), obwohl doch schon zu Anfang der ganzen Kontroverse Scholten die geringe Benutzung der Paulinen daraus erklärt hatte, dass sie noch kein kanonisches Ansehen besassen[44]). Aber auch abgesehen davon mussten die meisten eigentümlich paulinischen Theoreme den spätern unverständlich sein, wie sie denn in der That nur von Marcion wieder aufgegriffen und einseitig weitergebildet wurden. Und daraus erklärt sich zugleich zum andern die Zurückhaltung des Irenäus und Tertullian gegenüber dem „Ketzerapostel"[45]), auf die ich indess besser in einem andern Zusammenhang nochmals zurückkomme[46]).

3. Die Voraussetzungen der Neuuntersuchung.

a. Die echten Paulusbriefe (§ 7).

Müssen die vier grossen Paulinen nach wie vor als authentisch gelten, so ist doch damit nicht ausgeschlossen, dass sie hin und wieder mit ursprünglich einem andern Zusammenhang angehörigen paulinischen oder auch einer späteren Zeit entstammenden, also nachpaulinischen Stücken versetzt sein könnten. Nachdem das erstere bezüglich II. Cor. 6, 14—7, 1 auch von Heinrici[1]), das letztere bezüglich Röm. 16, 25—27

---

41) Marcions brief van Paulus aan de Galatiërs, ThT 1887, 382 ff. 451 ff.; PrKz 1889, 649; Paulus II, 108 ff.; S t e c k, Galaterbrief 339 f.

42) a. a. O. 312 ff.

43) a. a. O. 262 ff.

44) a. a. O. 101 ff.; vgl. auch B a l j o n, exegetisch-kritische verhandeling over den brief van Paulus aan de Galatiërs 1889, 328.

45) Tert. adv. Marc. I, 15. III, 5.

46) vgl. unten § 12; gegen A n t i q u a M a t e r 1887, 236 ff.; S t e c k a. a. O. 343 ff.; v a n M a n e n a. a. O. 109. 265 ff.

1) a. a. O. 329 ff.; der dazu 334, 1 die für späterhin wichtige Bemerkung macht: diese Beobachtung (dass man die Fugen einer solchen Ein-

selbst von Delitzsch[2]) zugegeben worden ist, darf eine ähnliche
Annahme auch anderwärts nicht von vornherein als unmöglich gelten. Doch genügt zu ihrem Beweis nicht etwa die
Entbehrlichkeit eines solchen Stückes, auch noch nicht seine,
vielleicht sehr auffällige Andersartigkeit, sondern lediglich seine
absolute Unvereinbarkeit mit dem vorliegenden Context und
andrerseits die Begreiflichkeit einer solchen Interpolation gerade an dieser Stelle. Ich werde nach diesen Principien im
folgenden einigemale eine derartige Ausschaltung vornehmen[3]);
in grösserem Umfange ist sie, von den jüngsten Zerstückelungs-
Hypothesen über den Römer- und Galaterbrief, die deren Gedankengang total verkennen, gleich abzusehen[4]), nur rücksichtlich der beiden letzten Kapitel des ersteren versucht worden.
Aber wenn 16, 1 (3)—(16) 20 (23) immer allgemeiner als
Bruchstück eines Sendschreibens an die Gemeinde zu Ephesus
angesehen wird, das, weil in derselben Zeit entstanden, hier
eingelegt ward[5]), so bleibt nur noch c. 15 und hier im Grunde
lediglich die Voraussetzung von juden- und heidenchristlichen
Gliedern der Gemeinde in Rom bedenklich, die man v. 8 f.
findet. Wie mich dünkt, mit Unrecht. Denn wenn dort von
der Sendung Jesu für Juden und Heiden die Rede ist, so dient
diese nur zur Verherrlichung Gottes, wie auch die Christen
desshalb eines Sinnes sein sollen, damit sie einmütig Gott
preissen könnten[6]). Also bietet die Stelle noch nicht einmal
Anlass, gegen den sonstigen Gesamteindruck des Briefes[7]) an

schaltung nicht ausglättete) ist nicht ohne Wert im Hinblick auf die Versuche, die paulinischen Briefe auf Interpolationen zu prüfen.

2) vgl. Holtzmann, Einleitung 245.

3) über die bisherige Geschichte der Kritik vgl. am besten van
Manen a. a. O. 6 ff. 190 ff.; über ihre damaligen Resultate Rovers, Die
Anwendung der Conjekturalkritik auf den Text der neutestamentlichen
Schriften, ZwTh 1881, 385 ff.

4) Völter, Die Composition; anders noch ThT 1889, 294 über den
Galaterbrief; van Manen a. a. O.

5) vgl. namentlich Weizsäcker a. a. O. 331 ff., der übrigens 321 f.
die fraglichen Verse vielmehr für ein unversehrtes Empfehlungsschreiben
für Phöbe hält.

6) ebenso wird ja v. 3 Christus einfach als Muster des τῷ πλησίον
ἀρέσκειν hingestellt; gegen Baur a. a. O. 395; Weiss a. a. O. 230 f.; Lipsius a. a. O. 192 ff.; auch Weizsäcker a. a. O. 415 f.

7) vgl. oben § 1 not. 5.

eine judenchristliche Minderheit in der Gemeinde zu denken,
geschweige denn wegen des anderufalls allerdings auffälligen
Widerspruchs gegen das vorhergehende den Schluss des Römerbriefs dem Apostel abzusprechen. Und ebensowenig halte ich
das betreffs des Philipper-, Kolosser- und der Thessalonicherbriefe für erlaubt, muss aber doch dieses Urteil auch hier, je
nach dem gegenwärtigen Stand der Frage, etwas mehr oder
minder eingehend begründen.

Zunächst der Philipperbrief ist zuerst von der Tübinger
Schule, dann in neuerer Zeit vor allen von Holsten[8]) in Anspruch genommen worden auf Gründe hin, die heute teils als
widerlegt gelten können[9]), teils im folgenden gelegentlich zur
Verhandlung kommen werden. Nur eins ist immer noch auffällig geblieben, worauf seinerzeit schon Baur aufmerksam gemacht hatte[10]): die zahlreichen Wiederholungen und Zusammen-
hangslosigkeiten, zu deren Erklärung jetzt Pfleiderer annimmt,
der Brief sei eine öfter unterbrochene gemütliche Unterhaltung
des gefangenen Apostels mit der ihm besonders nahestehenden
Gemeinde[11]). Es fragt sich indess, ob diese Annahme genügt,
statt deren daher in allerneuester Zeit wieder Völter nach
älteren Vorgängern eine Zerlegung des Briefes in einen echten
und unechten Teil versucht hat[12]). Ich kann seine Beweis-
führungen nur zum geringsten Teil für zwingend halten und
möchte daher im Anschluss an sie hier eine andre Teilungshypothese entwickeln. Auszugehen ist dabei von 2, 20 f., was
neben 1, 14. 16[13]) und andrerseits von 3, 2 ff. 18 f., was
neben 1, 18. 28 in demselben Briefe schlechterdings undenkbar
ist. Denn sind dort, woran wegen der wörtlichen Anklänge
an II. Cor. 11, 13. 15. 22 f.; Röm. 16, 18; Gal. 6, 13 m. E. kein

---

8) Der Philipperbrief, JpTh 1875, 425 ff. 1876, 58 ff. 282 ff.

9) vgl. P. Schmidt, neutestamentliche Hyperkritik 1880 und dazu
Brückner, Die Philipper- und Thessalonicherbriefe, PrKz 1885, 318 ff.

10) a. a. O. II, 72 vgl. 59.

11) Urchristentum 149. Paulinismus 43 hält er indes für möglich,
dass mit 3, 1 ff. ein andrer Brief beginnt. Vgl. auch Sabatier a. a. O. 228;
Lightfoot, Saint Paul's Epistle to the Philippians ⁶ 1885, 69 f.; Farrar
a. a. O. 601.

12) Zwei Philipperbriefe, ThT 1892, 10 ff. 117 ff.

13) vgl. ebenda 32; gegen P. Schmidt a. a. O. 67 f.; auch Hofmann
a. a. O. IV, 3, 1871, 90. 189.

Zweifel sein kann, Judaisten gemeint[14]), so wäre in ein und
demselben Schriftstück wohl auch 1, 28, wo man jetzt bei
$\dot{\alpha}\nu\tau\iota\kappa\epsilon\acute{\iota}\mu\epsilon\nu o\iota$ wegen I. Cor. 16, 9 nur an Heiden denken kann,
ihrer gedacht worden, vor allen aber auch ihnen wenigstens
ein klein wenig von der 1, 18 hervortretenden Milde des
Apostels zu gute gekommen, die hier doch nicht nur persönlichen Rivalen, sondern sachlichen Gegnern gilt; denn wie
wollten sie denn in der Gemeinde Streit säen, wenn sie nicht
eine abweichende Lehre predigten[15])? Man wird also 3, 2—
4, 3, das ja auch von anderen schon als Digression oder Pa-
renthese bezeichnet worden ist[16]), auszuscheiden haben, zumal
ja die allerdings nicht zu überschätzende Unsicherheit 3, 11
und die Schaffensfreude v. 12 ff. nicht recht zu der ruhigen
Sicherheit 1, 21 und der trotz fortdauernder Hoffnung doch
überwiegenden Erwartung des Todes 1, 23. 2, 17 passt und
3, 1 besser, als durch die ohne jeden Zusammenhang einsetzende
Polemik v. 2 ff., durch die Ermahnungen 4, 5 f. fortgesetzt wird.
vor denen der ursprünglich damit verbundene Vers 3, 1 nach
geschehener Interpolation wiederholt worden sein dürfte. Aber
auch v. 8 f. scheint nun in demselben Brief gegen das vorhergehende allzu sehr abzufallen und ebenso v. 10—20 unerträglich anzuhängen. Denn warum hat Paulus nicht schon früher,
vor allem gelegentlich der ersten Erwähnung des Epaphroditus
2, 25 ff., für die Gabe der Philipper gedankt, sondern erst hier
am Ende und dann in dieser unverkennbar etwas frostigen
Art? Nun scheint er sich ja aber, wie Zahn[17]) ausserordentlich scharfsinnig nachgewiesen hat, 1, 3 ff. gegen einen Verdacht der Undankbarkeit zu verteidigen — sollte dann nicht

14) Reuss a. a. O. 65. 127; Hofmann a. a. O. 176. 184; Hilgenfeld a. a. O. 174; Lightfoot a. a. O. 53. 69 f. 143; Weizsäcker a. a.
O. 238. 355. 454; Pfleiderer, Urchristentum 151; Brückner, Chronolog. Reihenfolge 213 f.; Völter a. a. O. 127 ff.; gegen Holsten a. a. O.
1875, 467. (451 f.) 1876, 90 f. (121 f.) 145 f. 325; P. Schmidt a. a. O.
23 f. 71, 1: wer Phil. 3, 2 auf Judaisten deutet, sollte auf die Einheit des
Briefes verzichten; Weiss a. a. O. 281, 1; Lipsius a. a. O. 209. 234. 240.

15) P. Schmidt a. a. O. 41; Meyer-Francke, Commentar zum
Philipperbrief⁵ 1886, 53 ff.; Brückner a. a. O. 217.

16) Lightfoot a. a. O. 70. 158; Brückner a. a. O. 211 f.

17) Altes und Neues zum Verständnis des Philipperbriefes, ZWL
1885, 184. 199 ff.

4, 10 ff. einem früheren Briefe angehören, der an diesem und
andern des weiteren berichtigten Missverständnissen schuld
gewesen war? Ob er auch 3, 2 ff. und 4, 8 f. enthielt, muss
jetzt noch unentschieden bleiben, ebenso, woher jener Abschnitt
2, 19 ff. stammt, der jedenfalls, trotz aller Ergänzungen der
Kommentare, den Zusammenhang unterbricht und auch von
dem oben erwähnten Widerspruch abgesehen nicht mit den
sonstigen Angaben des Briefes übereinstimmt. Denn während
Paulus dort, wie dies ja auch seine Ermahnungen verraten,
durch Epaphroditus den Zustand der Gemeinde kennen musste,
so wünscht er hier erst Aufklärung darüber. So würde also
auch dieses Stück einem älteren Briefe angehören, dessen Anfang vielleicht aus Polyc. ad Phil. 11, 3 im allgemeinen zu re-
konstruieren wäre. Auch bezeugt derselbe wahrscheinlich doch
3, 2 mehrere Philipperbriefe des Paulus, da er auch 13, 2 unter
dem allerdings sonst — so wohl auch I. Cor. 16, 3 — singularistisch
gebrauchten ἐπιστολαί eine Mehrheit, nämlich den Brief des
Ignatius an die Smyrnäer und an Polykarp selbst in der allein
echten, kürzern griechischen Rezension verstanden zu haben
scheint. Noch deutlicher aber bestätigt die vorgetragene Teilungshypothese auch im einzelnen die Notiz des Syncellus
Chron. I, 651, dass der Apostel im ersten Brief an die Philipper
des Clemens gedenke[18]). Darf sie also vorläufig als bewiesen
gelten, so fällt auch der Hauptgrund für Ausscheidung von
1, 15—17 hinweg; ob ebenso 2, 6 f. als paulinisch zu halten
ist, wird sich erst später zeigen[19]).

Auch der erste Thessalonicherbrief ist in neuerer Zeit, abgesehen von den Bestreitern aller Briefe, nur von Holsten
Paulus abgesprochen worden[20]). Doch haben P. Schmidt[21]) und
von Soden[22]) zu gleicher Zeit seine Bedenken so gründlich
widerlegt, dass hier nicht noch einmal darauf zurückgekommen

---

18) vgl. Lightfoot a. a. O. 140 ff.

19) gegen Holsten a. a. O. 1876, 123 ff.; Brückner, PrKz 1885, ·
321 f., Chronolog. Reihenfolge 217 ff.; vgl. unten § 42.

20) Zur Unechtheit des ersten Briefes an die Thessalonicher und zur
Abfassungszeit der Apokalypse, JpTh 1877, 731 ff.

21) Der erste Thessalonicherbrief 1885; vgl. Brückner, PrKz
1885, 318 ff.

22) Der erste Thessalonicherbrief, StKr 1885, 263 ff.

zu werden braucht. Teilweise haben sich die angeblichen Indizien der Unechtheit in die allerstärksten Beweise für die
Echtheit verwandelt, während andere aus unkritischer Vergleichung mit späteren Briefen hervorgegangene Bedenken sich
im weiteren Verlauf der vorliegenden Darstellung lösen werden.
Ich gehe daher hier zunächst über die auch bei Vertretern
der Echtheit [23]) noch stehen gebliebenen Schwierigkeiten hinweg und wende mich sofort dem zweiten Briefe zu, dessen
paulinischer Ursprung desto bestrittener ist [24]). Dabei betont
Weizsäcker besonders das auffallende Verhältnis zum ersten
Brief, das aber doch nicht ganz ohne Analogien ist. Auch
der Römer- und Galaterbrief sind sich vielfach ähnlich; mehr
noch, wie wir sehen werden, unser erster und ein vorher-
gehender Corintherbrief; warum sollte sich dann Paulus gegenüber den Thessalonichern nicht noch mehr wiederholt haben,
wenn sie fortdauernd derselben Ermahnungen bedurften und
vielleicht auch er selbst im Anfang noch nicht viel anderes zu
schreiben hatte? Auch in dem Gebrauch von $\varkappa\lambda\tilde{\eta}\sigma\iota\varsigma$ 1, 11
(vgl. Phil. 3, 14) neben 2, 14. I, 4, 7 liegt keine unüberwindliche
Schwierigkeit; denn schon I, 2, 12 (5, 24) wird $\varkappa\alpha\lambda\epsilon\tilde{\iota}\nu$ zeitlos,
wenn nicht futurisch gebraucht, wie $\dot{\varrho}\nu\acute{o}\mu\epsilon\nu\circ\varsigma$ 1, 10 [25]); und
Paulus hat ja z. B. auch $\dot{o}\varrho\gamma\acute{\eta}$ sowohl im eschatologischen
als im präsentischen Sinne und $\varkappa\alpha\vartheta\epsilon\acute{\upsilon}\delta\epsilon\iota\nu$ und $\gamma\varrho\eta\gamma\circ\varrho\epsilon\tilde{\iota}\nu$ im
5. Kapitel des ersten Briefes sogar in dreifach verschiedener
Bedeutung gebraucht. Ferner ist die Vergeltungslehre 1, 5 f.
doch nur für unsern Geschmack auffallend, dagegen der
jüdischen Vorstellung von der Erlösung durch Leiden

---

23) Weizsäcker a. a. O. 241 ff.; Schmiedel a. a. 6; gegen Steck,
Das Herrenwort I. Thess. 4, 15, JpTh 1883, 509 ff. (doch vgl. Galaterbrief
232, 2); vgl. schon Baur a a. O. 99.

24) Hilgenfeld a. a. O. 239 f. 642 f.; ZwTh 1891, 233 ff.; Hausrath a. a. O. II, 254 f. III, 195. 506; Weizsäcker a.a.O. 249 ff.; Pfleiderer
a. a. O. 77 f. 356 ff.; Paulinismus 40 f.; Schmiedel a. a. O. 8 ff.; Brückner,
Chronol. Reihenfolge 253 ff.: Man kann wohl sagen, dass gegenwärtig, wo
irgend mit der Handhabung der Kritik Ernst gemacht wird, die Unechtheit dieses Briefes anerkannt ist.

25) Die Erklärungen von Grimm, Die Echtheit der Briefe an die
Thessalonicher, StKr 1850, 806 f., Hofmann a. a. O. I, 304 f.; Westrik,
De echtheid van den tweeden brief aan de Thessalonicensen 1879, 94
und Klöpper, Der zweite Brief an die Thessalonicher, Studien und
Skizzen aus Ostpreussen 1889, 95 sind zu künstlich.

ganz angemessen [26]). Weiterhin ist 2, 15 nicht von
vielen, sondern einem Brief des Apostels die Rede, eben
unserm ersten Thessalonicherbrief. Dagegen 2, 2 ist weder
dieser [27]) noch sonst ein wirkliches Sendschreiben Pauli gemeint, obwohl auch dahin gestellt bleiben muss, ob die
ἐπιστολή von einem Pneumatiker im guten Glauben, den Sinn
des Apostels genau wiederzugeben und als ein den Bedrängten
Trost, den Wankenden Kraft zuführendes Stärkungsmittel des
Glaubens concipiert war, oder von einem Visionär nur als eine
solche citiert worden ist, aus der ihm, sei es durch mündliche,
sei es schriftliche Mitteilungen bezügliche paulinische Aussprüche
bekannt und zu weiterer Verbreitung übermittelt worden seien [28]).
Weiterhin kann man zwischen II. Th. 3, 7 ff. und II. Cor. 11, 7 ff.
doch nur dann einen Widerspruch statuieren, wenn man beide
Stellen nicht genauer ansieht. Denn in Wahrheit wird sowohl
dort v. 8ᶜ neben dem Vorbild für andere die Rücksicht auf
die Gemeinde, als hier v. 12 neben dieser jenes als Motiv für
die Verzichtleistung Pauli auf Unterhaltung von seiten der
Gemeinde angeführt [29]). Ebenso lässt sich auch Weizsäckers
letztes Argument gegen die Echtheit, das Selbstzeugnis 3, 17
ins Gegenteil verkehren, sofern ein Fälscher nicht ein Merkmal für die angebliche Authentie seines Fabrikats angeführt
hätte, das bei den meisten uns erhaltenen Briefen gar nicht
zutraf [30]). Denn dass nicht nur der erste Corinther-, der Ga-
later- und Colosserbrief, sondern auch die andern von Paulus
einen eigenhändigen Schluss erhielten, ist wenigstens nicht
erweislich [31]). Aber möchte das auch der Fall sein, so diente
doch dort die Unterschrift nicht zur Abwehr von Fälschungen [32]);

26) Baljon, de 2ᵉ brief aan de Thessalonicensen, ThSt 1885, 347;
gegen Hilgenfeld, Einleitung 254; Schmiedel a. a. O. 8. Hier aber
eine richtige Bemerkung über den den Gebrauch von κύριος.

27) gegen Hilgenfeld a. a. O. 646; Holtzmann a. a. O. 214. Nach
Weizsäcker wäre die Beziehung nur fingiert, um 3, 17 vorzubereiten.

28) Klöpper a. a. O. 88; gegen Schmiedel a. a. O.

29) vgl. Westrik a. a. O. 107.

30) Klöpper a. a. O. 114 f.

31) gegen Schmiedel a. a. O. 9; auch Laurent a. a. O. 8 ff.; Hofmann a. a. O. 358; Holtzmann a. a. O. 209 nebst not. 4.

32) Nur Laurent a. a. O. 5 ff. versteht auch Gal. 6, 11 ff. so; vgl.
dagegen unten § 27.

war dagegen hier eine solche vorgekommen, warum sollte dann
Paulus nicht der Gemeinde für künftige Fälle seine Handschrift
geben? Daraus folgt freilich zugleich, dass er den ersten Brief
wohl nicht selbst unterzeichnet hatte[33]), nicht aber, dass dieser dem
unsrigen erst nachgefolgt sei[34]). Denn auch was man für diese
Hypothese ausserdem noch angeführt hat, beweist vielmehr
das umgekehrte Verhältnis beider Briefe und die Echtheit auch
des zweiten. Sie fällt endlich auch nicht durch die eschatolo-
gische Auseinandersetzung im zweiten Kapitel. Denn dass im
ersten Brief die hier durch Angabe eines vorhergehenden Zeichens
etwas näher bestimmte Parusie als unbedingt unbestimmbar
bezeichnet würde, ist einfach nicht wahr. Der Apostel sagt
dort vielmehr 5, 1, er brauche den Thessalonichern nicht erst
über die $\chi\varrho\acute{o}\nu oi$ $\varkappa a\grave{i}$ $\varkappa ai\varrho oi$ zu sprechen, weil sie sie — so
müssen wir ähnlich wie 1, 8 f. ergänzen — selbst schon kennen.
Auch kann sich das $\mathring{a}\varkappa\varrho\iota\beta\tilde{\omega}\varsigma$ $o\mathring{i}\delta a\tau\varepsilon$ 5, 2 unmöglich auf ein
Nichtwissenkönnen beziehen, sondern muss eine positive Kennt-
nis betreffen, die nur in dem dann figürlich umgedeuteten $\nu\acute{v}\xi$
liegen kann[35]). So wird also schon hier die Parusie fixiert,
soweit das eben möglich war, und II, 2 in einer Weise genauer bestimmt, die durchaus auf derselben Linie sich bewegt.
Denn Neros Tod ist hier noch keineswegs vorausgesetzt; πa-
$\varrho ov\sigma\acute{\iota}a$ v. 9 braucht um so weniger Wiederkehr zu heissen, als
im vorhergehenden noch von keiner Offenbarung, sondern nur
von einer vorbereitenden Wirksamkeit, nicht des $\mathring{a}\nu o\mu o\varsigma$, sondern
des $\mu v\sigma\tau\acute{\eta}\varrho ov$ $\tau\tilde{\eta}\varsigma$ $\mathring{a}\nu o\mu\acute{\iota}a\varsigma$ die Rede war[36]). Vollends mit der
Apokalypse sind die Berührungen geringer, als die Wider-
sprüche[37]), und erklären sich vielmehr aus dem gemeinsamen
jüdischen Hintergrund. Der $\mathring{a}\nu\vartheta\varrho\omega\pi o\varsigma$ $\tau\tilde{\eta}\varsigma$ $\mathring{a}\nu o\mu\acute{\iota}a\varsigma$ ist ganz
im allgemeinen die von Ezechiel in die Prophetie eingeführte,

---

33) gegen Hofmann a. a. O. 357 f. 359. 365 f.

34) vgl. ebenda 365 ff.; Westrik a. a. O. 42.

35) van Manen, onderzoek naar de echtheid van Paulus' eersten
brief aan de Thessalonicensen 1865, 110; Baur a. a. O. 368; Westrik a.
a. O. 118 f.; Klöpper a. a. O. 83 ff. 115, 1; gegen P. Schmidt a. a. O.
66. 111 ff.; Holtzmann a. a. O. 215; Schmiedel a. a. O. 8; Pfleiderer.
Urchristentum 77 f.; Paulinismus 40.

36) gegen Schmiedel a. a. O. 29 ff.

37) gegen Baur a. a. O. 352 ff.; P. Schmidt a. a. O. 124 ff.; Schmiedel,
a. a. O. 30.

im Buche Daniel nach dem Bilde des Antiochus Epiphanes
weiter ausgemalte und endlich durch die Angriffe des Pompejus
und Cajus wieder lebendig gewordene und mit neuen Farben
geschmückte Personifikation der Weltmächte, die vor dem
Ende noch einmal mit voller Macht losbrechen und von dem
Messias besiegt werden sollten[38]).   Dann konnte aber auch
Paulus diese Vorstellung sicher verwenden[39]), so dass also auch
an diesem letzten Punkte kein Grund vorliegt, ihm den zweiten
Thessalonicherbrief ganz oder teilweise abzusprechen[40]).

Endlich der Kolosserbrief ist neuerdings auch von solchen
als echt anerkannt worden, die den Epheserbrief Paulus ab-
erkennen, so namentlich von Klöpper[41]) und von Soden[42]).   In
der That bestehen ja zwischen beiden trotz aller Aehnlichkeit
charakteristische Unterschiede.   Während der erstere von der
Suffizienz des in Christo gebotenen Heils für den einzelnen
handelt, so der Epheserbrief von der Verschmelzung der Juden-
und Heidenchristen in der einen Kirche[43]).   Schon die Betonung des letzteren Begriffs und namentlich die Auffassung
von den „heiligen Aposteln" 3, 5 f. entscheidet für die Unecht-

---

38) vgl. Schürer a. a. O. II, 448 f.; Hausrath a. a. O. II, 252 ff.;
Farrar a. a O. 728 f.; und dazu noch I. Macc. 2, 48. 62; ps. Sal. 2, 1. 17,
13. 20; später Barn. 15, 5; Justin dial. 110. 336 D.

39) vgl. schon Baur a. a. O. 351.

40) vgl. Heinrici, Die Forschungen über die paulinischen Briefe
1886, 99: die Neigung, in dem zweiten Thessalonicherbrief den einfachen
Wiederhall der ursprünglichen Missionspredigt des Apostels zu sehen,
regt sich kräftig; vgl. Holtzmann a. a. O. 216; auch gegen P. Schmidt
a. a. O. 127 ff.

41) Der Brief an die Kolosser 1882; Der Brief an die Epheser 1891.

42) Handcommentar III, 1, 1891, 1 ff. 96 ff.; vgl. ferner Everling,
Die paulinische Angelologie und Dämonologie 1888, 84 ff. 101. 120 und
dazu Gunkel, ThLz 1889, 371. — Der Philemonbrief ist neuerdings wieder
von Steck angegriffen (Plinius im neuen Testament, JpTh 1891, 570 ff.;
vgl. dagegen schon Farrar a. a O. 627 f.) und auch von Weizsäcker
(a. a. O. 545. 661) und Pfleiderer (Urchristentum 683 f.; Paulinismus 43 ff.;
vgl. auch Hausrath a. a. O. 362, 3) angezweifelt worden, namentlich
wegen seines Verhältnisses zum Kolosserbrief, aus dem sich also umgekehrt auch seine Echtheit wird erweisen lassen. Nur der allerdings
exegetisch kaum zu bewältigende Vers 6 dürfte auszuscheiden sein.

43) von Soden a. a. O. 95; vgl. Schmiedel, Kolossä, EG II, 38,
1885, 141; Weizsäcker a. a. O. 545; Reuss a. a. O. 111; Brückner
a. a. O. 258.

heit des Sendschreibens[44]). Aber da es nirgends im Kolosserbrief benutzt ist[45]), so ist damit über diesen noch nichts präjudiziert. Gegenwärtig scheint sich der Streit um seinen paulinischen Ursprung, nachdem die allgemeinen Bedenken gegen
die hier vorgetragene Engellehre durch die seinerzeit von
Klöpper gewünschte[46]) und nun von Everling gelieferte Darstellung der paulinischen Angelologie und Dämonologie gehoben
sind, auf die eine Frage zugespitzt zu haben, ob die Ausdehnung
des Erlösungswerkes auf die Engelwelt 1, 20 mit den anthro-
pologischen Prämissen des Apostels vereinbar sei[47]). Ich glaube
das allerdings, nicht zwar im allgemeinen, wohl aber für diese
Stelle, wo gleich nachher v. 22 die Versöhnung durch die Annahme des Fleischesleibes bedingt erscheint, verneinen, deshalb aber nicht etwa den Brief für unpaulinisch halten, auch
nicht einen grössern Abschnitt, sondern nur v. 18—20 ausscheiden zu müssen. Denn ist schon die Wiederholung von
καὶ αὐτός ἐστιν aus v. 17 auffällig, so erweisen sich die bezeichneten Verse auch im einzelnen teils als aus dem vorhergehenden und nachfolgenden abgeleitet, teils aber auch als im
Widerspruch damit stehend. Das erstere gilt zunächst von

---

44) Holtzmann a. a. O. 255; von Soden, Der Epheserbrief, JpTh
1887, 490; Handcommentar 93. 95; Klöpper a. a. O. 14 f.; vgl. dazu Holtzmann, ThLz 1892, 35 f.: Wenn ein so vorsichtig und gründlich verfahrender
Theologe schliesslich zu solchem Endurteil sich gedrängt sieht, so darf
man darin gewiss einen unzweideutigen Beleg für die unentrinnbare Macht
der Motive finden, welche eine ernste und entschlossene Wissenschaft auf
diesen Weg gewiesen und jeden andern als ungangbar dargethan hat.
Reuss a. a. O. 116 liest nur *τοῖς ἁγίοις αὐτοῦ ἐν πν.*, Hausrath a. a. O.
355 hält den Epheserbrief für eine freiere Composition desselben Autors,
der den Kolosserbrief interpolierte und zahlreiche Bruchstücke des echten
Briefs an die Kolosser auch dieser Schrift einverleibte.

45) Hünig, Ueber das Verhältnis des Epheserbriefs zum Brief an
die Kolosser, ZwTh 1872, 63 ff.; von Soden, Der Kolosserbrief, JpTh
1885, 329. 685; Pfleiderer a. a. O. 436; gegen Holtzmann, Zur Kritik
der Epheser- und Kolosserbriefe 1872, 40 ff. 46. 71 ff.; Einleitung 264 f.;
Brückner a. a. O. 270 ff.

46) Der Brief an die Kolosser 331, 3.

47) Holtzmann, Der Kolosserbrief und seine neueste Auslegung,
ZwTh 1883, 465; ebenda 1888, 279 ff.; ThJB 1888, 111; ThLz 1892, 37 f.;
Die paulinische Christologie im Verhältnis zu dem Gegensatze von ΣΑΡΞ
und ΠΝΕΥΜΑ; Blom, de polemiek in den brief aan de Kolossers, ThT
1882, 412.

der ganzen Struktur, die sich an v. 13 ff. anschliesst, hier aber
offenbar gar nicht passt. Muss man nämlich v. 18 und deshalb wohl auch 19 ebenso wie 2, 9 von dem postexistenten
Christus verstehen, so geht das bei v. 20 wegen der Erwähnung
des Kreuzesblutes natürlich nicht mehr an[48]). Aber auch im
einzelnen ist die Gleichsetzung des Leibes Christi mit der
Kirche, die erst v. 24 vollzogen wird, v. 18 unmöglich, widerspricht der Gebrauch von πρωτότοκος dem in v. 15 und passt
endlich die, wie immer, vermittelte Versöhnung der Engel nicht
zu der Aussage 2, 15 wonach sie Gott vielmehr von sich ab-
that und in Christo über sie triumphierte. Sollte das, wie
Ritschl[49]) und Everling[50]) meinen, ihre beabsichtigte oder richtiger prinzipiell vollzogene Versöhnung zum thatsächlichen Abschluss oder zur wirklichen Erscheinung bringen, so mussten
beide Stellen anders lauten; wie sie jetzt dastehen, widersprechen sie sich und schliessen sich gegenseitig aus. Da nun
aber 2, 15 bei richtiger Deutung der ἀρχαί und ἐξουσίαι auf
die Elementargeister sich vorzüglich in den Zusammenhang
einfügt[51]) und umgekehrt 1, 20 und das vorhergehende auch
in andern Beziehungen Anstoss erregt, so werden wir vielmehr dieses Stück einem Interpolator zuschreiben, der aber
nach dem oben bemerkten nicht identisch mit dem autor ad
Ephesios sein kann[52]).

Zum Schluss komme ich zu den fraglos unechten Pastoralbriefen, in denen es sich nur um einzelne Reliquien von Paulus
Hand handeln kann, wie sie namentlich in II. Tim. 1, 15—18.
4, 9 – 21; Tit. 3, 12—14 verschiedene Forscher gefunden haben[53]).
Die Möglichkeit, dass solche Billets sich erhielten und später
verwendet wurden, hat Krenkel[54]), die Wahrscheinlichkeit, dass
die fraglichen Nachrichten nicht vielmehr erfunden seien, auch

48) gegen Klüpper a. a. O. 247 ff.

49) Rechtfertigung und Versöhnung II, 253.

50) a. a. O. 91 f. 97 f. 120 f.; vgl. schon Holtzmann, Zur Kritik 232.

51) Everling a. a. O. 70 ff. 95 ff.

52) von Soden s. a. O. 698; Pfleiderer a. a. O.

53) vgl. Holtzmann, Die Pastoralbriefe 1880, 119 ff.; Einleitung
275 f.; Krenkel, Beiträge zur Aufhellung der Geschichte und der Briefe
des Apostels Paulus 1890, 397 ff.

54) ebenda 399.

Hesse gegen die beiden Holtzmanns treffend erwiesen[55]). Wenn jener aber nun die in den genannten Abschnitten erwähnten Reisen des Paulus zwischen seine erste und zweite Gefangenschaft verlegt, so unterliegt diese letztere, wie wir bereits sahen, den allerstärksten Zweifeln. Weiterhin hat aber Krenkel m. E. mit Recht behauptet, dass II. Tim. 4, 9—18 und 19—21 ursprünglich nicht zusammengehört haben[56]). Freilich wenn er nun nach Hitzigs Vorgang[57]) an v. 19 ff. 1, 16 ff. anschliesst[58]), so wäre, wenn die Wiederholung in v. 16 etwa dem Redaktor zugeschrieben werden sollte, doch schon die doppelte Anführung des Hauses des Onesiphorus auffällig; mehr noch aber, dass Paulus dem Timotheus von Rom aus (1, 17) Zwischenfälle von einer früheren Reise, seit der er ihn längst wiedergesehen hatte, mitgeteilt haben sollte. Krenkel scheidet deshalb auch den anstössigen v. 20 aus und schiebt ihn zwischen Tit. 3, 12 und 13 ein[59]). Aber selbst, wenn er dorthin passte, was sich erst später wird prüfen lassen, so ist doch die dabei vorausgesetzte Arbeitsmethode des Verfassers der Pastoralbriefe eine gar zu mechanische. Sollte er wirklich, als er zuerst den zweiten Timotheusbrief schrieb und dafür alle passenden persönlichen Mitteilungen des Apostels verwendete, aus einem andern Zusammenhang auch jene Notiz über Erastus und Trophimus herausgerissen und hier eingeflickt haben? Und wesshalb nahm er dann nicht auch die Bemerkung über Apollos oder, wenn ihm dieser wirklich zu sehr der Vergangenheit anzugehören schien, über Zenas auf? Ich möchte also in dieser Beziehung lieber zu Krenkels früherer Ansicht zurückkehren und vier verschiedene Brieffragmente unterscheiden[60]), indem ich zu dem ersten zugleich die von ihm beanstandeten Verse

55) ebenda 417 f. 429, 449 ff.; Hesse a. a. O. 14 f. 17 ff. 40 f. 218. 229. 239; auch Lemme, Das echte Ermahnungsschreiben des Apostels Paulus an Timotheus 1882, 16 ff.; gegen Holtzmann, Die Pastoralbriefe 125 f.: O. Holtzmann; Der zweite Timotheusbrief und der neueste mit ihm vorgenommene Rettungsversuch, ZwTh 1883, 58 ff.

56) a. a. O. 423 f.

57) Johannes Markus und seine Schriften 1843, 161.

58) a. a. O. 455 f.

59) ebenda 457 ff.; vgl. auch von Soden, Handcommentar III, 1, 1891, 177.

60) Paulus 208 ff.

1, 15 [61]). 18ᵃ rechne. Damit wird ferner aus einem später zu
erwähnenden Grunde das Fragment 3ᵇ. 4 zusammengehört
haben, das jetzt jedenfalls aus der Konstruktion herausfällt
und also erst später eingeschaltet sein muss[62]). Die bleibende
Hauptmasse des Briefes dagegen hat nur an drei Stellen Zusätze erfahren[63]). Zunächst nämlich steht v. 13 f. formell ausser
Verbindung mit dem vorhergehenden[64]); vor allem aber knüpft
das folgende, d. h. da 15—18, wie 3ᵇ f. erst später eingeschoben
worden sein wird, 2, 1 nicht an 13 f. an, das es vielmehr er-
setzt[65]), sondern an v. 12, sofern von der hier ausgesprochenen
Glaubenszuversicht des Paulus nun auch Timotheus lernen
soll. Aber obwohl dann unmittelbar v. 3 zu erwarten gewesen
wäre, konnte der Briefschreiber doch auch erst die Einsetzung
zuverlässiger Lehrer empfehlen, durch die der Bestand der
παραθήκη garantiert werden sollte. Man darf dies um so mehr
für ursprünglich halten, als der Verfasser von 1, 22 von hier
den Ausdruck παρ᾽ ἐμοῦ ἤκουσας entlehnt haben könnte[66]).
Dagegen wird weiterhin v. 16—21 auszuscheiden sein, das
nicht nur neben dem folgenden überflüssig, sondern auch diesem
widersprechend ist. Denn wenn v. 16 f. der Irrlehre nicht blos
eine innere Weiterbildung, sondern auch ein äusserer Erfolg
prophezeit wird[67]), so steht das im vollen Gegensatz zu 3, 9,
den Hesse allerdings auswerfen will, aber sicher mit Unrecht.
Denn er ist zum Verständnis des Zweckes der Herbeiziehung
von Jannes und Jambres kaum entbehrlich[68]). Ebendeshalb
aber ist dann wieder v. 13 auszuscheiden, und mit ihm v. 10 ff.,
das ebenfalls dem folgenden parallel und zuwider läuft. Denn

---

61) Lemme a. a. O. 43. 64 und Hesse a. a. O. 188 f. 239 (anders
223*) tilgen hier nur die letzten fünf Worte, aber auch ohne genügenden
Grund.

62) ebenda 175 ff.; vgl. unten § 34.

63) gegen Lemme a. a. O. 43 ff.; Hesse a. a. O. 180 ff.

64) de Wette, Kurzgef. exeget. Handbuch II, 5, 1844, 34.

65) Hesse a. a. O. 157: Hat Paulus schon v. 13. 14 an Timotheus
Ermahnungen gerichtet, ohne ihn ausdrücklich mit σύ anzureden, warum
hebt er jetzt das σύ so ausdrücklich hervor?

66) gegen ebenda 189 f.

67) gegen von Soden a. a. O. 194.

68) gegen Hesse a. a. O. 204 f.

dort wird Timotheus' Christentum auf mehrere, vor allen wohl
seine Mutter und Grossmutter 1, 5, vielleicht auch die Zeugen
2, 2, hier dagegen auf Paulus zurückgeführt. Und endlich ist
auch 4, 3 von einer künftigen Verbreitung der Häresie die
Rede, v. 1 und 5 aber 2, 3 und 14 benutzt; der ganze Abschnitt 4, 1—8 also später eingeschoben. Wie die anderen
Interpolationen, empfiehlt er namentlich Festhalten an der Lehre
gegenüber der wider Erwarten immer mehr anwachsenden Häresie und besonders gegenüber den Valentinianern, auf die
ausser den sittlichen Mängeln 2, 16. 19 ff. 4, 3 und den mytho-
logischen Spekulationen 4, 4 vor allem die Leugnung der Auf-
erstehungshoffnung 2, 18 passt[69]). Der Grundstock des Briefes
dagegen bekämpft die Marcioniten, gegen welche offenbar die
Continuität der wahren Gottesverehrung vom Judentum her 1, 3.
5, die davidische Abkunft Jesu 2, 8 und die Bedeutung des
alten Testaments 3, 15 f. betont wird[70]). Da der Verfasser
aber noch den Streit als unchristlich verbietet und auf Bekehrung der Abgefallenen· hofft 2, 23 ff. 26, kann er nur erst
die Anfänge jener Bewegung erlebt haben und muss also wohl
um 140 geschrieben haben; bald nachher der Redaktor, auf
den jene Einsatzstücke gegen die valentinianische Gnosis zurückgehen. Es wird später[71]) klar werden, warum ich hier
diese scheinbar überflüssige Quellenscheidung im zweiten Timotheusbrief geben zu müssen glaubte; ob auch die andern
Pastoralbriefe ähnlich entstanden sind und etwa, wie neuerdings Hesse gemeint hat, noch andere paulinische Fragmente.
als das oben angeführte Stück Tit. 3, 12—12, conserviert haben:
das kann nicht im Rahmen dieser Abhandlung und überhaupt
erst nach einer vollständigen, historisch-genetischen Erforschung
der paulinischen Theologie untersucht werden, für die ich im
folgenden einige Richtungslinien zu geben hoffe, hier aber zunächst nur die allgemeinsten Prinzipien aufzustellen habe.

------

69) Tert. de praescr. 33. de resurr. carn. 19; Iren. adv. haer. II, 31, 2.
Was derselbe I, 13, 3 von dem Valentinianer Markos sagt, wirft Epipha-
nius haer. 26, 9 den Häretikern überhaupt vor; es liegt also darin kein
Grund, 3, 6 auszuscheiden.

70) Hesse a. a. O 282***. 289 f.

71) vgl. § 18.

b. Der Paulinismus als Entwickelungsprodukt (§ 8).

Wie gegen die Echtheit der kleinen Paulinen vor allen
aus demjenigen Lehrbegriff argumentiert wurde, den man aus
den vier Hauptbriefen, wenngleich vielfach einseitig, darstellte
und nun als den einzigen echtpaulinischen dogmatisierte, so
war umgekehrt mit ihrer Echtheit auch eine grössere Mannich-
faltigkeit innerhalb des paulinischen Lehrtypus anerkannt[1]).
Aber hier genügt es nun nicht, im wesentlichen nur eine Entwickelung der Lehrweise anzunehmen, auch die Theologie
des Apostels selbst ist, gleich der seines Meisters[2]), mit der
Zeit eine andere geworden[3]). Will man es leugnen, so
muss man die Unterschiede entweder, wie es gewöhnlich geschieht, durch künstliche Umdeutungen wegschaffen und wird
so die nicht mit Unrecht jetzt schon übel genug belenmundete
biblische Exegese immer noch mehr diskreditieren; oder man

---

1) Sabatier a. a. O. X: En maintenant, d'un côté, l'origine pauli-
nienne des .épitres aux Thessalonicions, à Philémon, aux Philippiens, en
y reconnaissant, do l'autre, plusieurs types doctrinaux, la critique moderne
s'est enfermée de plus en plus dans une antithèse dont la solution unique
et inévitable est dans l'idée d'un développement progressif de la pensée
de l'apôtre; Weiss a. a. O. 174: Hält man den ersten Thessalonicherbrief
für echt, so ist die Annahme, dass Paulus von vornherein sein ganzes
Lehrsystem im wesentlichen fertig in sich getragen habe, schlechthin ausgeschlossen; auch Hofmann a. a. O. 288: wenn der erste Thessalonicherbrief echt ist, ist der Paulinismus anders entstanden, als Baur meint.

2) Beyschlag a. a. O. I, 1891, 44. 49. 139. 142. 158. 267.

3) vgl. ausser den noch anzuführenden im allgemeinen und besonderen
Reuss, histoire de la théologie chrétienne au siècle apostolique 1852, II,
43 f., aber 45 ff.; Küstlin, Die Einheit und Mannigfaltigkeit in der neutestamentlichen Lehre, JdTh 1857, 346; Sieffert, Bemerkungen zum paulinischen Lehrbegriff, namentlich über das Verhältnis des Galaterbriefes
zum Römerbrief, ebenda 1869, 257; Rothe, Stille Stunden, ²1888, 236. In
die Lehrvorstellungen der Apostel werden wir uns niemals finden lernen,
so lange wir (der Inspirationslehre zufolge) von der Voraussetzung ausgehen, dass sie über die betreffenden Punkte im Besitz vollkommen
klarer und für sie befriedigender Erkenntnisse sich befanden, und nicht
vielmehr mühsam unter bitterm Kopfzerbrechen nach solchen rangen.
Krenkel a. a. O. 85 f.; Farrar a. a. O. 117 f. 126. 525; Weiss a. a. O. 117.
164. 259 f. 304 ff. 315; Holtzmann, Einleitung 213. 252 f. (anders 290);
Klöpper, Theol. Studien aus Ostpreussen 1889, 136. Chadwick, The
Development of Paul's Belief, The O. and N. T. Student 1892, 266 ff. blieb
mir unbekannt.

muss, wie namentlich Pfleiderer thut, sämmtliche Abweichungen
auf verschiedene Gedankenreihen zurückführen, aber dadurch
wenigstens stellenweise den Apostel und seine geistige Bega-
bung·in ein mehr als zweifelhaftes Licht setzen. Dass man trotz
dieser Uebelstände keine Entwickelung anerkennen will, das
liegt wohl vielfach an dem übeln Klang, den dieses Wort
neuerdings bekommen hat. Wir denken dabei sofort, wie auf
natürlichem Gebiet an die Versuche, die Deszendenz lediglich
durch Variation, Vererbung und natürliche oder geschlechtliche
Selektion zu erklären, so auf geistigem an das Bemühen, irgend
welche hervorragende Erscheinung blos aus ihrem milieu zu
konstruiren. Und doch ist gerade durch solche Untersuchungen
auf beiden genannten Gebieten erwiesen worden, dass es überall noch der Annahme eines höheren, geistigen Faktors bedarf, der die Moleküle zu lebensfähigen Organismen kombi-
niert und auch die Menschenherzen lenkt wie Wasserbäche.
Zugleich aber ist dadurch an Stelle der ja immer etwas
deistischen Vorstellung einer einmaligen Offenbarung an oder
in einem Menschen die viel höhere und christlichere Vorstellung
einer fortlaufenden Einwirkung auf ihn gesetzt, so dass ich
also wenigstens von dieser prinzipiellen Seite her keine Ein-
wendungen befürchte, wenn ich jetzt aus Paulus selbst die Thatsache einer Entwickelung seiner Gedanken zu erweisen suche.

Ich brauche zu diesem Zwecke keine allgemeinen Erwägungen anzustellen, die ja ausserdem dem folgenden vor-
greifen und ohne dies in der Luft schweben würden, sondern
kann mich sofort auf einzelne Aeusserungen des Apostels berufen, aus denen die Richtigkeit jener Behauptung mehr oder
minder bestimmt zu erweisen ist. Schon Phil. 3, 15 liesse sich
anführen, sofern Paulus hier kleine Berichtigungen der vorher
ausgesprochenen Grundsätze für möglich hält und solche daher
wohl auch früher schon selbst angebracht haben wird[4]). Ebenso hat er gewiss neben der sittlichen Vervollkommnung, von
der II. Cor. 3, 18 die Rede ist, auch intellektuelle Fortschritte
hergehend gedacht[5]). Deutlicher noch ist II. Cor. 5, 16, wo
der Apostel seiner jetzigen Kenntnis Christi eine frühere κατὰ

4) vgl. Sabatier a. a. O. VIII.
5) Matheson a. a. O. 6.

σάρκα gegenübergestellt. Wenn Heinrici diese nur hypothetisch oder vielmehr irreal gesetzt glaubt[6]), so widerspricht dem namentlich das vorhergegangene ἀπὸ τοῦ νῦν. Schon deshalb kann man aber die Wandlung auch nicht in der Bekehrung finden, die damals nach der gewöhnlichen Berechnung 23 Jahre und jedenfalls eine ganz beträchtliche Zeit zurücklag[7]). Dazu müsste dann entweder, wenn man an ein leibliches Sehen Jesu denken wollte, γινώσκειν in anderer Bedeutung, als im folgenden oder, falls man es auf die Erwartung des jüdischen Messias zu beziehen vorzöge, Χριστός in einem sonst nirgends bei Paulus nachweisbaren und namentlich zwischen v. 14 und 17 kaum möglichen Sinne genommen werden[8]). Endlich hätte Paulus wohl auch diese theoretische Kenntnis der jüdischen Messiasidee kaum mit demselben Namen, wie seine γνῶσις Christi bezeichnet[9]). Es bleibt also nur übrig, an eine frühere und zwar judaistische Periode seiner apostolischen Thätigkeit zu denken, die auch durch den Galaterbrief, so sehr der erste Anschein dagegen spricht, doch gefordert wird. Zwar leugnet

------

6) a. a. O. 289.

7) Straatman a. a. O. 77 f.; Matheson a. a. O. 101.

8) Paret, Paulus und Jesus, JdTh 1858, 64*; auch Beyschlag, Die Bekehrung des Paulus, StKr 1864, 428*; Neutestamentliche Theologie II, 20; gegen Holsten, Zum Evangelium des Paulus und des Petrus 1868, 69. 430*; Schmiedel a. a. O. 206; Weizsäcker a. a. O. 347 übersetzt κατὰ σάρκα: bei lebendigem Leibe.

9) Straatman a. a. O. 75: De meening die Paulus vóór zijne bekeering, op grond van hooren zeggen, aangaande Jezus koesterde was geen kennen van Christus, dat een erkennen van zijne waardigheid als Christus, als Messias onderstelt. Christus naar het vleesch te kennen kan slechts van den geloovige worden gezegd, die, al is het ook op eigenaardige, bekrompene, zelfs gebrekkige en verkeerde wijze, in Jezus den Christus gevonden heeften belijdt. Wie daarentegen het evangelie wederstaat en Jezus vervolgt kennt hem als Christus niet, noch naar het vleesch, noch naar den geest. Volgens de gewone verklaring is Christus naar het vleesch te kennen eigenlijk Christus als Christus niet te kennen, etgehen tamelijk ongerijmd is; Matheson a. a. O. 102: Is it probable that this man, who is conscious that he has received from Christianity a radical change, should, in the very face of that consciousness, have honoured his worship of the national ideal by calling it a knowledge of Jesus of Nazareth? Has he not elsewhere declared that when he became a Christian he held to be loss the things which he had formerly counted gain?

Paulus hier jede Abhängigkeit von den Uraposteln ausser Petrus,
aber ähnlich hat z. B. auch Zwingli in Abrede gestellt, durch
Luther zum Reformator gemacht worden zu sein, obwohl wir aus
seinen eigenen Schriften das Gegenteil nachweisen können[10]).
Ebenso ist hier zu fragen: wie war es möglich, dass Paulus vierzehn Tage offenbar in Frieden und Eintracht mit Petrus und
Jakobus zubrachte und dass dann die Gemeinden Judäas über
seine Missionspredigt Gott priessen[11]), wenn er damals schon
Gesetz und Beschneidung verwarf? Dass er es nicht gethan,
zeigt nun aber auch ebenderselbe Galaterbrief, wenn Paulus
hier 5, 11 fragt, warum er denn verfolgt würde, wenn er noch
die Beschneidung predigte. Man muss ihm das also nachge-
sagt haben, obschon wahrscheinlich nur um daraus zu folgern,
er rede überhaupt den Leuten nach dem Munde. Und deshalb
fragt er 1, 10 mit furchtbarere Ironie, nachdem er jeden judaistischen Widerspruch gegen sein, d. h. das einzige Evangelium
verdammt hat: spreche ich jetzt auch noch, Menschen zu gewinnen oder ihnen zu gefallen? Auch hier verbietet das ἄρτι
und ἔτι, an eine blos rhetorische Gegenüberstellung zweier
Predigtweisen[12]), und das κηρύσσω, an die vorchristliche Zeit
Pauli zu denken. Denn als Pharisäer brauchte er nicht die
Beschneidung zu predigen; die Urgemeinde glaubte noch zur
Zeit des Apostelconcils an ihre Notwendigkeit[13]); wollte man
aber doch vielleicht bei ihren hellenistischen Gliedern schon
Zweifel daran voraussetzen, was hatte es für Sinn, sich auf
die selbstverständliche Thatsache zu berufen, dass Paulus als
Jude die Beschneidung vertreten hätte? Wir werden also auch
hier wieder zur Annahme einer früher mehr den Uraposteln
verwandten und im allgemeinen einer sich allmählig ent-
wickelnden Anschauungsweise Pauli hingedrängt[14]).

---

10) Loofs a. a O. 352 f.; vgl. auch Ficker, Die Konfutation des
Augsburgischen Bekenntnisses 1891, 70, 11. 100, 5 ff.

11) Gal. 1, 18 f. 24: vgl. Weiss, Neutest. Theologie 200; Straatman
a. a. O. 60. 88 f. Weniger glücklich scheint mir sein Beweis aus II. Cor. 11,
24 zu sein; (ebenda 82 f.) denn um von der jüdischen Obrigkeit gegeisselt
zu werden, brauchte sich Paulus nicht erst auf sie zu berufen; sie be-
trachtete ihn fortdauernd als ihrer Gerichtsbarkeit unterworfen.

12) gegen Holsten a. a. O. 331 ff. 337 ff.; Lipsius a. a. O. 54.

13) Matheson a. a. O. 103 f.

14) das Ganze gegen die oben § 3 not. 8 genannten, namentlich aber

Aber mit alledem ist doch noch so gut wie gar nichts für den wirklichen Nachweis dieses Prozesses geleistet. Und reichen dazu unsere Quellen überhaupt? Die gesammte schriftstellerische Thätigkeit des Paulus, von der wir wissen, fällt in seine spätere, also jedenfalls gereifteste und abgeklärteste Lebenszeit und erstreckt sich nach der gewöhnlichen Chronologie nur über etwa zehn Jahre hin. Aber sollte das auch zu berichtigen sein, so bleiben die Briefe doch immer, einschliesslich des an die Römer, Gelegenheitsbriefe, die uns vielfach nur die letzten, schärfsten Spitzen, aber nicht die breiten Fundamente des paulinischen Gedankenbaues zeigen. Aber so verkehrt es danach sein würde, sich etwa gar auch die Missionspredigt des Apostels nach dem Muster des Römerbriefes vorzustellen[15]): ebenso einseitig ist es, seine besondern Theorien für blosse Theorien zu halten, die Paulus alsbald wieder vergessen hätte, oder gar für eine Gnosis, die mehr Aufgaben stellte als löste[16]). Dem widerspricht schon die Plerophorie, mit der er sie vorträgt und die Absichtslosigkeit, mit der er sie auch da wieder verwendet, wo keine direkte Veranlassung dazu vorliegt. Fehlen sie aber in einem Brief oder Brieffragment, wo sie bestimmt zu erwarten wären, oder widerspricht ihnen das, was wir dafür finden, so diametral, dass es nicht wohl zu gleicher Zeit in demselben Bewusstsein Platz finden konnte: dann, aber auch nur dann, werden wir schliessen dürfen und müssen, dass Paulus zur Zeit dieses Schriftstückes die betreffenden Erkenntnisse noch nicht aufgegangen waren. Indess vielfach sind ja solche Gedankenreihen, die

---

aprioristische Urteile, wie das Baurs (a. a. O. 103: Nach seiner Individualität überhaupt, so wie nach der Art und Weise seiner Bekehrung, die eine so plötzliche und so durchgreifende Umwandlung seines Innern war, lässt es sich nicht anders denken, als dass er nicht erst durch verschiedene vermittelnde Stufen hindurchging, sondern sobald er einmal sich in sich selbst gesammelt und fixiert hatte, mit einem Male das war, was wir seitdem in ihm erblicken) oder Renans (a. a. O. 373: Les natures comme celle de Paul ne changent qu'une fois en leur vie; la direction de leur fanatisme une fois trouvée, elles vont devant elles sans dévier jamais ni rien examiner. Doch vgl. ebenda 274 ff.)

15) gegen Hausrath a. a. O. 126 f.

16) gegen Kaftan, Das Wesen der christlichen Religion ² 1888, 248. 304; Ritschl a. a. O. III ³, 1590, 379.

jetzt plötzlich in diesem oder jenem Briefe aufzutauchen scheinen,
in Wahrheit doch nur aus dem Judentum entlehnt und mussten
Paulus also zumal bei seiner rabbinischen Bildung von Anfang
an bekannt sein. Gerade diese ist freilich neuerdings von S.
Weyler bezweifelt worden[17]), aber auch wenn sie im allgemeinen festzuhalten sein wird, so braucht der Schüler Gama-
liels trotz der Berührung des Pharisäismus mit der Apokalyptik, wie sie namentlich die Psalmen Salomos zeigen, und trotz
seiner Beeinflussung durch hellenistische Ideen, die man nicht
länger leugnen sollte, doch von andern eschatologischen Spekulationen und namentlich reingriechischen Philosophemen in
Tarsus oder Jerusalem noch nichts gehört zu haben. Wann,
wie und wo das freilich später geschehen oder durch welche
äusseren Umstände mitbeeinflusst er von sich aus, natürlich
immer unter göttlicher Leitung, zu neuen Anschauungen genommen sein mag: das wird sich nur in den wenigsten Fällen
noch nachweisen lassen; selbst die Weiterentwickelung solcher
Gedanken, die uns in seinen Briefen vorliegt, könnten wir doch
nicht in ihren einzelnen Etappen fixieren, so lange jene noch
nicht verhältnismässig sicher datiert sind. Weil dies noch
nicht gelungen war, gaben seinerzeit Usteri[18]) und Dähne[19])
den Versuch, eine Entwickelung des paulinischen Lehrbegriffs,
die sie zuerst erkannt, nun auch wirklich nachzuweisen, doch
sogleich wieder auf. Heute können wir uns nach dem oben
beigebrachten dieser Aufgabe nicht mehr entziehen; wohl aber
werden wir sie nur dann lösen, d. h. die Wandlungen des
Paulinismus richtig deuten und danach an diesen innern In-
dicien die Reihenfolge der Briefe erproben, wenn diese schon
vorher aus den äussern Anzeichen, deren vielleicht mehr, als
man zunächst denkt, aufzufinden sind, erwiesen ist. Und doch
würden auch dann noch diese Ansetzungen vereinzelt in der
Luft stehen, wenn wir sie nicht auf Grund anderer Quellen
an absolut datierbare Ereignisse anschliessen könnten. Aber
sind dazu die Akten zu gebrauchen?

17) vgl. oben § 6 not. 29.
18) Entwickelung des paulinischen Lehrbegriffs 1824. 5 1834, 7 f.
19) Entwickelung des paulinischen Lehrbegriffs 1835, 14 ff.

c. Das Doppelgesicht der Apostelgeschichte (§ 9).

Blieb unter Voraussetzung ihres einheitlichen Charakters schon die oben geschilderte Bezeugung der Akten ein ungelöstes Rätsel, so noch mehr die Verbindung der ebendort aufgewiesenen ungeschichtlichen Momente mit anderen, denen man entschieden historische Wahrheit zuerkennen muss. Es sind solche im Laufe der Zeit in immer grösserer Menge aufgefunden und am vollständigsten schon 1867 von König[1]) zusammengestellt, aber auch von jener Kritik nie geleugnet, ja zeitweilig, wie wir sahen, allzu bereitwillig zugestanden worden. Schliesst man aus ihnen aber nun gar auf die durchgängige Glaubwürdigkeit der Apostelgeschichte, so begeht man in der That genau denselben Fehler, den man der gegnerischen Schule vorzuwerfen beliebt, diese aber in Wahrheit kaum jemals sich hat zu schulden kommen lassen. Ueberhaupt ist jede Lösung eines Problems — auf diesen Grundsatz werde ich auch unten noch wiederholt zurückkommen — die nur einen Teil der fraglichen Instanzen berücksichtigt, keine Lösung. Ja in unserm Falle wird man noch weiter gehen müssen. Es ist das einfachste Ding von der Welt, seinen absoluten Glauben an die Akten zu bekennen, wenn man sich nie die Mühe nimmt, sie im einzelnen zu prüfen; wer das gewissenhaft gethan, hat noch niemals an ihrer ausnahmslosen Geschichtlichkeit festhalten können[2]). Durch die Umdeutung aber, die solche angefochtene Erzählungen wenigstens ihrem Kerne nach retten sollen, wird vielfach besonders dem Apostel Paulus ein so zweifelhafter Charakter imputiert, dass man sich denn doch ernstlich fragen sollte, ob es nicht für die Ehre und das Ansehen des Christentums, dem man doch dienen will, besser wäre, neben unzweifelhaft Geschichtlichem auch einige ungeschichtliche Stücke in den Akten anzuerkennen.

Damit ist nun aber über die Notizen, die weder der einen noch der anderen Kategorie angehören und doch gerade für unsere Kenntnis der Geschichte des Urchristentums von der grössten Bedeutung sind, durchaus noch nichts entschieden. Sie werden von den verschiedenen Forschern in der entgegen-

---

1) a. a. O. 64 ff.
2) vgl. selbst Zöckler a. a. O. 253 f.

gesetztesten Weise beurteilt, so dass auf vielen Punkten zur
Zeit von historischer Gewissheit noch nicht im geringsten die
Rede sein kann. Namentlich hat Straatman gerade die Berichte, die der Baur'schen Schule als durchaus glaubwürdig
erschienen, in Anspruch genommen, ist aber letzthin auch selbst
wieder von van Manen[3]) der Willkür beschuldigt worden, wovon freilich dieser ebenso wenig frei sein dürfte, wie wir weiter
unten sehen werden. Dann wird auch klar werden, in wie
fern die Akten desgleichen für die Geschichte der apostolischen
Zeit und der Bildung des Kanons von höchster Bedeutung
sind und so auch aus diesem Grunde dringend der erneuten
Untersuchung bedürfen. Schon vor zehn Jahren bezeichnete
Schürer[4]) eine solche als eine der wichtigsten und dankbarsten
Aufgaben für die neutestamentliche Kritik; aber noch letzten
Herbst musste Professor Sanday auf dem Kongress der englischen Staatskirche eine genügende Lösung der Frage vermissen. Und doch ist der Weg dazu bereits gezeigt; er liegt
in der Unterscheidung von Quellen und späterer Ueberarbeitung.

Ein Bedenken lässt sich gegen eine solche Hypothese,
wie bei andern neutestamentlichen Schriften, so auch bei der
Apostelgeschichte geltend machen, aber auch, wie bei jenen,
leicht als unbegründet zurückweisen. Denn wenn unter jener
Voraussetzung vielleicht nur noch eine Quelle, nicht die Endredaktion demjenigen Apostel oder Apostelschüler zugeschrieben
werden darf, den die spätere Tradition als Verfasser des Ganzen
nennt, so wird doch diese Einbusse an angemasstem Ansehen,
die das betreffende Schriftstück dadurch erleiden könnte, reich-
lich aufgewogen durch den Gewinn an wirklicher und nicht
blos eingebildeter Glaubwürdigkeit, die ihm vielleicht jetzt nicht
beigelegt werden kann. So ist namentlich von der Apostelgeschichte zunächst einfach zuzugestehen, dass sie da, wo sie
nicht durch andere Berichte gedeckt wird, ehrlicherweise nicht
mehr ohne weiteres als beweiskräftig angeführt werden darf.
Das würde mit einem Schlage anders werden, wenn wir in
ihr eine oder mehrere ältere Quellen aufzeigen und diese auf

---

3) a. a. O. I, 1.
4) ThLz 1882, 345.

die eine oder andere Art als glaubwürdig erweisen könnten. Wie dadurch auch unsere Achtung vor der schriftstellerischen Fähigkeit des autor ad Theophilum, dem man früher manche Ungenauigkeit und Unbeholfenheit zutrauen musste, eine höhere werden würde, kann sich erst später ergeben; hier bedarf es zur Rechtfertigung des ganzen Unternehmens nur noch des allgemeinen Hinweises auf eine ähnliche successive Entstehung zahlreicher anderer jüdischer und christlicher Schriften[5]).

5) Ewald, GGA 1872, 1622; Holtzmann, Zur Kritik 193 ff.

I. DAS ZEUGNIS DER APOSTELGESCHICHTE.

A. DIE ZUSAMMENSETZUNG DER APOSTELGESCHICHTE.

1. Geschichte der Kritik der Apostelgeschichte.

a. Vorbereitende Erwägungen (§ 10).

Der erste, welcher in einer eigenen Abhandlung die Frage nach den Quellen der Apostelgeschichte untersuchte, war Königsmann[1]). Er schloss auf solche aus der Analogie des dritten Evangeliums, besonders aus seinem Prolog. Wegen des letzteren nahmen auch nicht nur Schleiermacher und Schwanbeck. von deren einzelnen Nachweisen verschiedener Quellen später zu reden sein wird, sondern selbst Credner, der sich aus gleich zu erwähnenden Gründen gegen alle solche concreten Versuche aussprach, doch in abstracto die Existenz von älteren Vorlagen für die Apostelgeschichte an[2]). Und so dürfte in der That diese Schlussfolgerung auch heute noch beweiskräftig sein, obwohl sie in neuerer und neuester Zeit von drei verschiedenen Punkten aus angefochten worden ist, deren nähere Erörterung an dieser Stelle zugleich wichtige Resultate für die spätere Untersuchung ergeben wird.

Zunächst hat nach dem Vorgang von Lekebusch[3]) und König[4]) noch Nösgen[5]) Lc. 1, 1 ff. schriftliche Quellen vielmehr

---

1) De fontibus commentariorum sacrorum, qui Lucae nomen praeferunt, deque eorum consilio et aetate 1798 in Pott's sylloge commentationum theologicarum III, 1802, 215 ff.

2) Einleitung in das Neue Testament I, 1836, 280.

3) a. a. O. 30 ff. 99.

4) a. a. O. 180.

5) a. a. O. 14 f. 24; vgl. auch Hahn, Das Evangelium des Lucas I, 1, 1892, 19 ff.

ausgeschlossen gefunden. Allerdings kann der autor ad Theophilum die Versuche seiner Vorgänger nicht für genügend gehalten haben — das ergiebt sich, abgesehen von dem wahrscheinlich, aber nicht sicher im tadelnden Sinne gebrauchten
ἐπιχειρεῖν, eben aus der Thatsache, dass er einen neuen solchen
Versuch unternahm — aber deshalb braucht er sie doch nicht
als „apokryph" verworfen zu haben, sondern hat sie im Gegenteil als auf dem Bericht von Augenzeugen beruhend anerkannt
und sich ihnen an die Seite gestellt[6]). Dass er sie auch benutzte, sagt er zwar nicht ausdrücklich, aber wie anders wollte
er dem allen, das er doch nach seiner ausdrücklichen Erklärung nicht selbst erlebt hatte, von vorn an nachgehen, als
indem er neben etwaigen mündlichen vor allen jene schriftlichen Quellen befragte[7])? In der That kann es ja kaum
einem Zweifel mehr unterliegen, dass von ihm sowohl das
Markusevangelium, wenngleich vielleicht nicht in seiner gegenwärtigen kanonischen Gestalt, als auch die andere Quelle des
ersten Evangeliums, die sog. λόγια, aber wohl in einer andern
Redaktion, verwendet wurden[8]). Nur darüber lässt sich noch
streiten, ob sie auch schon alle nur beim dritten Evangelisten
erhaltnen Sonderberichte, namentlich die sogen. ebionitischen
Stücke[9]) und andererseits auch die vollständiger beim ersten
überlieferten Herrenworte und Erzählungen vornehmlich juda-

6) vgl. Weiss, Einleitung 544, 1; auch Leben Jesu I, 68.

7) vgl. van Manen, Paulus I, 45: wij hooren daar Lucas getuigen
van het nauwkeurig onderzoek door hem ingesteld, blijkbaar ook door
het naslaan van wat anderen op schrift hadden gebracht. Dass er aber
noch selbst Augen- und Ohrenzeugen hätte angeben können, ist wenigstens
aus dem ἡμῖν v. 2 sicher nicht zu erweisen. Wie v. 1 darunter sämmtliche Generationen seit Jesu Geburt zusammengefasst werden, so wird
dabei auch v. 2 zunächst vielmehr an die Vorgänger des autor ad Theophilum gedacht. Vgl. auch Feine a. a. O. 3; gegen Dietrich, Die Ur-
heberschaft des Lucasevangeliums 1892 vgl. selbst Schulze, ThLBl
1892, 476.

8) gegen Holsten, Die drei ursprünglichen, noch ungeschriebenen
Evangelien 79; Pfleiderer, Urchristentum 416. Gegen Feines
weitere Annahme einer synoptischen Grundschrift, die dem Marcusevan-
gelium zu Grunde liege, aber auch noch von dem dritten Evangelisten
benutzt sei (zuletzt a. a. O. 4 ff.) vgl. J. Weiss, Die Parabelrede bei
Marcus, StKr 1891, 289 ff.

9) vgl. zuletzt Weizsäcker a. a. O. 379.

istischer Färbung umfasste[10]), oder ob für die ersteren eine[11])
oder mehrere[12]) besondere Quellen, für die letztere aber in
dieser oder jener Redaktion das Matthäusevangelium selbst
vorausgesetzt werden muss[13]). Wenn nun aber diese verschiedenen Ueberlieferungen, welcher Art sie auch sein mögen,
jetzt jedenfalls zu einem im grossen und ganzen denselben
Stil aufweisenden Werke verarbeitet sind, so darf man ehrlicherweise auch nicht aus der gleichen Erscheinung im Falle
der Apostelgeschichte mit Credner[14]), Zeller[15]) und Lekebusch[16])
gegen die Nachweisbarkeit oder gar mit Eichhorn[17]), Oertel[18])
und Nösgen[19]) gegen die Existenz aller fremden Quellen argumentieren. Andrerseits aber wird man auch in dem autor ad
Theophilum, da er sich doch im Prolog des Evangeliums eine
immerhin selbstständige Thätigkeit zuschreibt, nicht lediglich
den Endredaktor eines bereits abgeschlossen vorliegenden
Werkes sehen dürfen, wie sich auf Grund von gleich zu erwähnenden Untersuchungen vielleicht einen Augenblick vermuten liesse. Ob dies auch für die Apostelgeschichte ausgeschlossen ist, wird sich indessen erst nach Beseitigung der
beiden andern Bedenken entscheiden lassen, die gegen die
obige Schlussfolgerung erhoben worden sind.

10) vgl. zuletzt W e i s s a. a. O. 69 ff.; B e y s c h l a g, Leben Jesu I, 94 f.

11) vgl. neuerdings besonders W i t t i c h e n, Die Komposition des
Lukasevangeliums, ZwTh 1873, 502 f.; Leben Jesu 1876, 43; Zur Frage
nach den Quellen des Lukasevangeliums, JpTh 1881, 713 ff.; S t o c k-
m e y e r, Ueber die Quellen des Lukasevangeliums, ThZSch 1884, 146 f.; W e i s s,
Einleitung 543 f.; Leben Jesu I, 73 f.; F e i n e a. a. O. 10 ff. 124 ff. lässt
die vorkanonische Ueberlieferung des Lukas diesem doch bereits in Verbindung mit der Redenquelle vorliegen.

12) vgl. besonders B e y s c h l a g a. a. O. 95 f.

13) vgl. H o l t z m a n n, Einleitung 355 ff.; H o l s t e n a. a. O. 375 beruft sich für diese Annahme direkt auf den Prolog, aber im Zusammenhang mit seiner Konstruktion über die evangelische Verkündigung und
daher kaum mit Recht.

14) a. a. O. 282 f.

15) a. a. O. 388 ff.

16) a. a. O. 37 ff. 130; doch 79 f.: freilich ist dadurch die Benutzung
von schriftlichen Quellen noch nicht geradezu ausgeschlossen etc.; aber
wiederum 402 ff.; vgl. S c h w a n b e c k, Ueber die Quellen der Schriften
des Lucas I, 1847, 35. 57 ff.; S p i t t a a. a. O. 315 ff.

17) Einleitung ins Neue Testament II, 1810, 30 ff.

18) a. a. O. 27 ff.

19) a. a. O. 15 ff.

Obwohl nämlich bisher beide Werke wegen des im allgemeinen gleichen Stils[20]) und namentlich wegen des übereinstimmenden theologischen Standpunktes[21]) demselben Verfasser zugeschrieben wurden, haben neuerdings Scholten und Wittichen gerade in letzterer Beziehung einen diametralen Gegensatz zwischen ihnen nachzuweisen versucht. Sie gingen dabei vom Lukasevangelium aus, indem sie je eine der beiden, in der Tübinger Annahme einer conciliatorischen Tendenz verquickten, entgegengesetzten Auffassungen desselben, als einer paulinischen oder judenchristlichen Parteischrift, einseitig und auf Kosten der andern durchführten. Zunächst glaubte nämlich Scholten, obwohl er schliesslich doch noch einen conciliatorischen Endredaktor annehmen musste, dem er dann auch die Apostelgeschichte zuwies, selbst da, wo man sonst die entgegengesetzte oder gar keine Tendenz vermutet hatte, einen bisweilen sogar übertriebenen Paulinismus mit schroff antijudaistischer Pointe erkennen zu können. Ich widerstehe der naheliegenden Versuchung, diese Methode exegetischer Tortur auch noch auf andere Stücke anzuwenden und dadurch ad absurdum zu führen. Wohl aber darf ich, wiederum im Hinblick auf später zu besprechende, ähnliche Erscheinungen in der Apostelgeschichte, schon hier etwas ausführlicher darauf hindeuten, dass sich gerade durch die Scholten'schen Ausführungen gewisse Partien im dritten Evangelium nicht nur als conciliatorisch, sondern als direkt judenchristlich erweisen, wie nun Wittichen dessen gegenwärtigen Gesammtcharakter bestimmt. Namentlich wird bei der Verhandlung über die Fastenfrage 5, 33 ff. nicht erst durch v. 39[22]), sondern auch schon durch die vorhergehende allegorische Umbildung der Parabel[23]) der

---

20) Zeller a. a. O. 414 ff.; König a. a. O. 24 ff.; auch Scholten, Das paulinische Evangelium 1881, 310 f.; vor allem aber Friedrich, Das Lukasevangelium und die Apostelgeschichte, Werke desselben Verfassers 1890, 5 ff.; doch vgl. dazu vorläufig Holtzmann, ThLz 1891, 97.

21) Zeller a. a. O. 432 ff. Zu dem zweiten dort und bei Holtzmann, Einleitung 391; Handkommentar 310 aufgeführten Punkte vgl. Weiss, Einleitung 563, 1.

22) so Scholten a. a. O. 302 f.; vgl. Wittichen, ZwTh 1873, 518; Leben Jesu 104.

23) Weizsäcker, Untersuchungen über die evangelische Geschichte 1864, 60; Holtzmann a. a. O. 58.

Tadel gegen die Johannesjünger und Pharisäer[24]) in eine Ent-
schuldigung derselben verwandelt[25]); während allerdings andrerseits durch die Auslassung des Vergleichs zwischen Johannes
und Elias Mc. 9, 9 ff. nach 9, 36 und, die Bekanntschaft dieses
Redaktors, wenn auch nicht, wie Scholten meint, mit unserm
kanonischen, so doch mit dem judenchristlichen Matthäusevangelium vorausgesetzt, auch die Unterdrückung der aus-
führlicheren Lobrede auf den Täufer Mt. 11, 12 ff. nach 7, 28,
sowie dann vielleicht ebenso die auch späterhin im gleichen
Interesse immer stärker betonte Ablehnung der messianischen
Würde durch jenen selbst 3, 15 f. und die kaum blos zum Zweck
der chronologischen Ordnung (1, 3) — denn diese wird ja eben
nicht erreicht — sondern vielmehr behufs möglichster Trennung
von johanneischer und christlicher Predigt gegen Mc. 6, 17 ff.
(Mt. 14, 3 ff.) bereits 3, 19 f. vorausgenommene Notiz vom Tode
des Täufers dieser offenbar herabgesetzt werden soll[26]). Aber
der gleichen antijudaistischen Tendenz, die sich besonders
deutlich noch 13, 23 ff. in der Umbiegung des judenchristlichen,
antipaulinischen Spruches Mt. 7, 22 ff.[27]), sowie in der als Pro-
gramm des ganzen Buches aus Mc. 6, 1 ff. (Mt. 13, 53 ff.) vor-
ausgenommenen und umgebildeten Scene in der Synagoge zu
Nazaret 4, 16 ff.[28]) zeigt, widersprechen andrerseits doch wieder
ebenso unverkennbar judenfreundliche Züge, so abgesehen von
einzelnen Aeusserungen, die ja schliesslich als spätere Zusätze
aufzufassen wären, namentlich die völlige Verschweigung der
unserem Verfasser wohlbekannten Polemik Jesu gegen das
Gesetz und die Abschwächung seiner Opposition gegenüber
dem Judentum überhaupt[29]), die sich doch angesichts der sonstigen urchristlichen Litteratur nur zum geringsten Teil aus

24) gegen Weiss a. a. O. 492*.
25) gegen Scholten a. a. O. 160 f.
26) vgl. ebenda 67 ff. 151. 288 f.
27) Strauss a. a. O. 123. 125; Renan, Les évangiles 1877, 108 f.
274; Holtzmann a. a. O. 12. 127; gegen Scholten a. a. O. 51; aber
Feine a. a. O. 120.
28) Pfleiderer a. a. O. 430 f.; Holtzmann a. a. O. 157.
29) so 7, 6. 13, 16. 19, 9 nach Wittichen, ZwTh 1873, 514. 518.
7, 3—5; auch nach Scholten a. a. O. 303, während derselbe an den beiden
andern Stellen durch geistige und allegorische Umdeutung den Anstoss
glücklich beseitigt (ebenda 200. 276).

der Gleichgiltigkeit dieser Dinge für Heidenchristen und bei
der thatsächlichen Emanzipation der entstehenden Kirche vom
Judentum noch weniger aus ihrer etwaigen Anstössigkeit für
katholische Leser, endlich aber angesichts der weitverbreiteten
Verachtung gegen das Judentum gleich gar nicht aus Rücksicht auf die römische Obrigkeit erklärt. Einer solchen würde
vielmehr als Complement ein nationaler Antijudaismus entsprechen, wie er denn auch von manchen Erklärern postuliert,
im Evangelium selbst aber öfters verleugnet wird[30]). Ebenso
steht auch der Degradierung der Zwölf, die allerdings in der
Aufnahme der Tradition von siebenzig Jüngern liegt[31]), sonst
aber nur durch die allerärgsten Wortverdrehungen im dritten
Evangelium gefunden werden kann[32]), zum teil eben in den so
missdeuteten Stellen und desgleichen in der Weglassung anderer,
Petrus und die Zwölf compromittierenden Erzählungen, die sich
doch nur zum geringsten Teil aus dem absichtlichen oder un-
willkürlichen Ueberspringen von der ersten zur zweiten Spei-
sungsgeschichte und der dadurch bedingten Ausschaltung von
Mc. 6, 45—8, 26 erklärt[33]), auf der andern Seite, wie Wittichen
zeigt, eine solche Hochschätzung der Zwölf und besonders des
Petrus gegenüber[34]), dass gleich auf diesem ersten von Scholten
für seine oben erwähnte Hypothese angeführten Punkte von
einem Gegensatz des Evangeliums gegen die Apostelgeschichte
— eine durchgängig und einseitig die Zwölf verherrlichende
Tendenz der letzteren zunächst einmal zugegeben[35]) — nicht

---

30) gegen Pfleiderer a. a. O. 469. 472 vgl. 544; Holtzmann a.
a. O. 244. 289; Scholten a. a. O. 171 findet natürlich auch in der Ab-
kürzung der Tempelreinigung, ja selbst in der Weglassung des „für alle
Völker" 19, 46 paulinische Tendenz, während Wittichen a. a. O. 519 wieder in
der Deutung von 21, 24 auf spezifisch judaistische Erwartungen zu weit geht.

31) Scholten a. a. O. 61 ff.; vgl. Zeller a. a O. 448 ff.; Renan a.
a. O. 273; Weizsäcker a. a. O. 212; Pfleiderer a. a. O. 443 f.

32) gegen Scholten a. a. O. 60. 158. 167. 174 f. 176. 256 ff.

33) Holtzmann, Einleitung 385; gegen Scholten a. a. O. 264 f.;
vgl. auch Beyschlag a. a. O. 94; Weiss, Einleitung 548, 4; J. Weiss,
ThLz 1892, 518.

34) Wittichen a. a. O. 518; Leben Jesu 89; Holtzmann a. a. O.;
Pfleiderer a. a. O. 439. 471; van de Sande-Bakhuyzen, het dog-
matisch karakter dat aan het evangelie van Lucas wordt toegekend
1888, 32.

35) Scholten a. a. O. 266 ff.

wohl die Rede sein kann. Dagegen sind allerdings sowohl in
geschichtlichen, als lehrhaften Anschauungen, namentlich
christologischer Art, gewisse Unterschiede vorhanden[36]), werden
sich aber im Laufe der vorliegenden Untersuchung anders
erklären, während wiederum schon die Scholten'sche Auseinandersetzung selbst zeigt, dass sie bezüglich der Stellung
zum Juden(christen)tum nur durch Verschweigung und Abschwächung der in der Apostelgeschichte nicht minder als im
Evangelium vorhandenen antijudaistischen Stellen und rücksichtlich der Versöhnungslehre nur durch ungerechtfertigte
Verschärfung evangelischer und Verwischung apostelgeschicht-
licher Aussagen behauptet werden können[37]). Vor allem aber
entscheidet gegen die ganze Hypothese beider Forscher, dass
der Verfasser der Apostelgeschichte das dritte Evangelium erst
durch Einschiebsel und Aenderungen, zu denen Wittichen ausser
mehreren der oben angeführten judenchristlichen Stücke auch
noch einige andere, fälschlich so gedeutete, Züge rechnet[38]).
seinem, wie Scholten[39]) meint, conciliatorischen, bezw., wie
Wittichen behauptet[40]), judaistischen Zwecke dienstbar gemacht
habe, die Thatsache, dass gerade in der diesem Redaktor zu-
gewiesenen Kindheitsgeschichte unverkennbar judenchristliche
Berichte vorliegen, die erst durch störende Einschaltungen
paulinisch gefärbt wurden, aber nicht umgekehrt[41]). Und eben-

---

36) ebenda 281 ff. 288 ff.
37) gegen ebenda 271 ff. 285.
38) a. a. O. 516 ff.
39) a. a. O. 256. 293 ff. 314.
40) a. a. O. 513 f.
41) gegen Pfleiderer a. a. O. 419. 423 ff. vgl. besonders Feine a.
a. O. 13 ff., der aber mit Unrecht sowohl den verschiedenen Ursprung dieser
Erzählungen, den vor allen Beyschlag a. a. O. 148. 164 f. erwiesen hat,
als auch ihre eingehende Ueberarbeitung durch einen spätern Redaktor
leugnet, wie sie doch namentlich (mit Hillmann, Die Kindheitsgeschichte
Jesu nach Lukas, JpTh 1891, 213 ff.) in der psychologisch unmöglichen
Frage der Maria 1, 34 und der von v. 32 verschiedenen Auffassung der
Gottessohnschaft Jesu in v. 35, (vgl. auch das griechisch gedachte γινώσκειν und den männlich vorgestellten Geist neben dem hebräisierenden
Stil des Uebrigen, dem zufolge γινώσκειν dieselbe Bedeutung wie Mt. 1,
25 und der Geist weibliches Geschlecht hätte haben sollen, ersteres gegen,
letzteres mit Holtzmann, Handcommentar 31 f.) und ebenso in 2, 33—35
durch die Wiederholung des εὐλόγησεν aus v. 28, sowie wohl auch die

so hat an der berühmten Stelle 16, 14 ff. nicht etwa erst jener anstatt der marcionitischen und angeblich wenigstens hier ursprünglichen Lesart τῶν λόγων μου nach Mt. 5, 18 τοῦ νόμου eingeschwärzt — denn dann hätte er höchst wahrscheinlich seine Absicht deutlicher zu erkennen gegeben — sondern vielmehr der paulinische oder sagen wir richtiger, der heidenchristlich-universalistische Ueberarbeiter ein ihm überliefertes judaistisches Herrenwort ebenso durch Einschliessung in zwei antijudaistische Sentenzen unschädlich gemacht[42]), wie er vorher und nachher ebionitische Stücke durch ihnen fremdartige Anhängsel antijudaistisch gewandt hat[43]). Mithin wird man auch nicht, wie ja nach Analogie einer ähnlichen Theorie über das Matthäusevangelium[44]) naheliegen könnte, die Ordnung der beiden Redaktoren blos umkehren dürfen, sondern wird vielmehr, wie das neuestens Feine thut, den judenchristlichen in die dem autor ad Theophilum vorliegenden Quellen auflösen müssen, was ja auch schon nach seinem Prolog anzunehmen war. Aber ist daraus nun auch für die Apostelgeschichte die gleiche Folgerung zu ziehen?

Unter Scholtens und Wittichens Voraussetzung, dass act. 1, 1; Lc. 1, 1 ff. nur nachgeahmt werde, die nur der letztere durch Hinweis auf die sprachlichen, aber durchaus unerheblichen Unterschiede zwischen beiden Stücken zu begründen sucht[45]), fällt natürlich jede Berechtigung, von dem Evangelium aus die Apostelgeschichte zu erklären, hinweg. Aber auch von denen, welche an der gleichen Herkunft beider Schriften nicht

---

Vorausnahme καὶ ἦν aus v. 36 zu erkennen ist, obwohl hier nicht schon diese mit cap. 1 unbekannte Einschaltung (Beyschlag a. a. O. 152 f.) sondern erst die durch v. 35ᵃ störend zerrissene, universalistische Weissagung 34ᵇ. 35ᵇ beidenchristlichen Charakter trägt.

42) Strauss a. a. O. 124; die Erklärung Holtzmanns (a. a. O. 222) vom neuen Gesetz des Christentums scheitert an κεραία; vgl. Scholten a. a. O. 54.

43) gegen ebenda 211 ff. 215 ff. Das Nebeneinanderhergehen solcher disparater Elemente bemerkten im allgemeinen auch Schwegler a. a. O. 37 f.; Zeller a. a. O. 433 ff.; Pfleiderer, Paulinismus ¹ 495 f.; Steck, Galaterbrief 193 f.

44) Keim, Geschichte Jesu von Nazara I, 1867, 55 ff.

45) Scholten a. a. O. 247 ff.; Wittichen a. a. O. 509, 2; Leben Jesu 46; vgl. auch schon Havet a. a. O. 299 f.; dagegen Bleek-Mangold, Einleitung in das Neue Testament ⁴ 1886, 454.

zweifeln, bestreiten nach dem Vorgang von Schneckenburger[46]),
Zeller[47]), Lekebusch[48]), König[49]), Oertel[50]) namentlich Overbeck[51]) und Weiss[52]) die Beziehung des Prologs des Evangeliums
auf die Apostelgeschichte, ersterer zunächst von der doch schon
durch die entwickeltere Tradition über die Himmelfahrt un-
sicher werdenden Voraussetzung eines gleichzeitigen Erscheinens
beider Schriften aus, unter der die Einleitung zur zweiten nur
als ein, freilich recht undeutlicher Widerruf der zur ersten
verstanden werden könne, letzterer auf Grund der im Text
ebenfalls durch nichts angezeigtem, nach dem oben über den
Inhalt des Buches bemerkten aber höchst fragwürdigen Annahme, dass in der Apostelgeschichte ein Augenzeuge rede,
während allerdings im Evangelium von solchen erst erkundete,
für den Verfasser selbst aber in der Vergangenheit liegende
Thatsachen erzählt würden[53]). Nun ist aber doch gerade

46) Der Zweck der Apostelgeschichte 8 ff.

47) a. a. O. 316 ff.

48) a. a. O. 38 ff.; doch vgl. 254 ff.

49) a. a. O. 180 f.

50) a. a. O. 40 f.; doch vgl. 165.

51) a. a. O. XXI*.

52) a. a. O. 563, 1; vgl. Güder, Lukas, RE ² IX, 1881, 14 f.; Beyschlag a. a. O. 76; Zahn a. a. O. 193; Meyer-Wendt a. a. O. 1.

53) Hausrath a. a. O. IV, 1877, 225. 238, 7 und in Anknüpfung an eine
Bemerkung Renans (a. a. O. 255 f.) der Verfasser von Supernatural
Religion, M. Renan's New Volume, Fortnightly Review 1877. 22, 496.
506 ff. haben in beiden Prologen Joseph. c. Ap. 1, 1. 2, 1 nachgebildet ge-
funden, daher hier der passendste Ort sein dürfte, anmerkungsweise über
die bisherigen Verhandlungen über die Frage nach der Benutzung des
Josephus durch den autor ad Theophilum zu referieren. Das Problem
wurde zuerst von Keim aufgebracht (a. a. O. III, 1872, 134. 480) dann unter
Beihilfe von Krenkel, (ein Nachtrag zu dem Aufsatz: Josephus und
Lucas, ZwTh 1873, 441 ff.) Straatman, (a. a. O. 279. 285 f. 295 ff.) Wittichen, (a. a. O. 46. 289. 332) Rovers, (Schets van de Geschiedenis der
N. T. ische Letterkunde ² 1888, III, 204 bei van Manen a. a. O. 133)
Brückner, (Studien der evangelischen Geistlichkeit Badens 1877, 168; vgl.
auch Die chronol. Reihenfolge 191) und den eingangs genannten (Renan,
Les apôtres 1866, XVIII, 6. 54, 4; Hausrath a. a. O. III, 342, 2. 345, 5.
IV, 142. 225. 238 ff.; Sup. Rel. a. a. O. 475; Fortn. Rev. 1877. 22, 502 ff.)
besonders von Holtzmann behandelt (Lucas und Josephus, ZwTh 1873,
85 ff.; Noch einmal Lucas und Josephus, ebenda 1877, 535 ff.) und endlich
trotz des Widerspruchs von Schürer (Lucas und Josephus, ebenda 1876,
574 ff.), von Keim (Aus dem Urchristentum 1 ff.) zum relativen Abschluss

πεπληροφορημένα ἐν ἡμῖν πράγματα ein ziemlich weitschichtiger

gebracht. Jonkers, (De berichten van de Handelingen der Apostelen
omtrent de gevangenschap van Paulus 1877, 45 f.) Nösgens (Ueber Lucas
und Josephus, StKr 1879, 521 ff.; vgl. Commentar 37) und Schanz' (Das
Evangelium des Lucas 1883, 16) Einwände und Holtzmanns (ZwTh 1880,
121 ff.) Verteidigung, Simons', (Hat der dritte Evangelist den kanonischen
Matthäus benutzt? 1880, 13) Volkmars, (Jesus Nazarenus 1882, 388) Weizsäckers, (Apost. Zeitalter 438 f.) Stecks, (a. a. O. 150. 164. 291 nebst not. 1)
und Martineaus (The Seat of Authority in Religion 1890, 250*) Zustimmung
und wiederum Reuss', (Geschichte 207) K. Schmidts, (a. a. O. 138 ff.),
Zöcklers, (a. a. O. 145) und Gloels (a. a. O. 64 ff.) Bedenken, sowie jüng-
stens van Manens (a. a. O. 108 f. 133 ff. 144. 146 f.) Nachweise brachten
nichts neues. Vielmehr liessen diese Versuche, auch da, wo es thatsächlich
unmöglich ist, in einzelnen Ausdrücken oder Notizen eine Berührung mit Josephus nachzuweisen, nicht nur die Gegner, sondern leider auch die Vertreter
unserer These immer mehr die Punkte vergessen, an denen eine solche Benutzung wirklich evident ist. Als solche bezeichnete Keim unter treffender
Abweisung zahlreicher anderer (a. a. O. 3 f. 25 f.) namentlich die chronologische
Bestimmung Lc. 3, 1, die in der That, wie wir später sehen werden (vgl.
unten § 22 not. 9), auf ant. 18, 2, 3 zurückgehen dürfte, während die Ausschmückung des Gleichnisses von den anvertrauten Pfunden, Lc. 19, 12.
14 f. 27, die nicht so deutlich, wie die oben erwähnten Anhänge zu den
Parabeln in cap. 16 antijudaistische Tendenz verrät und daher wohl schon
von der Ueberlieferung angebracht sein kann, sowie die in die eschato-
logische Rede eingeschalteten speziellen Weissagungen über die Zerstörung
Jerusalems 19, 42 ff. 21, 20 ff., die ja auch, namentlich in jenen Worten
über die Zertretung der Stadt dem Paulinismus wenigstens des autor
ad Theophilum nicht entsprechen dürften, gegen Keim a. a. O. 16 f. wohl
eher auf eine von Josephus unabhängige Ueberlieferung zurückgehen (so
betreffs der ersten Stelle wohl auch Weiss, Leben Jesu I, 252; Beyschlag
a. a. O. II, 417). Dagegen ist wiederum die Umstellung von Theudas und
Judas act. 5, 36 f., wie nach Keims Vorgang (Geschichte Jesu III, 134)
Holtzmann a. a. O. 1873, 89 f. behauptete, dann aber leider nicht mehr
mit der diesem Argument gegenüber angebrachten Plerophorie betonte,
dafür indes neuerdings wieder Keim, Aus dem Urchristentum 18 ff.; der
englische Anonymus a. a. O. 504 und van Manen a. a. O. 134 an-
erkannten, um so gewisser aus der Erzählung des Josephus ant. 20, 5, 2
von Theudas und den Söhnen des Judas zu erklären, als auch mehrere
Ausdrücke beiderseits wiederkehren. (Vgl. προφήτης ἔλεγεν εἶναι Joseph.
ed. Niese IV, 1890, 292, Z. 17 mit λέγων εἶναί τινα ἑαυτόν act. 5, 36;
ἀνεῖλεν Z. 22 mit ἀνῃρέθη act. ebenda; πρὸς τούτοις δὲ καὶ οἱ παῖδες
Ἰούδα τοῦ Γαλιλαίου ἀνήχθησαν τοῦ τὸν λαὸν ἀπὸ Ῥωμαίων ἀποστή-
σαντος Κυρινίου τῆς Ἰουδαίας τιμητεύοντος 293, Z. 8 ff. (ein in der That
leicht misszuverstehender Satz) mit μετὰ τοῦτον ἀνέστη Ἰούδας ὁ Γαλιλαῖος
ἐν ταῖς ἡμέραις τῆς ἀπογραφῆς καὶ ἀπέστησεν λαὸν ὀπίσω αὐτοῦ.) Zugleich lesen wir hier die Notiz, dass während einer damals, d. h. unter

Ausdruck, den man bei einem Schriftsteller, der mindestens
mehrere Jahrzehnte nach Christi Tod schrieb, nicht ohne Zwang

Claudius (a. a. O. 293, 16. 20) in Judäa ausgebrochenen Hungersnot die
Königin Helene (von Adiabene) in Aegypten Getreide aufgekauft habe,
die Holtzmann a. a. O. 1873, 90. 1877, 537; Keim a. a. O. 20 und van
Manen a. a. O. 134. 146 act. 11, 28 ff. auch dem Wortlaute nach verwendet
finden. (Vgl. $\grave{\epsilon}\pi\grave{\iota}$ $\tau o\acute{\iota}\tau o\nu$ $\delta\grave{\epsilon}$ $\varkappa\alpha\grave{\iota}$ $\tau\grave{o}\nu$ $\mu\acute{\epsilon}\gamma\alpha\nu$ $\lambda\iota\mu\grave{o}\nu$ $\varkappa\alpha\tau\grave{\alpha}$ $\tau\grave{\eta}\nu$ $'Io\nu\delta\alpha\acute{\iota}\alpha\nu$
$\sigma\nu\nu\acute{\epsilon}\beta\eta$ $\gamma\epsilon\nu\acute{\epsilon}\sigma\vartheta\alpha\iota$ a. h. O. Z. 5 f. mit $\lambda\iota\mu\grave{o}\nu$ $\mu\epsilon\gamma\acute{\alpha}\lambda\eta\nu$ $\mu\acute{\epsilon}\lambda\lambda\epsilon\iota\nu$ $\grave{\epsilon}\sigma\epsilon\sigma\vartheta\alpha\iota$ $\grave{\epsilon}\varphi$ '
$\ddot{o}\lambda\eta\nu$ $\tau\grave{\eta}\nu$ $o\grave{\iota}\varkappa o\nu\mu\acute{\epsilon}\nu\eta\nu$, $\ddot{\eta}\tau\iota\varsigma$ $\grave{\epsilon}\gamma\acute{\epsilon}\nu\epsilon\tau o$ $\grave{\epsilon}\pi\grave{\iota}$ $K\lambda\alpha\nu\delta\acute{\iota}o\nu$ act. 11, 28.) Endlich
könnte, wie Holtzmann a. a. O. vermutet, vielleicht auch der Hohepriester
Alexander act. 4, 6 aus der Erinnerung an jene Stelle der Altertümer
stammen; (a. a. O. 293, Z. 1 f.; anders Weizsäcker, Apost. Zeitalter 50)
denn Simon Kantheras, an den Keim (Geschichte Jesu I, 631, 1) dachte,
wird bei Josephus noch nicht einmal als Alexandriner bezeichnet. Dagegen hat der ebendort angeführte Joannes wohl einer Verwechslung mit
dem oft in Verbindung mit Ananias genannten $'I\omega\nu\acute{\alpha}\vartheta\eta\varsigma$ ant. 18, 4, 3.
19, 6, 4 sein Dasein zu danken, jener seine Anteilnahme am Hohenpriester-
tum des Kaiphas einem Missverständnis von 20, 9, 1. Dann aber ist
auch wahrscheinlich, dass seine Zurechnung zu den Sadducäern act. 5, 17
auf dieselbe, freilich wiederum irrtümlich verwandte Stelle zurückgeht, wo
es von dem jüngeren Ananias heisst, er habe sich der Sekte der Saddu-
cäer angeschlossen. (Keim, Aus dem Urchristentum 14.) Dagegen was
sonst noch auch Keim a. a. O. 21 ff., sowie neuerdings van Manen a.
a. O. 108 f. 134 ff. 147. 163 namentlich in der Erwähnung des Aegypters
act. 21, 38 und der Schilderung der Gefangenschaft Pauli von Anklängen
an Josephus gefunden haben, scheint mir durchaus nicht zwingend, ja zum
teil sogar das Gegenteil zu beweisen (vgl. auch Jonker a. a. O. 197 f.; K.
Schmidt a. a. O. 143 ff.). In der ersten Geschichte besagen die sachlichen
Uebereinstimmungen natürlich gar nichts, anstatt der Verminderung der Teil-
nehmer jenes Aufstands aber wäre bei Abhängigkeit von Josephus eher nach
Analogie von Lc. 2, 1; act. 11, 28 eine Vermehrung zu erwarten gewesen.
Auch kommen die Sicarier bei Josephus nicht nur in der nächsten Umgebung
seines Berichts über den Aegypter ant. 20, 8, 6, nämlich ebenda § 5 und 10,
sondern z. B. auch 20, 18, 10 vor. Dass aber bei Agrippa und Berenike
mit keinem Wort an die nach Josephus ebenda 20, 7, 3 über sie ver-
breiteten Gerüchte erinnert wird (auch gegen Hausrath a. a. O. 242)
vermag van Manen a. a. O. 137, vgl. 147 nur sehr gezwungen aus der
— selbst noch fraglichen — apologetischen Tendenz des Verfassers zu
erklären. Dass man trotzdem immer wieder auch an solchen Stellen
Josephus benutzt wähnt, ist ja in so fern verständlich, als die Spärlichkeit
der Fälle, an denen dies sicher zu belegen ist, unter den gewöhnlichen
Voraussetzungen über die Entstehung der lukanischen Schriften so auffällig bleiben musste, dass viele ein Abhängigkeitsverhältnis überhaupt
leugneten. Aber wenn im Evangelium nur an den lediglich dem autor
ad Theophilum zufallenden Stellen Josephus' Antiquitäten sicher nach-

als naturgemässe Bezeichnung einer Biographie Jesu anerkennen kann[54]). Und wenn auch die Zweckbestimmung ἵνα ἐπιγνῷς περὶ ὧν κατηχήθης λόγων τὴν ἀσφάλειαν sehr natürlich im Hinblick auf die zunächst zu gebende Darstellung des Auftretens und der Lehre Jesu gerade so formuliert wurde, so hatten doch gewiss Schreiber und Empfänger auch bei dem zweiten Werk nicht zwar an der Geschichte als solcher — dies eigentlich nicht einmal beim Evangelium — sondern an einer besondern Auffassung derselben ein Glaubensinteresse[55]). Eine derartige Tendenz hatte ja überhaupt alle urchristliche

klingen, und desshalb von vornherein auch die entsprechenden Stellen in den Akten demselben Redaktor zuzuweisen sind, dagegen wo dies nicht möglich, auch eine sonst etwa denkbare Berührung mit Josephus anders zu erklären sein wird: so ist es ja gar nicht mehr verwunderlich, dass nicht auch die obendrein von der Ueberlieferung bereits geheiligten Berichte etwa über den Untergang des Täufers oder den Tod des Agrippa nach Josephus ausgeschmückt wurden. Allerdings aber hätte der Schlussredaktor, wenn er sich auch an andern Punkten noch der Darstellung jenes erinnerte, sie wohl öfter noch in seinen eigenen Zuthaten verwertet und da, wo er es that, sich nicht solche Versehen zu schulden kommen lassen. Indes vielleicht hatte er überhaupt nur die für ihn besonders interessanten Bücher ant. 18—20 gelesen, oder aber deren Quellen, die dann freilich Josephus, wegen der wörtlichen Berührungen des lukanischen mit seinem Texte, ziemlich sklavisch abgeschrieben haben müsste. In der That hat man unter dieser Annahme gewisse Unebenheiten seiner Diktion aus der Verwendung von Quellen erklären wollen, aus denen Destinon, Die Quellen des Fl. Josephus in der jüd. Arch. Buch 12—17, 1882, 29 f. 36. 39 u. a. die einzelnen Notizen über Hohepriester, Schemann, Die Quellen des Fl. Josephus in der jüdischen Archäologie 18—20, 1887, 23 ff. den Bericht über den Aufstand des Galiläers Judas herleitet. Aber Schürer, ThLz 1882, 388 ff. 391; Geschichte des jüdischen Volks ² I, 1890, 44. 65 hat diese Nachweisungen wohl mit Recht bestritten, so dass bis auf weiteres Josephus selbst als Quelle des autor ad Theophilum zu gelten hat und dieser also entschieden nach 93/94 anzusetzen ist. Im allgemeinen sei noch bemerkt, dass Anklänge an Josephus ausserdem nicht zwar im Hebräer-, (Holtzmann, Einleitung 299 gegen Hitzig, Zur Kritik paulinischer Briefe 1870, 34 ff.) wohl aber im zweiten Petrus-Briefe nachgewiesen sind. (E. Abbot, Expositor 1882, 61 ff.; gegen Warfield ebenda 421 ff.; Farrar ebenda 1888, 58 ff.).

54) Schwanbeck a. a. O. 3; vgl. auch Lekebusch a. a. O. 30; Volkmar, Die Religion Jesu 1859, 336 f.; König a. a. O. 181; Bleek-Mangold a. a. O. 423; gegen Oertel a. a. O. 40 f.

55) vgl. auch ebenda 165; Güder a. a. O. 15 f.; Lechler a. a. O. 10 ff.; van Manen a. a. O. 157.

Geschichtsschreibung[56]), gleichwie auch schon in der mündlichen
Ueberlieferung Thatsachen und Reden im Dienste einzelner
Denkrichtungen mannichfach modifiziert wurden. Natürlich
musste dies um so mehr geschehen, je mehr eine Tradition
von auktoritativer Bedeutung war, während umgekehrt ein
späterer Schriftsteller solche allmählig geheiligte Ueberlieferungen weniger frei überarbeiten durfte, als etwa minder wert-
volle und daher verhältnismässig wenig alterierte, höchstens
im allgemeinen idealisierte Erinnerungen.

Wollen wir nun aus dem Lucasevangelium und namentlich
seinem Prolog auf Grund dieser verschiedenen Erwägungen
und aus diesen selbst Schlüsse auf die Komposition der Apostelgeschichte ziehen, so ergiebt sich zunächst, dass auch ihr Endredaktor ein universalistischer Heidenchrist sein wird. Ob er
auch antijudaistisch auftreten muss, wird zum teil wenigstens
von seinen nächsten Quellen abhängen, von deren Tendenz wir
zunächst noch nichts wissen. Wahrscheinlich werden sie aber
— das können wir nach den geringen Spuren dieser Littera-
turgattung, die uns sonst aus jener frühen Zeit bekannt sind,
von vornherein erwarten — weniger zahlreich gewesen sein,
als beim Evangelium; daher der Redaktor wohl nicht so, wie
dort, unter ihnen wählen konnte, sondern sich etwa an eine
Hauptquelle halten musste, in die er nur andre Ueberlieferungen
einfügte. Vermutlich dürften diese dann ihm und seinen Vorgängern in inhaltlich relativ unverändeter Form vorgelegen
haben, von dem Schlussredaktor aber ziemlich frei überarbeitet
worden sein. Wie man aber trotzdem jene Quellen und etwaige
ältere redaktionelle Zusätze noch ausscheiden kann: das wird
wiederum die Geschichte der Kritik an der Apostelgeschichte
in ihrem weiteren Verlaufe zeigen.

b. Bisherige Quellenhypothesen (§ 11).

Während die übrigen Gelehrten, die zwischen den zuerst
genannten Königsmann und Credner sich mit unserer Frage be-

56) vgl. Renan, Les évangiles 441: Écrire l'histoire ad narrandum
non ad probandum, est un fait de curiosité désintéressée, dont il n'y a
pas d'exemple aux époques créatrices de la foi; Holsten, Zum Evangelium des Paulus und des Petrus, 1868, 204 f.; Scholten a. a. O. 236 ff.;
Holtzmann a. a. O. 85 f.

fassten, also namentlich Ziegler, Heinrichs, Bertholdt, Riehm
und Kuinöl, meist nur aus gewissen Unterschieden in
der Sprache auf verschiedene Quellen rieten, so hat dieselben zuerst Schleiermacher aus den vorkommenden Widersprüchen, Lücken und mangelnden Vor- und Rückbeziehungen
wirklich nachzuweisen versucht[1]. Diese Methode sichert ihm
auch in der Geschichte unseres Problems für immer einen
Ehrenplatz, mögen gleich seine Aufstellungen im einzelnen seitdem teilweise als unhaltbar erkannt worden sein. Sie wurden
en bloc nur von Eckermann[2] vertreten und bereits von Schwanbeck zu gunsten mehr zusammenhängender Quellberichte, nämlich
einer Petrus- und Barnabasquelle, eines rhetorischen Stephanus-
berichts und sehr umfangreicher Memoiren des Silas, modifiziert.
Während nämlich Schleiermacher nur lokale Traditionen angenommen hatte, postulierte Schwanbeck daneben auch noch
biographische Elemente[3], liess sich dadurch aber vielfach zu
einer unrichtigen Zusammenordnung der einzelnen Stücke verleiten, die er auf Grund wesentlich richtiger Beobachtungen,
namentlich der fehlenden Vor- und Rückbeziehungen[4] aus-
schied. Die Folgezeit verwarf zumeist mit jenen problematischen
Annahmen auch diese festen Anhaltspunkte wieder, indem sie
teils, wie schon erwähnt, aus der Einheit der Sprache, teils
aus der Tendenz der Apostelgeschichte, von der im nächsten
Abschnitt zu reden sein wird, auch ihre Einheitlichkeit beweisen zu können sich einbildete. Wie für Trip[5] und Oertel[6],
ist sie noch heute für K. Schmidt[7] und Zöckler[8] mehr Voraussetzung als Ergebnis. Doch hat sich auch Renan neuerlich
skeptischer als früher über Quellen ausgesprochen[9], während
Güder[10] und Schulze[11] sie in abstracto zugaben, Beyschlag[12]

1) Einleitung ins Neue Testament 1845, 350 ff.
2) Theologische Beiträge V, 2, 1796, 147.
3) a. a. O. 6 ff.
4) ebenda 57 ff.; vgl. freilich Lekebusch a. a. O. 109 f.
5) a. a. O. 26 ff.
6) a. a. O. 24 ff.
7) a. a. O. 125 ff.
8) a. a. O. 154 f.
9) Les apôtres XXVI; Les évangiles 445.
10) a. a. O. 18.
11) a. a. O. 47.

im allgemeinen annahm, Wendt[13]) an einzelnen Stellen vermutete und endlich in den letzten Jahren eine ganze Reihe
Gelehrter gerade von der sogen. Rechten bestimmt nachwiesen.
Aber auch auf kritischer Seite hat Zeller schliesslich doch im
ersten Teil der Akten, um zunächst von diesem zu reden,
mancherlei Quellen aufgezeigt[14]), deren Vorhandensein ja auch
Baur[15]) und selbst Schwegler[16]) nicht geleugnet hatten. Overbeck nahm namentlich für die Geschichte des Petrus und die
Hellenistenepisode eine besondere Quelle an[17]), während sich
sonst die späteren Anhänger der kritischen Schule nur mit
ziemlich vagen und widersprechenden Vermutungen begnügten
und alle Versuche, eine Quelle im einzelnen auszuspüren, rundweg ablehnten[18]). So auch der Verfasser von Supernatural
Religion[19]). Noch Weizsäcker[20]) und Pfleiderer[21]) verzweifeln
an der Nachweisbarkeit von Quellschriften, und Holtzmann beurteilt alle bisher in dieser Richtung gemachten Versuche als
wertlos, obwohl er selbst früher einmal dafür beachtenswerte
Winke gegeben hatte und auch jetzt noch, zwar keine zusammenhängenden Urkunden, aber doch abgerissene Notizen
über Stephanus' Ende, die hellenistische Mission und die sog.
erste Reise des Paulus dem autor ad Theophilum vorgelegen
haben lässt[22]). Endlich Jacobsen bestreitet die Existenz aller
derartigen Quellen[23]) und glaubt den ganzen Inhalt von cap. 1

---

12) a. a. O. I, 166; Neutestamentliche Theologie I, 1891, 295.

13) a. a. O. 15 f. vgl. 152. 156. 18 ff. 21*; ZThK 1891, 230 ff.; eine
Quellenspur in der Apostelgeschichte, StKr 1892, 271 ff.

14) a. a. O. 500 ff.

15) a. a. O. I, 16.

16) a. a. O. II, 114.

17) a. a. O. LVIII.

18) vgl. bes. Hilgenfeld, Einleitung in das Neue Testament 1875,
603 ff.; dagegen Keim, Geschichte Jesu III, 191, 9: Die Quellenfrage bei
der Apostelgeschichte ist durch die kritische Schule (excl. Zeller) wenig gefördert worden, dagegen durch Schleiermacher, Schwanbeck, Lekebusch(?).

19) a. a. O. 47 ff.

20) a. a. O. 20. 34 f. 55 f. 58.

21) a. a. O. 591.

22) Handkommentar 311 f.; vgl. Forschungen zur Apostelgeschichte,
ZwTh 1885, 426 ff.

23) Zur Kritik der Apostelgeschichte, ebenda 1890, 491 ff.; anders
noch: Die Quellen der Apostelgeschichte 15 ff.

bis 12 aus mehr oder minder glücklichen Kombinationen, die
der Verfasser oder die ihm vorarbeitende Sage vor allem im
Anschluss an Notizen der paulinischen Briefe vornahm, erklären
zu können[24]), ohne indes damit bisher viel Anklang gefunden
zu haben[25]). Um so mehr sind aber namentlich durch die
Tübinger Kritik die Wirstücke im Sinne Schleiermachers, zu
dessen grundlegenden Untersuchungen wir also jetzt zurückkehren, als eine von dem übrigen zu unterscheidende Quelle
anerkannt worden.

Wenn nämlich noch Riehm Lucas im ersten Teil zwar
schriftliche, obschon nicht mehr erkennbare Quellen benutzen,
im zweiten aber als Augenzeuge erzählen liess[26]), so hat zu-

---

24) ebenda 8 ff 15. 17, 1; ZwTh 1890, 496 f.

25) vgl. die Rezensionen von Krüger, ThLz 1885, 297 ff.; Fetzer,
ZwTh 1896, 495 ff. Dass die Apostelgeschichte die paulinischen Briefe
voraussetze, hatte die Baursche Schule — um hier auch über die bisher
in dieser Frage gefällten Urteile zu berichten — früher allerdings allgemein
angenommen. Aber Reuss a a. O. 207; Overbeck a. a. O. LIX**; Wendt,
Handbuch 23 f. und zuletzt noch Sabatier, L'auteur du livre des Actes des
Apôtres a-t-il connu et utilisé dans son récit les épîtres de St.-Paul? Biblio-
thèque de l'école des hautes études; sciences religieuses I, 1889, 205 ff. und
Steck, Hat Lucas die paulinischen Briefe gekannt? ThZSch 1890, 153 ff.
fanden diese Voraussetzung immer weniger wahrscheinlich. Direkt bestritten wurde sie von K. Schmidt, (a. a. O. 137 f.) Nösgen, (a. a. O. 15)
Weiss, (a. a. O. 584, 4) Zahn (a. a. O. I, 2, 833) und Hahn (a. a. O. 26)
einerseits und Michelsen, (ThT 1887, 201) van de Sande-Bakhuyzen
(a. a. O. nach Steck a. a. O. 183 f.) und den Vertretern der Hypothese
Loman überhaupt andrerseits. Dem gegenüber haben aber wiederum
Volkmar, Paulus von Damaskus bis zum Galaterbrief 1887, 7 und
Weizsäcker a. a. O. 169. 176 ff. sowie namentlich Rovers a. a. O.
204 und Pfleiderer a. a. O. 551 f. 562. 609 ff. an immer mehr Stellen
einen Einfluss der paulinischen Briefe zu bemerken glaubt, freilich, wie
van Manen a. a. O. 70 ff. nachweist, vielfach mit Unrecht. Und doch
hält auch dieser ebenda 62 ff. 140 ff. 145. 147. 155 f. vgl. 124 trotz seiner
oben erwähnten Stellung in der Frage nach der Echtheit der Paulinen,
unter Holtzmanns Beifall (Einleitung 396; Handkommentar 311) namentlich c. 15 ein Abhängigkeitsverhältnis von Gal. 2 für wahrscheinlicher, als
das umgekehrte, so dass in der That wenigstens auf diesem Punkte, wo
auch Spitta a. a. O. 189 f. 317 zustimmt, die Frage entschieden sein dürfte.
Wenn aber auch van Manen a. a. O. 74 sich noch über die geringe Verwendung der Briefe wundert, so wird sich diese Erscheinung, gleichwie
die seltene Benutzung des Josephus aus der nicht einheitlichen Entstehung
der Apostelgeschichte, verbunden mit ihrer besonderen Tendenz, erklären.

erst Schleiermacher die vier Abschnitte 16, 10—17. 20, 5—15.
21, 1—18. 27, 1—28, 16 einem andern Verfasser, als dem des
Ganzen zuerteilt. In der That wäre es unter der gegenteiligen
Annahme, die jetzt namentlich noch Renan[27]), Güder[28]), Schmidt[29]).
Nösgen[30]), Weiss[31]), Schulze[32]), Zöckler[33]), Beyschlag[34]), Bethge[35])
und Hahn[36]) vertreten, zunächst einmal höchst verwunderlich, dass
der Verfasser sich nicht deutlicher als Reisebegleiter des Paulus
bezeichnet hat[37]). Leitete dies Ewald, der bereits alle dafür
möglichen Erklärungen erschöpft hat, zunächst aus seiner Bescheidenheit ab[38]), so bezeichneten dieselben wiederum Overbeck[39]) und der englische Anonymus[40]) als eine recht sonder-
bare, und behauptete jener weiter, der Verfasser hätte sich
nicht genauer zu bezeichnen brauchen (obwohl er es vielleicht
doch am Schluss hätte thun wollen[41])) so antworteten dieselben,
dann hätte er Theophilus wohl auch nicht die ihm bekannte
Reiseroute so haarklein zu erzählen brauchen[42]). Später liess
Ewald endlich unter dem Beifall mancher anderer[43]) das $\dot{\eta}\mu\epsilon\iota\varsigma$
durch $\dot{\epsilon}\gamma\dot{\omega}$ am Anfang vorbereitet und erklärt sein[44]), was aber,
so bemerkt Overbeck, aus dem einfachen Grunde nicht an-
geht, weil das $\dot{\epsilon}\gamma\dot{\omega}$ dieser Stelle zu dem act. 16, 10 auftauchenden
$\dot{\eta}\mu\epsilon\iota\varsigma$ mit keinem Wort in Beziehung gesetzt ist[45]). Wenn dagegen der Verfasser von Supernatural Religion einwendet, der

---

26) De fontibus actuum apostolorum 1821, 117 ff.
27) Les apôtres X ff.
28) a. a. O. 21.
29) a. a. O. 11 ff.
30) a. a. O. 20 ff.
31) a. a. O. 577 ff. 584.
32) Handbuch a. a. O. 77.
33) a. a. O. 144.
34) Leben Jesu I, 93 f.
35) Die paulinischen Reden der Apostelgeschichte 1887, 1.
36) a. a. O. 16 ff.
37) van Manen a. a. O. 91 f.
38) Geschichte des Volkes Israel VI³, 1868, 37.
39) a. a. O. XLIII.
40) a. a. O. 46.
41) a. a. O. 35 nebst not. 1; vgl. K. Schmidt a. a. O. 77 f. 78 ff.
42) Overbeck ebenda; Sup. Rel. a. a. O. 45 f.
43) Klostermann, Vindiciae Lucanae 1866, 69 f.; Nösgen a. a. O. 20.
44) a. a. O. 38, 1.
45) ebenda; vgl. Sup. Rel. a. a. O. 44 f.

Geschichtsschreiber hätte genauer angeben sollen, wo und wann
er sich an Paulus anschloss und die Gründe darlegen, warum
er ihn wieder verliess und von neuem traf[46]), so ist das gleiche
Bedenken der Unklarheit allerdings auch gegen die entgegengesetzte Auffassung der Wirstücke geltend gemacht worden[47]).
Doch braucht jene ja dann nicht als Unbefangenheit und Re-
flexionslosigkeit beurteilt zu werden, sondern sie lässt sich
vielmehr umgekehrt aus der Scheu des Redaktors erklären,
sich allzu offen mit dem von ihm ausgeschriebenen Augenzeugen zu identifizieren[48]). Wohl aber entscheidet eben jene
Undeutlichkeit gegen den neuerdings von Wendt[49]) unter un-
bewusstem Rückgang auf Königsmann[50]) und Horst[51]) einge-
schlagenen dritten Ausweg, der Verfasser habe durch Stehen-
lassen des ἡμεῖς anzeigen wollen, dass er sich hier an den
Bericht eines Augenzeugen anschliesse, so richtig auch die Anerkennung dieser Verschiedenheit der Verfasser des Ganzen
und der Wirstücke ist. Denn dass die letzteren nicht nur,
wie selbst Nösgen[52]) und Zöckler[53]), sowie wohl auch Weiss[54])
anerkennen, älter als das übrige, sondern auch von anderer
Hand sind: das ergiebt sich, wie namentlich Overbeck gezeigt[55])
und Schmidt nur bezüglich gewisser Partien widerlegt hat[56]),
ganz unverkennbar aus ihrem weniger sprachlich, als vielmehr
inhaltlich von dem der Hauptmasse des übrigen stark ver-

---

46) ebenda 45.

47) vgl. Bleek, StKr 1836, 1047; Schwanbeck a. a. O. 192.

48) gegen Oertel a. a. O. 39; K. Schmidt a. a. O. 78.

49) a. a. O. 21.

50) a. a. O. 231: Et Lucas quidem in illo exemplarium suorum fide-
liter exprimendorum studio usque eo processit, ut sineret etiam inde ab
act. 16, 10 auctorem narrationis a se repetitae haud raro ex sua persona
loqui. Nam pro tali haberi se nolle, abunde declarat in totius operis
prooemio, ubi se ab iis, qui rei gestae interfuere, liquido prorsus discernit.
Quapropter illos egregie fallit opinio, qui ex altera libelli parte certiora
se de parente eius elicere autumnant posse.

51) Essai sur les sources de la deuxième partie des acta des apôtres
1849 bei Krenkel a. a. O. 215.

52) a. a. O. 20.

53) a. a. O.

54) a. a. O. 554.

55) a. a. O. XXXIX f.

56) a. a. O. 11 ff.; vgl. Schürer, ThLz 1882, 347.

schiedenen Charakter und umgekehrt aus der Unmöglichkeit,
auch diese einem Zeitgenossen des Apostels zuzuschreiben, die
durch ihren Inhalt erwiesen und auch schon durch den Prolog
angedeutet wird. Die endlich noch dem gegenüber ins Feld
geführten Vor- und Rückbeziehungen der Wirstücke auf den
Rest des Buches sind teils gar nicht vorhanden, teils später
hinzugebracht, so entschieden 21, 8 die Bezeichnung des Philippus als eines von den Sieben[57]). Andrerseits aber fehlen
solche Hinweise auch hier wieder da, wo man sie bestimmt
erwarten sollte, so besonders 21, 10 und 27, 2[55]). Sicher gehen
also Zeller[59]), Overbeck[60]), Straatmann[61]), Hausrath[62]) und van
Manen[63]) ebenso sehr zu weit in der Behauptung einer Ueberarbeitung der Wirstücke, als de Wette[64]), Weizsäcker[65]), die
beiden Holtzmann[66]) und Wendt[67]) in der Leugnung einer
solchen[68]). Fast alle aber dehnen nun zum andern doch wieder
den Umfang jener alten Quelle über die eigentlichen Wirstücke
aus: Wendt[69]), wie vermutungsweise schon Hausrath[70]), bis
11, 19, Hilgenfeld[71]), Krüger[72]) und wohl auch Volkmar[73]) bis

57) Schwanbeck a. a. O. 55; Overbeck a.a. O. 357 f.; van Manen
a. a. O. 78. 118; vgl. im allgemeinen auch Weiss a. a. O. 583, 1.

55) Schwanbeck a. a. O. 62; Overbeck a. a. a. O. XLIV**; K.
Schmidt a. a. O. 85 ff.

59) a. a. O. 515.

60) a. a. O. XLV.

61) a. a. O. 247 ff. 307 ff.

62) a. a. O. IV. 238, 7.

63) a. a. O. 75 ff. 115 f. 120. 148 f.

64) Lehrbuch der historisch-kritischen Einleitung in die kanonischen
Bücher des neuen Testaments ⁶ 1860, 247.

65) a. a. O. 206 f. 446 ff.

66) O. Holtzmann, Der Wirbericht der Apostelgeschichte, ZwTh
1889, 401; doch vgl. Holtzmann a. a. O. 423 zu 27, 21.

67) a. a. O. 20 f. und bei den betr. Stellen.

68) Jedenfalls hätte auch bei der oberflächlichsten Revision schon
das störende $\dot\eta\mu\epsilon\iota\varsigma$ fallen müssen — wenn es nicht eben gerade hätte
stehen bleiben sollen. (Vgl. Lekebusch a. a. O. 81.) So ist auch des-
halb die oben vertretne Anschauung einer bewussten Pseudonymität wahrscheinlicher als die Annahme einer schriftstellerischen Nachlässigkeit.

69) a. a. O. 21 *; StKr 1892, 271 ff.

70) a. a. O. IV, 238, 7.

71) a. a. O. 606.

72) a. a. O. 298.

73) a. a. O. 23.

c. 13, Schwanbeck [74]) bis 15, de Wette [75]) und Overbeck [76]) bis
16, 1, während Zeller [77]), Jacobsen [78]), Pfleiderer [79]) und O. Holtzmann [80]) nur zwischen den einzelnen grossen Stücken einige
kurze Notizen auf denselben Gewährsmann zurückführen. War
dieser aber wirklich auch in der Zwischenzeit in der Beglei-
tung des Apostels, so ist allerdings, wie van Manen [81]) gegen
Overbeck [82]) ausführt, der Eintritt des ἡμεῖς gerade an den
drei angeführten Stellen (das erste und zweite Stück wird von
Overbeck zusammengenommen) schlechthin unerklärlich. Indes
bliebe nun für diesen umfangreichern Bericht immer noch die
Vermutung von Nösgen [83]) und Weiss [84]) übrig, dass ein Reise-
gefährte des Paulus zunächst allerdings jenes Itinerarium, nach
Schmidt [85]) nur c. 27 und 28, verfasst, dann aber es durch
mancherlei Notizen ergänzt habe, die er teils aus andrer Munde,
teils auch seiner eignen Erinnerung entnahm. Wenn Weizsäcker diese letztern einer vom Reisebericht verschiednen Quelle
zuweist, die nun scheinbar auch über c. 13 und 14 sich er-
streckend gedacht wird [86]), so widerspricht dem doch wohl der
m. E. von Schmidt [87]) und Spitta [88]) erwiesne Zusammenhang
wenigstens von 16, 10 und 20, 5 mit dem Vorhergehenden. Dass
endlich van Manen nicht nur jene beiden ersten, sondern auch
die übrigen Stücke zu einem Bericht von einer einzigen Reise
über Troas nach Philippi und zurück über Ptolemais und
Cäsarea nach Jerusalem, sowie endlich wiederum über Cäsarea
nach Rom zusammenschliesst [89]), das ist nur unter unbillig-

74) a. a. O. 114 ff.
75) a. a. O. 247.
76) a. a. O. XLV; doch vgl. LIX*.
77) a. a. O. 513 f.
78) a. a. O. 21 ff.
79) a. a. O. 586 ff.
80) a. a. O. 401 ff.
81) a. a. O. 57.
82) a. a. O. XLVI.
83) a. a. O. 20. 23 f.
84) a. a. O. 584.
85) a. a. O. 59 f.
86) a. a. O. 203 ff.; vgl. auch schon Zeller a. a. O. 402 ff.
87) a. a. O. 41. 81 ff.
88) a. a. O. 217. 231.
89) a. a. O. 88 ff.

ster Vergewaltigung namentlich des letzten Abschnitts möglich.
Desshalb muss ebenso seine weitere Annahme einer besondern
Denkschrift von Paulus' Reisen, in die das Reisejournal erst
verarbeitet worden sei, von vornherein als problematisch erscheinen, zumal die Ausscheidung der ihr zugehörigen Stücke
vielfach auch recht willkürlich geschieht. Er rechnet dazu
übrigens auch schon beträchtliche Abschnitte im ersten Teil,
wie vor ihm Sorof die Wirstücke in eine durch das ganze
Buch hin verfolgte echte Lukasschrift, die Timotheus bearbeitet
hätte[90]), und nach ihm Spitta in eine bis in das Evangelium
zurückverfolgte und Lukas zugeschriebne Quelle A auflöst, die
ein Redaktor ausgangs des ersten Jahrhunderts mit der teils
als volkstümlich, teils als gemacht bezeichneten, hinsichtlich
ihrer Stellung zu den urchristlichen Problemen und Gegen-
sätzen aber nicht klar von jener unterscheidbaren[91]) Quelle B
verbunden habe. Freilich zerbröckelt sie, nachdem sie sich
vielfach als unselbständiger Nachklang jener ersten erwiesen[92]),
schliesslich dem Verfasser selbst unter den Händen und konnte
die ganze Scheidung, so richtig sie auch im einzelnen vielfach
ist, doch im ganzen nur durch Ignorierung fast aller bisher
über Quellen in der Apostelgeschichte feststehenden Resultate
durchgeführt werden[93]).

Freilich an einem Punkte ist die ältere Anschauung auch
von andern und meiner Ueberzeugung nach mit Recht aufgegeben worden: bezüglich c. 13 und 14. In ihnen sah zuerst
wiederum Schleiermacher wegen ihres mangelnden Zusammenhangs mit dem vorhergehenden und nachfolgenden eine besondre Quelle[94]). Seiner Ansicht folgten de Wette[95]), Bleek[96]),
Gfrörer[97]), Schneckenburger[98]), Zeller[99]), Trip[100]), Hilgenfeld[101])

90) Die Entstehung der Apostelgeschichte 1890; vgl. dagegen van
Manen a. a. O. 85, 1: Alsof dat werk afkomstig kon zijn van een tijdge-
noot van Paulus! Reeds deze opmerking is voldoende om het gevoelen
van Sorof volstrekt onaannemelijk te doen achten.
91) a. a. O. 290 ff.
92) ebenda 283 ff.
93) vgl. die ungenügenden Erörterungen ebenda 161 ff. 237 ff.
94) a. a. O. 353 ff.
95) a. a. O. 349.
96) Stkr 1836, 1043 f.
97) a. a. O. 422 ff.

und zuletzt noch Jacobsen [102]), Holtzmann [103]), wohl auch Harnack [104]) und Pfleiderer [105]), während sich dagegen ausser den bereits oben genannten besonders Weiss [106]) und gelegentlich auch Fetzer [107]) erklärt haben. In der That ist nach vorwärts, sobald man 15, 1—34 ausscheidet, der Anschluss so fest, als man nur wünschen kann, dagegen der Zusammenhang mit dem vorhergehenden so mangelhaft, dass sich selbst K. Schmidt dadurch zur Annahme einer Priorität von c. 12—28 vor 1—12 veranlasst sah [108]). Aber eben über diesen ersten Teil sind in neuerer Zeit so verschiedne Quellentheorieen aufgestellt worden, dass ich mein Referat über sie um so mehr auf den für die Geschichte des Paulus allein wertvollen Teil von c. 6 ab beschränken darf.

Auch für diese Capitel hatte schon Schleiermacher, um nochmals auf seine Verdienste um unsre Frage hinzuweisen, ihre Lösung durch fortdauernd beachtenswerte Winke vorbereitet, die aber aus den oben angedeuteten Gründen zunächst unbeachtet blieben. Mit mehr Recht ward dasselbe Schicksal Schwanbecks und Ewalds Hypothesen zu teil. Zeller und Overbeck bezeichneten ihre ebenfalls bereits erwähnten Aufstellungen selbst als blosse Vermutung und auch de Wette [109]) und Bleek [110]) scheuten sich, eine bestimmte Meinung zu äussern. So begann eigentlich erst Weiss hier eine ältere Quelle nachzuweisen, bei deren Ausscheidung er sich allerdings ausgesprochenermassen vor allem durch das Kriterium der Glaubwürdigkeit leiten liess. An ihn schloss sich Feine an, der aber neben jener „jerusalemischen Quellschrift" von c. 6 an

---

98) a. a. O. 60. 155 f.

99) a. a. O. 516.

100) a. a. O. 112.

101) a. a. O. 583.

102) a. a. O. 16 f. 20.

103) Einleitung 408.

104) Die Lehre der zwölf Apostel, TU II, 1. 2, 1886, 97 ff.

105) a. a. O. 575.

106) a. a. O. 576.

107) a. a. O. 5.

108) a. a. O. 132 ff.

109) a. a. O. 249.

110) a. a. O. 449 ff.

noch eine andre Urkunde annimmt. Sorof findet auch hier
neben der echten Lukasschrift, von der oben die Rede war,
eine Petrusquelle, die Timotheus in jene eingearbeitet habe:
also eine alle bisherigen Forschungsresultate auf den Kopf
stellende Theorie, die dem Verfasser eben auch nur bei seiner
fast absoluten Unkenntnis der bisherigen Geschichte unserer
Frage beifallen konnte. Am meisten berücksichtigt diese Spitta,
von dessen Anschauungen auch über c. 6—12 das oben gesagte
gilt. Ebenso wurde schon dort betreffs van Manens bemerkt,
dass er die Handelingen van Paulus bis in den ersten Teil
der Apostelgeschichte zurückverfolgt; die als parallel damit
herausgeschälten Petrusakten bilden kaum einen fortlaufenden
Bericht, so dass also auch dieser Versuch einer Quellenscheidung nicht als eine befriedigende Lösung des Problems wird
gelten können.

Trotzdem, oder vielleicht gerade deshalb wird nun aber
eine nochmalige Durchprüfung des gesamten Materials vermutlich wenig Interesse erwecken[111]). Wenn über eine Frage
in kurzer Zeit bereits so viele, widersprechende Meinungen
laut geworden sind, so verfallen die meisten ihr gegenüber in
jenen Zustand skeptischer Resignation, der in jedem Falle
dem Fortschritt der Forschung noch viel nachteiliger ist, als
selbst die extravagantesten Lösungsversuche. So ist es jetzt
der Apokalypse gegenüber gegangen, so wird es vielleicht auch
mit der Apostelgeschichte gehen. Soll einer solchen Entwicklung, die bei der oben dargelegten Bedeutung unseres Problems höchst beklagenswert wäre, noch bei Zeiten vorgebeugt
und vielleicht auch dessen Lösung, die ja nach dem eben ausgeführten auf einigen Punkten wenigstens unverkennbar bereits gelungen ist, ein Stück gefördert werden, so wird eine
darauf bezügliche Untersuchung vor allem folgende drei Punkte
im Auge behalten müssen.

Den ersten bildet das bereits oben aufgestellte und gleich
nochmals einzuschärfende Prinzip, dass die Untersuchung einer
Frage möglichst alle ihre einzelnen Momente, nicht bloss die

---

111) anders Joh. Weiss, ThLz 1892, 276: vor allem müsste die
Quellenscheidung in der AG. durch gemeinsame Arbeit möglichst bald auf
festen Boden gestellt werden.

gerade passenden zu berücksichtigen habe. In unserm Falle
sind dieselben ja durch die frühern Untersuchungen beinah
vollständig aufgezeigt worden. Dagegen wird man sich allen
bisher daraus gezognen Folgerungen gegenüber möglichst frei
und unabhängig zu verhalten haben, ohne dass deshalb jede
Abweichung von ihnen im Rahmen der vorliegenden Abhandlung ausführlich begründet werden könnte oder neben der in
einer bessern Lösung bereits liegenden Widerlegung aller andern
erst noch ausdrücklich gerechtfertigt zu werden brauchte. Andrerseits werde ich auch da, wo ich mit den Resultaten andrer
zusammentreffe, mich doch in der Regel nicht einfach auf ihre
Ausführungen beziehen, teils weil diese nicht als allgemein
bekannt vorausgesetzt werden können, teils aber auch weil sie
vielfach nicht als die richtigen Voraussetzungen für eine doch
richtige Schlussfolgerung gelten dürfen. Das führt aber schon
zu dem zweiten hier zu beachtenden Punkte hinüber.

Kriterium der Quellenscheidung dürfen nämlich in erster
Linie nur Lücken oder Sprünge in der Komposition sein, nicht
der grössere oder geringere Grad von Glaubwürdigkeit ge-
schichtlicher Berichte und die mehr oder minder ursprüngliche
Darstellung lehrhafter Anschauungen. Gerade über die urchristliche Theologie wissen wir ja so unendlich wenig, dass
es das allerverkehrteste wäre, sich danach erst die Hauptquelle
für deren Erkenntnis zu konstruieren. Auch ist nicht zu vergessen, dass jene ersten Christen die verschiedensten Widersprüche viel leichter ertrugen, als andre ihrer Zeitgenossen
oder wohl gar ihre heutigen Nachkommen. Und zum Teil gilt
das ja auch von geschichtlichen Ueberlieferungen. So gewiss
wir aus wirklichen Fugen und Widersprüchen auf musivische
Arbeit schliessen müssen, ebenso sicher beinah müssen wir
auch schon in den verwendeten Berichten kleine Unebenheiten
erwarten. Andrerseits können dieselben, namentlich wo es sich
um Unterschiede in der Lehrmeinung handelt, auch erst durch
die spätre Ueberarbeitung hineingekommen sein, so dass eine
Quellenscheidung nach diesen letzteren Kriterien allein leicht
zu ganz falschen Resultaten führen könnte. Immerhin werden
aus den einmal auf anderm, sichereren Wege abgesonderten
Quellen nachträglich auch die ihnen etwa eigentümlichen Anschauungen verschiedenster Art abstrahiert und nun weiterhin

zur Erkenntnis von Berichten gleicher Herkunft, sowie namentlich zur absoluten Datierung derselben verwendet werden können, während die relative wiederum am sichersten bereits aus
der schichtenweisen Komposition abzuleiten ist. In dieser
Unterscheidung liegt aber endlich das dritte Prinzip, das ich
für diese und ähnliche Untersuchungen aufstellen möchte.

Während der analytischen Operation ist streng zwischen
sicheren und bloss wahrscheinlichen Resultaten zu scheiden.
Manche meiner Vorgänger diskreditieren ihre Ergebnisse im
voraus dadurch, dass sie sie sofort als „offenbar" oder „unzweifelhaft" bezeichnen, auch, ja gerade wenn sie zunächst
nichts als, vielleicht recht scharfsinnige, Vermutungen sind,
die sich bestenfalls durch Vergleichung mit spätern Resultaten
als glaubwürdig erweisen lassen. Trotzdem kann man natürlich auch unter diesen Umständen nicht jedesmal die ganze
spätere Untersuchung vorausnehmen und so beständig von
einem Ort zum andern überspringen, sondern muss ganz einfach manche Aufstellungen zunächst als das, was sie sind,
auch bezeichnen, nämlich als Hypothesen. Und in einigen
Fällen wird man allerdings überhaupt nicht weiter kommen[112]).
Trotzdem glaube ich um der bereits des öftern erwähnten
Wichtigkeit unsrer Frage willen den Versuch machen zu sollen,
wenigstens auf den Hauptpunkten ihre Lösung anzubahnen.

Und doch würde auch dann noch dieses Ziel unerreicht
und das Rätsel unseres Buches unverstanden bleiben, wenn
wir nicht erklären könnten, warum diese Quellen nun gerade
so und nicht anders behandelt worden sind. Auch dafür sind
im Laufe der Zeit die verschiedensten Erklärungen aufgestellt
worden, die es also endlich noch an dritter Stelle kurz anzuführen und zu prüfen gilt.

c. Tendenziöse Auffassungen (§ 12).

Dass der Inhalt der Apostelgeschichte diesem ihren Namen,
von dessen Ursprung gleich die Rede sein wird, nicht ent-
spreche, war schon Hugo Grotius aufgefallen. Er sah deshalb

---

112) vgl. Weizsäcker a. a. O. 486: ich halte es für keinen Vorzug,
wenn ein Versuch auf diesem Gebiete jeden Satz mit Sicherheit auf seinen
Ursprung beurteilen will.

in ihr nur eine Geschichte des Petrus und Paulus[1]). Aber sie
ist offenbar teils meils mehr, teils weniger, als das. Eichhorn
meinte, es sei eine allgemeine Geschichte der Mission zur Aus-
breitung des Christentums, wo dann aber der ganze erste Teil
bis 7, 60 als Einleitung ausgegeben werden müsste[2]). Vollends
Credners Erklärung der Apostelgeschichte als einer Darstellung
der paulinischen Mission passt eigentlich nur auf den mittel-
sten Teil[3]). Aber auch der seit Mayerhoff üblichen Ansicht,
es sollte der Siegesgang des Evangeliums von Jerusalem bis
nach Rom geschildert werden[4]), widerspricht schon die einfache
Thatsache, dass gerade die Entstehung der ersten christlichen
Gemeinde in Rom gar nicht gemeldet wird[5]). Wenn Lekebusch dagegen einwendet, für den Verfasser sei die Heidenmission so ausschliesslich (?) an die Person Pauli geknüpft,
dass er in dem grössten Teil seines Werkes nur dessen Thätigkeit zu jenem Zweck beschreibe, so muss er es doch schliesslich selbst unerklärt lassen, warum nun gerade seine Wirksamkeit in Rom nicht genauer geschildert wird[6]). Denn davon,
dass dem Evangelium dort erst mit der Predigt des Paulus
die Stätte bereitet sei, wie Weiss meint[7]), sagt der Verfasser
leider kein Wort. Doch bleibt dieser abrupte Schluss der
Apostelgeschichte ja schliesslich für jede der bisherigen Auffassungen derselben mehr oder minder ein Rätsel, so dass man
daraus allein nicht gegen die eben erwähnte Anschauung argumentieren darf. Nun aber kommen zu jenem Bedenken andre
auffällige Lücken, zu deren Erklärung zuerst Michaelis behauptete, der Verfasser erzähle nur, was er selbst gesehen oder

---

1) vgl. Lekebusch a. a. O. 191; Oertel a. a. O. 166.

2) a. a. O. 19 ff.; vgl. Schwanbeck a. a. O. 77 f.

3) a. a. O. 272; vgl. Lekebusch a. a. O. 194 f.; Weiss a. a. O. 561, 1.

4) Einleitung in die petrinischen Schriften 1835, 5; vgl. Baumgarten
a. a. O. I, 26 f. II, 445 f.; Lekebusch a. a. O. 82 f. 209 ff.; König a. a. O.
146; Oertel a. a. O. 65. 166 ff.; Weiss a. a. O. 562; Sorof a. a. O. 101;
auch Güder a. a. O. 16. 24; K. Schmidt a. a. O. 209. 238; Nösgen
a. a. O. 8.

5) Schneckenburger a. a. O. 48; Overbeck a. a. O. XXVII;
Sup. Rel. a. a. O. 68; Bleek-Mangold a. a. O. 423; Wendt a. a. O. 3.

6) a. a. O. 232 f.

7) a. a. O. 562.

von Augenzeugen gehört habe[8]). Wir haben gesehen, dass er
das offenbar und ausdrücklich nicht thut. Riehm berief sich
daher auf das fragmentarische Material, das Lucas zu gebote
stand[9]); aber daraus allein lässt sich der eigentümliche Charakter unsres Buches auch nicht erklären. Andre machten,
wie Schwanbeck[10]) und Lekebusch[11]) sich ausdrücken, Theophilus und die Leser überhaupt zum Sündenbock und kamen
damit allerdings der Wahrheit etwas näher[12]). Denn schon
lange vorher hatten Paulus[13]), Frisch[14]), Michaelis[15]) und de
Wette[16]) als dieses Interesse der Leser und somit auch des
Verfassers die Rechtfertigung des paulinischen Universalismus
bezeichnet. Indes möchte ich, obwohl in der Folge vor allen
und gerade neuerdings wieder diese apologetische Auffassung
der Apostelgeschichte vertreten worden ist, doch vorher lieber
noch zwei andre, ebenfalls, wenngleich in anderem Sinne, apologetische Interpretationen derselben besprechen, da dieselben
besser im Zusammenhang mit der am ausführlichsten zu be-
handelnden, erstgenannten Anschauung sich werden kritisieren
lassen.

Nach dem vorsichtigen Vorgang von Schneckenburger[17])
und Zeller[18]) sah nämlich zuerst Aberle den nächsten Zweck,
wie des Lukasevangeliums, so auch der Apostelgeschichte, in
der Verteidigung des Paulus bezüglich der Punkte, die den
Gegenstand seiner Anklage in Rom bildeten[19]). Und zwar
wurde diese auch dort noch von Juden geführt: denn die in
Wahrheit freilich wohl erst auf Grund des Alten Testaments

---

8) Einleitung in das Neue Testament II, 1810, 1179.

9) a. a. O. 117 ff.

10) a. a. O. 79 f. 90.

11) a. a. O. 195 f.

12) ebenda 196 f.; Weiss a. a. O. 561, 1.

13) de consilio, quo scriptor in actis apostolorum concinnandis ductus
fuerit 1798; vgl. Lechler a. a. O. 7, 1.-

14) Utrumque Lucae commentarium non tam historicae simplicitatis
quam artificiosae tractationis indolem habere 1817.

15) a. a. O. 1183.

16) a. a. O. 243 ff.

17) a. a. O. 244 ff.

18) a. a. O. 365 ff.

19) Ueber den Zweck der Apostelgeschichte, ThQ 1855, 173 ff. 231.

erfundne, aber von Justin, Tertullian und Euseb[20]) geglaubte
Beschuldigung gegen die Juden, nach dem Tode Jesu die
Christen (sic) überall verleumdet zu haben, war begründet[21])
und selbst bei den πολλοί des Lukasprologs an jüdische Litte-
raten zu denken, die in Rom gegen Paulus schrieben[22]). Daher
also einerseits die Feindschaft gegen die Juden, und auf der
andern Seite das Bestreben, das Christentum als das wahre
Judentum zu erweisen und so dessen Privileg, als religio licita
zu gelten, jenem zu vindizieren[23]). Denn das Christentum wird
ja nun eben durch das ganze Buch als absolut ungefährlich
erwiesen: nicht nur jeder Detailbericht in der Darstellung der
Missionsthätigkeit Pauli findet so „ohne Zwang" seine Erklärung, sondern auch die scheinbar gleichgiltigsten Züge werden,
allerdings nur durch haarsträubende Künsteleien, in jenem
Sinne ausgedeutet. Die kolossalste Leistung dieser Art von
exegetischer Tortur ist wohl die Entdeckung, dass Gamaliel 5,36
deshalb als geheimer Verbündeter des Theudas und also das
Judentum überhaupt als staatsgefährlich erscheint, um nur die
Christen von diesem Vorwurf reinzuwaschen[24]). Kein Wunder
also, dass damals Hilgenfeld diese ganze Theorie rundweg ablehnte; aber doch haben sie neuerdings in etwas andrer Form
nicht nur andre katholische Theolgen, wie Litzinger[25]) und
auch Schäfer[26]), sondern vor allen holländische und deutsche
Kritiker erneuert: dort Straatmann[27]), Meyboom[28]) und, obschon

---

20) Just. dial. 17. 234 E. 235 A. 108. 335 C. 117. 345 A; Tert. ad nat.
1, 14; adv. Marc. 3, 23; adv. Jud. 13; Eus. in Jes. 18, 1 f.

21) Ueber den Zweck des Matthäusevangeliums, ThQ 1859, 574 f.;
Ueber die Epochen der neutestamentlichen Geschichtsschreibung, ebenda
1863, 90 f.; vgl. dagegen Hilgenfeld, Die neueste tübingische Tendenzkritik, ZwTh 1864, 430 f.

22) ThQ 1855, 217 ff.; 1863, 98 ff.

23) ebenda 1855, 206 f.

24) Exegetische Studien zu Apg. 5, 34—39, ebenda 1859, 82 ff.

25) Entstehung und Zweckbeziehung des Lukasevangeliums und der
Apostelgeschichte 1863.

26) Die Apostelgeschichte ist keine Geschichte der Apostel, sondern
eine Apologie der Kirche 1890, bes. 15 ff.

27) a. a. O. 157 ff. 171 ff. 290. 305 f.

28) Het romeinsch burgerrecht van Paulus, ThT 1879, 73 ff. 239 ff.
bes. 247. 310 ff.; vgl. auch König a. a. O. 149 f.

vor ausschliesslicher Betonung dieses Moments warnend, van
Manen [29]), hier nach Andeutungen von Overbeck [30]), Hausrath [31])
und Renan [32]), namentlich Weizsäcker [33]), Pfleiderer [34]) und Holtzmann [35]). Findet dieser doch 18, 14 f. sogar bereits die berühmte Unterscheidung des Plinius zwischen nomen ipsum
Christianorum und flagitia cohaerentia nomini, wie sie uns dann
so oft bei den Apologeten des zweiten Jahrhunderts entgegen-
tritt. Aber da die Christen von Anfang an, wenn überhaupt
auf den blossen Namen hin verfolgt wurden, ist sie wohl viel
älter und könnte selbst an jener Stelle historisch sein. Andre
lassen sich nur sehr künstlich gerade in jenem Sinne aus-
deuten; einige widersprechen ihm ausdrücklich. Namentlich
aber am Schluss, wo man vor allem diese politische Tendenz
erwarten sollte, tritt vielmehr, wie schon früher vielfach, eine
andre, kirchliche, hervor und verbietet also, das ganze Werk
unter jenem einen Gesichtspunkt zu betrachten.

Dasselbe entscheidet aber auch zugleich gegen eine zweite
mögliche Auffassung, die im Gegensatz dazu die katholisch-
apologetische heissen könnte. Straatman hat nämlich die Apostelgeschichte als eine Verteidigung des Kirchenglaubens gegen
Marcion bezeichnet, durch den der alte Streit zwischen Paulus
und Petrus wieder in Erinnerung gebracht und jener als „Ketzerapostel" überhaupt discreditiert worden sei: daher ihn der Verfasser der Akten möglichst katholisch schildere und jene alte
Differenz möglichst verwische [36]). Freilich fehlt es nun an
jeder direkteren Bezugnahme auf den Marcionismus; aber
trotzdem könnte vielleicht diese bisher wenig beachtete Theorie

---

29) a. a. O. 9 ff. 156 f.

30) a. a. O. XXXII f.

31) a. a. O. IV, 238, 7. III 357.

32) a. a. O. 444 f.

33) a. a. O. 22: So mag sich diese Zeit aus weiter Ferne her angesehen haben, in den Augen eines Mannes, dem seine Gemeinde als das
wahre Israel aus dem Judentum hervorgegangen ist, und der sie selbst
für praktische Zwecke der Apologie im Staate als das eigentlich berech-
tigte Judentum darstellen will, der überhaupt die erste Zeit in jeder
Weise sich idealisiert, vgl. 444. 449.

34) a. a. O. 544 f. 588. 590. 593. 602. 606. 612 f.; Paulinismus 502. 526 f.

35) Einleitung 406; Handkommentar 314. 391. 393. 420 f.

36) a. a. O. 13 ff. 37 ff. 98. 132 ff. 259.

jetzt durch eine Thatsache der Kanongeschichte bestätigt zu
werden scheinen, die wir erst seit kurzem richtig zu verstehen
gelernt haben. Harnack hat nämlich in der zweiten Auflage
seiner Dogmengeschichte zum erstenmal die Zusammenordnung
der Evangelien und Paulusbriefe mit der Apostelgeschichte,
sowie den katholischen und Pastoralbriefen zu dem nunmehri-
gen neutestamentlichen Kanon daraus erklärt, dass so nicht
nur jene beiden ursprünglichen Elemente verbunden, sondern
namentlich das letztere legitimiert und zugleich unschädlich gemacht werden sollte[37]). Bisher waren ja die Paulinen ausser
II. Pe. 2, 16[38]) nie, auch von Justin und Theophilus noch nicht
als „Schrift" bezeichnet[39]), ja von den scillitanischen Märtyrern
und dem römischen Cajus ausdrücklich von derselben unterschieden worden[40]), wie sie selbst bei Irenäus und Tertullian,
obwohl in der Theorie den Evangelien und mit ihnen dem
Alten Testament gleichstehend, doch in praxi noch ein wenig
hinter den ersteren zurücktreten[41]). Weil selbst kein Augenzeuge des Lebens Jesu, musste nämlich Paulus erst durch die
übrigen Apostel gedeckt und so zugleich gegenüber gnostischen
Auslegungen seiner Lehre katholisiert werden. Und eben dies
leistete ja die darum von Irenäus und Tertullian so hochge-
schätzte und vom Muratorianum zuerst als acta omnium apostolorum bezeichnete Apostelgeschichte[42]). Sofern sie aber nun,

---

37) Dogmengeschichte I, 134. 312 nebst not. 1; vgl. Das Neue Testament 51.

38) vgl. aber Z a h n a. a. O. I, 835.

39) Weiss a. a. O. 47 f. 54; H a r n a c k, Dogmengeschichte I, 320 f.;
Das Neue Testament 39; Theophilus von Antiochien und das neue Testa-
ment, ZK 1889, 11; gegen Z a h n, Studien zu Justin, ebenda 1886, 10. 28 f.;
Geschichte I, 89, 1. 90, 2. 91, 1. 565 f.

40) H a r n a c k, Das Neue Testament 36 ff.; gegen Z a h n a. a. O. 52.
56. 102 f. 275 ff. 559.

41) ebenda 35; H o l t z m a n n a. a. O. 129; W e r n e r, Der Paulinismus des Irenäus, TU VI, 2, 1889, 38. 45.

42) I r e n. adv. haer. III, 15, 1 Fortassis enim et propter hoc operatus
est Deus plurima evangelia ostendi per Lucam, quibus necesse haberent
omnes uti, ut sequenti testificationi eius, quam habet de actibus et doctrina
Apostolorum, omnes sequentes et regulam veritatis inadulteratam habentes
salvari possint. T e r t. adv. Marc. V, 1 (Migne II, 501 BC) inde (sc. ex
Actis Apostolorum) et ipsi (Paulo) credere inducor; inde te a defensione
tua expello; de praescr. 23 (ebenda 41 AB) possumus et hic Acta apo-

wie wir früher sahen, bis in die Mitte des zweiten Jahrhunderts
vielleicht nur in ihren Quellen bekannt war, so könnte man
wohl einen Augenblick auf den Gedanken kommen, das Buch
möchte am Ende überhaupt erst zu dem Zwecke entstanden
sein, um, wie Harnack sich ausdrückt, zwischen den beiden
Flügeln des zu schaffenden Kanons als Mittelbau zu dienen.
Aber er selbst hat diese, wie bemerkt, zunächst noch nicht
gezogene Schlussfolgerung schon dadurch widerlegt, dass er
sagt, die bisher ganz obskure(?) Apostelgeschichte sei faute de
mieux in den Kanon gekommen: denn thatsächlich passt eben
zu der hier anzunehmenden Tendenz ein grosser Teil ihres
Inhalts nicht, so dass man aus demselben vielmehr auf einen
dritten, kirchlich-apologetischen Zweck geschlossen hat.

Bekanntlich ist diese Anschauung zuerst und besonders
von der Tübinger Schule vertreten worden, aber doch, obwohl
dies jetzt gewöhnlich so angesehen wird, keineswegs in durchaus übereinstimmender und sich gleichbleibender Weise[43]). Zunächst sah nämlich Schneckenburger in der Apostelgeschichte
eine Verteidigung Pauli in seiner apostolischen Würde, seinem
persönlichen und apostolischen Verhalten namentlich in der
Heidensache wider alle Anfeindungen und Vorwürfe der Judaisten[44]). Er schloss das teils aus dem zuerst von ihm auf-
gezeigten Parallelismus zwischen Paulus und Petrus, teils aus
der judaisierenden Darstellung des persönlichen und amtlichen
Verhaltens des ersteren, wovon oben bereits genügend die Rede
war[45]). Aber bereits drei Jahre früher hatte Baur von seiner

---

stolorum repudiantibus dicere: prius est uti ostendatis quis iste Paulus,
et quid ante apostolum, et quomodo apostolus; quatenus et alias ad
quaestiones plurimum eo utuntur. Neque enim, si ipse se apostolum de
persecutore profitetur, sufficit unicuique examinate (Venet: examinare:
Heuman: sufficit nil absque examina) credenti. Can. Mur.: Acta omnium
apostolorum sub uno libro scripta sunt; vgl. Kuhn, Das muratorische
Fragment 1892, 62, 1.

43) doch vgl. Lekebusch a. a. O. 246. 253; Oertel a. a. O. 186.
44) a. a. O. 217.
45) vgl. § 5. — Hier erübrigt nur noch, in einer längeren Anmerkung,
wie schon zu den beiden vorhergehenden Abschnitten, die bisherigen Verhandlungen über die geschichtliche Treue der Reden unseres Buches zu
resumieren. Sie war unbezweifelte Voraussetzung bis auf Riehm, der
a. a. O. 75 ff. 126 ff. gerade daraus auf die Verwendung älterer Quellen in

oben geschilderten Geschichtskonstruktion aus der Apostelgeschichte vielmehr einen conciliatorischen Charakter vindiciert,
der freilich auch nur unter den hegelschen Voraussetzungen
von der naturnotwendigen Synthese je zweier Gegensätze zu
einer höhern Einheit überhaupt denkbar war. Wer abgesehen

der Apostelgeschichte schloss. Aber schon de Wette (vgl. Overbeck
a. a. O. LII f.) und Bleek a. a. O. 457 f. glaubten, sie erst aus den auch
fernerhin für authentische Dokumente ausgegebenen beiden Briefen c. 15 und
23 per analogiam begründen zu müssen und zu können. Da erwiesen die
Tübinger gerade diese als lukanisches Eigentum und erklärten weiterhin
auch die sämmtlichen Reden für Kompositionen des Verfassers nach der
gebräuchlichen Art der alten Historiographen (ebenso Wendt a. a. O. 5.
14). Zeller a. a. O. 298 und Overbeck a. a. O. 189 f. suchten sogar
nachzuweisen, weshalb diese Reden gerade an diesen Stellen eingefügt
wurden, aber ihre eigenen Ausführungen zeigen, dass die Thatsachen nicht
zu ihrer künstlichen Methodik stimmen. Andrerseits jener Parallele gegenüber machte Lechler a. a. O. 226, 2 mit Recht darauf aufmerksam, dass
auch die Klassiker ihre Reden keineswegs ganz frei erfunden, sondern
sich an gewisse Vorlagen angelehnt hätten. Das gleiche Verhältnis nahmen,
wenngleich in verschiedener Weise, für die Reden der Akten Lekebusch a. a. O. 332 ff., Trip a. a. O. 189 ff, König a. a. O. 188 ff., Oertel
a. a. O. 69 ff., Reuss a. a. O. 206 an, freilich ohne genügende Beweise dafür
beizubringen. Doch hatte schon Schleiermacher a. a. O. 374 auf die
eigentümlich ungleichmässige Ausarbeitung namentlich der Areopagrede
hingewiesen, die einer vollständigen Fiktion derselben widerspräche und
Nösgen a. a. O. 46 ergänzt diese Beobachtung durch den Hinweis auf
das ähnliche Resultat jedes Versuchs, eine gehörte Rede aus dem Ge-
dächtnis zu fixieren. Uebrigens erweist er ebenda 45 aus der Einleitung
zu jenem elogium 23, 25 vielmehr dessen Ungeschichtlichkeit, dafür aber
die (wenigstens relative) Urkundlichkeit aller Reden. Im einzelnen fasst
er die Untersuchungen von Seyler, (Ueber die Gedankenordnung in den
Reden und Briefen des Apostels Petrus, StKr 1832, 44 f.) Weiss (Krit.
Beiblatt 1854, 74 ff.) und Kähler (a. a. O. 492 ff.) über die Eigentüm-
lichkeiten zunächst der Petrusreden dahin zusammen, dass sie allerdings
eine Reihe nichtlukanischer Ausdrücke aufwiesen, zu den Petrusbriefen
aber nur sachliche, keine sprachlichen Parallelen zeigten. Die letzteren
würden ja auch, wenn sich aus andern Gründen die Hypothese eines
aramäischen Originals wenigstens einiger dieser Reden, von der oben
§ 5 not. 70 andeutungsweise die Rede war, bestätigen sollte, sofort wieder
illusorisch werden, während aus den erstern nur unter der m. E. unmöglichen Voraussetzung der Echtheit jener Briefe die Glaubwürdigkeit unserer
Reden wahrscheinlich gemacht werden könnte. Jedenfalls thaten also
Weiss a. a. O. 74 ff. 82 und Kähler a. a. O. 493 Recht, bestimmt nur
einige Reden oder Verse als petrinisch in Anspruch zu nehmen. Dagegen
ist es schon nach dem oben in § 2 bemerkten kaum eine richtige Korrek-

davon die Baursche Position festhalten wollte, hätte sie von
rechtswegen erst von neuem aus der Apostelgeschichte selbst
erweisen müssen. Und doch war dies schon dem Meister selbst
misslungen, freilich ohne dass er deshalb an seiner apriorischen
Theorie irre werden zu dürfen geglaubt hätte[46]). In thesi
nämlich behauptete er sowohl in seinem Aufsatz über den Ursprung des Episkopats[47]), als auch dann im Paulus[48]), die
Apostelgeschichte sei „ihrer Grundidee und innersten Anlage
nach der apologetische Versuch eines Pauliners, die gegenseitige Annäherung und Vereinigung der beiden Parteien (der
paulinischen und judaisierenden) dadurch herbeizuführen, dass
Paulus so viel als möglich petrinisch, und dagegen Petrus so
viel als möglich paulinisch erscheine, dass über Differenzen,
welche nach der eignen und unzweideutigen Erklärung des
Paulus im Galaterbriefe ohne allen Zweifel zwischen den beiden

---

tur, wenn Holsten die früher (Zum Evangelium des Paulus und Petrus
1868, 147 f.) als ursprünglich bezeichnete urapostolische Verkündigung jetzt
als judaistisch ansieht. (Die drei ursprünglichen noch ungeschriebenen Evangelien 20, 5. 32, 1.) Beyschlag, Neutestamentl. Theologie I, 301. 321
verwendet sämmtliche Ansprachen und Verteidigungen des ersten Teils
als Zeugnisse der urapostolischen Lehrweise und erklärt speciell die Rede
des Stephanus für durchaus echt, während sie die Tübinger und besonders
Supern. Religion a. a. O. 145 ff. für völlig erfunden ansehen. Endlich
die paulinischen Reden haben zwar Tholuck, Die Reden des Apostel Paulus
in der Apostelgeschichte, StKr 1835, 305 ff., K. Schmidt, Nösgen a. a. O.
53 ff. und zuletzt namentlich Bethge unter Anerkennung der lukanischen
Sprachfarbe durchgängig für geschichtlich erklärt, aber auch Weiss a. a. O.
151, 2, 578, 3; Neutestamentl. Theol. 117, Wendt a.a.O. 4. 15 und O. Holtzmann a. a. O. 404. 406 f. nur mit Auswahl festgehalten. In der That sind
sie unter einander so verschieden, dass ein endgiltiges Urteil auch in
dieser Frage nur von der Quellenscheidung zu erwarten ist, die zugleich
das zwischen ihnen und den Reden des ersten Teils sicher bestehende
Abhängigkeitsverhältnis in der richtigen Weise zu erklären helfen wird.
    46) vgl. a. a. O. 11: Wenn man auch noch fragen könnte, ob die
Apostelgeschichte ausschliesslich nur in diesem apologetischen Interesse
geschrieben ist, ob es nicht auch Abschnitte giebt, welche sich mit einer
solchen Betrachtungsweise nicht ebenso leicht vereinigen lassen, bei
welchen demnach nur der allgemeine Zweck einer geschichtlichen Darstellung vorausgesetzt werden zu können scheint, so wird sich doch von
dieser Seite gegen den einmal festgestellten Hauptgesichtspunkt nichts
Bedeutendes einwenden lassen.
    47) ZTh 1838, 142.
    48) I, 8 ff.

Aposteln wirklich stattgefunden haben, so viel als möglich ein
versöhnender Schleier geworfen und der das Verhältnis der
beiden Parteien störende Hass der Heidenchristen gegen das
Judentum und der Judenchristen gegen das Heidentum über
dem gemeinsamen Hass beider gegen die ungläubigen Juden,
die den Apostel Paulus zum steten Gegenstand ihres unver-
söhnlichen Hasses gemacht haben, in Vergessenheit gebracht
wird". Und ausdrücklicher noch setzte er in seinem zweiten
Hauptwerke „Das Christentum und die christliche Kirche der
drei ersten Jahrhunderte" an die Stelle der apologetischen
die conciliatorische oder irenische Tendenz. „Die Apostelgeschichte ist der Friedensvorschlag eines Pauliners, welcher die Anerkennung des Heidenchristentums von seiten der Judenchristen
durch Zugeständnisse seiner Partei an den Judaismus erkaufen
und in diesem Sinne auf beide Parteien wirken wollte" [49].
Aber wo Baur sich nun mit dem Buche selbst beschäftigt, da
drängt sich ihm immer wieder seine apologetische Abzweckung
auf die Judaisten auf. Und ebenso erging es Schwegler[50]
und später Hausrath[51], Scholten[52] und dem englischen Anonymus[53], während Strauss[54], Lipsius[55], Krenkel[56] und neuerdings Seufert[57] im wesentlichen nur die orthodoxe Schul-
tradition fortpflanzten. Endlich hat Zeller, prinzipiell ebenfalls
an der conciliatorischen Tendenz der Acten festhaltend, doch
in der Spezialuntersuchung nicht nur die Absicht des Geschichts-
schreibers, Paulus den Judaisten zu empfehlen, nachgewiesen,
sondern auch die diesem Zweck widersprechenden antijudaistischen Züge nach Baurs oben erwähnten Andeutungen als
nicht gegen die Judenchristen, sondern lediglich die Juden gerichtet erklärt[58]. Indes nach Schneckenburgers Vorgang[59]

---

49) a. a. O. ³ 1863, 128.
50) a. a. O. II, 73 f. 113. 119 f.
51) a. a. O. IV, 237 f. 248.
52) a. a. O. 256. 273 ff.
53) a. a. O. 298 f.
54) a. a. O. 123.
55) a. a. O. 62. 66.
56) a. a. O. 7 f. 54. 201 f.
57) Der Ursprung und die Bedeutung des Zwölfapostolats 1887, 62.
78. 83 f.
58) a. a. O. 315 ff. 343 ff.; vgl. besonders 333, 1.

hatte schon Lekebusch bemerkt, wenn die Judenchristen mit
den Paulinern versöhnt werden sollten, so hätten auch die
Juden, mit denen sie doch auf gleichem Glaubensfundament
standen, auf das sorgfältigste geschont werden müssen. Dazu wird ja Paulus act. 23, 9 vielmehr gerade unter die Pro-
tektion der gesetzesstrengsten Partei des hohen Rates gestellt![60])
Also kann — denn aus irgend welcher Tradition ist, wie wir
gleich von neuem sehen werden, diese Erzählung schlechterdings nicht abzuleiten — von einem durchgängigen nationalen
Antijudaismus der Apostelgeschichte keine Rede sein, obwohl
diese Annahme Overbecks[61]) und Pfleiderers[62]) wenigstens mit
ihrer später zu erörternden Voraussetzung eines bereits heidenchristlichen Standpunktes des Verfassers zunächst nicht mehr
in dem Masse streiten würde, wie mit der genuin tübinger
Annahme eines noch brennenden Kampfes zwischen Judenchristentum und Paulinismus[63]). Aber doch widersprechen
eben auch jener, wie sich bei der angedeuteten Gelegenheit
noch genauer zeigen wird, so spezifisch judaistische Züge, dass
es ganz natürlich war, wenn von anderer Seite nun auch einmal nach ihnen mit der bei jeder solchen Reaktion von vornherein zu erwartenden Einseitigkeit der Charakter der Apostelgeschichte zu bestimmen gesucht und diese sonach als Friedensvorschlag eines Judenchristen an das übermächtige Heidenchristentum bezeichnet wurde. Wie bereits erwähnt, geschah
dies von Wittichen, der deshalb die antijudaistische Polemik
wieder auf das christentumsfeindliche Judentum einschränken
musste, aber gerade durch seine Bemühungen, auch diese Polemik noch als judenchristlich zu erweisen, zeigte, dass an
manchen Stellen der Apostelgeschichte allerdings ein radikaler
Antijudaismus vorliegt[64]). Ebenso ist die Art, wie die Pauli-
nisierung des Petrus entweder aus der Tendenz eines dem be-

59) a. a. O. 223.
60) a. a. O. 369 f.
61) a. a. O. XXX. XXXII.
62) Urchristentum 544. 609 f.; Paulinismus 502 f. 529 ff.
63) Baur, Paulus I, 15 f.; Schwegler a. a. O. II, 113; Zeller a.
a. O. 329.
64) ZwTh 1873, 512 ff. 519; Die kirchengeschichtliche Tendenz der
Apostelgeschichte, JpTh 1877, 654. 659 ff. 668.

stehenden Heidenchristentum Rechnung tragenden Judaismus,
oder aus dem Bestreben des Verfassers, sich für seine Zugeständnisse zu entschädigen,(?) erklärt wird, von Hilgenfeld[65]
und Bahnsen[66]) gebührend zurückgewiesen worden. Aber wenn
nun namentlich der letztere im Verfasser von neuem einen
Pauliner sieht, so hätte dieser doch unter den hier wieder
vorausgesetzten gespannten Verhältnissen unmöglich durch eine
solche Darstellung beide Parteien befriedigen können. Schon
wenn er, wie Baur meint[67]), durch eine möglichst eingehende
Schilderung der Urgemeinde die Judaisten auch für seine
weitere Darstellung hätte empfänglich machen wollen, so wären
sie gewiss bei einer solchen lügenhaften Reinwaschung des
verhassten Gegners aufgewacht. Und wenn nun vollends, wie
seine Schüler erklärten, dem Petrus fälschlich paulinische Lehre
und nicht nur Billigung sondern Beteiligung an der Heidenmission zugeschrieben wurde, so konnte das nur Erbitterung
gegen den verleumderischen Pauliner erregen. Wie sollte er
aber auch nur seine eigenen Freunde für jenen Kompromiss
zu gewinnen gehofft haben, wenn er von vorn herein ein Kriterium des Apostolats aufstellte, das nach der Ansicht der Judaisten eben den Paulus davon ausschloss, und ihm eine Stellung
zu den Uraposteln andichtete, die seine stets so nachdrücklich
gewahrte Selbständigkeit völlig aufhob?[68]) Angesichts dieser
Schwierigkeiten war es immerhin ein Verdienst B. Bauers, dass
er die Unmöglichkeit einer Entstehung der Apostelgeschichte
im Augenblick jenes Streites erkannte — wenngleich uns seine
Lösung des Rätsels heute erst recht unmöglich erscheint. Denn
wenn die Akten den Sieg des Judentums in der Kirche abschliessen und ausdrücken sollten[69]), so hat es eben ein solches
Christentum, das Paulus zum Juden machen wollte, um 150
überhaupt nicht gegeben. Aber trotzdem ist diese Auskunft,
dass die Apostelgeschichte die Gegenwart in die Vergangen-

65) Hegesippus und die Apostelgeschichte, ZwTh 1878, 327.

66) Ist die Apostelgeschichte paulinischen oder judenchristlichen Ursprungs? JpTh 1879, 140.

67) a. a. O. 12.

68) vgl. Weiss, Einleitung 567 f.; auch Volkmar, Die Religion
Jesu 1859, 286 f.; Straatman a. a. O. 15 f.

69) Die Apostelgeschichte 1850, 122.

heit zurücktrage, nun bis auf die neueste Zeit von Theologen
verschiedenster Richtung zur Erklärung der Mängel und Eigen-
tümlichkeiten derselben für ausreichend gehalten worden. Overbeck [70]), Weizsäcker [71]), Pfleiderer [72]) und, eine vorübergehende
Schwankung abgerechnet, auch Holtzmann [73]) begegnen sich
mit Reuss [74]), Mangold [75]), Weiss [76]) und Wendt [77]) in der Annahme einer naiven Selbsttäuschung des Verfassers anstatt
der ihm früher zugeschriebenen Tendenz. „Wo er nach der
Tübinger Kritik nicht sehen wollte, da konnte er der neueren
Auffassung gemäss vielmehr meist (!) nicht sehen" [78]). Und
dann war ja auch seine Verwischung der Gegensätze niemand
mehr anstössig, wenn sie sich thatsächlich bereits so weit ausgeglichen hatten. Man bezeichnete also den theologischen
Standpunkt der Apostelgeschichte als einen bereits im Römerbrief vorgebildeten [79]) Unionspaulinismus: so Hilgenfeld [80]) und
früher Pfleiderer [81]), oder als ein Heidenchristentum, das allerdings innerlich dem Judentum näher gestanden habe: so Overbeck [82]) und neuerdings Pfleiderer [83]). Harnack [84]) dagegen und
ebenso in seinen neuesten Veröffentlichungen Holtzmann [85]),
sowie van Manen [86]) sehen in den Akten bereits den Katholizismus sich ankündigen, nachdem schon früher Zeller [87]), Renan [88]),
Volkmar [89]) auf Spuren desselben hingewiesen hatten. Für

---

70) a. a. O. XXXI f.
71) a. a. O. 22.
72) Urchristentum 546; Paulinismus 503 f.
73) Handcommentar 321 f.
74) a. a. O. 211.
75) a. a. O. 436 f.
76) a. a. O. 565, 2.
77) a. a. O. 9.
78) Holtzmann a. a. O. 308.
79) vgl. oben § 1 not. 5.
80) Einleitung 596 ff.
81) a. a. O. ¹ 510 ff.
82) a. a. O. XXI.
83) Urchristentum 545 f.; Paulinismus ² 501 f.
84) a. a. O. I, 52, 2.
85) a. a. O. 322.
86) a. a. O. 65. 67.
87) a. a. O. 474 f.
88) Les apôtres XXIII; Les évangiles 438.
89) Paulus 23 f.

manche Erscheinungen mag diese Erklärung genügen; aber für
andere Stellen kommt man doch immer wieder auf die tendenz-
kritische Auffassung als die einzig mögliche zurück. Zunächst
die judaistische Darstellung Paulus lässt sich nun einmal absolut nicht aus dem Heidenchristentum oder Katholizismus des
zweiten Jahrhunderts und auch nicht, wie Overbeck[90]) und
Holtzmann[91]) wollen, aus seiner Vorstellung von der Entstehung
des Christentums erklären. Man hätte damals auch Jesum am
liebsten ganz vom Judentum losgelöst[92]) und konnte also, wie
ja auch die Pastoralbriefe zeigen, gleich gar nicht für Paulus
oder sich selbst noch jene Gebundenheit an das Gesetz voraussetzen, die die Apostelgeschichte vertritt[93]). Wenn also hier
Paulus in dem oben bezeichneten Zeitpunkt den Timotheus
beschneidet, zu dem 21, 24 fixierten Zweck an einem Gelübde
teilnimmt und 23, 6 sich rundweg als Pharisäer bekennt: so
bin ich wenigstens ausser stande, dies anders denn als judenfreundliche Fiktion zu verstehen. Und mag auch die „ver-
dächtige Regelmässigkeit", mit der der Heidenapostel zuerst
immer die Synagoge besucht, auf unbewusster Verallgemeinerung
einzelner Vorgänge beruhen: die Art, wie ihm 28, 2 ein Un-
verdächtigkeitszeugnis ausgestellt wird, ist eine zu deutliche
Bestreitung jener zuerst von Justin den Juden nachgesagten
Feindseligkeit gegen das Christentum, als dass damit nicht
wiederum auf die Judenchristen eingewirkt werden sollte.
Wendet man dagegen ein, es habe damals gar kein irgendwie
einflussreiches Judenchristentum mehr gegeben, mit dem sich
hätte paktieren lassen[94]), so steht diese Vorstellung, so weit

---

90) a. a. O. XXXI.

91) a. a. O. 322.

92) vgl. besonders Just. dial. 67. 291 D; Tert. apol. § 83 und als argumentum e silentio die christologischen Aussagen der Apologeten überhaupt,
sowie Harnack a. a. O. 134, 2.

93) vgl. Wittichen, ZwTh 1873, 511; JpTh 1877, 670; gegen van
Manen a. a. O. 67: Lucas tracht daardoor het Paulinisme te ontdoen van
eenige scherpe hoeken en aangenaam te maaken aan het wordende ka-
tholicisme. (!)

94) vgl. z. B. Pfleiderer, Urchristentum 546 f. 610; Paulinismus
501; auch The Development of Theology 1890, 229, 1; vgl. Lechler
a. a. O. 211 f. 216. 223; Hase, Kirchengeschichte auf der Grundlage akademischer Vorlesungen I, 1885, 175 f.; Harnack a. a. O. 121. 133. 244 ff.
Loofs a. a. O. 50 f.; Gloel a. a. O. 83 ff.

verbreitet sie heute ist, doch, wie wir sehen werden, nicht im
Einklang mit den uns erhaltenen Nachrichten. Das ist ja richtig:
die ganze Geschichtsauffassung der Akten lässt sich aus einer
ihnen zu Grunde liegenden Tendenz nicht ableiten, aber genau
ebenso verkehrt als dieser Versuch ist es, dieser jeden Einfluss
auf jene abzuerkennen. Wer die eben angezogenen Stellen vor-
urteilsfrei prüft, muss bezüglich ihrer unausweichlich Hilgen-
felds Votum unterschreiben: wenn irgendwo, so hat die Tübinger Schule hier ein bleibendes Ergebnis erreicht[95]. Hatte
doch auch nicht nur Overbeck[96] seinerzeit in gewisser Weise
den Tendenzcharakter der Apostelgeschichte festgehalten und
schien Holtzmann[97] sogar eine zeitlang durchaus die Tübinger
Position erneuern zu wollen, sondern haben in neuerer Zeit
auch Weiss[98], Wendt[99] und Grau[100] einen judenfreundlichen,
Reuss[101], Renan[102] und Mangold[103] sogar einen conciliatorischen Nebenzweck des Buches zugegeben.

Aber hiergegen bleibt nun doch wieder zu erinnern, dass
das in dieser Weise unmöglich zu erreichen war, dass hier
vielmehr der Eindruck der judenfreundlichen Stücke vielfach
wenigstens durch das folgende wieder parallelisiert werden
musste. Oder liess sich erwarten, dass nach der eben an-

---

95) Einleitung 596.

96) a. a. O. XXXII*.

97) vgl. namentlich die Recensionen von W e n d t , Apostelgeschichte ⁶,
ThLz 1889, 198: im übrigen steht die Beurteilung des historischen
Charakters der Apostelgeschichte mehr, als auf die Dauer angeben wird,
unter dem Einfluss einer naturgemässen Reaktion auf die Tendenzkritik.
— Andere Spuren tendenziöser Geschichtsdarstellung werden nicht gerade-
zu verwischt, aber in das Gebiet des unbewussten verlegt.

98) a. a. O. 565, 2. 567, 5.

99) a. a. O. 7.

100) Entwicklungsgeschichte des neutestamentlichen Schriftentums
I, 1871, 319.

101) a. a. O. 213 f.

102) a. a. O. 439: Selon l'opportunité(!!!) le Christianisme n'est que le
judaisme ou est tout autre chose. Quand le juif s'incline devant Jésus,
son privilège est hautement reconnu. Luc alors a les paroles les plus
onctueuses pour ces pères, pour ces ainés de la famille, qu'il s'agit de
réconcilier avec les cadets. Mais cela ne l'empêche pas d'insister com-
plaisamment sur les païens qui se convertissent et de les opposer au juif
endurci, incirconcis de coeur. On voit qu'au fond il est pour les premiers.(?)

103) a. a. O. 437.

geführten judenfreundlichen Szene am Schluss auch noch die
Anwendung von Jes. 6, 9 f. auf ganz Israel in irgend welchem
ähnlichen Sinne verstanden werden sollte? Musste nicht ein
Judenchrist an dieser Stelle die Rolle indigniert wegwerfen,
wenn er in seiner Lektüre über die andern judenfeindlichen
Stellen hinweg bis an diesen stärksten Angriff auf seinen
Glauben gekommen war? Wohl aber konnte ein antijudaistischer Leser sich jene judenfreundlichen Stellen gefallen lassen,
wenn sie ihres unter den veränderten Verhältnissen vielleicht
ohnehin nicht mehr in demselben Masse, wie früher, anstössigen
Sinnes durch eine angefügte Erklärung beraubt waren. Denn
dies scheint in der That der Zweck dieser antijudaistischen
Glossen zu sein, die dann zugleich beweisen, dass in den vorhergehenden Stücken eine judenfreundliche Tendenz vorlag. Und
so würde allerdings für die Apostelgeschichte gelten, was man
für das Lukasevangelium unrichtigerweise behauptet hat: hier
haben nacheinander zwei Redaktoren, ein judenfreundlicher
und ein judenfeindlicher, das ihnen vorliegende Material bearbeitet. Diese Folgerung, so neu sie ist, scheint mir doch so
zwingend, dass ich auch kein Bedenken trage, sie der nun zu
gebenden Analyse des Paulus betreffenden Teiles unsres Buches
zu Grunde zu legen und die nach den oben entwickelten Prinzipien etwa auszuscheidenden Zusätze je nach ihrem Charakter
der einen oder der andern jener successiven Redaktionen zuzuweisen, die Erprobung derselben Methode auch an den fünf
ersten Kapiteln der Apostelgeschichte einer spätern gelegent-
lichen Untersuchung vorbehaltend.

2. Die Quellenscheidung in der Apostelgeschichte.

a. Act. 6—12 (§ 13).

Obgleich Paulus erst 7, 58 auftritt, glaube ich doch für
den hier vorliegenden Zweck bei 6, 1 einsetzen zu müssen, wo
schon Riehm einen völligen Szenenwechsel wahrnahm[1]). Auch
Feine lässt hier einen andern Bericht beginnen, aber gleich
mit v. 6 wieder abbrechen[2]). In der That scheint v. 7 f. erst

---

1) a. a. O. 161.
2) a. a. O. 184 ff.

nachträglich an 1—6 angefügt — denn bei ursprünglichem
Zusammenhange wäre vielleicht gesagt worden, weshalb das
Wort Gottes zunahm, ob wegen der verbesserten Armenpflege[3]
oder trotz des innern Zwistes[4] — und nicht ganz geschickt
aus dem vorhergehenden und nachfolgenden gebildet zu sein[5].
das wiederum von jenem Bericht über die Wahl der Sieben
nichts weiss[6]. So dürfte es schon deshalb wahrscheinlich
sein, dass auch dort wieder eine andre Quelle verarbeitet ist.
Sie lässt sich aber auch aus c. 7 mit ziemlicher Sicherheit
nachweisen.

Bekanntlich findet man, von älteren Deutungen, die mehr
von der Einkleidung der Rede, als von dieser selbst ausgingen,
gleich abzusehen, neuerdings ihre Pointe entweder in v. 51[7]
oder in v. 48[8]. Aber dieser letztere Gedanke wird doch vorher weder in der Patriarchengeschichte, noch auch v. 33 irgendwie angedeutet[9], während freilich andrerseits auch die Herzens-
härtigkeit des Volkes Israel zwar v. 9. 25 ff. 35. 39 ff. 47 deutlich genug gegeisselt wird, in den ausführlichen, dazwischen
liegenden Schilderungen aber doch wieder zurückzutreten
scheint. Feine[10] hat deshalb nach einer Andeutung von Holtzmann[11] die ganze Rede in zwei verschiedne Reden zerlegt,
von denen aber keine ein zusammenhängendes Ganze bildet.
Richtiger verwies letzterer neuerdings[12] auf das Eingangs-

---

3) **Lekebusch** a. a. O. 213.

4) **Overbeck** a. a. O. 66.

5) vgl. zu v. 7 v. 1 πληθυνόντων τῶν μαθητῶν (und 7, 17 ηὔξησεν
ὁ λαὸς καὶ ἐπληθύνθη ἐν Αἰγύπτῳ); zu v. 8 v. 5.

6) **Holtzmann**, Handcommentar 345 betrachtet v. 7 als Zwischenbemerkung, da das folgende an v. 6 anknüpfe.

7) **Baur**, De orationis habitae a Stephano Act. Cap. VII. consilio
1829, 10; **Paulus** I, 50 ff.; **Nitzsch**, Beiträge zur Erklärung der Rede
des Stephanus, StKr 1860, 488 f.; **Sabatier** a. a. O. 21; **Pfleiderer**
a. a. O. 561 f.; **van Manen** a. a. O. 19. 47.

8) **Weiss**, Neutest. Theologie 141; **Witz**, Stephanus und seine Verteidigungsrede, JdTh 1875, 588 ff.; **Wendt** a. a. O. 164 ff.; **Weizsäcker**
a. a. O. 52. 56. 58.

9) vgl. **Spitta** a. a. O. 111 ff.

10) a. a. O. 186 ff.

11) ZwTh 1885, 434 ff.; vgl. auch **Beyschlag**, Neutest. Theologie
I, 322 f.

12) Handcommentar 347.

gebet IV. Esra 3, das vor allem auch ähnliche, umfangreiche
Digressionen aufweist, ohne dass daraus bisher auf einen nicht
einheitlichen Ursprung geschlossen worden wäre. Ebenso wenig
ist das also hier erlaubt; nur v. 37, der schon durch das plötzlich eintretende τοῖς υἱοῖς Ἰσραήλ auffällt und, im vorliegenden
Zusammenhange völlig überflüssig, nur an 3, 22 zurückerinnert,
dürfte als eine in Anlehnung an den folgenden Vers stilisierte
Glosse auszuscheiden sein[13]). Dann passt die Rede aber freilich, will man nicht die Hauptsache eintragen, absolut nicht
in den hier vorliegenden Zusammenhang: es ist vielmehr eine
streitbare Predigt[14]), wie sie etwa in der Synagoge gehalten
werden konnte. Dürfen wir daher also v. 9 f. als die ursprüngliche, wenngleich nicht unversehrte Einleitung der Rede betrachten, so erweist sich die folgende Schilderung einer San-
hedrinversammlung als späterer Zusatz, durch den zugleich der
Revolutionarismus des Stephanus falschen Zeugen in den Mund
gelegt und andrerseits der Fanatismus der Juden durch Hervorhebung ihrer Empfänglichkeit wenigstens für den äussern
Eindruck ihres Gegners verringert werden sollte. Diese Theorie
bestätigt sich dadurch, dass auch am Schluss des 7. Kapitels
die denselben Charakter tragenden Angaben aus dem Zusammenhang des Ganzen herausfallen: so wohl schon das nach
dem Todesschrei v. 59ᵇ unpassende feierliche Gebet v. 60, dessen
Vorbild allerdings Luc. 23, 34 in einigen Codicibus fehlt, vor
allen aber die nach der Schilderung der allgemeinen Verfolgung 8, 1ᵇ unerträglich nachhängende Bemerkung über die
Bestattung des Stephanus durch ἄνδρες εὐλαβεῖς, mögen
darunter nun Juden[15]) oder genauer gottesfürchtige Heiden

---

13) Mithin wäre eine Erklärung der ganzen Rede gerade aus dieser
Glosse heraus, wie sie neuerdings wieder Spitta a. a. O. 107 ff. versucht,
von vornherein verfehlt. — Schwanbeck a. a. O. 54. 252 und van
Manen a. a. O. 19 f. nehmen zwischen v. 50 und 51 eine Fuge an, aber
ähnliche abrupte Schlüsse finden sich auch sonst; vgl. Zöckler, Die
Apokryphen des Alten Testaments 1891, 356.

14) vgl. Weizsäcker a. a. O. 56: Die Rede ist vielmehr wie ein
Lehrvertrag gedacht und ausgeführt, als wie eine Verteidigungsrede vor
Gericht — gegen Sabatier a. a. O. 20: Quand on étudie de plus près
ce discours, quand on en a saisi la pensée mère, il est impossible d'en
imaginer un autre, qui serre l'accusation de plus près.

15) Lechler a. a. O. 66 nebst not. 1; Conybeare and Howson,

verstanden werden [16]). Endlich kann aber auch die auf drei
Stellen verteilte Erwähnung Saul's ebendeshalb weder der
Quelle, die ich HH (Historia Hellenistarum) nennen möchte,
noch auch der Redaktion, die ich auch künftig mit HPe (Historia Petri) bezeichnen werde, angehören — sie hätten sicher
beide das Zusammengehörige auch mehr zusammengefasst, anstatt es so zu verstreuen — die fraglichen Notizen müssen
also von der Hand eines noch spätern Redaktors stammen und
wir werden später sehen, dass das der oben vermutete Redactor antijudaicus, den ich mit Ra abkürze, gewesen ist [17]).

Greifen wir jetzt auf den ursprünglichen Schluss unserer
Quelle, soweit wir sie bisher verfolgten, also 8, 1ᵇ zurück, so
könnte man daran vielleicht zunächst 8, 4 anfügen und dann
diesen Vers 11, 19 wieder aufgenommen finden [18]). Aber in
Wahrheit liegt die Sache gerade umgekehrt; denn dort allein
passt der Ausdruck διέρχεσθαι, wo ein Ziel der Reise angegeben wird [19]), setzt aber zugleich eine Bezeichnung des Weges
voraus, wie wir sie jetzt in 8, 1ᵇ lesen. Auch widerspricht 8, 4 ff.
der Versicherung 11, 19, die Versprengten hätten nur den Juden
gepredigt, und ist also später, als dies. Der ursprüngliche Text
lautete nach allem höchst wahrscheinlich: ἐγένετο δὲ ἐν ἐκείνῃ
τῇ ἡμέρᾳ διωγμὸς μέγας ἐπὶ τὴν ἐκκλησίαν τὴν ἐν Ἱεροσολύ-
μοις· πάντες διεσπάρησαν κατὰ τὰς χώρας τῆς Ἰουδαίας καὶ
Σαμαρίας καὶ διῆλθον ἕως Φοινίκης καὶ Κύπρου καὶ Ἀντιο-
χείας κτλ. Diese Erwähnung von Samarien veranlasste nun
die Einfügung der Philippusepisode durch einen spätern Redaktor und zwar — da 8, 3 und 9, 1, die ich schon oben als
Ra zugehörig bezeichnete, nicht den Eindruck eines zerrissenen Zusammenhangs, sondern einer über eine Kluft hergestellten Brücke
machen — einen Vorgänger dieses Redactors, vielleicht schon

The Life and Epistles of St. Paul, New Edition 1892, 32, 2; Spitta
a. a. O. 103.

16) Renan, Les apôtres 118; Reuss, Stephanus, RE² XIV, 1884, 686.

17) vgl. Krüger a. a. O. 299; Weiss a. a. O. 574, 5; Mangold a. a.
O. 453; Sorof a. a. O. 62 f.; auch Reuss, Geschichte 206.

18) so Feine a. a. O. 195; Spitta a. a. O. 124; der zugleich nach
Weiss a. a. O. 576, 2 in v. 5 einen Widerspruch mit 8, 1ᵇ sieht, m. E. ohne
genügenden Grund.

19) Sorof a. a. O. 64.

den Verfasser von IIPe, zu dem wenigstens die hier 8, 6 f. wie
6, 8 begegnende Betonung der Wunder vorzüglich passen würde.
Er hätte dann seine Quelle zuerst 8, 2 durch die Notiz über
das Begräbnis des Stephanus und dann unter Wiederaufnahme
des Fadens abermals durch diese Philippusgeschichte unterbrochen. In ihr selbst hat neuestens van Manen[20]) zwei verschiedne Berichte unterscheiden wollen, indem nach dem einen
Simon als „etwas Grosses" von Philippus bekehrt, nach dem
andern als ein Magier von Petrus und Johannes abgewiesen
worden sei. Doch sind das keine Widersprüche und erklären
sich die allerdings vorhandnen auf andre Weise. Erstens nämlich könnte v. 10 f., das fast nur bereits gebrauchte Ausdrücke
reproduziert[21]), eine Glosse sein, die am Schluss zu v. 9 zu-
rückkehrt, um nun den ursprünglich folgenden v. 12 anzu-
schliessen[22]). Zum andern wird v. 18 mit ἰδὼν das θεωρῶν
v. 13 wieder aufgenommen; das dazwischen stehende scheint
also eine spätre Einschaltung zu sein[23]), nach der dann natürlich auch v. 18 ff. umgewandelt worden wäre. Denn ist es nicht,
um zunächst dies zu erledigen, viel wahrscheinlicher, dass nach
der ursprünglichen Erzählung der Zauberer die Wunderkraft
des Philippus sich erkaufen wollte, aber nicht etwa die Fähigkeit, andern den heiligen Geist mitzuteilen, wovon er doch
nicht viel Gewinn ziehen konnte? Zwar liesse sich dafür an
die Herrschaft der wahrsagenden Sklavin 16, 16 erinnern, aber
hier ist doch von einer gleichen, durch den Geist mitgeteilten
Gabe durchaus nicht die Rede. Denn dass Simon den heiligen
Geist sich äussern gesehen habe, das ist nur ein durch die
Wiederaufnahme des θεωρῶν erweckter Schein. Vor allem
aber passt die ganze Vorstellung von einer Geistesmitteilung,
nicht durch die Taufe, sondern die Handauflegung der Apostel

---

20) a. a. O. 48 f. 103; vgl. Feine a. a. O. 196 f.

21) vgl. προσεῖχον v. 6. 10. 11; λέγοντες v. 10 mit λέγων v. 9; μεγάλη v. 10 mit μέγαν v. 9; ταῖς μαγίαις ἐξεσταχέναι v. 11 mit μαγεύων
καὶ ἐξιστάνων v. 9.

22) vgl. Feine a. a. O. 186.

23) Darauf deutet auch der veränderte Gebrauch von Σαμαρία v. 14 (25),
vgl. 5; Weiss a. a. O. 575, 1; Feine a. a. O. 198. — ἐξίστατο v. 13 ist
wohl aus v. 8 entlehnt.

nur zu Ra, bei dem wir sie auch 19, 6 finden werden[24]). Er
hätte dann auch 8, 1 πλὴν τῶν ἀποστόλων eingeschaltet, da
er hier von dem Zentralsitz der christlichen Kirche aus die
Apostel Petrus und Johannes, der allerdings nur eine stumme
Rolle spielt, zur Sanktion der samaritanischen Mission ent-
senden lassen wollte[25]). Und ebenso liess er sie dann v. 25
wieder nach Jerusalem zurückkehren.

Das folgende Stück setzt, obwohl das gewöhnlich geleugnet
wird[26]), die erste Erzählung von Philippus bereits voraus: denn
zöge er von Jerusalem aus, so würde ihm kaum sein Weg als
von Jerusalem nach Gaza hinabführend beschrieben werden.
Auch passt ja κατὰ μεσημβρίαν besser auf Samarien, von wo
man zunächst südwärts gehend die erwähnte Strasse zu gewinnen suchte, als auf Jerusalem, von wo man sich sofort
westwärts wenden musste[27]). Ebenso kennt aber unser Bericht
die Corneliusgeschichte, was man aus dem aus 11, 17 wiederholten, aber nicht recht motivierten κωλύειν 8, 37 um so mehr
schliessen darf, als umgekehrt jene die erste Heidenbekehrung
erzählen will und auch speziell von dem Aufenthalt des Philippus in Cäsarea nichts weiss[28]). Der vorliegende Abschnitt
ist also jedenfalls erst nach jenem anzusetzen und, da derselbe dem Redactor judaicus (Rj) angehört, wohl ebenfalls Ra
zuzuweisen, der nun auch die folgende Erzählung hinzugethan hat[29]).

24) vgl. auch Zeller a. a. O. 475; Overbeck a. a. O. LXV; Weizsäcker a. a. O. 590 f.; Feine a. a. O. 197 f.; auch Gunkel, Die Wirkungen
des heiligen Geistes 1888, 31; von Soden, Handcommentar III, 1, 181.

25) Straatman a. a. O. 69; gegen Spitta a. a. O. 147 ff.; mit demselben ebenda 126. Er selbst schliesst 8, 5 ff. an 9, 31 an, aber ohne
irgendwie zwingende Gründe dafür beizubringen oder die Hauptschwierig-
keiten befriedigend zu lösen (ebenda 127 f.).

26) so Weiss a. a. O. 576, 2; Feine, JpTh 1890, 111; Spitta
a. a. O. 147.

27) Nestle, κατὰ μεσημβρίαν Apg. 8, 26, StKr 1892, 335 ff. übersetzt: um die Mittagszeit, was aber dann (vgl. v. 27) wohl bei ἐλάχισεν
stehen würde.

28) Feine, vorkan. Ueberlieferung 199; gegen van Manen a. a.
O. 130, 2.

29) Schneckenburger a. a. O. 28; Lekebusch a. a. O. 100;
Overbeck a. a. O. 130 finden 8, 40 den Wirbericht 21, 8 benutzt; dasselbe
geschieht vielleicht 9, 30 und ist dieser Abschnitt von Ra, so wohl auch jener.

C. 9 schliesst offenbar an 8, 3 an und gehört also auch derselben Quelle an. Welche dieses sei, wurde oben noch ungewiss
gelassen und wird nun hier durch Vergleichung dieses Berichts
mit seinen Parallelen in c. 22 und 26 zu entscheiden sein. Dass
dieselben aus ganz verschiednen und von einander unabhängigen
Quellen stammten, wie Schleiermacher meinte[30]), das konnten
allerdings Zeller[31]), Lekebusch[32]) und Overbeck[33]) durch Hinweis
auf ihre grossenteils wörtliche Uebereinstimmung mit Leichtigkeit widerlegen, aber die trotzdem vorhandnen Abweichungen
aus der verschiednen Tendenz der einzelnen Relationen zu erklären, das dürfte denn doch Schneckenburger[34]), Baur[35]) und
wiederum Overbeck[36]) nur sehr unvollkommen gelungen sein.
Eben wegen dieser Differenzen ist es nun auch unmöglich, mit
Zimmer[37]) und Sorof[38]) unser Kapitel auf c. 22 und 26 zurück-
zuführen, während andrerseits Wendts Ansicht[39]), c. 9 und 22
seien von c. 26 abhängig, im allgemeinen richtig sein dürfe.
Wie die Vergleichung der drei Abschnitte zeigt, haben die
die ersten beiden durchgängig den leichtern, c. 26 aber den
schwerer verständlichen Text, der immer der älteste ist. So
ist aus der rara phrasis $\dot{\alpha}\nu\alpha\iota\rho o\nu\mu\acute{\epsilon}\nu\omega\nu$ $\alpha\dot{\nu}\tau\tilde{\omega}\nu$ $\varkappa\alpha\tau\acute{\eta}\nu\epsilon\gamma\varkappa\alpha$
$\psi\tilde{\eta}\varphi o\nu$ 26, 10, das deutlichere: $\ddot{o}\tau\epsilon$ $\dot{\epsilon}\xi\epsilon\chi\epsilon\tilde{\iota}\tau o$ $\tau\dot{o}$ $\alpha\tilde{\iota}\mu\alpha$ $\varSigma\tau\epsilon\varphi\acute{\alpha}\nu o\nu$
— $\varkappa\alpha\dot{\iota}$ $\alpha\dot{\nu}\tau\dot{o}\varsigma$ $\ddot{\eta}\mu\eta\nu$ $\dot{\epsilon}\varphi\epsilon\sigma\tau\dot{\omega}\varsigma$ $\varkappa\alpha\dot{\iota}$ $\sigma\nu\nu\epsilon\nu\delta o\varkappa\tilde{\omega}\nu$ $\tau\tilde{\eta}$ $\dot{\alpha}\nu\alpha\iota\rho\acute{\epsilon}\sigma\epsilon\iota$
$\alpha\dot{\nu}\tau o\tilde{\nu}$ $\varkappa\alpha\dot{\iota}$ $\varphi\nu\lambda\acute{\alpha}\sigma\sigma\omega\nu$ $\tau\grave{\alpha}$ $\dot{\iota}\mu\acute{\alpha}\tau\iota\alpha$ $\tau\tilde{\omega}\nu$ $\dot{\alpha}\nu\alpha\iota\rho o\acute{\nu}\tau\omega\nu$ $\alpha\dot{\nu}\tau\acute{o}\nu$
22, 10 und die entsprechende Schilderung $o\dot{\iota}$ $\mu\acute{\alpha}\rho\tau\nu\rho\epsilon\varsigma$ $\dot{\alpha}\pi\acute{\epsilon}\vartheta\epsilon\nu\tau o$
$\tau\grave{\alpha}$ $\dot{\iota}\mu\acute{\alpha}\tau\iota\alpha$ $\alpha\dot{\nu}\tau\tilde{\omega}\nu$ $\pi\alpha\rho\grave{\alpha}$ $\tau o\grave{\nu}\varsigma$ $\pi\acute{o}\delta\alpha\varsigma$ $\nu\epsilon\alpha\nu\acute{\iota}o\nu$ $\varkappa\alpha\lambda o\nu\mu\acute{\epsilon}\nu o\nu$ $\varSigma\alpha\acute{\nu}$-
$\lambda o\nu$ 7, 58[b] und $\varSigma\alpha\tilde{\nu}\lambda o\varsigma$ $\ddot{\eta}\nu$ $\sigma\nu\nu\epsilon\nu\delta o\varkappa\tilde{\omega}\nu$ $\tau\tilde{\eta}$ $\dot{\alpha}\nu\alpha\iota\rho\acute{\epsilon}\sigma\epsilon\iota$ $\alpha\dot{\nu}\tau o\tilde{\nu}$
8, 1[a 40]); das für Hebräer weniger verständliche Sprichwort

30) a. a. O. 351 f.
31) a. a. O. 399 f.
32) a. a. O. 129.
33) a. a. O. 130.
34) a. a. O. 62 f.
35) a. a. O. I, 72 f.
36) a. a. O. 139; vgl. dagegen auch Beyschlag, Die Bekehrung des
Apostels Paulus, StKr 1864, 209.
37) Die drei Berichte der Apostelgeschichte über die Bekehrung des
Paulus, ZwTh 1882, 465 ff. 473 ff.; vgl. schon Schwanbeck a. a. O.
236 ff. 242.
38) a. a. O. 63. 66 ff.
39) a. a. O. 19 ff. 217 ff.
40) Ueberhaupt macht die Schilderung 26, 10 f. gegenüber 22, 4 f. und

26, 14ᵇ wird hier wie dort weggelassen; das stilistisch harte
ὧν τε εἶδες ὧν τε ὀφθήσομαί σοι 26, 16 wird in ὧν ἑώρακες
καὶ ἤκουσας 22, 15 (vgl. auch ἰδεῖν τὸν δίκαιον καὶ ἀκοῦσαι
φωνὴν ἐκ τοῦ στόματος αὐτοῦ 14ᵇ) und ὁ ὀφθείς σοι ἐν τῇ
ὁδῷ ᾗ ἤρχου 9, 17 umgedeutet; ja der ganze rhetorisch grossartige, aber ebendeshalb inhaltlich minder anschauliche locus
palmarius für den ordo salutis 26, 16 ff. wird 22, 9 und 9, 6
ausdrücklich späterer Erläuterung aufgespart; endlich der Kampf
des Menschen gegen Gott: ἐγὼ ἔδοξα ἐμαυτῷ πρὸς τὸ ὄνομα
Ἰησοῦ τοῦ Ναζωραίου δεῖν πολλὰ ἐναντία πρᾶξαι 26, 9 wird
ausserordentlich geistvoll in die Züchtigung des Menschen durch
Gott: ἐγὼ ὑποδείξω αὐτῷ ὅσα δεῖ αὐτὸν ὑπὲρ τοῦ ὀνόματός
μου παθεῖν 9, 16 verwandelt — in c. 22 fehlt ein entsprechen-
der Zug, wie überhaupt die ganze Szene mit Ananias hier
weniger genau ausgemalt ist. Liesse sich nun aber auch diese
Verschiedenheit ganz wohl bei demselben Verfasser erklären
— denn der Zusatz, den umgekehrt c. 22 v. 17 f. aufweist, wird
sich später als nicht ursprünglich erweisen — so nötigt doch
die beiderseits verschiedne Bezeichnung des Ananias und die
ungleiche Formulierung des Missionsauftrags an Saul zur Annahme eines besonderen Ursprungs beider Berichte. Ersterer
heisst nämlich 22, 12 ἀνὴρ εὐσεβὴς κατὰ τὸν νόμον, 9, 10 aber
μαθητής und befiehlt dort 22, 14 f. ursprünglich Saul im Namen
des Gottes seiner Väter den Juden zu predigen, während ihm
hier 9, 10 ff. 15. 17 der Herr, d. h. Jesus, befiehlt, Saul zum
Missionar unter Heiden und Königen und den Kindern Israels
zuzurichten[41]). Vergleicht man damit den ältesten Text c. 26,
wo weder Ananias vorkommt, sondern nur von einer geistigen

---

gar 9, 3 auch durch die grössre Wahrscheinlichkeit des berichteten — denn
dort allein wird das Verfahren des Paulus begreiflich — den Eindruck
des ursprünglichen.

41) Renan a. a. O. 184, 4 versucht hier einmal eine freilich etwas
unklar bleibende Quellenscheidung. „Le récit du chapitre IX des Actes
semble ici composé de deux textes entremêlés; l'un, plus original, comprenant les versets 9, 12, 18; l'autre, plus développé, plus dialogué, plus
légendaire, comprenant les versets 9, 10, 11, 13, 14, 15, 16, 17, 18. Le
v. 12, en effet, ne se rattache ni à ce qui précède, ni a ce qui suit. Ich
kann das nicht finden, halte es aber für möglich, dass dieses doppelte
Gespräch zwischen Saul und Ananias auf die direkte Offenbarung an jenen
26, 16 ff. und die mittelbare Mitteilung durch diesen 22, 14 ff. zurückgeht.

Blindheit die Rede ist, aus der immerhin die leibliche Sauls
abgeleitet sein könnte [42]), noch dessen Aufgabe in der einen
oder andern Weise präcisiert wird, obwohl die Elemente für
eine solche Näherbestimmung in v. 17 vorliegen: so kann die
verschiedene Ausschmückung der jüngeren Berichte nur auf
einer besondern, einander entgegengesetzten Tendenz beruhen,
c. 22 auf einer judenfreundlichen, c. 9 auf einer judenfeindlichen.
Dann aber wird die für diese beiden Rezensionen oben behauptete Reihenfolge hier aufs deutlichste bestätigt: c. 9 ist, wie
dies allerdings Zimmer nachgewiesen hat, nicht nur von c. 26,
sondern mehr noch von c. 22 abhängig, also jünger als dies.
Und dass es in der That Ra angehört, wird sich auch aus
dem unmittelbar folgenden nochmals ergeben.

Schon dies könnte dafür sprechen — wenn anders ich die
im folgenden zu beweisende Bekanntschaft dieses Redaktors
mit den Paulusbriefen schon hier voraussetzen darf — dass
9, 19ᵇ ff. Gal. 1 und II. Cor. 11, 32 f. benutzt worden ist [43]).
Ersteres ist durch den beiderseitigen Gebrauch des sonst im
neuen Testament gänzlich fehlenden, in der Apostelgeschichte
meist durch διώχειν ersetzten πορθεῖν gewährleistet [44]); letzteres
dagegen wegen der Verschiedenheit des berichteten zunächst
weniger augenfällig. Aber gerade diese Abweichungen erklären sich nur aus einer Benutzung der Corintherstelle durch
den Redaktor der Akten. Derselbe hatte ja schon vorher die
arabische Reise des Paulus unterdrückt, weil er damit wohl,
wie die meisten Exegeten seither, nichts rechtes anzufangen
wusste; und da er nun auch, wie wiederum viele andere in

---

42) vgl. Zeller a. a. O. 195; Baur a. a. O. 83 ff.

43) Das letztere wäre allerdings von vornherein unmöglich, wenn
die beiden Verse nebst 12, 1ᵃ, bezw. auch ᵇ und 7ᵃ eine spätere Glosse
wären, wie nach Michelsen ('T Verhaal van Paulus' vlucht uit Damaskus,
ThT 1873, 424 ff.) und Holsten (Ueber 2. Cor. XI, 32. 33, ZwTh 1874,
388 ff.) auch Rovers, ZwTh 1881, 404, Hilgenfeld, Paulus und Corinth,
ebenda 1888, 200, 1, van Manen a. a. O. 71 und Schmiedel a. a. O.
247 ff. meinen. Ich hoffe indes, diese Meinung bald in grösserem Zusammenhang widerlegen zu können und weise hier nur auf die ausge-
zeichnete Glaubwürdigkeit dieser Notiz hin, die sich im folgenden noch
bewähren wird.

44) Vgl. Gal. 1, 13. 23 und act. 9, 21, auch εὐθέως Gal. 1, 16 und act.
9, 20; im allgemeinen van Manen a. a. O. 63. 145.

späterer Zeit, die Bemerkung des Apostels über seine Flucht
aus Damaskus nicht verstand, so setzte er anstelle des Ethnarchen des Königs Aretas die Juden, die ja nach seiner, hier
noch durch 22, 19 gestützten Voraussetzung Paulus überall an-
feindeten, in Wahrheit aber über die Thore einer fremden
Stadt unmöglich eine solche Kontrolle ausüben konnten[45]).
Ferner passt dann das Auftreten in Jerusalem nicht mehr so
recht, desto besser aber der gleiche Misserfolg desselben. Wir
werden also auch dies Stück Ra zuzuweisen haben, der
dafür neben der judenfreundlichen Glosse in 26, 20, von der
noch die Rede sein wird, wiederum Gal. 1, des weiteren aber
wohl auch den ihm bereits in dieser Form vorliegenden Bericht über die spätere Verfolgung des Paulus durch Juden aus
Asien 21, 27 und seine Reisen über Cäsarea 21, 8 ff. 23, 23 ff.
verwertet haben dürfte. Da bei alledem aber im Widerspruch
mit 8, 1 angenommen war, dass damals nicht nur die Apostel.
sondern auch andere Jünger wieder in Jerusalem waren, so
wird es auch endlich noch Ra gewesen sein, der diese Unebenheit nachträglich durch die Bemerkung 9, 31. 32ᵃ wieder
ausglich. Dafür spricht noch ausserdem der hier bisher un-
beobachtete, aber aus Paulus bekannte kollektive Gebrauch
von ἐκκλησία[46]), der besonders gut zu der Vorstellung stimmt,
die dieser Redaktor nach 8, 14 ff. von den Aposteln als kirch-
licher Centralbehörde hat, und wohl auch im folgenden durch
das an jene Erzählung erinnernde διερχόμενον διὰ πάντων
wieder andeutet.

Die Petrusgeschichten selbst gehören, wie namentlich die
ausführliche Erzählung von Cornelius beweist, Rj an. Dagegen
spricht nicht, dass die Frage nach den Bedingungen des Ver-

---

45) Auch die harmonisierende Annahme von Krenkel a. a. O. 43.
457; Heinrici, Das zweite Sendschreiben 451; Holtzmann a. a. O. 361,
der Ethnarch habe auf Veranlassung der Juden Paulus aufgelauert —
Hausrath a. a. O. III, 66 und Lipsius, Handkommentar 16 nehmen gar
einen eigenen Ethnarchen für die doch sonst als verachtet geschilderte
Judenschaft an — ist nach den Worten des Paulus unmöglich; und völlig
Angers Hypothese (a. a. O. 151), der Ethnarch hätte aus Freundschaft
für die Juden die Obrigkeit von Damaskus für deren Unternehmen gewonnen, trägt die Hauptsache erst in den Text hinein.

46) 2, 47. 8, 1; auch 5, 11. 11, 22 bedeutet es die Einzelgemeinde,
7, 38 das jüdische Volk; vgl. I. Cor. 15, 9; Gal. 1, 13; Phil. 3, 6.

kehrs zwischen Heiden- und Judenchristen, die, wie wir sehen
werden, in c. 15 diesen Redaktor beschäftigt, hier noch ausser
Betracht bleibt; denn zunächst handelt es sich um die Bekehrung eines ausserdem schon dem Judentum geneigten
Heiden. Freilich in c. 11 steht doch die Haus- und Tischgemeinschaft, aber nicht mit getauften, sondern mit unge-
tauften Heiden im Vordergrund des Interesses; aber deren
Ungesetzlichkeit, wie sie 10, 28 durchaus zweckentsprechend
anerkannt wird[47]), war eben das Haupthindernis der Heidenmission. Es ist also unberechtigt, wenn man auf Grund jenes
angeblichen Widerspruchs hier eine geschichtliche Thatsache
ungeschichtlich dargestellt findet, sei es die Bekehrung eines
Proselyten[48]), soll heissen: eines gottesfürchtigen Heiden[49]), sei
es einen dem Gal. 2 berichteten ähnlichen Vorgang aus Petri
späterem Leben[50]). Aber auch Weiss'[51]) und Wendts[52]) ebenfalls widersprechenden Versuche einer Quellenscheidung hat
Feine[53]) und dessen eigene Aufstellungen wiederum Spitta[54])
m. E. mit Recht zurückgewiesen. Er selbst scheidet 10, 36—43
als spätern Zusatz aus, da eine solche, in sich abgeschlossene
Rede der Notiz 10, 44. 11, 15 widerspräche[55]) — aber musste
sich denn Petrus durch das Glossolalieren seiner Hörer unterbrechen lassen oder konnte er nicht, wie nach der Pfingst-
erzählung 2, 14 ff., während dessen weiter reden, ja vielleicht
eben dadurch erst recht enthusiasmiert werden, wie seitdem
so viele Erweckungsprediger in ähnlicher Lage? Und wenn
die Rede zum andern allerdings aus früheren zusammengestellt
ist, obwohl namentlich die aus 2, 39. 3, 25 f. 4, 10. 5, 31 entlehnte Hervorhebung der Predigt an das „Volk" v. 42 nicht

47) Schürer a. a. O. II, 46 ff. Das Gegenteil sollte man doch
wenigstens aus Josephus bei dessen bekannter Tendenz, das Judentum
zu verteidigen, nicht mehr beweisen wollen. Vgl. ausserdem Just. dial. 47.
266 A; auch ap. I. 14. 61 C.
    48) Holtzmann, ZwTh 1885, 430.
    49) Schürer a. a. O. 567 f.
    50) vgl. oben § 5 not. 12—15 (S. 19).
    51) a. a. O. 575.
    52) ZThK 1891, 230 ff. 249 ff.
    53) a. a. O. 203 r.
    54) a. a. O. 157.
    55) ebenda 131 f.

mehr passt, so ist doch z. B. auch gleich im folgenden, v. 46.
ein Ausdruck aus der Pfingstgeschichte, nämlich 2, 11, benutzt[56],
was alles bei der hier vorgetragenen Theorie über die Herkunft der Perikope nur natürlich ist.   Immerhin liegt aber
gerade in dieser Rede ein Anstoss vor, der doch, so sollte man
denken, schon längst auf die Annahme einer Interpolation
hätte führen müssen.   Denn so wenig geschickt sie auch überhaupt — im Anschluss an 3, 13 ff. — komponiert sein mag:
das scheint mir doch ganz und gar undenkbar zu sein, dass
ein und dieselbe Hand jene Periode v. 36—38 geschrieben
habe, die noch kein Kommentator halbwegs befriedigend hat
konstruieren können[57].   Beachtet man aber, dass v. 36 wesentlich eine Parallele zu dem im folgenden gegebenen Bericht
bildet, ohne die dieser durchaus glatt und verständlich verlaufen
würde, so kann es wohl kaum mehr zweifelhaft sein, dass er
eine Randnote bildet, die v. 37ᵃ ersetzen sollte, aber irrtümlich
neben diesen in den Text kam.   Und zwar wird man sie wegen
der paulinischen oder deuteropaulinischen Phrase εὐαγγελίζεσ-
θαι εἰρήνην[58]) von Ra ableiten, zu dem ja auch — trotz der
Herübernahme des τοῖς υἱοῖς Ἰσραήλ — das sofort korrigierende
οὗτός ἐστιν πάντων κύριος vortrefflich passt.   Ebenso gehört
ihm der den Zusammenhang unterbrechende und wahrscheinlich aus 1, 22 gebildete Halbvers 37ᵇ an, der im Gegensatz
zu jenem Johannes' und Jesu Taufe durchaus trennt und zugleich vor die Predigt im jüdischen Lande die in dem Galiläa
der Heiden stellt.   So erklärt sich vielleicht auch nachträglich
noch die Einfügung von Galiläa 9, 31 aus heidenfreundlichem
Interesse und andrerseits im nächsten Kapitel das ebenso wie
1, 5 scheinbar ganz unmotivierte Zitat 11, 16, das nur dann
die Annahme der Heiden bestätigen kann, wenn mit der Johannestaufe zugleich alles jüdische ausgeschieden sein soll.
Endlich der Schlussvers 11, 18 dagegen wiederholt sich 21, 20
ebenfalls bei Rj: eine nochmalige Bestätigung für die Richtigkeit des über diese Perikope gefällten Urteils.

    11, 19 gehörte, wie wir bereits sahen, ursprünglich mit 8, 1ᵇ
zusammen.   Die Bekehrung von Heiden wird 11, 20 als etwas

56) gegen Weiss a. a. O.
57) vgl. Wendt a. a. O. 250 nebst not. *.
58) Röm. 10, 15; Eph. 2, 17.

neues erzählt, so dass 10, 44. 48 nicht ursprünglich vorangegangen sein kann. Ebenso setzt bereits 11, 22 wieder ein
anderer Bericht ein, der das eben von einigen Kypriern und
Kyrenäern ausgesagte und wohl auch die' ursprünglich ihnen
geltende Bemerkung v. 26 nun auf Barnabas und Saulus über-
trug oder bezog[59]). Denn dass jener Vers zu der alten Quelle
gehörte, schliesse ich aus der bei demselben Verfasser kaum
denkbaren Wiederholung von ἱκανὸς ὄχλος in v. 24, sowie der
aus 6, 1 als künstlicher Klammer zerrissener Zusammenhänge
bekannten Formel: ἐν ταύταις ταῖς ἡμέραις. Ja, vielleicht war
auch Barnabas, nach 4, 36 ein Kyprier, schon in der Quelle
genannt, da die ausführliche Beschreibung v. 24ᵃ so wenig als
dort in den Mund eines Redaktors zu passen scheint. Andernfalls könnte ein solcher gerade durch jene Stelle veranlasst
worden sein, hier, wo von Kypriern die Rede war, an Barnabas
zu denken und ihn auftreten zu lassen, müsste dann aber auch
eben wegen der näheren Beschreibung desselben diese Interpolation vor der andern 9, 26 ff. gemacht haben, was wiederum
wegen des hier 11, 25 bereits vorausgesetzten, aber (nach jener
Annahme) erst 9, 30 berichteten Aufenthaltes Sauls in Tarsus
seine Schwierigkeit hat. Jedenfalls weist die gleiche Rolle,
die Barnabas hier, wie dort, spielt, sowie die an 8, 14 ff. erinnernde Stellung, die die Urgemeinde einnimmt, auch diese
Verse dem Ra zu, während zu dem gleichen Urteil über die
Schlussverse des Kapitels die Verwendung nötigt, die hier die
Angaben der Briefe des Paulus über seine Kollektenreise finden,
bei der wiederum nach der Parallelerzählung der Apostelgeschichte 21, 10 ff. eine Weissagung des von Judäa herab-
gekommenen Agabus vorkam. Da aber dies alles unserm Verfasser nicht mehr verständlich war und sein konnte, so hat er
sowohl die Reise, als die Weissagung auf eine Hungersnot bezogen, die er seiner Gewohnheit nach zwar sofort vergrösserte,
ursprünglich indes sicher bei Josephus gefunden hat, den wieder-

---

59) Wie van Manen a. a. O. 106 f., der diesen Widerspruch deutlich
erkennt, ihn dem welbehagen van Lucas zuschreiben kann, ist mir nicht
recht verständlich. Feine a. a. O. 209 scheidet wenigstens v. 25—30 aus,
Spitta a. a. O. 128 f. dagegen schliesst 22ᵇ. 23. 24ᵃ. 25. 26 an 11, 18 an,
als ob Petrus von Barnabas hätte inspiciert werden können! Ueber
Wendt vgl. unten § 14 not. 2.

um erst Ra kennt[60]), ein letztes, durchschlagendes Zeugnis für die Herkunft unserer Einschaltung. Und dann erklärt sich endlich auch, weshalb die Reise hierher verlegt ward, ohne dass es dazu jener ausserordentlich künstlichen und doch nichts im Texte angedeuteten Annahme einer apologetischen Tendenz bedürfte: die Hungersnot fiel nach Josephus in die Zeit des Todes des Agrippa[61]) und musste daher hier vor dessen Erwähnung 12, 23 berichtet werden.

Dass nämlich diese Erzählung Ra bereits vorlag und von ihm nur mit einer schon durch ihre Kürze von der ausführlichen Erzählung im folgenden sich unterscheidenden Einleitung[62]), sowie einem an 11, 30 anknüpfenden Schluss versehen ward, erhellt aus der bei demselben Verfasser zu erwartenden, hier aber fehlenden Unterscheidung des Jakobus v. 17 von dem v. 2 hingerichteten Zebedaiden, sowie andrerseits der bei demselben Verfasser nach v. 12 unnötigen, bei Ra aber nach v. 2 keineswegs überflüssigen näheren Bezeichnung des Johannes Marcus v. 25[63]). Er sollte zur Vorbereitung auf den im folgenden mitgeteilten Reisebericht nach Antiochien geschafft werden, und bot so willkommenen Anlass, gerade hier eine auch ihn erwähnende Episode aus dem Leben des Petrus, sowie zur Einleitung dazu, den Tod des Jakobus zu berichten.

b. Act. 13—21, 26 (§ 14).

Wenden wir uns jetzt der Geschichte der eigentlichen Missionsarbeit Pauli zu, so ist es ein besonders glückliches Zusammentreffen, dass in diesem Teile der Akten die Verhältnisse um vieles einfacher liegen, als in den früheren Kapiteln und wir also hier fast immer zu wirklich sichern Resultaten werden gelangen können. So ist es vor allem ganz unleugbar, dass gleich 13, 1 eine neue Quelle einsetzt — ich nenne sie einfach HPa (Historia Pauli) — die von dem Bericht über die

---

60) vgl. oben § 10 not. 53.

61) vgl. Schürer a. a. O. 474, 8; gegen Sorof a. a. O. 44 f.

62) Bleek, StKr 1836, 1045.

63) vgl. Weizsäcker a. a. O. 629; Sorof a. a. O. 46; van Manen a. a. O. 146, 1; gegen Feine a. a. O. 209 f. Weiss a. a. O. 575 trennt v. 18—22 ab. Zu v. 24 vgl. 6, 7, woher das hier unpassende ἐπληθύνετο stammt.

Gründung der antiochenischen Gemeinde 11, 19 ff. und die bisherigen Schicksale des Paulus und Barnabas absolut nichts weiss[1]). Wenn Spitta[2]), um jener unausweichlichen Schlussfolgerung aus diesem Thatbestand zu entgehen, κατὰ τὴν οὖσαν ἐκκλησίαν dem Redaktor zuweist, so ist dagegen zu sagen, dass gerade dieser sicher nicht so zusammenhangslos geschrieben hätte, und wenn er προφῆται καὶ διδάσκαλοι prädikativ fasst, so bleibt doch immer noch das Bedenken, warum es dann nicht heisst: ausser Barnabas und Paulus waren noch die und die als Propheten und Lehrer dort. Auch sonst kann ich bezüglich der zwei nächsten Kapitel seine Aufstellungen, die übrigens von hier ab nicht einmal mehr seiner eigenen Zweiquellentheorie entsprechen, meistens nicht billigen, so richtig mir auch fast durchgängig die ihnen zu Grunde liegenden Beobachtungen zu sein scheinen. Freilich, wenn er an dem Ausdruck οἱ περὶ Παῦλον v. 13 Anstoss nimmt, so ist das doch wahrlich keine ungewöhnliche oder späte Umschreibung, ja hier nach der Hervorhebung gerade des Paulus eine besonders

---

1) Auch wäre, wenn mit dem Herodes v. 1 derselbe, wie im vorhergehenden Kapitel gemeint sein sollte (Overbeck a. a. O. 190 denkt vielmehr an Antipas, vgl. Schürer a. a. O. 358, 1) die abweichende Bezeichnung auffällig, (vgl. Schwanbeck a a. O. 60; de Wette a. a. O. 249) dagegen ist ein übertriebenes Verlangen, wenn Schleiermacher a. a. O. 356 f. und Sorof a. a. O. 78. in 13, 4 einen Hinweis auf die christlichen Kyprier 11, 20 erwartet hätten. Die von Baur a. a. O. 105 und Zeller a. a. O. 212 behauptete Abhängigkeit der Elymas- von der Simongeschichte liesse sich höchstens aus der Wiederkehr von ἐνθέα ς, 21 und 13, 10 beweisen, wird aber durch die sonstigen Widersprüche beider Berichte, die Baur freilich als Steigerungen des Originals durch den Nachahmer zu erklären versteht, (vgl. dagegen auch Overbeck a. a. O. 195) völlig ausgeschlossen. Die von Zeller (a. a. O. 212, 2) notierte Berührung zwischen 13, 11 und 9, 8 ist wohl zufällig. Ueber die antiochenische Rede und die Lahmenheilung in Lystra siehe unten.

2) a. a. O. 163 f. — Van Manen, der doch c. 13 ebenso an c. 11 anschliesst, erwähnt die Bedenken dagegen überhaupt nicht. Wendt, StKr 1892, 272 sucht sie zwar abzuschwächen, scheitert aber mit seiner Zurückverfolgung der Wirquelle bis auf 11, 19 schon an der Unmöglichkeit, die sonst stets spätere Lesart von D 11, 28 auf einmal als die ältere zu erweisen (doch hält sie auch Hausrath a. a. O. IV, 238, 7 für möglicherweise ursprünglich) und den λιμός, der doch sicher aus Josephus stammt, von dem c. 13 befriedigten Hunger nach der Gerechtigkeit zu verstehen.

passende und natürliche Wendung. Ferner die Notiz über Johannes
hätte zwar auch schon an einem frühern Platz stehen können,
ist aber auch da, wo wir sie jetzt lesen, keineswegs unpassend.
Jedenfalls liegt zur Ausscheidung von v. 6—12 nicht der geringste Anlass vor[3]). Innerhalb derselben vermutet nun aber
van Manen[4]) wegen der doppelten Benennung und verschiedenen
Charakterisierung des Zauberers zwei von einander abhängige
Relationen; doch bietet auch dazu wenigstens der Text durchaus keine Handhabe. Sicher liegt hier eine Schwierigkeit vor,
für deren Lösung auch Klostermann[5]) bereits die richtige Frag-
stellung angegeben hat; aber wahrscheinlich ist der Text noch
viel mehr verderbt, als er annimmt. Auch die Ersetzung des
Namens Saulus durch Paulus von v. 9 ab vermag ich nur dadurch zu erklären, dass allerdings wohl unsere Quelle den
letzteren Namen gebrauchte[6]), Ra aber, mit der jüdischen Sitte,
derartige Doppelnamen zu führen, unbekannt, Σαούλ 22, 7. 13.
26, 14 für den vorchristlichen Namen seines Helden angesehen
und daher nicht nur selbst bisher gebraucht, sondern auch in
seine Quelle bis an eine Stelle hineinkorrigiert hat, wo ihm der
Wechsel besonders passend erschien. Hätte er aber daran
gedacht, dass Saul zur Erinnerung an die Bekehrung des
Sergius Paulus dessen Namen angenommen, so würde er beides
wahrscheinlich etwas deutlicher gesagt oder wenigstens an
passender Stelle angedeutet haben[7]).

In der antiochenischen Rede vermisste schon Overbeck[8])
den rechten Zusammenhang zwischen v. 23 und 27, ohne doch
eine Wiederherstellung des ursprünglichen Textes zu versuchen.
In der That steht ja σωτηρία v. 26 dem dadurch wieder auf-
zunehmenden σωτήρ v. 23 so fern und ist die scheinbar un-
begründete Wiederholung παντὶ τῷ λαῷ Ἰσραήλ v. 24 neben
τῷ Ἰσραήλ v. 23 so auffällig, dass man schon deshalb die

---

3) gegen Spitta a. a. O. 165 f.; Sorof a. a. O. 78 f.
4) a. a. O. 98 f. 147.
5) a. a. O. 25.
6) vgl. Gfrörer a. a. O. 423 ff.; Schwanbek a. a. O. 228 ff.
7) gegen Wieseler a. a. O. 238, 1; Laurent a. a. O. 147; Baur
a. a. O. 106; Zeller a. a. O. 213; Renan, St. Paul 18.
8) a. a. O. 199.

letzten Worte von v. 24 und v. 25 einem Redaktor zuweisen
möchte. Wenn nun aber, wie wir eben sahen, Ra bis v. 9 den
Namen Σαῦλος einschwärzte, so ist gewiss auch er es gewesen, der die wenngleich schon v. 32 aufgehobene, aber v. 26
erst noch einmal anerkannte, vorläufige Bevorzugung Israels
in v. 23 doch noch bedenklich fand und ausserordentlich geschickt dadurch aufhob, dass er an die Juden nur die Johannes-
predigt gerichtet sein liess, dagegen das Auftreten Jesu auch
zeitlich von jener trennte[9]). Ebenso aber ist nun auch v. 27
bis 31 auszuscheiden, wie Sorof[10]) richtig gezeigt haben dürfte.
Hätte Paulus — oder sagen wir zunächst der Verfasser dieser
Rede — schon bei v. 28[b] an seine Hörer auch nur mitgedacht,
so würde er sicher, da es lediglich auf sie ankam, ὑμῖν, nicht
aber ἡμῖν gesagt haben. So kann er damit nur im Gegensatz
zu solchen Nichtpalästinensern die ersten Empfänger der Heils-
predigt gemeint haben, die jenen erst die Botschaft von der
völligen Erfüllung der Weissagung, nicht nur durch das Auftreten, sondern eben auch die Auferstehung Jesu, bringen sollten.
Wohl aber mochte Ra. der überhaupt nichts von der Teilnahme
der Juden am Reich wissen will, ἡμῖν wie v. 38[b] in jenem
Sinne von Paulus und der Diaspora nebst ihrem heidnischen
Anhang verstehen und ihnen deshalb die Jerusalemiten gegenüberstellen, deren Schuld er in Anlehnung teils an die Predigt
des Petrus 3, 13 ff.[11]), teils aber auch an die Notiz von Rj
15, 21 näher, aber nicht recht klar ausmalte. Noch augen-
scheinlicher aber sind, wie ebenfalls schon Sorof[12]) gesehen
hat, v. 34—37 Zusätze vermutlich desselben Redaktors, wie
die eben nachgewiesenen beiden Interpolationen. In dem
jetzigen Zusammenhange muss man nämlich das ἀναστήσας
v. 32 neben dem ausdrücklich davon unterschiedenen ἀνέστησεν
αὐτὸν ἐκ νεκρῶν v. 34 notwendig von der Sendung Jesu in
die Welt verstehen, die aber schon v. 23 berichtet war, also
hier unmöglich als ἐκπλήρωσις der Verheissung bezeichnet

---

9) vgl. oben § 10.

10) a. a. O. 80 ff.

11) vgl. namentlich 3, 17 f. mit 13, 27, wo das κατὰ ἄγνοιαν der Vorlage missverständlich zu τοῦτον ἀγνοήσαντες geworden zu sein scheint.

12) a. a. O. 82 f.

werden konnte[13]). Das passt nur auf die Auferstehung, von
der ps. 2, 7 doch auch Heb. 1, 5. 5. 5 und Just. dial. 122. 351
BC gedeutet worden ist. Weil aber allerdings die Beziehung
auf die Taufe gewöhnlicher war, so verstand der Redaktor
das Zitat auch hier in diesem Sinne, vermisste dann aber
natürlich die Erfüllung auch der Auferstehungsweissagung und
führte als solche neben ps. 16, 10, das er in c. 2 fand, auch
noch Jes. 55, 3 an, das ebenso wie jene Stelle wegen des ὅσιος
auf den Messias bezogen werden konnte, zumal wenn man
einige Worte änderte[14]). So behalten wir als ursprünglich nur
v. 16—24ᵃ. 26. 32 f. 38 f. übrig, die nun keine auf Abhängigkeit zurückzuführenden Berührungen mit c. 2 oder 7 mehr auf-
weisen[15]), während dagegen wiederum nach dem gewinnenden
Schluss der Rede in v. 39 die scharfe Drohung höchst auffällig und als Epilog, nicht einer methodistischen Busspredigt,
sondern einer apostolischen Heilsverkündigung kaum denkbar
ist. Das Zitat deutet also offenbar, wie auch Baur[16]) und
Overbeck[17]) erkannten, bereits auf die im folgenden erzählte
Empörung der Antiochener hin, die nun schon dadurch als
desgleichen später erst eingetragen verdächtig wird. In der
That erweist sich da, wie Spitta[18]) zeigt, gleich v. 42 als eine
nur aus v. 43 verständliche Parallele zu diesem und v. 44 als
Fortsetzung von 42, aber nicht von 43. Das merkten schon
die Abschreiber von Codex D und E und stellten deshalb durch
verschiedene Einschaltungen einen Zusammenhang her; Kuinöl
schied v. 42 aus[19]), aber in Wahrheit ist auch 44 ff. späterer
Zusatz. Nur v. 49, wo der Ausblick auf das Land jetzt nicht
in die Schilderung der städtischen Verhältnisse passt, ist deshalb aus der Quelle herzuleiten, ebenso v. 52, den schon Hilgen-

---

13) gegen Overbeck a. a. O. 202.

14) Overbecks (ebenda 203) und Holtzmanns (a. a. O. 375) Er-
klärung des messianischen Sinnes unserer Stelle trägt zu viel ein, ebenso
Nösgens (a. a. O. 257) abweichende Auffassung; am richtigsten ist die
Wendts (Apostelgeschichte 301 f.).

15) vgl. Schneckenburger, StKr 1855, 546 ff.; Bethge a. a. O. 19 ff.;
auch Bendixen, Die antiochenische Rede des Paulus, BG 1888, 27 f.

16) a. a. O. 119.

17) a. a. O. 206.

18) a. a. O. 166 ff.

19) a. a. O. ad l.

feld [20]), Jacobsen [21]) und Sorof [22]) nach der aber doch schon v. 45 beginnenden Verfolgung durch die Juden unpassend fanden [23]). Beide schlossen in HPa an v. 43 an [24]), wo nur προσηλύτων ebenfalls auf Ra zurückgeht, der die gottesfürchtigen Heiden im allgemeinen dadurch von der den Antiochenern angehängten Beschuldigung ausnehmen wollte, dass er sie in diesem besonderen Falle, freilich gegen den sonstigen Gebrauch von σεβόμενοι, zu Proselyten machte [25]).

In c. 14 setzt sich zunächst, wenngleich wohl nicht ganz unverändert, HPa fort. Doch möchte man gleich in der folgenden Verfolgungsgeschichte, wie in der eben besprochenen, einen fremden Zusatz vermuten. In der That zerreisst, wie wiederum die alten Abschreiber besser als die neuen Erklärer erkannt haben, v. 2 den Zusammenhang und erweisen sich ebenso die damit zusammenhängenden Verse 4—6ᵃ durch den Gebrauch von ἔϑνη statt Ἕλληνες v. 1 als fremde Zusätze. Der Text wird ganz glatt, wenn die genannte Zwischenbemerkung ausgeschieden ist [26]). Waren nun aber in v. 6 Barnabas und Paulus bereits in Lystra, Derbe und Umgebung, so muss es, wie wiederum eine Glosse von D verrät, auffallen, dass im folgenden noch ein Bericht über Lystra gegeben wird, zumal dieser Name hier auf einmal als neutrum pluralis dekliniert wird [27]). Auch inhaltlich erweisst sich der Bericht nicht so sehr von 17, 22 ff., als vielmehr von 3, 1 ff. ab-

---

20) a. a. O. 554. 607.

21) a. a. O. 18.

22) a. a. O. 83.

23) Auch wird, wie v. 50, so bereits v. 46 Paulus vor Barnabas genannt, freilich nur im Anschluss an v. 43, wo die Voranstellung des Paulus durch die vorhergehende Mitteilung seiner Rede motiviert war, ebenso wie umgekehrt 14, 12 Barnabas als menschgewordener Zeus dem Paulus-Hermas übergeordnet und daher auch v. 14 und 15, 25. 36 vorangestellt wird. Mithin ist der Wechsel ebensowenig rein zufällig, (gegen Zeller a. a. O. 247) als in den wirklichen Verhältnissen begründet (gegen Baumgarten a. a. O. I, 338 f.; Renan a. a. O. 19 f.; Hausrath a. a. O. III, 134).

24) gegen Spitta a. a. O. 168 f., der 43 mit 50 f. zusammennimmt.

25) vgl. Schürer a. a. O. 565, 291.

26) vgl. Sorof a. a. O. 85; gegen Spitta a. a. O. 169 f.

27) Anders liegen die Dinge bei Ἱερουσαλήμ und Ἱεροσόλυμα, die hier, in den Evangelien und von Paulus promiscue gebraucht werden.

hängig[28]). Der Interpolator knüpfte wohl zunächst an die σημεῖα καὶ τέρατα v. 3 an und benutzte dann eine allerdings nicht ganz zu einer solchen einfachen Heilung passende und ihm daher gewiss schon überlieferte Tradition von einer göttlichen Verehrung der Apostel. Wir nennen ihn, da er keine bestimmte Tendenz verfolgt, künftig einfach R; Ra bringt seine obligate Verfolgungsgeschichte erst v. 19 f. Denn v. 7 und 21 gehören offenbar ursprünglich zusammen; das zeigt auch jetzt noch das beiderseitige εὐαγγελιζόμενοι, das aber an zweiter Stelle eigentlich nicht mehr passt und doch gegen die leichterklärliche Korrektur εὐαγγελισάμενοι bei אᵉBCL 13. 31. 61 vulg. syrᴾ zu halten ist. Der alte Text mochte lauten: κἀκεῖ εὐαγγελιζόμενοι ἦσαν. μαθητεύσαντες δὲ ἱκανοὺς ὑπέστρεψαν εἰς Ἰκόνιον καὶ εἰς Ἀντιόχειαν, wodurch die früher von dort berichteten Verfolgungen nochmals als fremde Zuthaten erwiesen werden[29]). Dann fällt nun aber auch v. 22ᵇ und 23, der hier recht wenig passend steht und ausserdem wohl den hierarchischen Interessen von Ra dient; der Schluss scheint unversehrt.

Das berühmte 15. Kapitel hat nebst all seinen Schwierigkeiten vor kurzem Volkmar dadurch unschädlich zu machen versucht, dass er es fortan als eine Phantasie des zweiten Jahrhunderts zu der von Lukas vorgefundnen geschichtlichen Grundlage zu enklavieren befahl[30]). Wegen ihrer mangelhaften Begründung wurde diese Hypothese freilich von Harnack[31]), Schmiedel[32]) und Hilgenfeld[33]) abgelehnt, aber doch von Weizsäcker in andrer Weise erneuert. Er verlegt nämlich das

---

28) vgl. καί τις ἀνὴρ — χωλὸς ἐκ κοιλίας μητρὸς αὐτοῦ 14, 8 mit καὶ ἀνὴρ χωλὸς ἐκ κοιλίας μητρὸς αὐτοῦ 3, 2; (Παῦλος) ἀτενίσας αὐτῷ καὶ ἰδών 14, 9 mit (ὁ χωλὸς) ἰδών 3, 3, ἀτενίσας δὲ Πέτρος v. 4; καὶ ἥλατο καὶ περιεπάτει 14, 10 mit καὶ ἐξαλλόμενος ἔστη καὶ περιεπάτει 3, 8; vgl. Baur a. a. O. 108 f.; Zeller a. a. O. 214. Die Heranziehung von 5, 11 f. beruht auf einem Missverständnis dieser Stelle; zu 14, 16 vgl. eher IV. Esra 3, 5 et ambulavit unaquaeque gens in voluntate sua.

29) vgl. Spitta a. a. O. 170; auch Weiss a. a. O. 577, 4.

30) Paulus 17. 78.

31) ThLz 1887, 491 f.

32) LC 1887, 1649 f.

33) Paulus von Damaskus bis zum Brief an die Galater, ZwTh 1888, 1 ff.

Apostelconcil vor die erste Reise, weil unter Cilicien Gal. 1, 21
schwerlich auch jene Landschaften nebenbei mitbegriffen sein
könnten und es nur Schein sei, dass die galatischen Gemeinden nach 2, 5 schon zur Zeit der Versammlung in Jerusalem
als bestehend gedacht würden[34]). Ist letzteres aus andern
Gründen entschieden unrichtig, so hat Wendt[35]) auch die erste
Schlussfolgerung damit zurückgewiesen, dass Paulus Gal. 1
zwar alle seine Reisen nach Jerusalem, nicht aber alle seine
Missionsreisen ausserhalb Jerusalems vollständig aufzählen
musste. Wenn Spitta[36]) trotzdem dieselbe Umstellung vor-
nimmt, so stützt er sich vor allem auf die Nichterwähnung
der Reise c. 13 f. in c. 15, gewinnt aber auch dadurch noch
keineswegs einen geschlossenen Zusammenhang nach vorn
sofern die Rückbeziehung der Jakobusrede auf die des Petrus
c. 11 doch nichts weniger als klar ist und vor allem zwischen
11, 26 und 15, 1 noch immer das ganze 12. Kapitel störend ein-
gekeilt ist. Viel wertvoller scheinen mir seine Beobachtungen
über die Zusammensetzung des fraglichen Kapitels selbst zu
sein. Zwar hatte schon Schwanbeck[37]) auf den Widerspruch
in v. 1 und v. 5 aufmerksam gemacht, aber erst Spitta formu-
lierte ihn in seiner ganzen Schärfe[38]) und schied deshalb
v. 5—12 als Zusatz des Redaktors aus[39]). In der That ist

34) a. a. O. 91; ebenso Völter, Die Komposition 132. Franke,
StKr 1890, 682 ff. setzt das Apostelconcil sogar vor die Reise c. 11, auf
die Gal. 2, 10 zurückweise.

35) a. a. O. 278 f. 353 *.

36) a. a. O. 181 ff. Völter a. a. O. 135 fügt die Jakobusrede zwischen
11, 17 und 18 ein.

37) a. a. O. 118 ff.

38) a. a. O. 187: dass diese Eiferer (v. 5) in irgend welcher Beziehung
zu den v. 1 Genannten gestanden hätten, wird nicht angedeutet; auch wird
von einer Beziehung ihrer Forderung zu der in v. 1 nicht das geringste
bemerkbar gemacht; auch gegen Holtzmann, ZwTh 1882, 445, der den
Zusatz des Syrers zu v. 1 als sachlich richtig bezeichnet, und Weizsäcker a. a. O 167. 177. Völter a. a. O. 133 ff., der 5—21 ausschaltet,
weist auch noch richtig auf die mangelhafte Beziehung des αὐτός v. 5 hin.

39) Innerhalb dieses Abschnitts will wiederum Keim, Aus dem Urchristentum 87 διὰ τοῦ στόματός μου v. 7 streichen und dann den Vers
vom ursprünglichen Gottesrat oder den Prophetien des Alten Testaments,
den folgenden aber von den Thatsachen der paulinischen Mission verstehen. Aber der letztere bezieht sich vielmehr ausdrücklich auf 11, 17

auch an letzterer Stelle eine Unebenheit in der Darstellung zu
bemerken, die unmöglich ursprünglich sein kann. Muss nämlich σιγῆσαι v. 13 von dem mit reden aufhören des Barnabas
und Paulus verstanden werden, so kann es doch v. 12 deshalb
nicht denselben Sinn haben, weil die Menge ja gar nicht geredet hatte. Ausserdem war von ihr überhaupt im unmittelbar
vorhergehenden nicht die Rede, sondern nur v. 4, der nun hier
mit einer charakteristischen Aenderung, die auf 14, 3. 8 ff. zurückweist, reproduziert wird. Noch stärker widerspricht aber
der Rede des Petrus (der hier auf einmal Symeon heisst) das
Votum des Jakobus, obwohl es ja jetzt auf jene Bezug zu
nehmen scheint. Nun aber bemerkte schon Keim zwischen
v. 19 und 20 einen Widerspruch, sofern hier eine Belästigung
faktisch gesetzt wird, die dort principiell vermieden werden
sollte, und schied deshalb den letzteren Vers aus⁴⁰). Aber da
v. 21, dessen nächstliegender Sinn doch immer noch der ist,
dass durch die althergebrachte und allgemein verbreitete Synagogenpredigt Moses auch ein Recht auf die Heiden erworben
hat⁴¹), nur zu v. 20 passt, so ist vielmehr v. 19 von μὴ παρ-

---

zurück und den im ersteren gefundenen Widerspruch zwischen ἀφ' ἡμερῶν
ἀρχαίων und διὰ τοῦ στόματός μου sucht Keim selbst unter Holtzmanns
Zustimmung (Handkommentar 379 f.) durch Deutung des ἐξελέξατο auf
die vorzeitliche Prädestination der Exekutionsorgane der Heidenmission zu
lösen. Doch wäre dieses Heidenapostolat des Petrus dann gewiss ausdrücklich genannt worden, während in Wahrheit vielmehr die Bekehrung
von Heiden, um dem Beweis rechten Nachdruck zu geben, nicht nur als
uralt, sondern auch (mit ἐν ὑμῖν) als allbekannt bezeichnet wird. — Was
Weiss a. a. O. 577 nebst not. 5 über unser Kapitel sagt, bezeichnet er
selbst lediglich als Vermutung.

40) a. a. O. 87 f. — Aehnlich streicht Klostermann a. a. O. 132 ff.
wenigstens καὶ τοῦ πνικτοῦ καὶ τοῦ αἵματος und fasst diese Begriffe v. 29
als Unterabteilungen zu εἰδωλοθύτων; dagegen vgl. Sieffert, ThLz
1884, 625. Völter a. a. O. 134 erklärt v. 19 f. für interpoliert.

41) Overbeck a. a. O. 235; Weizsäcker a. a. O. 172; gegen Lekebusch a. a. O. 310; Ritschl a. a. O. 129; Oertel a. a. O. 246 f.; Weiss,
Neutest. Theologie 145, 5; Schürer, ThLz 1882, 507; Holtzmann a. a. O.
381 f. und andrerseits Hilgenfeld, Paulus und die Urapostel, der Galaterbrief und die Apostelgeschichte und die neuesten Bearbeitungen, ZwTh
1860, 118 f.; Einleitung 598; Renan a. a. O. 87; Holtzmann a. a. O.;
vgl. schon Overbeck a. a. O. 233 f. Wenn endlich Wieseler, Galaterbrief 148; Hofmann, Schriftbeweis II, 2, 1885, 141 f. und neuerdings
wieder Sommer a. a. O. 196 dadurch die Bekanntschaft der Heiden mit

ἐνοχλεῖν ab und das erste Wort von v. 20 zu streichen. Dann
aber wird auch v. 16 ff., die ja diese Entscheidung begründen
sollen, als nur sehr bedingt universale Weissagung im Sinne
des Propheten verstanden[42]), und endlich v. 14 so, wie ihn jeder
ausserhalb dieses Zusammenhangs auch erklären würde, von
der Aussonderung Israels aus der Völkerwelt gemeint gewesen
sein. Der Sinn des Votums aber war, dass unter Wahrung
des einzigartigen Vorzugs Israels doch auf Grund der Prophe-
zeiung des Amos die Heidenchristen als Beisassen anerkannt
und darum auf die sieben Gebote der Kinder Noahs verpflichtet
werden sollten, unter denen hier nur der Gehorsam gegen die
Obrigkeit, die Heilighaltung des Namens Gottes und die Ver-
meidung von Mord teils als nicht hergehörig, teils als selbstverständlich weggeblieben sind[43]). Dann aber gehört dieses
Stück und die vier ersten Verse selbstverständlich dem judaistischen Redaktor an, während der antijudaistische durch die
erwähnten Aenderungen der Jakobusrede und namentlich die
Einfügung der durchaus paulinischen Petrusrede jene Tendenz,
so gut es eben ging, umgedeutet und vielmehr den Pharisäern
in den Mund gelegt hat. Ist nun aber, wie Weizsäcker zeigt[44]),
dafür der Galaterbrief verwendet worden, so können wir auch
weiterhin nach demselben Merkmal wenigstens die einzelnen
Elemente der beiden Redaktionen scheiden. So wird vor allen

---

den vorhergehenden Bestimmungen begründet finden, so wäre doch wohl
eben dies deutlicher gesagt worden.

42) v. 18 ist nach אBC ποιῶν ταῦτα γνωστὰ ἀπ' αἰῶνος zu lesen.
AD Vulg. haben: γνωστὸν ἀπ' αἰῶνος τῷ κυρίῳ τὸ ἔργον αὐτοῦ, eine
Interpolation, dadurch veranlasst, dass man die Worte γνωστὰ ἀπ' αἰῶνος
nicht bei Amos fand und einen eignen Satz daraus bilden zu müssen
glaubte. (Overbeck a. a. O. 228.) In jedem Falle enthalten sie eine richtige Erläuterung. (Baur a. a. O. 136, 1.)

43) vgl. im allgemeinen Schürer, Geschichte II, 565 f.; Stade, Geschichte des Volkes Israel II, 1888, 145 f.; im besonderen Schwegler
a. a. O. II, 110; Zeller a. a. O. 361; Schneckenburger a. a. O. 557;
Baumgarten a. a. O. 446; Sup. Rel. a. a. O. 264; Holtzmann, ZwTh
1882, 132; Wendt a. a. O. 533 f.; Pfleiderer a. a. O. 584; ähnlich auch
Ritschl a. a. O. 129; Weizsäcker a. a. O. 173.

44) ebenda 175 ff.; vgl. Spitta a. a. O. 189 f. So löst sich in der
That der gegenseitige Widerspruch der Kritiker über die Benutzung des
Galaterbriefs an unserer Stelle, für die sich die Tübinger bis Overbeck
a. a. O. LIX. 222, gegen die sich Keim a. a. O. 82 erklärt.

die Erwähnung von Syrien und Cilicien v. 23 auf die Rechnung von Ra kommen, während er Judas Barsabbas und Silas,
die der Galaterbrief nicht kennt, sicher schon bei Rj vorfand.
Für diesen Ursprung von v. 22 spricht auch die Erwähnung
der Gemeinde, die ursprünglich nur noch v. 4, also ebenfalls
bei Rj vorkam. Er wollte Silas wegen der nächsten Reise
des Paulus nach Antiochien bringen; Ra übersah aber diese
Absicht, da er wieder an eine offizielle Inspektionsreise dachte
und liess deshalb v. 33 auch ihn nach Jerusalem zurückkehren,
während allerdings C ἔδοξε δὲ τῷ Σίλα ἐπιμεῖναι αὐτοῦ,
D ausserdem μόνος δὲ Ἰούδας ἐπορεύθη hinzusetzte. Betrachtet aber Ra hier auch sonst, namentlich v. 28ᵃ [45]), die Apostel
und Presbyter als πνευματοφόροι κατ᾽ ἐξοχήν, so durften wir
schon im vorhergehenden auch da, wo das nicht so ausdrücklich geschah, doch auf denselben Verfasser schliessen.

Die eben vorgetragne Verteilung von 15, 1—34 unter Rj
und Ra bestätigt sich nun nachträglich durch die unverkenn-
bare Zusammengehörigkeit von 15, 35 mit v. 28 [46]). Ebenso erklärt sich aus der Erwähnung des Streits zwischen Barnabas
und Paulus v. 37 f., weshalb Rj die durch einen ähnlichen
Zwist veranlasste, urapostolische Entscheidung über das Verhalten der Heidenchristen, die er jedenfalls möglichst an die
Spitze der paulinischen Mission stellen wollte, in seiner Weise
umgedeutet, gerade hier einschaltete. Demselben Redaktor ist
nun aber im folgenden wegen der ausdrücklich ausgesprochnen
judenfreundlichen Tendenz die Erzählung von der Beschneidung
des Timotheus zuzuschreiben, die sich ja schon durch die
störende Verschleppung der vorwärts drängenden Erzählung [47])
und durch die ungeschickte, widerspruchsvolle Benutzung von

---

45) Zu ἐπιτίθεσθαι v. 28 vergleicht Lechler a. a. O. 187 richtig
προσανέθεντο Gal. 2, 6. Umgekehrt Steck a. a. O. 107 f.

46) Dass μετά τινας ἡμέρας 15, 36 rein für sich anfangend nicht auf
διέτριβον v. 35 bezogen sei, wird man Schleiermacher a. a. O. 354, t
kaum zugeben können, und wenn Schwanbeck a. a. O. 61 f. in 15, 39 die
Rückverweisung auf 13, 4 ff. vermisst, so verlangt er eben wieder einmal
etwas wirklich unnötiges. Jeder Leser wird sich gesagt haben, Barnabas
sei wohl deshalb nach Cypern gegangen, weil er (selbst von dort gebürtig)
früher da gewirkt hatte und jetzt, wie Paulus, seine Gemeinden besuchen wollte.

47) Jacobsen a. a. O. 20; Weizsäcker a. a. O. 230.

14, 6 ff.[48]) als Einschaltung verweist. Sie ist aber wiederum
von Zusätzen des Ra eingerahmt: denn ihm gehören jedenfalls
die beiden aus Gal. 1, 21 stammenden Ländernamen 15, 41 und
die Notiz über die Uebermittelung des (nach Rj zunächst nur
für die antiochenische Gemeinde bestimmten) Dekrets der
„Apostel und Presbyter" an die Gemeinden, wohl aber auch
die zu der Beschränkung der Missionsthätigkeit im folgenden
nicht passende, ja vielleicht jene absichtlich wieder negierende
Bemerkung von dem täglichen Wachstum der Gemeinden.
Jedenfalls schliesst v. 6, wie die Reproduktion des διῆλθον in
διήρχετο 15, 41 zeigt, ursprünglich an v. 40 an[49]). Aber auch
hier hat sofort wieder ein Redaktor seine Hand im Spiele gehabt. Wenn nämlich v. 6 eine Wirksamkeit in Phrygien und
Galatien geleugnet werden soll — und gegen diese natürlichste
Erklärung des κωλυθέντες spricht bei der gleich zu begründen Herkunft dieses Halbverses nicht, dass Ἀσία allerdings sonst
immer im engern Sinne von der römischen Provinz steht[50]) —,
so streitet diese Angabe mit der andern 18, 23, die, wie wir
sehen werden, HPa gehört. Ferner ist, wenn nach Analogie
dieser Stelle Phrygien und Galatien auch hier die römischen
Provinzen sein sollen, ihre Reihenfolge unrichtig, und endlich
auch τὸ ἅγιον πνεῦμα v. 6 neben τὸ πνεῦμα Ἰησοῦ v. 7 auffällig und, weil das gewöhnlichere, wohl später, als dieses selt-
nere und darum ursprüngliche. Nun aber soll höchst wahrscheinlich durch das schnelle Hinwegeilen über Galatien die
Erinnerung an die in jenen Gemeinden sich abspielenden oder

48) van Manen a. a. O. 51: Derbe en Lystre zijn twee plaatsen,
doch Lucas vond ze in één adem genoemd, 14: 6, en dat gaf hem aan-
leiding onnadenkend to schrijven: κατήντησεν δὲ εἰς Δέρβην καὶ Λύστραν,
als waren zij één, 16: 1. Afschrijvers kwamen hem te hulp met een tweede
εἰς, voor Λύστραν. Maar hijzelf had slechts gedacht aan één plaats, ἐκεῖ,
en die ééne was Lystre, vs. 2. Dezelfde onnadenkendheid of wil men:
onwillekeurige gebondenheid aan de geraadpleegde bron, die hem Derbe
bij ongeluk deed noemen, was oorzaak dat hij eerst Λύστρα, naschrij-
vende, hield voor een vrouwelijk enkelvoud en daarna, zijn eigen weg
gaande, voor een onzijdig meervoud: ἐν Λύστροις. Doch vgl. auch
schon 14, S.

49) Sorof a a. O. 21 f. Zur Lesart vgl. auch Lipsius a. a. O. 3
gegen Overbeck a. a. O. 253.

50) 2, 9. 6, 9. 19, 10. 22. 26. 27. 20, 16. 18. 21, 27. 24, 18. 27, 2; über
20, 4 vgl. unten not. 100.

an sie anknüpfenden Kämpfe zwischen Paulus und den Uraposteln, von denen auch später mit keinem Wort die Rede
ist, schon hier verwischt werden[51]). Dagegen spricht nicht,
dass der Verfasser doch den Bericht über die Gründung jener
Gemeinden, den wir, wie später gezeigt werden wird, in c. 13
und 14 haben, unverändert aufgenommen hatte, denn er konnte
entweder, wie viele nach ihm, diese Beziehung übersehen, oder
von seinen Lesern erwarten, dass sie sie nicht bemerken würden. Vielmehr erklärt sich unter obiger Annahme auch die
Zurückstellung von Galatien hinter Phrygien, die ja schon
durch die Interpolation v. 1—3 nahegelegt war. Denn befand
sich danach Paulus bereits in Galatien, nämlich in Lystra und
Derbe, so konnte derselbe Redaktor ihn nun gleich weiter nach
Phrygien reisen lassen und das Γαλατικὴ χώρα der Quelle
nur noch anhangsweise nachbringen[52]). Das alles entscheidet
für Zuweisung von v. 6^b an Rj.

Darnach setzt sich die Quelle fort, um v. 10 plötzlich in
der ersten Person weiterzuerzählen: ein so unerwarteter und
doch durchaus natürlicher Uebergang, dass man von dieser
Stelle aus kaum an der Identität des Verfassers unsrer bisher
verfolgten Quelle HPa und des jetzt beginnenden, künftig mit
IPa (Itinerarium Pauli) abzukürzenden „Wirberichts" zweifeln
kann[53]). Ebenso ungezwungen geht seine Erzählung v. 19 wieder in die dritte Person über, weil er offenbar an der Verfolgung in Philippi nicht beteiligt war und auch v. 49 dort zurückblieb, was in einem zunächst für ihn selbst bestimmten
Tagebuch wohl kein Mensch ausdrücklicher angemerkt hätte.
Auch musste ja bei 20, 5 der Sachverhalt jedem spätern Leser
klar werden. Wohl aber scheidet nun van Manen[54]) aus jener

---

51) Schneckenburger, Zweck der Apostelgeschichte 105; Zeller
a. a. O. 309; gegen Overbeck a. a. O. 254.

52) Anders Renan a. a. O. 51, 3: Au chapitre XIV l'auteur procède
en détail, tandis que dans Actes, XVI, 6; XVIII, 23, il procède par masses.
La preuve, c'est que dans un des cas il intervertit l'ordre de Φρυγία et
de Γαλατικὴ χώρα. Steck a. a. O. 38 f. vergleicht Lc. 17, 11, das aber
anders zu erklären ist.

53) Beyschlag a. a. O. 214 f.; Overbeck a. a. O. XLV. 256; K.
Schmidt a. a. O. 81 f.; Sorof a. a. O. 7. 22 f.; Spitta a. a. O. 217.

54) a. a. O. 110 f.

Verfolgungsgeschichte v. 35—39, Weiss[55]) und ähnlich Spitta[56])
umgekehrt v. 25—34 aus. Freilich die meisten von letzterem
aufgefundenen Widersprüche sind in der That keine, allerdings
aber passt v. 35 ff. nicht zum vorhergehenden, sofern dort zwar
die Kommentare, nicht aber die Textesworte auf die wunder-
bare Befreiung zurückweisen, nach der es doch auch seitens
Pauli ein überflüssiges, ja kindisches Verlangen gewesen wäre,
dass ihn die Strategen auch ihrerseits rehabilitierten. Endlich nimmt er v. 40 nicht von dem Kerkermeister, sondern
nur von Lydia und den Brüdern Abschied, aber ohne ihnen
etwas von seiner wunderbaren Befreiung zu sagen. Fast alle
diese Lücken hat schon D bemerkt und ausgefüllt. Wäre aber
nun v. 35 ff. später hinzugesetzt, so hätte der Redaktor sicher
auf das vorhergehende Rücksicht genommen; da es nicht geschieht, ist vielmehr die ganze Episode vom Kerkermeister
(v. 23ᵇ—34) interpoliert und danach ein ursprüngliches τῇ
ἐπιούσῃ oder ἐχομένῃ ἡμέρᾳ (20, 15. 21, 26) in ἡμέρας δὲ γενο-
μένης umgeändert worden, aber kaum von einem der beiden
Redaktoren, sondern wohl von jenem R, dem wir schon 14, 8 ff.
zuschrieben.

Auch im folgenden Kapitel ist unsre Quelle gleich wieder
überarbeitet worden. Weil v. 5 das Haus des Jason so unvermittelt eintritt, nahm O. Holtzmann[57]) an dieser Stelle eine Ver-
kürzung der Quelle an, van Manen[58]) vielmehr v. 1ᵇ ff. eine
Interpolation. Ich möchte dies Urteil nur über v. 2 f. fällen und
diese Rj zuschreiben, zu dem ja auch das 18, 28 wiederkehrende, aber in HPa nicht vorkommende kurze Referat über die
Predigt des Paulus — die Nichterwähnung des Silas ist ebenfalls auffällig — passen würde. Die Quelle redete wohl nur
von der Bekehrung einiger Juden und zahlreicher Heiden und
dann von einem Aufruhr des Pöbels. Denn auch über diesen
haben wir jetzt, wie Spitta[59]) im wesentlichen richtig gesehen
hat, einen widersprechenden Bericht. Nicht nur, dass die Auf-

---

55) a. a. O. 581; vgl. auch S t r a a t m a n a. a. O. 155; sowie K r e n k e l
a. a. O. 207 f.

56) a. a. O. 217 ff.

57) a. a. O. 404.

58) a. a. O. 111; vgl. auch O v e r b e c k a. a. O. 270.

59) a. a. O. 222 f.

wiegelung zweimal v. 5 und v. 8, und nur das zweite Mal an passender Stelle erzählt wird; auch die Beteiligung der Juden überhaupt muss später hinzugethan worden sein, da sich jetzt das *αὐτούς* v. 5 eher auf *ἀγοραῖοι*, aber nicht, wie doch die Meinung ist, auf Paulus und Silas zurückbeziehen kann. V. 5ᵃ ist also spätrer Zusatz, natürlich nicht des Rj, der ja auch nach dem vorhergehenden unmöglich hier ohne nähere Differenzierung von *οἱ Ἰουδαῖοι* reden konnte, sondern des Ra, der die Fälschung seines Vorgängers richtig bemerkte und sofort durch eine andre equilibrierte. Dasselbe wiederholt sich im folgenden.

Hier wird nämlich v. 10ᵇ nicht ursprünglich sein, obwohl jetzt das *οὗτοι* v. 11 (und das *αὐτοί* v. 12) an *Ἰουδαίων* anzuknüpfen scheint. Aber von Haus aus dürfte *καὶ παραγενόμενοι ἀπῄεσαν* zu lesen sein, da das letztere nur zu den Brüdern passt, von denen auch v. 15 *ἐξῄεσαν* gesagt wird, nicht zu Paulus und Silas, auf die es doch jetzt bezogen werden muss. Ferner fällt v. 12 auf, dass die Frauen vor den Männern stehen, und liegt deshalb die Vermutung nahe, dass in der Quelle ähnlich wie v. 4 *καὶ ἀνδρῶν* fehlte und dafür bei den *πολλοί* an solche zu denken war; statt *ὀλίγοι* hiess es natürlich *ὀλίγαι* und *Ἑλληνίδων* war auch nicht ursprünglich. Dann aber sind ebenfalls Griechen unter den *οὗτοι* v. 11 zu verstehen, womit nach der Erwähnung der Stadt ihre Bewohner sehr wohl bezeichnet werden konnten. V. 10ᵇ und jene kleine Veränderung in v. 12 sind also Zuthat des Rj, während nun Ra, wie schon die Bezugnahme auf v. 5 zeigt, v. 13 und die ersten Worte von v. 14 einschaltete⁶⁰). Dass in der Quelle überhaupt von keiner Verfolgung die Rede war, folgt aus v. 14ᶜ. Denn dieser und v. 15 scheinen ursprünglich zu sein, obwohl das plötzliche Auftreten von Timotheus überrascht. Aber nach 20, 4 hat das nichts zu sagen; vielleicht war er in der Quelle auch schon Anfangs c. 16 genannt und dort näher bezeichnet worden.

In der athenischen Episode ist zunächst das in v. 17ᵃ gesagte absolut keine Folge des Inhalts von v. 16, wie man auch

---

60) vgl. auch die Verwendung von v. 8ᵃ in 13ᶜ, sowie des *οἵτινες* v. 11 in v. 10.

längst schon bemerkt hat, ohne doch daraus die einzig richtige
Folgerung zu ziehen, dass der Halbvers eingeschoben sei, natürlich von Rj. Desgleichen erweisen sich v. 19 —33 durch die
neue Verwendung bereits gebrauchter Momente[61]), sowie den
rasch abfallenden und resultatlosen Schluss als spätere Einschaltung des R, wobei der unklare Szenenwechsel immerhin,
wie Baur[62]) meinte, aus der Erwähnung des Dionysius Areopagita herstammen möchte. Denn dieser an v. 18 ganz gut
sich anlehnende und so auch diese Perikope, wie die vorhergehende, abschliessende Vers gehört auch nach Overbeck[63])
der Wirquelle an.

Dass in c. 18 v. 4 und 5 verschiedne Angaben über das
Publikum des Paulus machen, war ebenfalls schon längst aufgefallen. Weizsäcker[64]) und Sorof[65]) wiesen deshalb v. 1—4
einem andern Verfasser als das folgende zu, O. Holtzmann[66])
und Spitta[67]) schieden v. 5b und 6 aus. Aber zu einem befrie-
digenden Resultat führt erst die folgende Erwägung. Da v. 7
nichts von der Gründung einer Gegensynagoge gesagt ist[68]),
muss man εἰσελθεῖν εἰς οἰκίαν τινός wie 16, 15 von dem Woh-
nungnehmen an einem Ort verstehen, mithin μεταβὰς ἐκεῖθεν
vom Aufgeben des bisherigen Domizils, das für Paulus nicht
die Synagoge, sondern das Haus des Titius Justus gewesen
war. Nun kann man aber jenes ἐκεῖθεν auf v. 3 nicht über
v. 4—6 hinweg beziehen: vielmehr erweisen sich diese Verse
auch aus verschiednen andern, uns schon geläufigen Gründen
als Einschaltung. Die Synagogenpredigt v. 4 und 5b gehört Rj,
die Judenverfolgung v. 6 Ra an[69]). Gegen diese Ausscheidung

---

61) vgl. ξενίζοντα γάρ τινα εἰσφέρεις v. 20 mit ξένων δαιμονίων
δοκεῖ καταγγελεὺς εἶναι v. 18; οἱ μὲν ἐχλεύαζον, οἱ δὲ εἶπαν v. 32 mit καὶ
τινες ἔλεγον· τί ἂν θέλοι ὁ σπερμολόγος οὗτος λέγειν; οἱ δὲ κτλ. v. 18.

62) a. a. O. 194 f.; vgl. Hausrath a. a. O. 213.

63) a. a. O. 289.

64) a. a. O. 260 f.

65) a. a. O. 26 f.

66) a. a. O. 404 f.

67) a. a. O. 225; vgl. auch Schmiedel a. a. O. 36.

68) gegen Heinrici, Zur Geschichte der Anfänge paulinischer Gemeinden, ZwTh 1877, 90; Das erste Sendschreiben des Apostels Paulus
an die Corinthier 1880, 23, 1.

69) vgl. ἀντιτασσομένων — καὶ βλασφημούντων v. 6 mit ἀντέλεγον

spricht nicht das μὴ φοβοῦ v. 9, das ebenso Lc. 1, 13. 2, 10.
5, 10. 12, 32; vgl. Mc. 5, 36; Joh. 12, 15 in noch abgeschwächterem
Sinne vorkommt, so dass man auch hier daraus weder auf
eine vorangehende noch nachfolgende Anfeindung Pauli durch
die Juden schliessen darf. Vielmehr klingt v. 11 wie der Schluss
der Erzählung, zu der daher v. 12—17 später hinzugesetzt sein
müsste. Das ist auch deshalb wahrscheinlich, weil v. 17 der
Synagogenvorsteher Sosthenes in keiner Weise, weder als dessen
Nachfolger noch als sein Kollege[70]), zu dem Synagogenvorsteher Crispus in v. 8 in Beziehung gesetzt wird, wie doch
derselbe Verfasser wahrscheinlich gethan hätte[71]). Ausserdem
aber stimmt jener Vers nicht recht zu dem unmittelbar vorhergehenden. Denn sind danach unter πάντες die Juden zu verstehen, die auch einige Codices ausdrücklich nennen, so musste
doch irgend ein Grund angegeben werden, wie in aller Welt
sie dazu kommen konnten, ihren eignen Vorsteher öffentlich
durchzuprügeln. War er an ihrer Blamage schuld, so hätte er
doch schon v. 12 genannt werden müssen, und war er gar
schon im Herzen Christ, so musste das erst recht gesagt sein[72]).
Vor allem aber war es doch, wenn die Juden sich unter einander stritten, gar nicht verwunderlich und brauchte also auch
gar nicht erst bemerkt zu werden, dass der Prokonsul sich
dessen nicht annahm; das entsprach ja nur seinem v. 15 geäusserten Grundsatz, sich nicht in innere Angelegenheiten der
Juden zu mischen. Scheint es sich mithin in v. 17 vielmehr
um einen Angriff von Heiden zu handeln und ist πάντες von
ihnen zu verstehen, so konnte auch im vorhergehenden, an
das ja jene Notiz anknüpft, ursprünglich nicht von Juden, sondern nur von Heiden die Rede sein. Sie verklagten nach dem

---

— ἀντιλέγοντες καὶ βλασφημοῦντες 13, 45 Ra; ἐκτιναξάμενος τὰ ἱμάτια
18, 6 mit ἐκτιναξάμενοι τὸν κονιορτόν 13, 51 Ra.

70) doch vgl. Schürer a. a. O. 366 f.; Duchesne, Origines du culte
chrétien 1889, 9 f. Von mehreren Synagogen in Corinth weiss wenigstens
die Apostelgeschichte nach v. 7 nichts.

71) van Manen a. a. O. 52, der aber trotzdem ebenda 112 v. 1—11
und 17 aus derselben Quelle herleitet, indem er ebenda 68. 112. 148, wie
schon Scholten, bijdragen 42 f. v. 8 den Namen Crispus erst aus I. Cor.
1, 14 statt Sosthenes eingetragen sein lässt.

72) auch gegen Hofmann a. a. O. II, 2,² 1874, 4 f.

alten Bericht Paulus vor dem Prokonsul und als dieser sie ab-
wies, liessen sie wenigstens an dem Archisynagogen Sosthenes
ihre Wut aus. In diesem Zusammenhang verstand es sich dann
ganz von selbst und brauchte nicht erst gesagt zu werden, dass
Sosthenes Christ war. Die Unklarheit kam erst herein, als
Ra auch diesen Zusatz des R in seinem Sinne umänderte, dabei aber v. 17 stehen liess, vielleicht weil er nun in dem ἀρχι-
συνάγωγος einen wirklichen, nicht bloss einen ehemaligen
Juden sah, den an Stelle des Paulus von dem heidnischen
Pöbel durchprügeln zu lassen, ganz zu seiner antijudaistischen
Tendenz passte.

Auch in den folgenden Abschnitten hat man schon längst
verschiedene Redaktionen vermutet. Wendt[73]) sagt zu den
nächsten Versen: „in der ungefügen Art des Erzählungsfort-
schrittes liegt aller Wahrscheinlichkeit nach eine Spur davon
vor, dass Lucas seinerseits einen Zusatz zu dem ihm vorliegenden Quellenbericht gegeben hat. Er empfand das Bedürf-
nis, für die spätere Rückkehr des Paulus nach Ephesus ein bestimmtes Motiv anzugeben, und hob deshalb hervor, dass Paulus
schon auf der Heimreise nach Syrien eine gewisse Anknüpfung
daselbst gefunden habe" — und weiterhin: „die so auffällig
kurze, fast nur indirekte Bezeichnung der Reise nach Jerusalem im Zusammenhang damit, dass v. 18 nicht Judäa oder
Cäsarea, sondern Syrien als Ziel der Seereise des Paulus angegeben wird, lässt darauf schliessen, dass dem Lucas hier
durch seine Quellschrift bloss die Reise des Paulus nach Syrien
angegeben war"[74]). Ist somit nach Wendt v. 19[b]—21[ab]. 22[ab] auszuscheiden, so begnügt sich Spitta[75]) damit, das gleiche Verfahren auf v. 19[b] anzuwenden. Allerdings erklärt sich so die
mangelhafte Gegenüberstellung von αὐτοῦ (d. h. Ephesus) und
εἰς τὴν συναγωγήν (doch auch in Ephesus) in v. 19, aber die
andre Schwierigkeit in v. 18 bleibt eben bestehen. Ja, sie ist
vielleicht noch grösser, als man gewöhnlich meint; denn wollte
Paulus nach Syrien, so brauchte er nicht einmal nach Ephesus.
Liegt doch auch bei dem Mangel irgend eines Grundes, wes-

---

73) a. a. O. 404*.
74) vgl. van Manen a. a. O. 113.
75) a. a. O. 226 f.

halb von einem Gelübde Aquilas, auf den die Notiz dann allerdings bezogen werden müsste[76]), erzählt wird, die Vermutung
nahe genug, dass sein und Priscillas Name hier nur eingeschoben sind. Dann würde auch v. 19ᵃ und damit der ganze
Besuch des Paulus in Ephesus einem Redaktor zufallen, der
das Ehepaar dahin bringen wollte, sei es nun einer spätern
Tradition oder schon der folgenden Episode zu liebe. In der
That werden wir gleich sehen, dass dieser eine alte Ueberlieferung zu Grunde liegt, die derselbe Rj überarbeitet hat, dem
in unserm Abschnitt die, wie gesagt, zum vorhergehenden nicht
passende Synagogenpredigt v. 19ᵇ angehört. Verfolgte auch
v. 22 noch, wie Baur und seine nächsten Schüler behaupteten[77]),
dieselbe judenfreundliche Tendenz, so würde der sicher ge-
meinte Besuch in Jerusalem doch deutlicher bezeichnet worden
sein, und sollte damit umgekehrt, wie Volkmar meint[78]), die
Reise nach Jerusalem, weil auf derselben eigentlich der Streit
zwischen Paulus und den Uraposteln stattfand, möglichst schnell
übergangen werden, so brauchte man ja noch besser lieber
gar nichts davon zu erfahren. Die sonach wohl nur aus den
letzten Worten von v. 18 erschlossene Notiz gehört also vielmehr R an, der ebenso für die Einfügung von Aquila und
Priscilla und den Aufenthalt Pauli in Ephesus verantwortlich
zu machen ist. Der ursprüngliche Text lautete etwa: καὶ ἀποταξάμενος τοῖς ἀδελφοῖς ἐξέπλει εἰς τὴν Συρίαν, κειράμενος ἐν
Κεγχρεαῖς τὴν κεφαλήν· εἶχεν γὰρ εὐχήν. κατελθὼν δὲ εἰς
Ἀντιόχειαν καὶ ποιήσας χρόνον τινὰ ἐξῆλθεν κτλ.

Endlich hat in der Apollosepisode Wendt[80]) v. 25, Spitta[81])
wenigstens die Worte οὗτος — κυρίου und ἀκριβῶς — Ἰησοῦ
dem Redaktor zugewiesen. Zwar konnte Apollos auch noch
nach seinem Uebertritt zum Christentum, so gut wie wahrscheinlich Aquila und Priscilla v. 2, als Jude bezeichnet wer-

---

76) Wieseler a. a. O. 203, 1; Oertel a. a. O. 91; Volkmar a. a. O. 67.

77) Baur a. a. O. 221; Zeller a. a. O. 302 ff.; Overbeck a. a. O.
175. 297; dagegen Lekebusch a. a. O. 287 ff.; Trip a. a. O. 72 ff.; Oertel
a. a. O. 64.

78) a. a. O. 40 ff. 54. 65 f.

79) vgl. die Wiederaufnahme des ἀποταξάμενος v. 18 in v. 21.

80) a. a. O. 407*; vgl. auch Schmiedel a. a. O. 40.

81) a. a. O. 227.

den, wohl aber erweist sich der ganze Vers durch die Rück-
sichtnahme auf das folgende als aus diesem erwachsen[82]). Da
er ferner die Johannesjünger, bei denen wir nach dem frühern
zugleich an die Juden überhaupt zu denken haben, den Jesusgläubigen möglichst nahe rückt, ist er und ebenso wohl v. 26ᵃ,
sowie sicher v. 28, der ja v. 27 gar nicht begründet, Rj zuzuweisen, der so vielleicht die bei 18, 23 einem geschichtskun-
digen Leser etwa aufsteigende Erinnerung an die galatischen
Wirren schleunigst durch ein freundlicheres Bild wieder verwischen wollte; das übrige setzt v. 18ᶜ voraus und gehört darum
R an, der zu dieser Einschaltung wahrscheinlich durch das
folgende veranlasst ward.

Hier erweist sich nämlich zunächst 18, 19 ff. und 24 ff. noch
einmal als der Quelle fremd, denn offenbar weiss 19, 1 absolut
nichts von einem frühern Aufenthalt des Paulus in Ephesus[83]),
auf den erst die Lesart von D zurückverweist, schliesst aber
andrerseits in seiner zweiten Hälfte an 18, 23 an[84]), indem der
Weg von Phrygien nach Ephesus in der That durch die auch
von Herodot I, 117 als *τὰ ἄνω αὐτῆς* bezeichnete Umgebung
von Sardes führte. Der erste Teil ist von R eingeschaltet,
durch den ja Apollos überhaupt eingeführt worden war. Im
folgenden wird mit keinem Wort an seine Beziehung zum Jesusglauben, geschweige denn zur Johannestaufe erinnert; der zu
Grunde liegende Bericht muss also der Quelle angehören, ist
aber allerdings nun des weiteren im Gegensatz zum vorhergehenden überarbeitet worden. Diese Thatsache erhellt zunächst, ganz abgesehen von der Tendenz, aus dem bisher un-
gelösten und überhaupt unlösbaren Widerspruch zwischen der
Bezeichnung *μαθηταί* und der Charakteristik v. 2. Waren diese
Leute Christen, so mussten sie auch irgend etwas vom heiligen
Geist gehört haben. Aber der Redaktor hat nun nicht, wie
Scholten[85]) und van Manen[86]) behaupten, die Johannestaufe

52) vgl. *οὗτος ἦν* v. 25 mit *οὗτός τε* v. 26, *τὴν ὁδὸν κυρίου* v. 25 mit
τὴν ὁδὸν τοῦ θεοῦ v. 26, *ἀκριβῶς* v. 25 mit *ἀκριβέστερον* v. 26.

53) Schleiermacher a. a. O. 354 f.; gegen König a. a. O. 198;
vgl. auch Sorof a. a. O. 91: nicht Aquila und Priscilla berichten Paulus
von den sogenannten Johannesjüngern, sondern er findet sie zufällig.

54) ebenda 30.

55) Das paulinische Evangelium 237.

erst herzugebracht — denn dann hätte er sicher auf c. 18 zurückverwiesen —, sondern umgekehrt das der Taufe auf den
Namen Jesu bereits vorangehende Christentum dieser Johannesjünger[87]). Wahrscheinlich waren sie ursprünglich v. 1 so genannt und wohl auch als etwa zwölf an der Zahl bezeichnet,
während der Redaktor sie einfach zu Jüngern machte und
auch die andere Näherbestimmung wegliess, um der Erzählung
eine allgemeine und zwar gegen die vorhergehende gerichtete
Bedeutung zu geben. Denn stehen dort die Johannesjünger
dem Jesusglauben bereits so nahe, dass es bei ihrem Uebertritt gar nicht erst der Taufe bedarf, so werden sie hier zwar
sogar ausdrücklich als μαθηταί bezeichnet, um ihre Identifi-
kation mit den Judenchristen noch deutlicher zu machen, nun
aber zum zweitenmal getauft und jetzt erst des heiligen Geistes
und der besondern Charismen teilhaftig. Das letztere ist wegen
der hierarchischen Tendenz entschieden Ra zuzuschreiben, zumal wenn, wie Overbeck[88]) meint, die Hinzufügung von ἐπρο-
φήτευον zu ἐλάλουν γλώσσαις aus I. Cor. 14 stammt. Aber auch
v. 4 gehört ihm wegen der Aehnlichkeit mit 13, 25 Ra an.

Im folgenden unterbricht, wie schon Sorof[89]), van Manen[90])
und Spitta[91]) richtig gezeigt haben, v. 11—20 den Zusammenhang zwischen v. 21 und 10, weist aber auch selbst wieder die
Spur einer späteren Ueberarbeitung auf. Zunächst passt v. 15
nicht zu v. 14, wo nicht von einem einzelnen Fall, sondern
einer stehenden Gewohnheit die Rede ist, sondern eher zu v. 13,
während mindestens v. 14 als spätere Einschaltung gelten muss,
vielleicht des Ra, der damit die Inferiorität des Judentums
gegenüber dem Christentum noch ausdrücklicher bezeichnen
wollte[92]). Ausserdem müssen freilich auch v. 13 ursprünglich

----

86) a. a. O. 53 ff. 114.
87) ähnlich Pfleiderer a. a. O. 592.
88) a. a. O. 312.
89) a. a. O. 37 f.
90) a. a. O. 54 f.
91) a. a. O. 229.
92) Die besondre Erklärung der Siebenzahl bei Baur (a. a. O. 215, 1)
und Renan (a. a. O. 347) scheint mir nicht zutreffend; Overbecks
Konjektur, statt ἑπτὰ vielmehr δύο zu lesen, beseitigt nicht die störende
Unterbrechung des Zusammenhangs durch den ganzen Vers.

zwei Exorzisten erwähnt gewesen sein; denn das ἀμφότεροι
v. 16 setzt dergleichen entschieden voraus[93]).

Wie bereits angedeutet, beginnt v. 21 wieder der Wirbericht, freilich nur, um sofort wieder unterbrochen zu werden.
Denn nach der zusammenfassenden Bemerkung über die Thätigkeit Pauli in v. 10 kann die Notiz v. 22[b] nicht ursprünglich sein.
Sagt man, hier sei ja gar nicht von einem längeren Aufenthalt
in Ephesus, sondern nur im allgemeinen in Asien die Rede[94]),
so hat ihn doch jedenfalls der Verfasser der Rede 20, 31 auf
jene Stadt bezogen. Auch scheint v. 21[b] aus 23, 11 zu stammen,
einer HPa angehörigen Stelle, wie wir sehen werden. Ferner
würde, wenn sich 20, 1, wenngleich in ursprünglicherer Form,
daran angeschlossen hätte, dort wohl irgend wie durch ein
καὶ αὐτός oder drgl. auf die vorangegangenen Gefährten hingewiesen sein. Aus all diesen Gründen ist es das wahrscheinlichste, dass derselbe R, der die vorhergehende und nachfolgende Episode einfügte, sie auch durch dieses etwas wortreiche[95])
Zwischenstück verbunden hat. Dass nämlich auch v. 23—41.
20, 1[a] auszuschalten sind, folgt wiederum schon aus dem Abschluss v. 10. Auch ist v. 23, wie schon v. 11 und 20, offenbar
nur Uebergangsphrase. Dagegen auch hier wieder eine ältere
Grundlage und jüngere Ueberarbeitung zu unterscheiden, berechtigt weder die Anknüpfung von v. 24 an v. 23, die hier
ursprünglich statt ΟΔΟΥ vielmehr ΘΕΟΥ verlange[96]) — aber
wer sollte bei „der Göttin" gleich an Diana denken, und,
wenn das anzunehmen wäre, gleich an ihre Bedrohung durch
die Christen? — noch in v. 29 die Bezeichnung der mit Paulus
über 2¼ Jahr in Ephesus wohnhaft gewesenen Macedonier
Cajus und Aristarchus als seiner „Reisegenossen"[97]). Doch ist

93) de Wette a. a. O. 249; Overbeck a. a. O. LV; im allgemeinen
van Manen a. a. O. 54. 114.

94) Spitta a. a. O. 229 f.

95) So erklärt sich vielleicht auch die nach 17, 14 ff. 18, 5 allerdings
auffällige, bei demselben Verfasser aber schlechthin unmögliche genauere
Beschreibung, nicht nur des Erastus, sondern auch des Timotheus, derenthalben Sorof a. a. O. 33 und van Manen a. a. O. 68 nebst not. 1. 114
vielmehr jene Stellen aus der alten Quelle hinauswiesen.

96) gegen Sorof a. a. O. 33; van Manen a. a. O. 115, 2.

97) gegen ebenda 55.

nicht absolut ausgeschlossen, dass von dem nicht recht verständlichen v. 33, vielleicht auch schon von dem mangelbaft angeknüpften vorhergehenden Vers an ein späterer Redaktor eingegriffen hätte, dann vielleicht Ra, der ja wohl auch oben v. 14 eingeschoben hatte.

Dass 20, 1ᵇ wieder HPa einsetzt, wurde bisher nur angenommen. Doch bestätigt sich nun hier umgekehrt der sekundäre Ursprung des vorhergehenden von neuem dadurch, dass Cajus und Aristarchus, die doch schon 19, 29 vorgekommen waren, v. 4 ihrer Herkunft nach beschrieben werden, während Timotheus, der auch von der Quelle schon 17, 14 f. 18, 5 erwähnt und vielleicht noch früher auch seiner Heimat nach bezeichnet worden war, hier einfach genannt wird. Bleek⁹⁸) wollte freilich seinen Namen ausscheiden, weil er die Symmetrie störe — das thut aber auch die Einführung des Vaters des Sopatros — vor allem freilich, weil die ihm zugeschriebne Wirquelle erst v. 5 wieder beginne — was vielmehr durch den hier vorliegenden Kontext beides ausgeschlossen wird. Um aber der später anzustellenden Erörterung der Frage nach dem Verfasser der Paulusgeschichte nicht vorzugreifen, sei hier nur bemerkt, dass ein solcher Widerspruch zwischen v. 4 und 5, wie ihn neuerdings wieder van Manen⁹⁹) behauptet, schlechterdings nicht existiert. Denn jener Vers bezieht sich eben nicht auf die ganze Reise bis Syrien, sondern nur ihren ersten Teil bis Macedonien¹⁰⁰), von wo aus dann die genannten allein weiterreisten, Paulus aber und der Verfasser des Reiseberichts, sowie nach v. 13 mindestens noch ein andrer Begleiter erst später nachfolgten. Dass so das προελθόντες erst nachträglich erklärt wird, wiederholt sich v. 13 und ist also auch hier unanstössig; die Trennung des Paulus von seinen früheren Gefährten aber beweist, dass gerade jetzt andre und darunter gewiss der Verfasser unsrer Quelle zu ihm stiessen. Sein Bericht setzt sich nun im folgenden zunächst unverändert fort¹⁰¹) und wird erst v. 17—38 durch

---

96) StKr 1836, 1056.

99) a. a. O. 55 ff. 115.

100) ἄχρι τῆς Ἀσίας ist nach אB Vulg. zu streichen; auch gegen K. Schmidt a. a. O. 41, 1.

101) gegen Overbeck a. a. O. 333; Weiss a. a. O. 581; auch van Manen a. a. O. 77. 115.

eine Einschaltung des R zerrissen, in die wiederum spätere
Zusätze des Ra hineingearbeitet sind. Denn zunächst reimt sich
der durch die Botschaft von Milet nach Ephesus und die Reise
der Aeltesten doch sicher verursachte längere Aufenthalt nicht
mit der Eile des Apostels, von der v. 16 die Rede war[102]);
dann aber widerspricht v. 25 dem vorhergehenden, namentlich
v. 22, und erweist sich, wie auch die nächstfolgenden Verse
als aus dem bereits mitgeteilten entlehnt[103]). Ebenso wird in
v. 31 der Gedanke von v. 18 ff., ja sogar der eine Ausdruck
μετὰ δακρύων aus v. 19ᵃ wiederholt, so dass auch dieser ganze
Abschnitt 25—32 auszuscheiden sein wird. Findet sich doch
auch hier der Ausdruck ἐπίσκοποι, während es v. 17 πρεσβύ-
τεροι hiess: ein selbst bei Identität der beiden Bezeichnungen
bei demselben Verfasser immerhin auffälliger Wechsel[104]). Und

---

102) Hilgenfeld, Einleitung 607; Overbeck a. a. O. 336. 339 und
van Manen a. a. O. 115 scheiden freilich auch schon v. 16 aus, aber ohne
Grund; Weiss a. a. O. 581, 4 hält umgekehrt gerade diese Rede für von
einem Ohrenzeugen aufgezeichnet, entweder nicht im Zusammenhang mit
der Geschichtserzählung, in die sie jetzt verflochten erscheine, oder im
Widerspruch mit derselben, weil die Schilderung gewisser Momente, die
ihm noch in lebhafter Erinnerung standen, ihn denselben hätte übersehen
lassen. Aber die chronologische Angabe v. 31 ist nur eine ungenaue Zu-
sammenfassung der Angaben v. 8. 10. 22 und die v. 23 erwähnten Prophezeiungen werden vielmehr erst im folgenden, 21, 4. 11 ff., berichtet; die
übrigen Gründe erledigen sich teils von selbst, teils im oben folgenden.

103) vgl. ἐπεστειλάμην τοῦ μὴ ἀναγγεῖλαι ὑμῖν v. 27 und 20; καὶ
νῦν ἰδοὺ ἐγὼ οἶδα v. 25 mit καὶ νῦν ἰδοὺ — μὴ εἰδώς v. 22; μαρτύρεσθαι
v. 26 mit διαμαρτύρεσθαι v. 21. 23. 24.

104) Man könnte gegen diese Bedenklichkeit einwenden, dass dann
auch im ersten Timotheus- und im Titusbrief die Bischöfe später eingetragen sein müssten. Aber das ist in der That auch aus andern Gründen
wahrscheinlich. Denn zunächst verrät sich I. Tim. 3 dadurch als Interpolation, dass am Schluss diese ausführliche Instruktion über ἐπίσκοποι
und διάκονοι, so gut es eben geht, mit der sonstigen Voraussetzung des
Briefes über das Verhältnis von Adressant und Adressat ausgeglichen
wird (vgl. 4, 13; auch 1, 3). Derselbe Verfasser hätte dieses von vornherein
anders fixiert, um auch jene Vorschriften anbringen zu können; die statt
dessen angenommene komplizierte Situation spricht zwar nicht für die
Echtheit, wie Weiss a. a. O. 316 meint, wohl aber für die successive Entstehung zunächst des ersten Timotheusbriefes. Und deutlicher noch ist
dies betreffs des an Titus. Hier muss nämlich 1, 7—11 später eingeschoben
sein, da sich das αὐτῶν nur auf die Kreter, nicht die vorher genannten

zwar gehören beide, obwohl sie ja ziemlich unverbunden neben
einander stehen[105]), Ra an, da die judenfeindliche Tendenz,
die man in v. 26 f. bei Vergleichung mit 18, 6 und 13, 46 f. nicht
verkennen kann (diese Verwerwerfung der Juden zu gunsten
der Heiden heisst v. 27 im Gegensatz zu v. 21 der ganze Rat-
schluss Gottes), trefflich mit der hierarchischen Anschauung
korrespondiert, wie sie in dem Gebrauch von ἐκκλησία im
Sinne von Gesamtkirche liegt. Aus derselben Quelle stammen
aber endlich noch die ebenfalls der Selbstverteidigung des
Apostels dienenden Verse 33—35, die wiederum etwas nach-

Häretiker beziehen kann (Hesse a. a. O. 148 ff.; vgl. schon Holtzmann,
Pastoralbriefe 64). Freilich hat Lemme, Ueber Tit. l, 12, StKr 1882, 133 ff.,
da Epimenides nicht als προφήτης hätte bezeichnet werden können (vgl.
dagegen II. Pe. 2, 16; Just. apol. I, 44. 82 BC; Clem. Alex. protr. 2, 27.
4, 50. 62. 6. 70 f. 8, 77; paed. II, 10, 99. III, 3, 15; strom. I, 15, 70. 21, 108. 132.
III, 3, 14. V, 14, 108. 115. VI, 6, 43), darunter vielmehr einen ketzerischen
Propheten verstanden: aber dieser hätte doch dann nicht von den Kretern
überhaupt geredet. Auf sie ist auch v. 13 αὐτούς zu beziehen, sofern jeder
Kreter wegen seiner nationalen Schwächen vor der Wahl zum Presbyter
einer strengen Verwarnung bedurfte — nicht auf die Irrlehrer, denen v. 11
vielmehr einfach der Mund gestopft werden soll. Vor allem aber werden
sie nun v. 14 ff. so eingeführt, als sei vorher noch nicht die Rede von
ihnen gewesen und 2, 1 Titus, nicht dem Bischof ihre Abwehr übertragen.
Das führt uns aber endlich auf den wichtigsten Grund für die Ausscheidung dieses und des vorher besprochnen Abschnittes. Dass an beiden
Stellen von ὁ ἐπίσκοπος die Rede ist, erklärt sich nämlich noch nicht
daraus, dass beide male τίς vorausgeht (gegen Holtzmann a. a. O. 209;
Weiss a. a. O. 310, 5; auch von Soden a. a. O. 205). „Presbyter und
Diakonen treten ja immer im Plural auf, und im Titusbriefe gehört τίς
zu dem Satze, wo die Bestellung von Presbytern (in der Mehrzahl) in
Rede steht; der artikulierte Singular nach τίς ist aber überhaupt keine
Notwendigkeit; es hätte auch der Plural, auch der artikellose Singular
stehen können. Steht dennoch der artikulierte Singular, so muss das
einen andern Grund haben, als das voraufgegangene τίς, und dieser Grund
wird eben die monarchische Stellung des Bischofs sein. Dafür zeugt auch
der Umstand, dass er Tit. l, 7 als Gottes Haushalter aufgeführt, I. Tim. 3, 5
mit dem Haus- und Familienvater in Parallele gestellt wird; dieser aber
ist, wie der Haushalter in jedem Hause, in jeder ἐκκλησία nur einer"
(Hesse a. a. O. 317; vgl. 148). Dagegen der Rest der Briefe redet immer
nur von Presbytern als der obersten Behörde und ist also älter, als jene
Abschnitte, nicht umgekehrt (gegen ebenda 133 f. 317).

105) Das οὖν der Rec. v. 28, das Overbeck a. a. O. 347 für ursprünglich hält, ist mit Wendt a. a. O. 444* nach אABD 13 al. vulg. cop.
arm. aeth. Lucif. zu streichen.

hängen. Scheidet man also vielmehr den ganzen Abschnitt
v. 25—35 und ausserdem noch v. 19ᵇ, wo die πειρασμοί offenbar erst nachträglich aus inneren Anfechtungen in äussere Verfolgungen umgedeutet worden sind, aus dem Zusammenhang
aus, so schliesst sich v. 36 f. vortrefflich an die hochherzige Er-
gebung von v. 24 an, die nun auch noch durch das Gebet ver-
stärkt werden sollte, und an die vorhergehende Leidensweis-
sagung in v. 22 f., die diese Trauer seiner Freunde hervorrief.
V. 38ᵃ dagegen nimmt wohl schon auf v. 25 Rücksicht und ist
daher ebenfalls aus diesem Bericht des R auszuscheiden und
Ra zuzuschreiben.

Mit c. 21 setzt jedenfalls HPa wieder ein, mögen nun die
Worte ἀποσπασθέντας ἀπ' αὐτῶν, wenn emphatisch zu fassen,
erst von R hinzugesetzt[106]), oder, wenn nicht[107]), ursprünglich,
dann aber vielleicht von R in jenem Sinne verstanden und
deshalb durch eine Abschiedsszene vorbereitet worden sein.
Des weiteren haben Overbeck[108]) und van Manen[109]) v. 4ᵇ einem
Redaktor zuweisen wollen, weil der Relativsatz ungeschickt
angeknüpft sei und im folgenden nicht mehr berücksichtigt
werde. Aber soll dadurch nicht der v. 5 im Unterschied von
andern ähnlichen Stellen als besonders feierlich und rührend
geschilderte Abschied motiviert werden? Jedenfalls hat es R
so verstanden und aus diesen Andeutungen heraus schon jene
Szene 20, 17 ff. komponiert[110]), wie er denn auch v. 23 ausdrücklich auf diese und die beiden folgenden Weissagungen,
die ihm also schon vorliegen mussten, hinweist[111]). Dagegen
ist jedenfalls v. 8 die Rückbeziehung auf c. 6 ein späterer Zusatz[112]), wohl ebenfalls des R, der ja auch 14, 8 ff. schon eine

---

106) vgl. van Manen a. a. O. 116.

107) Overbeck a. a O. 338. 354.

108) ebenda 355 f.

109) a. a. O. 77. 116.

110) vgl. auch προπεμπόντων ἡμᾶς πάντων — ἕως ἔξω τῆς πόλεως,
καὶ θέντες τὰ γόνατα ἐπὶ τὸν αἰγιαλὸν προσευξάμενοι 21, 5 mit θεὶς τὰ
γόνατα αὐτοῦ σὺν πᾶσιν αὐτοῖς προσηύξατο 20, 36 und προέπεμπον δὲ
αὐτὸν εἰς τὸ πλοῖον v. 38. Auch setzt der ἱκανὸς κλαυθμός 20, 37 vielleicht schon die γυναῖκες καὶ τέκνα 21, 5 voraus.

111) vgl. besonders 21, 11 mit 20, 23 und 21, 13 mit 20, 24.

112) Schwanbeck a. a. O. 55; Overbeck a. a. O. 35 ff.; van
Manen a. a. O. 78. 118.

Kenntnis der Quellen des ersten Teils der Akten verriet, oder auch des Rj, der dann HPc und IIPa wirklich in Verbindung setzte. Giesoler[113]) und Renan[114]) hielten desgleichen v. 9 für eine sehr späte Interpolation, da Papias, Proculus und Poly-krates, sowie der sie ausschreibende Euseb selbst das gleiche vielmehr von dem Apostel behaupteten, ohne sich eines Wider-spruchs gegen die Akten bewusst zu werden. Aber die gleiche Freiheit gegenüber den noch nicht kanonischen Schriften be-gegnet uns auch sonst in der Zeit jener erstgenannten Ge-währsmänner, von denen ja ausserdem Papias, wie wir sahen, unsere Apostelgeschichte noch gar nicht gekannt zu haben braucht, und wenn er dafür als Bischof von Hierapolis mündlich über Phi-lippus gehört haben musste, ihn recht wohl, so gut wie andre, irrtümlich oder auch absichtlich mit dem Apostel identifizieren konnte[115]). Endlich muss ich auch v. 10—14 gegen Over-beck[116]), van Manen[117]) und Spitta[118]) unsrer Quelle revindi-zieren. Zwar könnte man ja nach früheren ähnlichen Beob-achtungen aus der Wiederaufnahme des ἔμειναν v. 8 in ἐπι-μενόντων v. 10, obwohl diese dann wohl noch sklavischer geschehen wäre, zunächst auf eine Interpolation schliessen; aber dagegen entscheidet doch die bisher wenigstens beispiel-lose Beibehaltung der ersten Person Pluralis durch diesen Re-daktor. Auch im folgenden geht unsre Quelle bis v. 20ᵃ un-verändert fort. Overbeck[119]) freilich schrieb schon v. 17 f. dem Verfasser der Acten zu, aber seine Gründe sind von Spitta[120]) treffend widerlegt worden. Dagegen hat Sorof[121]) an der eben bezeichneten Stelle, wie mich dünkt, mit Recht, eine Fuge ent-deckt. Dass nach der freundlichen Aufnahme Pauli durch die Brüder und Presbyter nebst Jakobus auf einmal wegen Myriaden

---

113) Vermischte Bemerkungen, StKr 1829, 139 ff.

114) Les apôtres 151; vgl. dagegen Overbeck a. a. O. 358 nebst not.*; Wendt a. a. O. 454*.

115) vgl. Stölten, Zur Philippuslegende, JpTh 1891, 150 f.; im all-gemeinen Holtzmann, Einleitung 472.

116) a. a. O. 359 ff.

117) a. a. O. 78. 118.

118) a. a. O. 231 ff.

119) a. a. O. 369 ff.

120) a. a. O. 234 f.

121) a. a. O. 11; vgl. auch Steck a. a. O. 370 f.

von Gläubigen[122]), die von den früher genannten nicht weiter
unterschieden werden, Paulus aber als einen Apostaten betrachtet hätten, diesem ein derartigs Ansinnen gestellt worden
sei: das ist doch wohl unter Voraussetzung eines einheitlichen
Berichts schlechthin unverständlich. Und kann nun nach dem
früher erörterten diese ganze Erzählung in der hier vorliegenden
Form nur tendenziöse Erdichtung sein, so ist v. 20[b] ff. offenbar
Rj zuzuweisen, zu dem nun auch v. 25, den Schürer[123]) und
Wendt[124]) ausscheiden wollten, ausgezeichnet passt: wie Paulus
den Judenchristen zu liebe das Gelübde übernimmt, so haben
ja den Heidenchristen bereits die Presbyter selbst die noachi-
schen Gebote auferlegt[125]). Wie man hier eine Rückverweisung
auf c. 15 leugnen und ein neues Zugeständnis an die Judenschaft finden kann, verstehe ich nicht[126]). Vielmehr bestätigt
sich durch diese Bezugnahme auf eine Interpolation von Rj
nochmals das soeben über unsern vorliegenden Abschnitt ge-
fällte Urteil des gleichen Ursprungs. Erinnert man sich nun
aber, was den Quellenbericht betrifft, dass, wie hier v. 10 ff.,
so auch schon bei der Reise 11, 27 ff., in der wir wiederum
die Kollektenreise des Paulus erkannten, eine Weissagung des
beinah mit denselben Worten eingeführten Agabus eine Rolle
spielte, so müssen wir auch für diese Reise ursprünglich denselben Zweck voraussetzen, wozu nun die 20, 4 erwähnte und
aus Vertretern der Hauptgemeinden bestehende Reisegesell-
schaft, sowie der aus seinen Briefen bekannte Eifer des Paulus,
von dem 20, 16 zeugt, über Erwarten gut passt. Und beachtet
man weiter, dass auch die Verhandlungen hier wenigstens anfänglich denen in c. 15 zum Verwechseln ähnlich sind[127]), so
kann man nicht umhin, auf den Gedanken zu kommen, dass

---

122) gegen Overbeck a. a. O. 381 vgl. Wendt a. a. O. 459.

123) ThLz 1882, 348.

124) a. a. O. 462*; vgl. auch Völter a. a. O. 134, 1; umgekehrt Sorof a. a. O. 40.

125) vgl. ἐπιστεῖλαι 21, 25. 15, 20.

126) gegen O. Holtzmann a. a. O. 406; Spitta a. a. O. 206 f.

127) vgl. γενομένων δὲ ἡμῶν εἰς Ἱεροσόλυμα, ἀσμένως ἀπεδέξαντο
ἡμᾶς οἱ ἀδελφοί 21, 17 mit παραγενόμενοι δὲ εἰς Ἱεροσόλυμα παρεδέχθη-
σαν ὑπὸ τῆς ἐκκλησίας καὶ τῶν ἀποστόλων καὶ τῶν πρεσβυτέρων 15, 4;
ἐξηγεῖτο καθ᾽ ἓν ἕκαστον ὧν ἐποίησεν ὁ θεὸς ἐν τοῖς ἔθνεσιν διὰ τῆς
διακονίας αὐτοῦ 21, 19 mit ἀνήγγειλαν ὅσα ὁ θεὸς ἐποίησεν μετ᾽ αὐτῶν

wir hier das Original vor uns haben, aus dem jene beiden
Reiseberichte in c. 15 und 11 erst abgeleitet sind, oder den
echten und ursprünglichen Paralleltext zu der Erzählung
Gal. 2, den daher natürlich Rj, nachdem er ihn schon früher.
nach seinem Geschmack umgewandelt, mitgeteilt hatte, hier
sofort abschneiden und am besten durch eine Erzählung ganz
entgegengesetzter Tendenz ersetzen musste. Was man zunächst.
von allen chronologischen Bedenken abgesehen, die später
widerlegt werden sollen, gegen diese neue [128]) Lösung der oft
verhandelten und, wie es schien, bereits abgethanen Kontroverse einwenden wird, das ist die Nichterwähnung des Barnabas und Titus an unsrer Stelle; aber letzterer wird in der
Apostelgeschichte überhaupt nicht genannt und ersterer verschwindet wenigstens seit 15, 39 völlig vom Schauplatz, obwohl
er, wenn auch nicht notwendig nach I. Cor. 9, 6 den Corinthern [129]), so doch nach Kol. 4, 10 entschieden den Kolossern
bekannt war, also wohl mit Paulus nach jener ersten gemeinsamen Reise sich irgendwie wieder vereinigt hatte, und so auch
jetzt in seiner Gesellschaft sein konnte. Durchschlagende Beweise für diese Ansetzung des Apostelconcils wird erst der
zweite Teil der vorliegenden Abhandlung erbringen; aber auch
schon der weitere Verlauf des apostelgeschichtlichen Berichts
zeigt, dass v. 26 und 27 zwei ursprünglich verschiedne Ereignisse in eins zusammengefasst sind. Ich beginne also hier
einen neuen Abschnitt, der den Rest der Akten umfassen wird.

c. Act. 21, 27—28, 31 (§ 15).

Schon längst war der mangelnde Zusammenhang zwischen
v. 26 und 27 aufgefallen; aber erst Spitta[1]) schloss daraus auf
verschiedne Berichte. Ich glaube seiner Beweisführung aus
αἱ ἑπτὰ ἡμέραι, welcher Ausdruck irgendwie auf früher ge-

15, 4 und auch ἐξηγουμένων ὅσα ἐποίησεν ὁ θεὸς σημεῖα καὶ τέρατα ἐν
τοῖς ἔθνεσιν δι' αὐτῶν v. 12.

128) doch vgl. die gelegentliche Bemerkung bei van Manen a. a. O.
109: Heeft Lucas wellicht II. 15, 1—33 genomen uit de beschrijving, in
HPA gevonden, van Paulus' wedervaren te Jeruzalem, toen hij daar de
ingezamelde gelden kwam brengen, Hand. 21?

129) vgl. Steck a. a. O. 33; Schmiedel a. a. O. 114 (² 1892, 141).

1) a. a. O. 263 f.

sagtes oder angedeutetes zurückblicken muss, die andere Erwägung an die Seite stellen zu können, dass es doch absolut
undenkbar scheint, wie Paulus, nachdem er eben in dieser
Weise sich zum Judentum bekannt, gleich nachher, wenngleich
von andern, die aber ganz unvermittelt auftreten, des Abfalls
von demselben beschuldigt werden konnte. Augenscheinlich
befinden wir uns hier in einer im allgemeinen ähnlichen, aber
im besonderen total verschiednen Situation, die erst Rj mit
jener früheren zusammennahm. Erleichtert wurde ihm das
durch die schon auf jener Reise dem Paulus zu teil gewordenen Leidensweissagungen, die erst auf der spätern (wenngleich
auch nicht ganz wörtlich) in Erfüllung gegangen waren, und
ausserdem vielleicht durch eine nach 20, 16 zu erwartende
Notiz der Quelle über das Eintreffen Pauli zum Pfingstfest,
auf das sich nun die 21, 27 erwähnten, ja wahrscheinlich auch
von einem Feste, nur freilich einem viel spätern, gemeinten
sieben Tage mit Leichtigkeit beziehen liessen[2]). Dann wollte
Rj aber durch jene Erfindung eines Gelübdes des Paulus vielleicht zugleich im voraus den ungünstigen Eindruck parallelisieren, den die in v. 28 enthaltne Beschuldigung gegen ihn
auf die Leser, die er sich gerade wünschte, notwendigerweise
machen musste, gleichwie er denselben nachher durch Demen-
tierung jener Nachrede — denn so ist wohl v. 29 gemeint —
wieder zu verwischen suchte[3]). Im übrigen ist HPa hier unverändert erhalten[4]) und hat erst am Schluss des Kapitels
wieder eine Ueberarbeitung erfahren. Dort erwartet man nämlich nach der Bitte an den Chiliarchen εἰ ἔξεστίν μοι εἰπεῖν
τι πρός σε v. 37 entschieden eine, wenn auch nur kurze Mitteilung an diesen, aber nicht die Bitte v. 39ᵇ, das Volk an-
reden zu dürfen, die ausserdem keinen rechten Gegensatz zu
der vorhergehenden Erklärung über seine Herkunft bildet.
Das merkte wiederum der Abschreiber von D sehr wohl und
korrigierte deshalb: ἐγὼ ἄνθρωπος μέν εἰμι Ἰουδαῖος, ἐν Ταρσῷ
δὲ τῆς Κιλικίας γεγεννημένος[5]). Gehört nun aber das folgende

---

2) vgl. Wieseler a. a. O. 102. 108 ff.; Galaterbrief 585 ff.; Baumgarten a. a. O. II, 158; K. Schmidt a. a. O. 72; Spitta a. a. O. 264.

3) vgl. Overbeck a. a. O. 385; Jonker a. a. O. 10 f.

4) O. Holtzmann a. a. O. 406; vgl. van Manen a. a. O. 117.

5) van Manens (a. a. O. 117 f.) Konjektur erscheint mir unbegründet, Ἰουδαῖος und Ἑλληνιστής sind keine Gegensätze.

Kapitel, wie wir früher sahen, im wesentlichen Rj an, so wohl
auch die als Einleitung dazu ebenso passenden, wie als Fortsetzung des vorhergehenden auffälligen Verse 39^b. 40.

Wiederum in c. 22 unterbrechen nun, wie ebenfalls bereits
angedeutet, v. 17 f. den Zusammenhang. Nimmt man nämlich
mit Ewald[6]) an, Paulus wolle v. 19 darauf hinweisen, wie
menschlich erklärlich es doch eigentlich auch sei, dass die
Judäer ihn nicht hören wollten, welche ihn noch kurz zuvor
als den ärgsten Christenverfolger so wohl gekannt, so musste
dies deutlicher ausgedrückt sein; ebenso aber, wenn man den
Vers umgekehrt mit Overbeck[7]) als einen — übrigens wenig
ehrerbietigen — Einwurf des Paulus auffasst, aus der Meinung
heraus, dass er gerade, weil er in Jerusalem so bekannt sei,
dort mehr wirken werde, als anderswo. Dazu würde in beiden
Fällen die Wiederholung des Missionsauftrags in v. 21 als überflüssig erscheinen. Von ihm aus angesehen erweist sich dagegen die Rede des Paulus als Motiv für dieses Gebot und
daher wohl zugleich als Einwand gegen einen frühern Auftrag,
den Juden zu predigen, die also anstatt aller Menschen v. 15
ursprünglich genannt gewesen sein werden. Das ist um so
sicherer, als in c. 9, das ja auf den hier vorliegenden Bericht
zurückgeht, v. 15 von ἐθνῶν τε καὶ βασιλέων υἱῶν τε Ἰσραήλ
die Rede war, an welch letzteren doch Ra, dem Verfasser
jenes Stücks, eigentlich nichts gelegen sein konnte. Müssen
wir also v. 17 ff. ausscheiden, so ist freilich der Zusammenhang
auch jetzt noch nicht ganz glatt; denn v. 12 ff. redet Ananias
im Namen Gottes zu Paulus, v. 19 ff. dagegen Christus selbst.
Nun war aber dies nach 26, 15 ff. das ursprüngliche und ist
wohl hier ungenauer Weise stehen geblieben. Um so leichter
konnte dann Ra, dem jene Rechtfertigung der Heidenmission
noch nicht genügte, sie schon hier in einer besondern Vision
Paulus durch den Herrn selbst[8]) geboten werden lassen, die
er wohl 26, 16 angedeutet, II. Cor. 12, 2 ff. aber näher beschrie-

---

6) Die Bücher des Neuen Bundes übersetzt und erklärt I, 2^3, 1872, 215.

7) a. a. O. 393 f.; vgl. Wendt a. a. O. 474; Farrar a. a. O. 535;
Bethge a. a. O. 201 f.; Holtzmann a. a. O. 409 f. Sorof a. a. O. 63 f.
scheidet v. 20 aus.

8) Auch das αὐτόν v. 18 erklärt sich nicht aus dem vorhergehenden,
sondern nur aus dem folgenden und setzt also dieses bereits voraus.

ben gefunden hatte. War ihre Verlegung in diese Zeit ein
Irrtum, so hatte er sich einen ähnlichen auch schon 11, 29 zu
schulden kommen lassen; vielleicht aber hat er auch gerade
hier einmal richtiger gesehen, als die meisten modernen Exegeten. Ich komme auf diese Frage im zweiten Teil noch einmal mit aller Ausführlichkeit zurück.

Setzen wir jetzt die Analyse der Apostelgeschichte fort,
so ist freilich von 22, 22 ab von den Zuthaten eines Redaktors,
wohl des Rj, die sich schon durch die Wiederholung und
Steigerung des in c. 21 gesagten verraten[9]), die Fortsetzung
der bei 21, 39ᵃ abgebrochnen Quelle kaum mehr zu scheiden.
Dass dieselbe aber in der That der gegenwärtigen Schilderung
zu Grunde liegt, erhellt namentlich daraus, dass v. 24 f. jetzt,
d. h. nach der, wenngleich für den Chiliarchen selbst unverständ-
lichen, so doch durch einen Dolmetscher oder auch Paulus ihm
zu übersetzenden Rede unmöglich die Geisselung als Unter-
suchungsmittel verhängt werden konnte[10]), sowie auch aus der
auffälligen Art, wie v. 29 und 30 die Befreiung des Paulus in
zwei Akte zerlegt wird. Dagegen gehört das nun folgende sicher
wieder Rj an. Dem widerstreitet nicht die Beschimpfung des
Hohenpriesters, die, so könnte man meinen, dann lieber ganz
hätte wegbleiben können. Aber sie war wohl, wenngleich in
anderm Zusammenhang, überliefert, und wurde erhalten, weil
sich gerade daran, freilich nur durch einen unmöglichen Uebergang, ein erst recht ungeschichtliches Bekenntnis Pauli zum
Gesetz anschliessen liess. Woher dieses letztere stammt, werden wir weiter unten sehen; dass unser Abschnitt jedenfalls nicht ursprünglich, bestätigt sich auch hier wieder aus
dem gleich folgenden. Zunächst passt schon v. 11 besser, als
zu dem unmittelbar vorhergehenden, wo ja die Lage Pauli
sich gerade durch die Teilnahme der Pharisäer gebessert hatte,
zu dem weiter zurückliegenden, der Verfolgung durch die Juden
und der (ersten und einzigen) Gefangennahme durch die Römer.

---

9) vgl. αἶρε 22, 22 und 21, 36; κραυγαζόντων 22, 23 und κράζοντες
21, 36; ἐκέλευσεν (εἰσ-)άγεσθαι αὐτὸν εἰς τὴν παρεμβολήν 22, 24 und
21, 34; ἐπεφώνουν 22, 24 und 21, 34; εἴπας μάστιξιν ἀνετάζεσθαι 22, 24
und ἐκέλευσεν δεθῆναι ἁλύσεσι δυσί 21, 33.
10) vgl. Overbeck a. a. O. 396 f.; gegen Nösgen a. a. O. 409 f.;
Jonker a. a. O. 21 ff.

Weniger treffend scheint mir Spittas[11]) Anknüpfung an die
Berufung Pauli auf sein Bürgerrecht, da diese noch keineswegs die Appellation an den Kaiser involvierte. Entschieden
ausgeschlossen aber wird jene Episode durch das weiterhin
berichtete. Hätte sich ein Teil des Synedriums für Paulus erklärt gehabt, so wären nicht am Tage darauf die Hohenpriester
und Aeltesten schlechthin für den Anschlag dieser Fanatiker
zu haben gewesen[12]), ja sie hätten auch an den Chiliarchen
das Ersuchen richten lassen müssen, Paulus noch einmal
ihnen vorzustellen; aber in ἀκριβέστερον liegt das noch nicht[13]).
Wir werden also, namentlich auch wegen der anschaulichen
Schilderung der ganzen Szene, von v. 11 ab wieder die unge-
trübte Quelle erkennen dürfen, in die nur der Brief des erst
hier mit Namen genannten Claudius Lysias an Felix v. 25—30
von Ra eingeschaltet ist. Auf diesen Redaktor weist nämlich
nächst der Verwendung von 1 ff. in v. 28[14]) vor allem der ganze
Stil des Schreibens. Sein sekundärer Ursprung verrät sich
auch noch v. 33, wo jetzt, offenbar sehr unpassenderweise, die
Auslieferung des Paulus an den Prokurator als Ergänzung zu
der Uebergabe des Briefes erscheint, während ursprünglich von
diesem gar keine Rede war, sondern der Vers lautete: οἵτινες
εἰσελθόντες εἰς τὴν Καισαρίαν παρέστησαν τὸν Παῦλον τῷ
ἡγεμόνι. ἐπερωτήσας δὲ κτλ. Was dagegen van Manen[15]) über
eine hier zu Grunde liegende Ueberlieferung von einer frei-
willigen Reise Pauli nach Cäsarea sagt, ist wenigstens in
unserm Text ohne allen Anhalt. Wohl aber glaube ich im
folgenden Kapitel, das ja die genaue Chronologie der vorhergehenden fortsezt und desbalb im allgemeinen HPa angehören
muss, eine weitgehende, wenngleich nicht mehr genau nach-
weisbare Ueberarbeitung annehmen zu müssen. Zunächst nämlich verrät die Rede des Tertullus schon durch ihre ganze
Komposition die Hand des Ra[16]); dann aber muss auch die

11) a. a. O. 265.
12) Overbeck a. a. O. 404. 406 f.
13) Spitta a. a. O. 265 f.; gegen Hausrath a. a. O. 355.
14) Spitta a. a. O. 269 will nur diesen Vers ausscheiden, auf den
sich aber doch v. 29 zurückbezieht.
15) a. a. O. 90. 94. 117. 119.
16) vgl. namentlich κρίτιστε 24, 3. 23, 26; Lc. 1, 3.

des Paulus, obwohl formell nicht vom folgenden abhängig[17]),
doch wegen ihres Inhalts Rj zugeteilt werden. Denn so, wie
v. 14 f. konnte eben der historische Apostel nie seinen Glauben
formulieren[18]), während er allerdings bei jenem Redaktor bereits 23, 1 ff. ähnlich geredet hatte[19]). Auch hatte erst er jene
ursprünglich verschiednen Reisen nach Jerusalem in eine ver-
schmolzen, der er nun hier, seiner Tendenz entsprechend, aber
dem Quellbericht zuwider, das weitere Motiv προσκυνήσων und
προσφορὰς ποιήσων unterlegt[20]). Endlich weist v. 20 f. sicher
auf 22, 30 ff. 23, 6 zurück, das wir oben Rj zuweisen mussten[21]).
Und zum Schluss greift v. 22 auf v. 9 zurück und erweist
nochmals die Rede als der Quelle fremd. Diese selbst läuft
nun bis 25, 23 ohne Unterbrechung weiter[22]). Hier ist die
Rede des Festus an Agrippa wegen der Wiederholung von
v. 21 in v. 25 und namentlich des Widerspruchs von v. 27
gegen v. 19 einem Redaktor und nach Analogie von 24, 2 ff.
wohl Ra zuzuweisen. Dagegen wird in c. 26 der alte Bericht sicher wieder aufgenommen. Wir sahen bereits, wie
derselbe in c. 22 und dann in c. 9 verwendet wurde, und können jetzt auch noch 23, 6 aus 26, 5 ableiten, so dass hier abermals der sekundäre Ursprung jener Perikope erhellt. Doch

---

17) gegen Wendt a. a. O. 505*.

18) Overbeck a. a. O. 416 f.

19) vgl. ἐν τούτῳ καὶ αὐτὸς ἀσκῶ ἀπρόσκοπον συνείδησιν ἔχειν
πρὸς τὸν θεὸν καὶ τοὺς ἀνθρώπους διαπαντός 24, 16 mit ἐγὼ πάσῃ συν-
ειδήσει ἀγαθῇ πεπολίτευμαι τῷ θεῷ ἄχρι ταύτης τῆς ἡμέρας 23, 1;
ἐλπίδα ἔχων πρὸς τὸν θεόν, ἣν καὶ αὐτοὶ οὗτοι προσδέχονται, ἀνάστασιν
μέλλειν ἔσεσθαι δικαίων τε καὶ ἀδίκων 24, 15 mit περὶ ἐλπίδος καὶ ἀνα-
στάσεως νεκρῶν ἐγὼ κρίνομαι 23, 6.

20) Zeller a. a. O. 265*; Steck a. a. O. 179 f.; Harnack, ThLz
1888, 492 f. denken nicht nur bei προσφοραί, sondern auch bei ἐλεημο-
σύναι an die Opfer für die Nasiräer, die aber Paulus doch erst von Jakobus nahe gelegt wurden; vgl. Jonker a. a. O. 166 ff.

21) Spitta a. a. O. 270 scheidet καὶ προσφορὰς — ἱερῷ aus, hebt
aber damit die Schwierigkeit noch keineswegs.

22) Overbeck a. a. O. 427. 432 findet v. 18 einen Widerspruch zu
v. 8, aber nur auf Grund einer falschen Lesart an ersterer Stelle. Lautet
das letzte Wort dieses Verses nach אBE 61. 100 πονηρῶν, so besagt
er im Gegenteil, dass für die politischen Vergehen Pauli, die Festus
allein als gefährlich ansehen konnte, die Juden keine Beweisgründe bei-
bringen konnten und setzt also vielmehr v. 8 voraus.

ist auch das Original wohl nicht ganz intakt geblieben. Könnte
schon bei v. 8 der allerdings noch erkennbare Zusammenhang
mit dem vorhergehenden und nachfolgenden doch ursprünglich
straffer und deutlicher gewesen sein, so sind höchst wahrscheinlich auch in v. 20 die mit dem vorhergehenden Missions-
befehl an Paulus nicht stimmenden und die Konstruktion unter-
brechenden Worte τε καὶ Ἱεροσολύμοις πᾶσάν τε τὴν χώραν
τῆς Ἰουδαίας judenfreundliche Glosse, die dann wiederum Ra
durch Einschaltung von v. 21 ins Gegenteil verkehrte. Denn
οὖν v. 22 schliesst nicht an v. 21, sondern an v. 20 an. Dagegen
wird das folgende wieder aus der Quelle stammen. V. 28 liegt
allerdigs eine Unebenheit vor, die indes so wenig wie I. Cor. 9,15
auf Ueberarbeitung führt. Wohl aber fehlt mit dem folgenden,
wo doch das ἡμεῖς wieder einsetzt, der rechte Zusammenhang.
Denn wenngleich das ὡς δὲ ἐκρίθη κτλ. ganz untadelig ist[23]),
so fällt doch der Mangel irgend einer Zeitbestimmung einiger-
massen auf. Auch wird Aristarchus, der schon 20, 4 als Thessalonicher bezeichnet worden war, hier v. 2 nochmals wie ein
bisher Unbekannter eingeführt. Deshalb ist mit K. Schmidt
anzunehmen, dass 27, 1—28, 15 von dem Verfasser von JPa
zuerst und zwar auf der Reise selbst aufgeschrieben und später
erst durch einen Bericht über jene frühern Ereignisse ergänzt
wurde. Aber wie dieser in der That mannigfach überarbeitet
worden war, so haben auch in diesen beiden Schlusskapiteln
Zeller, Overbeck, Hilgenfeld und van Manen mancherlei Interpolationen angenommen. So soll zunächst v. 3ᵇ aus dem Zusammenhang herausfallen, an sich farblos sein und vor allem
apologetische Tendenz verraten. Ist das letztere aber nicht
zu beweisen, so verlieren auch die ersten beiden Gründe ihre
Kraft[24]). Dagegen kann allerdings v. 21—26 nicht ursprünglich sein. Das scheint mir Overbeck[25]) nach Zeller[26]) in der

---

23) Jonker a. a. O. 216 ff.; gegen Straatman a. a. O. 310.

24) Jonker a. a. O. 222 f.; gegen Overbeck a. a. O. 451; van
Manen a. a. O. 80 f. Krenkel, Beiträge 422 findet dagegen den Bericht
da, wo er von dem Aufenthalte auf Kreta handelt, allem Anscheine nach
stark abgekürzt, aber nur zu Gunsten einer kretensischen Mission des
Paulus und dies wieder wegen einer unrichtigen Erklärung von Tit. 3,12f.
Ueber Straatman a. a. O. 315 ff. vgl. unten § 21.

25) a. a. O. 455 ff.

That erwiesen und auch Hilgenfeld[27]) und van Manen[28]) mit
Recht anerkannt zu haben. Nur ist diese Vision nicht mit der
23, 11 erwähnten zu parallelisieren, sondern als deren Nach-
bild zu betrachten. Auch liesse sich noch auf die ungeschickte
Verwendung von ὕβρις und ζημία aus v. 10 und der von
Paulus doch weder direkt bekämpften, noch mittelbar geho-
nen ἀσιτία aus v. 32 f. hinweisen. Freilich fechten nun nach
Zellers[29]) Vorgang Oberbeck[30]), Straatman[31]) und van Manen[32])
auch diese Verse an, weil wir durch den gegenwärtigen Text,
wenn nicht zwischen Nacht und Morgen zwei ganz selbständig
neben einander stehende Mahlzeiten bekämen, so doch eine,
welche zweifach motiviert sei, einmal durch die Aufforderung
des Paulus, sodann durch die Notwendigkeit, den Mundvorrat
preiszugeben. Wie man aber namentlich die letztere Albern-
heit aus unsern Worten herauslesen kann, ist mir absolut un-
fasslich, und auch den Gebrauch von ἄχρι οὗ v. 33 kann ich
nach den Nachweisungen in Stephanus' Thesaurus graecae
linguae I, 2, 2769 AB nicht als so ungeschickt bezeichnen. Endlich das Sprichwort v. 34ᶜ könnte, wenn überhaupt aus irgend
einer fremden Quelle, ebenso gut als aus Lc. 21, 18, aus I. Sam.
14, 45. II, 14, 11; I. reg. 1, 52 LXX stammen, wenngleich es am
Schluss dieselbe Veränderung des πεσεῖται in ἀπολεῖται, wie
im Evangelium zeigt[33]). Die letzte von Zeller[34]), Overbeck[35])
und van Manen[36]) in unserm Kapitel in Anspruch genommene
Stelle v. 42. 43ᵃ steht und fällt mit v. 3[37]). Ebenso wenig vermag ich den Vermutungen betreffs einer Ueberarbeitung des
JPa im Anfang des letzten Kapitels zuzustimmen. Eine solche
ist von vornherein deshalb unwahrscheinlich, weil wir dabei

26) a. a. O. 515.
27) a. a. O. 592. 607.
28) a. a. O. 81 f.; gegen Jonker a. a. O. 236 ff.
29) a. a. O.
30) a. a. O. 458 f.
31) a. a. O. 327.
32) a. a. O. 82.
33) vgl. noch K. Schmidt a. a. O. 49 f.
34) a. a. O. 260.
35) a. a. O. 461.
36) a. a. O. 53.
37) vgl. auch K. Schmidt a. a. O. 51 f. 53 ff.

bisher immer das Wir haben verschwinden sehen. Auch gehen
Zeller[38]), Overbeck[39]) und van Manen[40]) bei ihren Aufstellungen
von Prämissen über historische Glaubwürdigkeit aus, die durchaus nicht die jener Zeit waren. Aber recht haben sie, mit
v. 16 die alte Quelle schliessen zu lassen. Weizsäcker[41]) verfolgte sie früher bis zum Ende des Buchs, indem er von einer
ursprünglichen Verteidigung der Person des Apostels eine später hinzugekommene Apologie seiner Lehre unterscheiden zu
können meinte. Ist das nicht durchführbar und die Verhandlung mit den Juden, wie oben gezeigt, in entgegengesetztem
Sinne tendenziös, so werden wir den ersten Teil der Erzählung
Rj, den zweiten Ra zuzuweisen haben. Die Naht liegt in v. 25,
sofern das folgende Zitat des Paulus aus Jes. 6 zu dem vorher gemeldeten Glauben eines Teils der Juden nicht passt.
Und wie jener Redaktor in v. 23 noch einmal seinen Grund-
gedanken entwickelt hatte, so stellte ihn der judenfeindliche
Ueberarbeiter noch deutlicher in v. 28 ans Ende seines Werks:
denn v. 30 und 31 sind wohl der an v. 16 sich anfügende Schluss
der Wirquelle, nach 'der Paulus nicht, wie v. 23, in der Her-
berge, sondern in einer eignen Mietswohnung lebte und so ungehindert das Reich Gottes und Jesu Christi predigen konnte[42]).

3. Die einzelnen Schichten der Apostelgeschichte.

a. Die Hellenistenquelle (§ 16).

Liegt nach der vorstehenden Analyse in c. 6—11 der
Apostelgeschichte eine von mir mit HPe bezeichnete Quelle
zu Grunde, die ihrerseits wieder zwei ältere Stücke, nämlich
eine Notiz über die Wahl der Sieben und einen Bericht über
die hellenistische Mission, in sich aufgenommen hat, so erweist
sich nun auch die Theologie namentlich dieser letzteren im
Unterschiede von der der später zu besprechenden Redaktionen
als die ursprünglichste und natürlichste Fortsetzung der Lehre

---

38) a. a. O. 291. 321. 515.
39) a. a. O. 461. 466. 467 f.
40) a. a. O. 83 f.
41) Ueber die älteste römische Christengemeinde, JdTh 1876, 276 f.
42) Overbeck a. a. O. 482; Spitta a. a. O. 266.

Jesu. Das gilt zunächst von ihrer Christologie und Soteriologie.

Stephanus bezeichnet Jesum in seiner grossen Rede 7, 52 als den Gerechten, hier wohl nicht im Gegensatz zu dem Mörder Barabbas[1]), sondern vielmehr im Anschluss an die jüdische Apokalyptik[2]). Aus ihr erhellt zugleich, dass sich mit solchen Beziehungen noch nicht notwendig der Begriff eines übermenschlichen Wesens verband, wie denn auch in unsern Quellen κύριος nur von dem himmlischen[3]) und selbst Χριστός nie von dem geschichtlichen Heiland gebraucht wird, so nahe das auch vielfach gelegen hätte[4]). Aber selbst das ist nur die unmittelbare Konsequenz der Selbstbezeichnung Jesu als des Menschen Sohn[5]). Denn dieser aus Daniel[6]) oder genauer noch aus Henoch[7]) entlehnte Ausdruck bezieht sich, wie in diesen Apokalypsen und act. 7, 56[8]), so auch in unsern Evangelien an den meisten Stellen auf den in Herrlichkeit wiederkommenden Messias[9]), wenngleich ihn jetzt unsere Evangelien, an einigen Stellen ganz offenbar gegen den ursprünglichen Zusammen-

---

1) gegen Weiss, Neutest. Theologie 127.

2) Hen. 38, 2. 46, 3. 83, 6; vgl. Sib. III, 49; ps. Sal. 17, 25. 31. 35. 40. 41. 46. 18, 8; auch gegen Straatman a. a. O. 66 f.

3) act. 7, 59 f. 11, 21.

4) vgl. ebenda 8, 35. 11, 20; 8, 5 ist nach v. 12 zu erklären.

5) Die Annahme von Havet (a. a. O. 15 ff.) und Martineau (a. a. O. 326 ff.), dass sich Jesus selbst überhaupt nie als Messias bezeichnet habe, widerspricht aller gesunden Exegese und Kritik; gegen Carpenter's (The three first gospels 1890) Deutung des Menschensohnes auf das Himmelreich vgl. Sanday, On the Title 'Son of Man', Expositor 1891, 18 ff.

6) Hilgenfeld, Die Evangelien und die geschichtliche Gestalt Jesu, ZwTh 1863, 327 f.; Der Menschensohn = Messias, ebenda 1892, 445 ff.; Usteri, Die Selbstbezeichnung Jesu als des Menschensohnes, ThZSch 1886, 5 ff.; Brückner, Jesus des Menschen Sohn, JpTh 1886, 261 ff.; Beyschlag, Neutest. Theologie I, 61 f.

7) Weizsäcker, Untersuchungen 428 f.; Wittichen, Leben Jesu 339; Baldensperger, Das messianische Selbstbewusstsein Jesu 1888, 130 f.

8) Baur a. a. O. 63 und Overbeck a. a. O. 113 f. fragen, warum der Menschensohn nicht sitzend vorgestellt wäre und denken ihn zum Empfang des Märtyrers aufgestanden. Wahrscheinlicher sieht ihn Stephanus bereits zur Parusie gerüstet.

9) Holsten, Zur Entstehung und Entwickelung des Messiasbewusstseins Josu, ZwTh 1891, 45 f.

hang[10]), von Anfang an und ohne allen Unterschied anwenden[11]), da ja auch Jesus selbst schon bezüglich andrer Seiten seines messianischen Berufswirkens, ja selbst hinsichtlich seines Todesleidens sich in schmerzlicher Ironie als des Menschen Sohn bezeichnet hatte[12]). Aber nur ganz sporadisch hat er jenes auch als ein Sühnegeld für viele betrachtet[13]), während er sonst allerdings immer die freie Gnade Gottes und die allein durch des Sünders Umkehr bedingte Vergebung lehrte[14]). Kein Wunder also, wenn in der urapostolischen Verkündigung die aus jenen Andeutungen Jesu herausgewachsene Interpretation seines Todes noch durchaus fehlt[15]). Es geht dies besonders augenfällig daraus hervor, dass 8, 32 aus Jes. 53 nicht schon v. 5 f., sondern erst 7 f. zitiert wird. Das ist aber eine zu auffällige Thatsache, als dass wir daraus nicht auf das Alter

10) so Mc. 2, 28, wo v. 27, der jetzt allerdings aus dem Zusammenhang herausfällt, deshalb aber noch keineswegs interpoliert zu sein braucht, vielmehr zeigt, dass statt ὁ υἱὸς τοῦ ἀνθρώπου, das kaum hier auf einmal vom Menschen nach seiner göttlichen Zweckbestimmung zu verstehen ist, ursprünglich ὁ ἄνθρωπος zu lesen war; vgl. Pfleiderer a. a. O. 366; auch Hase, Geschichte Jesu² 1891, 509; gegen Weiss, Leben Jesu II, 46*; auch Weizsäcker a. a. O. 61. 390.

11) Baldensperger a. a. O. 181; Wendt, Die Lehre Jesu II, 1890, 448, 1.

12) Usteri a. a. O. 13; Weiss, Neutest. Theologie 55 f.; Beyschlag a. a. O. 61.

13) Mc. 10, 45; Mt. 20, 28; vgl. Holsten, Zum Evangelium 176 f.; gegen Ritschl, Rechtfertigung und Versöhnung II, 43. 69 ff.; Weiss a. a. O. 74; Wendt a. a. O. 510 ff.; Beyschlag a. a. O. 148 ff. — Die Notwendigkeit einer gleichen Auslegung der Einsetzungsworte steht und fällt mit der Ursprünglichkeit des εἰς ἄφεσιν ἁμαρτιῶν.

14) Holsten a. a. O. 176 ff.; Wendt a. a. O. 523; Beyschlag a. a. O. 150.

15) Holsten a. a. O. 146 ff.; Lechler a. a. O. 19; Beyschlag a. a. O. 305 f.; vgl. auch Ritschl a. a. O. 39, 1; gegen Weiss, Petr. Lehrbegriff 204; Neutest. Theologie 128. — Wenn Holsten a. a. O. 138 ff.; vgl. Die drei ursprünglichen Evangelien 8, 1. 20 ff. 50; auch Lechler a. a. O. 16, namentlich aus I. Cor. 15, 3 und Gal. 2, 16 zu erweisen sucht, dass das Judenchristentum bis zu dem Vorfall in Antiochia den Tod Christi doch als Ausdruck und Vermittlung des Heilswillens Gottes angesehen habe, so hat Beyschlag a. a. O. 306, 2 darauf mit Recht erwidert, dass Paulus hier der urapostolischen Ueberlieferung eine ex suis gewonnene Deutung hinzufüge.

unserer Quellen zunächst in Bezug auf ihre soteriologischen
Anschauungen schliessen müssten.

Aber schwerer scheint dieser Beweis rücksichtlich ihrer
Stellung zum Gesetz zu erbringen zu sein. Hat man ja gerade deshalb, wenn man auch die Person des Stephanus als
geschichtlich beibehielt[16]), doch in der ihm zugeschriebnen
Lehre eine Konsequenz des Paulinismus gesehen[17]), die aber
freilich in Wahrheit mit der geschichtlichen Auffassung des
Gesetzes in diesem nicht vereinbar wäre[18]); oder eine mythisch-
essenische Deutung desselben etwa in der Weise des Barnabasbriefes[19]), die indes ebenso wenig, weder aus der Bezeichnung des Gesetzes als λόγια ζῶντα v. 38, noch aus der
Brandmarkung der Juden als ἀπερίτμητοι καρδίαις καὶ τοῖς
ὠσίν v. 51 zu beweisen ist[20]). Mochte das auch in der Konsequenz seiner Kritik des Tempels liegen — und insofern war
die Beschuldigung 6, 11. 13 durchaus richtig —, Stephanus
selbst hat weder den Kultus noch gar das Gesetz abschaffen
wollen, sondern dieses Nichtbeobachtung und jenes Unterlassung
seinen Volksgenossen zum Vorwurf gemacht[21]). Aber gerade
die scheinbare Antinomie, in die er nun hier durch seinen gleichzeitigen Angriff auf den Tempel gerät, erklärt sich allein aus
der unmittelbaren Erinnerung an die Predigt Jesu. Es wurde
ja bereits oben[22]) angedeutet, dass in dieser konservative und
liberale Elemente vereinigt sind, die nun oft einseitig betont
werden. Ist das entschieden falsch, so brauche ich doch hier
im allgemeinen nicht näher darauf einzugehen, wie sie richtiger mit einander zu vermitteln sind, ob etwa durch die
Unterscheidung eines privaten und öffentlich-auktoritativen

---

16) anders Sup. Rel. a. a. O. 178; Holtzmann, ZwTh 1885, 438.

17) Zeller a. a. O. 512; Straatman a. a. O. 66 ff.

18) Weizsäcker, apostol. Zeitalter 53.

19) Schneckenburger, StKr 1855, 529 ff.; Weizsäcker a. a. O. 58.

20) Overbeck a. a. O. 94. 106.

21) gegen Weizsäcker a. a. O. 51 f.; Weiss a. a. O. 141; Beyschlag a. a. O. 322 f. Später wurde allerdings Am. 5, 25 richtiger von der
Verwerfung der Opfer verstanden, vgl. Barn. 16, 1 ff.; Just. d. 22 a. E. 34.
252 D; Overbeck, Ueber das Verhältnis Justins des Märtyrers zur
Apostelgeschichte, ZwTh 1872, 339, 5.

22) vgl. § 6 Seite 29 nebst not. 5. 6.

Verhaltens Jesu[23]) oder aber vielmehr durch die Annahme
einer Entwicklung in seiner Stellung zum Gesetz[24]). Nur
betreffs des Kultus muss ich seine scheinbar widersprechenden Urteile etwas genauer registrieren. Denn hier hat der
Heiland auf der einen Seite Fasten und Opfer entschieden ge-
billigt: das folgt aus den Logiasprüchen Mt. 5, 23 f. 6, 16 ff.[25]),
ohne dass man sich erst auf die von manchen Kritikern
in Anspruch genommenen Aussatzheilungen Mc. 1, 44; Mt. 8, 4;
Lc. 17, 14 zu berufen braucht. Ebenso hat er bis zuletzt,
wenngleich nicht regelmässig, die jüdischen Feste mitge-
feiert[26]) und noch unmittelbar vor seinem Tode den Tempel
als das Bethaus für alle Völker gereinigt[27]). Aber das alles
wäre selbst bei einer noch weit freieren Stellung zum Gesetz durchaus erklärlich und widerspricht namentlich der Erwartung einer Zerstörung dieses Tempels, die er auf der
andern Seite äussert, absolut nicht[28]). Wohl aber konnte
man später von da aus zur Verwerfung des Tempels überhaupt fortschreiten und sich dafür noch dazu auf die Schrift
berufen, genau so wie wiederum Jesus z. B. gegen das Sabbat-
gebot aus dem Gesetz argumentiert hatte[29]). So wandelt auch
hier Stephanus durchaus auf dem von Jesu gewiesenen Wege.
und ebenso endlich auch die andern Hellenisten in ihrer wichtigsten Neuerung, der Predigt an die Heiden.

Von der nach Stephanus' Tode sich zerstreuenden Urgemeinde, so besagte der oben herausgeschälte alte Bericht,
predigten die meisten von Judäa bis Antiochien nur Juden,
einige Kyprier und Kyrenäer dagegen, in deren Synagoge ja
Stephanus u. a. aufgetreten war, sagten das Wort auch zu

23) Glock a. a. O. 11 ff. 131 f.

24) so auch Osiander, Die Stellung Jesu zum Gesetz, StKr
1890, 125.

25) gegen Holtzmann, Handcommentar 107. Ueber die Nicht-
ursprünglichkeit des ersteren Spruches in diesem Zusammenhang vgl.
auch Weiss, Leben Jesu I, 503*.

26) Holtzmann, Zur synoptischen Frage, JpTh 1878, 357 f.

27) Glocks (a. a. O. 40 f.) Auffassung widerspricht dem Text.

28) Weizsäcker, Untersuchungen 548, 2; apostol. Zeitalter 53;
Keim a. a. O. III, 190 ff.; Pfleiderer a. a. O. 402.

29) Mc. 2, 25 f.; vgl. Mt. 12, 5 f. 7; Joh. 7, 22 f.

Griechen[30]). Aber sie zogen damit nur eine Konsequenz aus
der Lehre Jesu, die freilich bei diesem selbst noch nirgends
zu Tage getreten war[31]). Denn müssen wir das Wort vom
Licht der Welt Mt. 4, 14 und ebenso die Anknüpfung eines
heidenfreundlichen Wortes aus den Logien an die Geschichte
von der Heilung des Knechtes des Hauptmanns zu Kapernaum
auf die Rechnung des ersten Evangelisten schreiben[32]), die
nach dem ursprünglichen Bericht Mt. 8, 10 bei jener Gelegenheit von Jesu gemachte Erfahrung aber als eine für ihn selbst
überraschende und ebenso seiner eignen deutlichen Aussage
Mc. 7, 27 zufolge die dem kananäischen Weibe erwiesene Liebes-
that als eine Ausnahme von der Regel ansehen[33]), so erscheint
das Verbot der Heidenpredigt Mt. 10, 5. vgl. 7, 6[34]), als bewuss-
ter Grundsatz auch seiner eignen Lehrthätigkeit, nicht nur als
vorübergehende Beschränkung der Missionsarbeit der Zwölf.
Erwartet er doch Mt. 10, 23 noch während ihrer Predigt in
den Städten Israels die Wiederkunft des Menschensohnes, die
nach 23, 39 wohl eben durch die Bekehrung der Juden herbeigeführt werden sollte — denn wenn nach der bereits erwähnten Stelle Mt. 8, 11 f. von allen Seiten her Heiden zum
Reich Gottes kommen werden, so ist dabei so wenig wie im
Buche Tobit oder den Sibyllinen[35]) eine Predigt unter ihnen
vorausgesetzt. Die darauf bezüglichen Worte Jesu in der
eschatologischen Rede, in den Gleichnissen von den bösen
Weingärtnern und dem grossen Abendmahl Mc. 13, 10; Mt. 21, 43.
22, 9[36]), sowie in dem johanneischen Evangelium 10, 16. 11, 52[37])
und, wenn auch nicht die Aussendung, so doch die Bestimmung
der siebenzig Jünger zur Heidenmission sind nachweislich spä-

---

30) 11, 30 ist nach אcAD* Ἕλληνας zu lesen; wenn Ἑλληνιστάς, so
doch in anderem Sinne, als sonst.

31) vgl. Keim a. a. O. II, 187. 402 ff.; Sup. Rel. a. a. O. 128 ff.; Martineau a. a. O. 585 ff.

32) Weiss a. a. O. I, 61. II, 216*.

33) gegen Glock a. a. O. 49.

34) Hilgenfeld, Einleitung 470; Keim a. a. O. 406, 3.

35) Tob. 13, 11. 14, 6 ff.; Sib. III, 710 ff.

36) Holtzmann, Handcommentar 239. 242. 258; gegen Weiss
a. a. O. II, 427 ff.; Neutest. Theologie 94.

37) Holtzmann a. a. O. IV, 1891, 130. 146; Weizsäcker, Untersuchungen 520 ff.

teren Ursprungs[38]); an eine Abzweckung seines Werkes auf
die Welt im allgemeinen, so sagt Weiss[39]), hat Jesus nun
einmal in unserer modernen Weise nie gedacht. Und doch
trug seine Predigt von Anfang an gerade darin einen durchaus universalen Charakter, dass sie sich, ohne auf die besondern Vorzüge Israels einzugehen, lediglich an die ihrem Glauben und Geist nach dazu befähigten Glieder dieses Volks
wandte[40]). Dann aber konnten daraus Hellenisten, für die ja
jene nationalen Unterschiede sich ohnehin schon vielfach verwischt hatten, am ehesten die Folgerung ziehen, dass das
neue Heil ebenso gut für die Griechen bestimmt und deshalb
auch ihnen zu predigen sei. Diese Annahme einer Heidenmission vor Paulus schmälert nicht im geringsten sein Verdienst um die Sache, für die er doch mehr gearbeitet hat, als
alle andern, und wird auch durch seine Aeusserung Gal. 1, 16.
2, 7 f., dass ihm das Evangelium an die Vorhaut übertragen
worden sei, durchaus nicht ausgeschlossen. Vielmehr scheint
auch nach dem Reisebericht die antiochenische Gemeinde, von
der er dann ausging, nicht erst von ihm gegründet worden
zu sein[41]), und mag also sehr wohl Kypriern und Kyrenäern,
deren bedeutendste wahrscheinlich in Barnabas und Lukios
wiederzuerkennen sind, ihre Entstehung verdanken. Dann aber
ist auch nicht unmöglich, dass für diese erste nichtjüdische
Gemeinde schon früh der Name Χριστιανοί aufkam. Denn
die Form ist nicht römischen, sondern asiatischen Ursprungs[42]),
trotzdem aber schon zu Neros Zeit in Rom beim Volk ge-
bräuchlich[43]). So erweist sich auch hier wieder unsre Quelle

---

38) Schwegler a. a. O. II, 45 ff.; Volkmar, Religion Jesu 308. 325;
Strauss a. a. O. 274 ff.; Weizsäcker a. a. O. 409 f.; Keim a. a. O. II,
329 f. 392 ff. III, 8 ff.; Sup. Rel. a. a. O. 133; Beyschlag, Leben Jesu
I, 266 f. II, 232; vgl. Weiss Leben Jesu II, 354 f.

39) ebenda 449*; vgl. Wendt a. a. O. 610.

40) Weizsäcker a. a. O. 340; Wendt a. a. O. 488.

41) Weizsäcker, apostol. Zeitalter 88 f.; gegen Blom, Paulus en
Barnabas, ThT 1882, 189.

42) Lipsius, Ueber den Ursprung und den ältesten Gebrauch des
Christennamens 1873, 11 ff.; gegen Baur a. a. O. I, 103 f.; Zeller a. a. O.
211 ff.; Overbeck a. a. O. 174 f.

43) gegen Lipsius a. a. O. 17. Ueber die pompejanische Wand-
inschrift cHRISTIAN vgl. Arnold, Die neronische Christenverfolgung

HH als durchaus glaubwürdig und dadurch zugleich als sehr
alt; aber bestimmter zu datieren ist sie doch erst von ihrer
ersten Ueberarbeitung, von HPe aus.

Diese geschah nämlich insoweit im judaistischen Sinne,
als durch die Zusätze 6, 11 ff. und 8, 1ᵇ jedenfalls die Opposition des Stephanus gemildert werden sollte. Aber doch findet
sich noch keine Kritik der Heidenmission, wie sie doch ein
späterer Redaktor, dem ich 1, 15 ff. zuweise, durch seine De-
finition des Apostels v. 21 thatsächlich übt. Diese entspricht
aber wieder der Anschauung der korinthischen und galatischen
Gegner Pauli und weist also ehestens in dieselbe Zeit; früher
fällt die Entstehung von HPe und noch früher die von HH.
Ueber den Verfasser können wir in beiden Fällen absolut
nichts sagen, während dagegen die Feststellung seiner Person
die Hauptfrage bildet, die uns die zweite Hauptquelle unserer
Akten aufgiebt.

b. Der Reisebericht (§ 17).

Wenn die in c. 13—28 zu Grunde liegende und oben mit
HPa bezeichnete Geschichte der Missionsthätigkeit Pauli, so
sahen wir, höchst wahrscheinlich aus einem auf der Romreise
geführten Tagebuch erwuchs, so wird sie am natürlichsten als
in Rom und zunächst für die Bedürfnisse der dortigen Gemeinde geschrieben zu denken sein. Dazu würde vortrefflich
stimmen, dass Forum Appii, Puteoli und Tres Tabernä als
bekannt gelten, während andre und auch bedeutendere Plätze
wenigstens manchmal näher beschrieben werden — bei Philippi hat das allerdings noch den besondern Grund, dass der
Verfasser dort zurückblieb, um erst 20, 5 wieder von Paulus
mitgenommen zu werden. Ebenso erklärt sich das Abbrechen
des Berichts zwei Jahre nach der Ankunft in Rom doch immer

1888, 54; Friedländer, Darstellungen aus der Sittengeschichte Roms⁶
III, 1890, 615, 3; im allgemeinen Krenkel, Paulus 47; Keim, Aus dem
Urchristentum 175 ff.; Hilgenfeld, ZwTh 1881, 304 ff.; K. Schmidt
a. a. O. 164 ff.; Havet a. a. O. 95; Lechler a. a. O. 130 ff.; Wendt, Apostelgeschichte 262*; Weizsäcker a. a. O. 90; endlich Conybeare and
Howson a. a. O. 100: It is remarkable that the people of Antiochia were
notorious for inventing names of derision, and for turning their wit into
the channels of ridicule.

am einfachsten damit, dass der Tod Pauli eben wirklich noch
nicht eingetreten war. Aber auch die spätern Redaktoren berichteten ihn nicht, weil ihre Quelle nichts darüber sagt und
sie nur diese bearbeiten, aber nicht fortsetzen wollten; jede
andre Erklärung des abgebrochnen Schlusses ist ungenügend.
Namentlich deutet auf eine beabsichtigte Fortsetzung auch
nicht das allergeringste hin[1]), und erwies sich die ebenfalls
angerufne politisch-apologetische Tendenz des Werkes schon
oben als längst nicht die mächtigste[2]). Aber wer hat nun
jenen Reisebericht geschrieben? Ausser Lukas hat man auf
Timotheus[3]), Silas[4]) und Titus[5]) geraten. Gegen die ersteren
beiden entscheidet, ohne dass es anderweitiger Erwägung bedürfte, unter Voraussetzung der Richtigkeit der hier vorgetragnen Quellenscheidung schon die Thatsache, dass Timotheus
17, 14. 18, 5 und besonders 20, 4, Silas namentlich 16, 19, sowie
17, 4. 10. 14 f. 18, 5 in der Quelle selbst genannt wird. Ebendeshalb kann auch Titus, sofern er mit Silas identisch sein
sollte[6]), nicht der Verfasser sein; wenn er aber von ihm unterschieden wird, so war er doch gerade in der Zeit von act. 19.

---

1) gegen Credner a. a. O. 277. 279; Gfrörer a. a. O. 440; Bleek-
Mangold a. a. O. 462; Krenkel a. a. O. 181; Jacobsen a. a. O. 26;
ZwTh 1890, 503 f.; Spitta a.a.O. 312. 318 f.; Meyer-Weiss-J. Weiss,
Die Evangelien des Markus und Lukas⁸ 1892, 293.

2) gegen Baur a. a. O. 243 f.; Zeller a. a. O. 371 f.; Hilgenfeld,
ZwTh 1859, 595 f.; Overbeck a. a. O. 484 f.

3) Schleiermacher a. a. O. 354*; Bleek, StKr 1836, 1025 ff.; Einleitung 440 f.; Ulrich, Kommt Lukas wirklich in der Apostelgeschichte
vor? StKr 1837, 369 ff.; Lukas kommt nicht in der Apostelgeschichte vor.
ebenda 1840, 1003 ff.; vgl. auch Beyschlag, ebenda 1864, 215.

4) Schwanbeck a. a. O. 168 ff.; Hahn a. a. O. 16 ff.

5) Horst a. a. O.; Krenkel a. a. O. 214 f.; anders Beiträge 239, 2;
O. Holtzmann a. a. O. 408 ff.; Jacobsen a. a. O. 24.

6) Märcker, Ueber Titus Silvanus und sein Wirken für das Christentum 1864; Zimmer, Die Identität von Titus, Silas und Silvanus, ZWL 1881,
169 ff.; Woher kommt der Name Silas? JpTh 1881, 721 ff., dagegen Jülicher,
Zur Lebensgeschichte des Titus Silvanus, JpTh 1882, 538 ff. und wiederum
Seufert, Titus Silvanus (ΣΙΛΑΣ) und der Verfasser des ersten Petrus-
briefes, ZwTh 1885, 350 ff., der sich besonders auf II. Cor. 1, 19, wo aber
nur von der Gründung der Gemeinde die Rede ist, vgl. mit 8, 23 bezieht,
wo es sich um die spätre Arbeit an ihr handelt; vgl. dagegen auch
Schmiedel a. a. O. 63 f. (³ 2*).

wie wir sehen werden, zu Pauli Verfügung, während der
Verfasser des Reiseberichts unterdes in Philippi weilte. So
bleibt also in der That, will man nicht einen ganz unbekannten Gefährten Pauli als Verfasser unsrer Quelle annehmen, als solcher nur Lukas übrig, den man aber nach
dem oben bemerkten nicht etwa mit Silas identifizieren darf[7]).
Zur Zeit des Kolosser- und Philemonbriefes waren zwar
auch noch Timotheus, Epaphras, Markus, Aristarchus und
Demas bei Paulus, dagegen II. Tim. 4, 9 ff., welches Fragment, wie ich später zeigen werde, nach jenen beiden Briefen, aber auch noch in die cäsareensische Gefangenschaft gehört, hatten ihn alle diese verlassen. Allerdings war ausser
dem Adressaten auch noch Markus bald zurückzuerwarten;
aber er ist durch act. 15, 37 ff. von der Verfasserschaft
unsrer Quelle ausgeschlossen. Dagegen spricht gegen Lukas,
der nach Kol. 4, 10 Heidenchrist war, nicht die Zählung nach
jüdischem Kalender 20, 6. 27, 9; denn diese befolgt auch
Paulus[8]); von hebraisierender Sprache aber, die man ausserdem für seine jüdische Geburt geltend gemacht hat, ist in der
That nur das Gegenteil zu spüren[9]). Wenn ihn endlich der
Philipperbrief nicht mehr nennt, obwohl er doch dieser Gemeinde besonders bekannt sein musste, so war er eben vorher schon von Rom wieder abgereist: eine nachträgliche Bestätigung der obigen Vermutung über die Zeit der Entstehung
dieses Berichts. Und was zum andern ihren Ort betrifft, so
spricht vielleicht für Rom auch der Umstand, dass die ältesten
sichern Zitate aus der Apostelgeschichte, die wir oben bei
Clemens Romanus fanden, dem Reisebericht, bezw. den Zusätzen zu diesem angehören, die also schon damals auch in
Rom bekannt gewesen sein müssen, obwohl sie ursprünglich
in Kleinasien gemacht worden zu sein scheinen[10]). Denn sie

---

7) gegen van Vloten, Lukas und Silas, ZwTh 1867, 223 f.; Zur
näheren Beleuchtung meiner Lukas- und Silas-Konjektur, ebenda 1871 431 ff.;
vgl. auch schon Riehm a. a. O. 21.

8) gegen van Manen a. a. O. 92.

9) gegen Bolten, Die Geschichte der Apostel von Lukas 1799,
VIII f. 270. 315; Tiele, Beweis, dass Lukas, der Evangelist und Verfasser
der Apostelgeschichte, von Geburt ein Jude war, StKr 1858, 753 ff.

10) vgl. über den Zusammenhang beider Kirchen Harnack, Dogmengeschichte I², 311.

beziehen sich meistens auf Paulus' dortige Wirksamkeit und
namentlich die in Ephesus.

c. Die Schlussredaktionen (§ 18).

Dass die beiden Quellen der Apostelgeschichte, HPe und
HPa, nach einander im judenfreundlichen Sinne zusammen-
und in judenfeindlicher Absicht überarbeitet worden sind: das
möchte vielleicht manchem nachträglich auch nach dem oben
über das Lukasevangelium angedeuteten und von andrer Seite
über das erste ausgeführten[1]) doch deshalb wieder zweifelhaft
erscheinen, weil hier die Tendenz der beiden Redaktionen
eine so total entgegengesetzte gewesen sein soll. Aber das
war sie doch nur teilweise, während manche andre Gedankenreihen des Rj von Ra fortgesponnen, ja unverändert aufgenommen werden konnten. Zwar wenn jener fort und fort die
Juden voranstellte[2]) und neben ihnen die gebornen Heiden
nur als Christen zweiter Klasse, nach Art der חֲבֵרִי חַשֵּׁב, anerkennen wollte[3]), so sind diese nach Ra vielmehr die eigentlich zum Christentum berufenen[4]) und die Juden durchgängig
seine erbittertsten Feinde[5]). Die Johannestaufe, die dort der
christlichen so ziemlich gleichsteht[6]), wird hier von ihr absolut
losgetrennt und den Juden überlassen[7]). Dagegen wenn nun
Rj, um doch auch den paulinischen Universalismus zu recht-
fertigen, bereits die Urapostel mit der Mission an die Enden
der Erde betraut werden, an Pfingsten gottesfürchtige Heiden
aus allerlei Volk unter dem Himmel sich bekehren und endlich Petrus die erste Heidentaufe vornehmen liess[8]), so brauchte
Ra diese Beispiele nur fortzusetzen, um schliesslich zur Verwerfung der Juden zu kommen. Hätten wir nicht jene äussern
Indizien ihres Ursprungs, von denen oben die Rede war, so
könnte man die Erzählungen des achten, zehnten und elften

---

1) vgl. oben § 10 nebst not. 44.
2) act. 15, 14. 17, 1ᵇ f. 10ᵇ. 12ᵃ. 17ᵃ. 18, 4. 5ᵇ. 19ᵇ. 19, 8ᵃ. 26, 20ᵇ. 28, 17 ff.
3) ebenda 15, 17 f. 20 f.
4) ebenda 2, 40. 4, 11. 13, 46 ff. 22, 18. 28, 25 ff.
5) ebenda 13, 50. 14, 2. 4 f. 19 f. 17, 5ᵃᵒ. 13. 18, 6. 20, 19ᵇ.
6) ebenda 18, 25 ff.
7) ebenda 10, 36 f. 11, 16. 13, 24ᵇ f. 19, 4.
8) ebenda 1, 8ᶜ. 2, 5. 7 ff. 10 f.

Kapitels vielleicht auch etwas anders an die beiden Redaktoren
verteilen; aber die Bekehrung eines Eunuchen hätte Rj doch
wohl nicht berichtet. Andrerseits könnte es zunächst auffallen,
dass Ra die Verjüdelung des Paulus stehen liess und auch
jene Degradation der Heidenchristen durch die Jakobusklauseln
nur durch die daneben gestellte Versicherung des Gegenteils
abzuschwächen suchte; aber vielleicht glaubte er, wenngleich
sie seinen Anschauungen nicht immer entsprach, sich doch
an seine Vorlage gebunden, die er einmal zu bearbeiten übernommen hatte. Andres, das man früher als Zugeständnis an
das Judenchristentum auffasste, ich aber Ra zuschreiben musste
(so namentlich das Verhältnis Pauli zu der Urgemeinde und
die Vermittlerrolle, die Barnabas spielt, bis er mit 15, 39, um
nicht die nun errungene Selbständigkeit des Heidenapostels
zu schädigen, überhaupt verschwindet), hat vielmehr den
Zweck, diesen als Nachfolger der Urapostel zu legitimieren.
Denn sie erscheinen nun hier als die ausschliesslichen Träger
des Geistes, den sie durch Handauflegung andern mitteilen;
sie leiten die ganze Kirche und schreiben ihr vermöge göttlicher Auktorität ihr Verhalten vor. Ist das schon gegenüber
der urchristlichen eine ziemlich späte Vorstellung, so ermög-
lichen eine etwas genauere Datierung dieser Endredaktion
doch erst einige andre Züge, die sie aufweist.

Als terminus a quo ergiebt sich 93/94, das Jahr der Abfassung von Josephus' Archäologie, die, wie wir gelegentlich
der Analyse sahen, dieser Redaktor kennt. Weiter hinab führt
die an die Pastoralbriefe erinnernde Charakteristik der gnostischen Irrlehrer 20, 29 f.[9]). Aber die antijudaistischen Zuthaten
zu c. 13 werden II. Tim. 3, 11 schon vorausgesetzt, sind also
nach dem oben[10]) darüber bemerkten spätestens um 140 schon
vorhanden gewesen. Sie da erst entstanden zu denken, ist,
wie ebenfalls bereits bemerkt, durch das Fehlen aller Beziehungen auf den Marcionismus ausgeschlossen, obwohl wir
sonst von Verfolgungen der Christen durch die Juden erst bei

---

9) Zeller a. a. O. 474; Holtzmann, Einleitung 406; auch Sabatier a. a. O. 191 ff. Spitta a. a. O. 255 übersieht das eigentliche punctum
saliens der Beweisführung, die für die Häretiker gebrauchten Vergleiche.
10) vgl. § 7.

Justin[11]) und im martyrium Polycarpi hören, dessen Bericht
freilich neuerdings angezweifelt worden ist[12]). Bleiben wir
also vielmehr mit der Mehrzahl der Kritiker[13]) bei der Zeit
Hadrians stehen, so haben wir damit zugleich einen terminus
ad quem für die Ansetzung des Rj, die ich als die schwieri-
gere bis zuletzt aufgespart habe.

Wir sahen oben[14]), dass nach einer weitverbreiteten Ansicht das Judenchristentum schon im ersten Jahrhundert ra-
pide zurückgetreten und ohne irgend welchen bedeutenderen
Einfluss auf die grosse Christenheit gewesen sein soll. Ich
meine indes, dass man dabei sowohl die direkten Beweise für
das Gegenteil unterschätzt, als auch die indirekten Indizien
eines judenchristlichen Einflusses — das Wort im weitesten
Sinne genommen — völlig übersieht. Zunächst nämlich warnen nicht nur der Hebräer-[15]) und Barnabasbrief[16]), sowie gelegentlich die Ignatianen[17]) vor judenchristlichen Neigungen,
sondern bezeugt gerade Justin, auf dessen beredtes Schweigen
man sich so gern beruft, dass auch von den Heidenchristen
einige für die ἔννομος πολιτεία gewonnen worden seien[18]).
Ausserdem aber zeigt auch er selbst Spuren eines judenchrist-

---

11) d. 16. 234 BC. 39. 258 C. 110. 337 C.

12) Joel, Blicke in die Religionsgeschichte II, 1883, 149 ff.; vgl.
Harnack, ThLz 1883, 411. Ueber judenfeindliche Züge in dem neuge-
fundnen evangelium Petri vgl. Ders., Bruchstücke des Evangeliums und
der Apokalypse des Petrus, Sitzungsberichte der Kgl. preuss. Akademie
der Wissenschaften zu Berlin 1892, 896. 955 f. 963.

13) vgl. Holtzmann a. a. O. 405.

14) vgl. § 12 not. 94.

15) 1, 3 ff. 2, 2. 7, 11 f. 13, 9. 13; gegen von Soden, Der Hebräerbrief, JpTh 1884, 467. 486; Handcommentar III, 2², 1892, 10 f.; Weizsäcker a.a.O. 475; auch Zahn, Hebräerbrief, RE² V, 1879, 661; Pfleiderer a.a.O. 619 f. 621 f.; Paulinismus 338; Harnack, Dogmengeschichte
I, 251, 2; Häring, Zur Frage nach dem Zweck und Leserkreis des
Hebräerbriefs, StKr 1891, 595.

16) 2, 1. 9 f. 3, 6. 4, 1. (vgl. Gebhardt-Harnack, Opera patrum
apostolicorum I, 2², 1878, 13) 6 ff. 14; gegen Harnack, Dogmengeschichte
I, 255, 1: wie gross aber die wirkliche Gefahr war, lässt sich aus dem
Briefe nicht entnehmen.

17) ad Mg. 8 ff. Phild. 6, 1; vgl. Harnack a. a. O.

18) dial. 47. 266 C; vgl. zum ganzen Hilgenfeld, Das Urchristentum und seine neuesten Bearbeitungen durch G. V. Lechler und A. Harnack,
ZwTh 1886, 411 ff. 426 ff.; Judentum und Judenchristentum 1886, 15 ff.

lichen Einflusses, dem indes die Kirche wohl schon vor seiner
Bekehrung ausgesetzt gewesen war. Ich wenigstens kann
nicht einsehen, wie die Degradation des Paulus auf Kosten
der Urapostel, die weder auf die Diskreditierung des ersteren
durch die Gnostiker — denn davon sagt Justin nirgends
etwas [19]) — noch durchgängig auf die historische und typische
Bedeutung der Zwölf zurückgeht — an einzelnen Stellen ist
allerdings diese die Veranlassung zum Ausschluss des Paulus [20])
— daraus zu erklären sein soll, dass man den status quo in
heidenchristlichen Gemeinden direkt auf eine ihn begründende
Ueberlieferung der Zwölf zurückführte [21]). Vielleicht geht auch
schon die durch die veränderten Verhältnisse allerdings erforderte Mehrbetonung, nicht aber der Herrensprüche, sondern
vor allem des Gesetzes im ersten Clemensbrief [22]) auf judenchristlichen Einfluss zurück, wie jedenfalls die sich hier fin-
denden Anklänge an die jüdische Liturgie [23]), die nicht auf

36 ff.; auch Wittichen, JpTh 1877, 674; Steck a. a. O. 350 f.; PrKz
1889, 107.

19) von Engelhardt, Das Christentum Justins 1878, 359. 362 f.

20) so allerdings apol. I, 31. 73 A. 39. 78 B (wo aber schon das πᾶν
γένος auffällig ist); dial. 42. 260 C (vgl. Lightfoot, Galatians 100; Gebhardt-Harnack a. a. O. 39); aber warum wird z. B. apol. I, 50. 86 B Paulus
nicht genannt?

21) so Harnack a. a. O. 133. Aber diese Traditionstheorie findet
sich erst viel später (vgl. oben § 12 nebst not. 42) und liegt I. Cl. 42, 1 f.
noch nicht vor; denn Clemens erkennt ja Paulus durchaus an; vgl. 5, 3.
47, 1. 4; vgl. überhaupt Hilgenfeld a. a O. 19: Die grösstenteils obscuren,
aber in Jerusalem und Palästina einst angesehenen und in der christlichen
Diaspora von Anfang an hochgeschätzten, wenn auch unbekannten „Zwölf",
welche den Heidenchristen wenig wirkliche Dienste geleistet hatten, soll
das Griechenchristentum auf den Schild erhoben haben, um sich als ur-
apostolisch darzustellen. Eine Ansicht, welche denn doch die Frage auf-
drängen muss, ob Harnack in seiner Scheu vor einer noch im zweiten
Jahrhundert fortwirkenden Macht des Judenchristentums nicht einen offen-
baren Irrweg eingeschlagen hat.

22) a. a. O. 1, 3. 2, 9. 3, 4. 19, 1. 53, 1.

23) Duchesne a. a. O. 45; Lightfoot, The Apostolic Fathers I,
1890, 355 ff.; Chase, The Lord's Prayer in the Early Church, Texts and
Studies I, 3, 1891, 15 ff.; über die Didache vgl. Taylor, The Teaching
of the Twelve Apostles, with Illustrations from the Talmud 1886; Chase
a. a. O. 18; über den Einfluss der jüdischen Liturgie auf die altchristliche
Kunst vgl. Kaufmann, Études d'archéologie juive et chrétienne 1887,
besonders 44 ff.

frühere Zeiten zurückweisen können, da die ursprünglich wohl
vorhandne Verbindung der römischen Gemeinde mit der Synagoge wahrscheinlich durch das Edikt des Claudius, auf das
ich später zurückkomme, zerrissen wurde und jedenfalls zur
Zeit des Römerbriefs nicht mehr vorhanden war[24]). Paulus
selbst aber hat sich zwar in der Organisation seiner Gemeinden, soweit er nicht die jerusalemische kopierte oder selbst-
schöpferisch thätig war, wahrscheinlich immer noch mehr an
die Synagoge angelehnt, als an die heidnischen Kultgenossen-
schaften[25]); aber bestimmte Gebete wenigstens in Korinth noch
nicht eingeführt[26]). So muss erst in der zweiten Hälfte des
ersten und in der ersten Hälfte des zweiten Jahrhunderts ein
Vorstoss des Judenchristentums erfolgt sein, durch den auch
die Geschichte Jesu in einer entsprechenden Bearbeitung zuerst
in weiteren Kreisen genauer bekannt wurde. Ebenso aber
erschienen damals jüdische Apokryphen in christlicher Bearbeitung, so namentlich die Testamente der zwölf Patriarchen
und das Martyrium des Jesaja. Auch der Johannesapokalypse
und der Didache liegen jüdische Quellen zu Grunde, kaum
der eschatologischen Rede Jesu bei den Synoptikern. Damals
war also auch umgekehrt Grund vorhanden, die Ueberlieferung

---

24) vgl. oben § 1 not. 5; Holtzmann a. a. O. 233 f.

25) Holsten, Das Evangelium 236 ff.; Seyerlen, Der christliche
Kultus im apostolischen Zeitalter, ZprTh 1881, 222 ff. 289 ff.; Weizsäcker a. a. O. 583; gegen Heinrici, Die Christengemeinde Corinths
und die religiösen Genossenschaften der Griechen, ZwTh 1876, 465 ff.,
ebenda 1877, 89 ff.; Das erste Sendschreiben 20 ff.; Zum genossenschaft-
lichen Charakter der paulinischen Christengemeinden, StKr 1881, 505 ff.;
Hatch, The Organization of the Early Christian Churches 1881, 26 ff.;
Neumann, ϑιασῶται Ἰησοῦ, JpTh 1885, 123 ff.; auch Schmiedel a.a.O.
39 f. (² 54 f.). Für die späte Entwicklung vgl. Löning, Die Gemeindeverfassung des Urchristentums 1888 und dazu Loofs, Die urchristliche
Gemeindeverfassung, StKr 1890, 643 ff.; Hilgenfeld, Die vorkatholische
Verfassung der Christengemeinden ausser Palästina, ZwTh 1890, 223 ff.;
auch Duchesne a. a. O. 10, 2.

26) vgl. vielmehr Just. apol. I, 67. 95 E (Lightfoot a. a. O. 386, 1);
Tert. apol. 39. Gegen die Ableitung von I. Cor. 2, 9 aus der apostolischen
Liturgie vgl. Lightfoot a. a. O. 390, 1; Gwilliam, Is the Apostolic
Liturgy quoted by St. Paul? Expositor 1891, 3, 401 ff. Chase a. a. O. 17
denkt vielmehr an eine jüdische Liturgie, aber die beigebrachten Beweise
passen ebenso gut auf die Apokalypse des Elias.

von Paulus jüdischen und judenchristlichen Wünschen anzu-
passen und so seinen Universalismus annehmbarer zu machen.
Freilich wann, wo und von wem das geschehen, können wir
hier so wenig wie bei der Schlussredaktion sagen; wahrscheinlich aber wollten beide Verfasser für Lukas gelten, da ihnen
bei ihrem besondern Zweck an der Auktorität eines Paulus-
schülers besonders viel gelegen sein musste.

In Wahrheit allerdings können sie bei ihrer Entfernung
von den Ereignissen für ihre Nachrichten keine grosse Glaubwürdigkeit beanspruchen; aber gerade diese waren ja zum
grössten Teil auch schon früher aus andern Gründen aufgegeben worden. Dagegen meine ich mehrere alte Quellen auf-
gewiesen zu haben, auf die man sich nun wirklich, soweit
das für jene Zeit angeht, als auf geschichtliche Berichte beziehen kann. Und so hat die hier vorgenommene Quellenscheidung, wie anfangs erwartet, die Bedeutung der Apostelgeschichte gegen früherhin keineswegs verringert, sondern
im Gegenteil beträchtlich vermehrt. Nur ein Umstand könnte
dieses Resultat endlich noch in Frage stellen, nämlich die
Kompliziertheit der Entstehungsverhältnisse, die eine reinliche
Scheidung des Geschichtlichen und Ungeschichtlichen zu verbieten scheinen. Indes liegen die Dinge hier nicht ungün-
stiger, als etwa bei den Samuelis- und Königsbücher, die wir
in ebenso viele einzelne Quellen und Redaktionen zerlegen.
Und sind wir nun dereinst auch bei der Apostelgeschichte
so weit, auf Grund fortgesetzter Untersuchungen über ihre
Komposition die einzelnen Schichten durch den Druck schon
unterscheiden lassen zu können: dann wird ihr Gebrauch als
einer wirklichen Geschichtsquelle nicht mehr und nicht minder
schwierig sein, als jetzt der des Alten Testaments. Vor allem
aber kommt es dann darauf an, nach dieser bessern Einsicht
die traditionelle Ansicht auch von dem apostolischen Zeitalter
zu revidieren, wozu ich nun, was die Geschichte Pauli betrifft,
im folgenden Anleitung zu geben suchen werde.

B. DER GESCHICHTSBERICHT DER APOSTELGESCHICHTE.

1. Das Leben Pauli.

a. Die Vorbereitung (§ 19).

So schön und an sich denkbar die Beziehung, in die wir Stephanus und Saul zu setzen gewöhnt sind, unzweifelhaft ist[1]): geschichtlich kann sie nicht heissen. Entstammt sie doch erst der Kombinatorik des Ra, während Paulus selbst weder in der von Lukas erhaltnen Rede act. 26 noch irgendwo in seinen Briefen von seiner Beteiligung an der Ermordung jenes ersten Blutzeugen spricht. Zwar erwähnt er ihn auch nicht als seinen Vorgänger, obwohl er doch wahrscheinlich in der Synagoge der Kilikier ihn gehört haben wird[2]): aber dieses Schweigen erklärt sich daraus, dass überhaupt, wie ich schon oben andeutete und später nochmals näher ausführen möchte, in seinem Bewusstsein und seinen Briefen die Berührungen mit dem alten je und je zurücktraten hinter die Betonung des neuen. Dagegen hat er sich fortwährend, ohne doch eben Stephanus zu nennen, mit schmerzlichem Bedauern daran erinnert, wie er die Gemeinde Gottes verwüstete[3]), und zwar zunächst, so erläutert Lukas[4]), in Jerusalem. Man hat dagegen geltend ge-

---

1) vgl. Neander a. a. O. 81.

2) act. 6, 9; vgl. im allgemeinen Hausrath a. a. O. II, 346; Schürer, Geschichte II, 44. 359. 537 f.

3) I. Cor. 15, 9; Phil. 3, 6; Gal. 1, 13. 23; Farrar a. a. O. 97: πορθεῖν is strictly applicable to an invading army which scathes a conquered country with fire and sword. Ueber 1. Th. 2, 14 vgl. Schmiedel a. a. O. 17. (² 21: es ist nicht zu verlangen, dass Paulus seine Beteiligung an den einzigen uns bekannten Verfolgungen der Gemeinden Palästinas erwähne.)

4) act. 26, 10.

macht, dass das doch ohne Zustimmung der römischen Obrigkeit nicht möglich gewesen sei[5]); aber wir werden noch sehen,
dass damals gerade ein besonders mildes Regiment oder vielmehr Interregnum bestand. Ferner wird angeführt, die Gemeinde habe doch aus Eiferern für das Gesetz bestanden, die
man unmöglich würde verfolgt haben[6]). Aber so unzweifelhaft
richtig das für später ist, ebenso fraglich wird es für jene Zeit
durch die Aussage des Paulus I. Th. 2, 14. Desgleichen wird
der Bericht von HH über die Auflösung der ganzen Gemeinde
8, 1 durch Gal. 1, 18 f. dahin ergänzt, dass zur Zeit des ersten
Besuchs Pauli in Jerusalem dort wieder eine solche existierte.
Sie bestand aber fast durchgängig aus neu gewonnenen Gläubigen, die Paulus nicht einmal als Verfolger gesehen hatten
und so auch späterhin zunächst nicht von Angesicht kannten:
denn bei jenem Besuche verkehrte er ja nur mit Kephas und
Jakobus[7]). Er bezeichnete diese Reise aber endlich nicht als
ὑποστρέφειν, sondern einfach als ἀνέρχεσθαι, weil seine judaistischen Gegner und ebenso manche moderne Kritiker[8]) erwartet hätten, er würde sich zunächst bei den Uraposteln
nähere Auskunft über den neu erworbnen Glauben holen.
Thatsächlich kennt er diesen ja ziemlich genau[9]) und wird
also wohl zunächst von den damascenischen Christen darin
unterrichtet worden sein. Doch mag er dann auch von Petrus
während jenes doch immerhin vierzehntägigen Besuchs namentlich die Erscheinungen des Auferstandnen I. Cor. 15, 5 ff. erfahren haben, obwohl er später eben diese Abhängigkeit von
seinen Vorgängern möglichst gering anschlug. Dagegen damals war wohl der Grund, weshalb er sich drei Jahre von
ihnen fernhielt, vielmehr der, dass er erst den vollen Beweis

5) vgl. zum ganzen Straatman a. a. O. 30 ff.; van Manen a. a.
O. 104 f.

6) vgl. Baur a. a. O. 180 ff.; Holtzmann, Handcommentar 370; dagegen auch Jonker a. a. O. 139 ff.

7) Gal. 1, 18 f. 22. Gegen Zimmer a. a. O. 82 vgl. Steck, Galaterbrief 87 ff.; Lipsius a. a. O. 17; ungenügend auch Farrar a. a. O. 128.

8) Krenkel, Paulus 33 f.; Hausrath a. a. O. III, 64; Pierson, De
bergrede 1878, 103 ff.; Steck a. a. O. 92 ff.; PrKz 1889, 981 f.; Matheson
a. a. O. 106.

9) Paret a. a. O. 1 ff.; Keim, Geschichte Jesu I, 40 ff.; Sabatier
a. a. O. 53 ff.

seiner gründlichen Sinnesänderung liefern wollte. Zunächst
drängte es ihn, mit sich selbst allein zu sein[10]), und so ent-
wich er nach Arabien. Damals muss nach dem Gedanken-
zusammenhang der Stelle II. Cor. 11, 32 f. jener Anschlag auf
sein Leben stattgefunden haben[11]). Dem würde freilich seine
späte Rückkehr nach Damaskus widersprechen, wenn die
Verfolgung von den Juden ausgegangen wäre, was aber in
Wahrheit eben nur eine Verlegenheitsauskunft von Ra ist.
Doch auch ohne dies muss sich unterdes die Lage der Dinge
geändert haben, wovon freilich erst weiter unten die Rede sein
kann. Hier sei nur vorläufig noch darauf hingewiesen, dass
das einfache ἔπειτα μετὰ τρία ἔτη ἀνῆλθον εἰς Ἱεροσόλυμα
Gal. 1, 18 nicht nach einer erzwungenen Flucht aussieht, so
wenig wie dann die Bemerkung ἔπειτα ἦλθον εἰς τὰ κλίματα
τῆς Συρίας καὶ τῆς Κιλικίας v. 21. Wollte man wenigstens
die 9, 30 angegebne Reiseroute des Paulus festhalten, so müsste
man annehmen, dass das Schiff thatsächlich nach Tyrus, Sidon
oder Seleucia ging, wovon doch kein Wort im Texte steht[12]).
Waren also vielmehr Syrien und Kilikien (in dieser Reihenfolge) der Schauplatz der ersten Mission des Apostels, so haben
wir darüber nun einen ausführlichen Bericht in act. 13, womit
dort die Lukasquelle beginnt.

b. Die grosse Mission (§ 20).

Während bisher das Vertrauen, das man dem Bericht über
die sog. erste Missionsreise Pauli in verhältnismässig höherem
Masse als den sonstigen Erzählungen des zweiten Teiles der Akten
entgegenbrachte, doch immer wieder an einzelnen Widersprüchen
und Unwahrscheinlichkeiten schwankend werden musste[1]), so
dürfen wir jetzt, nachdem auf litterarkritischem Wege deren
Ausscheidung und die Zuweisung des übrigen an einen Reise-
gefährten des Apostels gelungen ist, dessen Aufzeichnungen,
wenigstens was die Thatsachen betrifft — von der wichtigsten

---

10) Hausrath a. a. O. 67 f.; Holsten a. a. O. 7.
11) vgl. oben § 19 not. 43; gegen Krenkel a. a. O. 41 f.; Meyer-
Heinrici, Handbuch über den zweiten Brief an die Corinther[7] 1890, 355.
12) gegen Farrar a. a. O. 196; noch anders Conybeare and Howson a. a. O. 87.
1) so namentlich Weizsäcker a. a. O. 230 f.

Rede dieses Abschnitts wird später die Rede sein — im allgemeinen durchaus Glauben schenken. Höchstens die Nachricht von der Bekehrung des Sergius Paulus könnte etwas
übertrieben sein, was ja aber bei einem so begeisterten Schüler
seines Meisters, wie es Lukas unzweifelhaft war, durchaus erklärlich und bis auf die Gegenwart nicht ohne Analogie in
den Berichten unsrer Missionsgesellschaften ist[2]). Wie sich dagegen die an sich ebenfalls zunächst auffällige Reiseroute des
Paulus und Barnabas erklärt, werden wir später bei der Betrachtung des Galaterbriefs sehen, gelegentlich welcher überhaupt nochmals ausführlich auf diese Kapitel zurückzukommen
sein wird. Hier ist nur aus ihnen zu folgern, dass Paulus
anfangs allerdings an die Synagoge anknüpfte, obwohl er es,
vielleicht ermuntert durch den Erfolg in Cypern, von nun an
zugleich auf die σεβόμενοι abgesehen hatte. Möglich, dass
diese Absicht den Abfall des Johannes Markus und auch die
spätre Parteinahme des Barnabas für diesen erklärt[3]); sicher,
dass dieser Streit nicht etwa nur ein abschwächender Nachklang der Differenz zwischen Paulus und den Uraposteln ist.
Doch führte er, wie wir sehen werden, nicht zu einem völligen
Bruch zwischen den alten Gefährten, obwohl sie zunächst ihre
eignen Wege gingen: Barnabas besuchte seine Gemeinden in
Cypern, Paulus dagegen gab die ähnliche Absicht betreffs der
kleinasiatischen Gründungen auf und reiste mit Silas, zu dem
sich später Lukas und Timotheus gesellten[4]), durch Offen-

2) vgl. Farrar a. a. O. 199 f.: How far his belief was deep-seated
or otherwise we have no evidence which would enable us to judge. But
the silence of St. Luke would seem to indicate that he was not baptised,
and wo can hardly look on him as a deep and lifelong convert, since
otherwise we should, in the rarity of great men in the Christian community, have as certainly heard of him in their records as we hear of
the very few who at this period — like Flavius Clemens or Flavia Domi-
tilla — joined the Church from the ranks of the noble or the mighty;
auch Renan a. a. O. 16 ff. Ueber die Geschichtlichkeit des Mannes vgl.
ebenda 14, 5; Hausrath a. a. O. 131, 2; Wendt a. a. O. 282 f.; über die
Verwaltung der Provinz König a. a. O. 84; Conybeare and Howson
a. a. O. 117; Holtzmann a. a. O. 372.

3) ähnlich Glock a. a. O. 142. Was Renan a. a. O. 119 ff. statt
dessen von tiefern Gründen des Bruchs vermutet, erledigt sich durch
unsre Quellenscheidung.

4) Straatman, der a. a. O. 94 ff. 105 ff. das Apostelconcil in die

barungen des Geistes bestärkt, quer durch die Halbinsel, um
nun von Troas aus nach Macedonien überzusetzen. Was dabei
sein Herz erfüllte, das personifizierte sich ihm angesichts des
Hellesponts in jenem Mann, der ihm im Gesicht zurief: Komm
herüber nach Macedonien und hilf uns!

Doch hielt er sich, wie bisher, so auch hier wenigstens
das erstemal noch an die alte Gewohnheit, wenn auch nicht
in, so doch an der Synagoge zu predigen. Vielleicht war das
schon der Grund, dass er an dem wichtigen Stapelplatz Nea-
polis vorübereilte, weil dort keine Judengemeinde war, und
sich sofort nach Philippi wandte[5]), wo er allerdings auch keine
Juden, sondern nur gottesfürchtige Heiden bekehrte. Beides
wird durch den Philipperbrief bestätigt[6]). Ebenso ist die Nachricht, dass Paulus hier von der heidnischen Bevölkerung an-
gefeindet wurde, nicht nur nach seinen spätern Erlebnissen an
derselben Stelle[7]) und den weiteren Schicksalen der neuen
Gemeinde[8]) durchaus glaubwürdig, sondern auch direkt durch
Phil. 1, 30; I. Th. 2, 2 f. verbürgt. Zugleich aber wird dadurch
die oben ausgeschiedne Erzählung des Redaktors von einer
wunderbaren Befreiung des Paulus und Silas als ungeschichtlich erwiesen. Denn hätte Gott so unmittelbar eingegriffen,
so konnte sich Paulus nicht rühmen, dass er gleich nachher
freudig gewesen sei, das Evangelium zu verkündigen. Auch
sonst ist ja an der Szene selbst auffällig, dass der Kerkermeister sich gleich das Leben nehmen will und Paulus ihn in
dieser Weise beruhigt; während dagegen der gereinigte Bericht
einen durchaus glaubwürdigen Eindruck macht. Denn bei der
aus dem Judentum geerbten Leidenswilligkeit der ersten Christen

---

Zeit von act. 18 verlegt, lässt deshalb ebenda 158 f. auch erst von hier ab
diese beiden Gehilfen an Stelle des Barnabas und Titus treten, deren
Mitanwesenheit bei der Gründung der corinthischen Gemeinde nach ebenda
112 f. 159 aus I. Cor. 9, 6. II, 2, 13. 7, 6. 13. 14. 8, 6. 16. 23. 12, 18 folge, dessen späterer Abfall von Paulus — an sich schon auffällig — dann aber
absolut unverständlich wird, wie gerade Straatmans Bemühungen um
seine Erklärung deutlich zeigen (ebenda 181 f.). Aehnlich Blom a. a. O.
194 ff.

    5) Hausrath a. a. O. 189.
    6) Weizsäcker a. a. O. 240.
    7) II. Cor. 7, 5.
    8) Phil. 1, 25.

hat es auch nichts bedenkliches, dass die beiden Glaubens-
boten sich züchtigen und einkerkern liessen, obwohl sie dann
doch unter Berufung auf ihr Bürgerrecht Satisfaktion verlang-
ten[9]). Dieses aber anzuzweifeln, liegt m. E. noch weniger ein
genügender Grund vor. Doch komme ich darauf lieber später
noch einmal zurück und fahre hier fort, Paulus' Siegeszug
durch Macedonien zu schildern. Wie in Philippi, so machte
er vielleicht auch in Thessalonich, wohin er über Amphipolis
und Apollonia eilte, deshalb Station, weil hier eine Synagoge
war[10]). Doch bekehrte er nur wenige Juden, darunter jenen
Kol. 4, 10 f. genannten Aristarch; im allgemeinen bestand die
Gemeinde aus Heiden, wie ich schon oben aus I. Th. 2, 14 be-
legte. Nennt aber die Apostelgeschichte auch angesehene
Frauen, so spricht dagegen die Bescheibung der Gemeinde in
unsern Briefen und II. Cor. 8, 5 ebensowenig, als etwa I. Cor.
1, 20. 25 ff. gegen ebenda 11, 21. 33 ff.; Röm. 16, 22 ff. Wohl
aber widerlegt nun jene Stelle aus dem ersten Thessalonicherbrief die Erzählung des Ra von einem Aufstand der Juden[11]);
die Verfolgung ging vielmehr von dem heidnischen Janhagel
aus, der die Predigt Pauli von der $\beta\alpha\sigma\iota\lambda\epsilon\iota\alpha$ I. Th. 2, 12. II, 1, 5

---

9) Vgl. im allgemeinen Sir. 2, 1 ff.; II. Th. 1, 5 ff.; Schürer a. a. O.
440 f.; im besonderen Renan a. a. O. 153: Soit que la parole ne leur eût
pas été accordée pour se défendre (vgl. Trip a. a. O. 250 f.; Oertel
a. a. O. 46), soit qu'à dessein ils eussent recherché la gloire de souffrir
des humiliations pour leur maître etc. (vgl. König a. a. O. 94, der ausserdem auf die Weltklugheit des Apostels verweist); gegen Overbeck
a. a. O. 262; Straatman a. a. O. 155 f.; Weizsäcker a. a. O. 240. Vgl.
ferner König a. a. O. 92 ff. gegen Zeller, Eine griechische Parallele zu
der Erzählung Apg. 16, 16 ff., Zw'l b 1865, 103 ff. und Holtzmann a. a. O.
359; König a. a. O. 77; Farrar a. a. O. 280, 1 über die Ausdrücke $\sigma\tau\rho\alpha$-
$\tau\eta\gamma\sigma\iota$ und $\dot{\rho}\alpha\beta\delta\sigma\tilde{\nu}\chi\sigma\iota$; endlich ebenda 280 ff. über das ganze Verfahren.

10) אABD lesen act. 18, 1 $\sigma\nu\nu\alpha\gamma\dot{\omega}\gamma\eta$ ohne $\dot{\eta}$. Wir wissen freilich
aus so früher Zeit noch nichts von einer Synagoge in Thessalonich, vgl.
'$I\omega\dot{\alpha}\nu\nu\eta\varsigma$, $\dot{\alpha}\sigma\tau\nu\gamma\rho\alpha\varphi\dot{\iota}\alpha$ $\Theta\epsilon\sigma\sigma\alpha\lambda\sigma\nu\iota\varkappa\tilde{\eta}\varsigma$ 1881, 39. 109 f.; für später vgl.
Conybeare and Howson a. a. O. 250.

11) Weizsäcker a. a. O. 248; gegen Hausrath a. a. O. 195. 199 f.;
auch Schmiedel a. a. O., der noch die Möglichkeit offen hält, dass I. Th. 2
späte Verfolgungen gemeint seien: Paulus redet v. 13 vgl. 1, 6 ausdrück-
lich von der Gründungszeit der Gemeinde, 3, 3 f. aber wegen $\varkappa\alpha\vartheta\dot{\omega}\varsigma$ $\sigma\check{\iota}\delta\alpha\tau\epsilon$
von seinen eignen Leiden, vgl. Eph. 3, 13.

wohl so verdrehen mochte [12]). Dass aber nur Paulus und Silas
ausgewiesen worden seien und Timotheus später nach Thessalonich habe zurückkehren dürfen, wird man um so weniger
aus den Andeutungen des Lukas schliessen dürfen, weil er
gerade im folgenden allerdings einen kleinen Irrtum begangen
hat [13]). Silas und Timotheus sind nämlich nicht in Beröa
zurückgeblieben und erst in Corinth wieder zu Paulus ge-
stossen, wie die Quelle der Akten will, sondern der erstere
hat wohl in dieser ganzen Zeit den Apostel nicht verlassen [14]),
während dagegen der letztere erst von Athen aus wieder nach
Macedonien geschickt worden ist. Und auch von dem dortigen
Aufenthalt Pauli geben uns seine Briefe ein andres Bild, als
die Apostelgeschichte. Während ihn hier ein Zusatz zu HPa
auf dem Areopag predigen lässt, erzählt er selbst I. Th. 3, 3
nur von Drangsalen, die er zu erdulden gehabt. Auf sie weist
wohl auch sein zaghaftes Auftreten in Corinth I. Cor. 2, 3 zurück [15]); von andern, günstigern Erfolgen seines Besuchs ist
nirgends die Rede, wie ja auch die Quelle der Apostelgeschichte
nur von der Bekehrung des Dionysius Areopagita und der Damaris
weiss, eine Nachricht, die durch die Bezeichnung des Hauses des
Stephanas als der ἀπαρχὴ τῆς Ἀχαίας I. Cor. 16, 15 nicht widerlegt
wird; denn ähnlich ungenau spricht Paulus Phil. 4, 15 von jener
Missionspredigt in Macedonien als der ἀρχὴ τοῦ εὐαγγελίου,
obwohl er doch schon in Kleinasien gewirkt hatte [16]). Aber
eingehenderes erfahren wir doch erst wieder über die corin-

12) gegen B a u r a. a. O. II, 96, 1. Ebenso beschuldigt noch jetzt der
englische Mob, wenn er die Versammlungen der Heilsarmee gestört, diese
der Ruhestörung.

13) vgl. oben § 4 S. 16.

14) auch gegen H o f m a n n a. a. O. 201; H a u s r a t h a. a. O. 221.
Spricht Paulus in unserm Brief nie von sich allein im Plural — denn,
wenn er auch 3, 5 mit κἀγὼ ἔπεμψα das εὐδοκήσαμεν v. 1 wiederaufnimmt
(gegen H o f m a n n a. a. O.), so ist doch bei ihm der Grund ein andrer, als bei
seinen Gefährten —, dann muss auch v. 6 Silvanus bei ihm gewesen sein;
wenigstens wissen wir nichts von andern, mit denen sich Paulus hätte
durch ἡμεῖς zusammenschliessen können; gegen S c h m i e d e l a. a. O. 24.

15) gegen M e y e r - H e i n r i c i, Handbuch über den ersten Brief an
die Korinther⁷ 1888, 60; G o d e t, Commentaire sur la première Epître aux
Corinthiens 1886, 116.

16) H a u s r a t h a. a. O. 213; W e i z s ä c k e r a. a. O. 235; gegen B a u r
a. a. O. 195; auch R e n a n a. a. O. 209 und W e i z s ä c k e r a. a. O.

thische Gemeinde. Paulus wohnte auch hier bei seinem Arbeit-
geber, dem pontischen Juden Aquila, der ja I. Cor. 16, 19
als den Corinthern bekannt gilt[17]), später bei einem gottesfürchtigen Heiden Titius Justus, dessen Haus¨ nahe an der
Synagoge lag[18]). Die Quelle der Akten bringt diesen Wechsel
mit der Ankunft des Silas und Timotheus in Verbindung, die
Paulus auch II. Cor. 1, 19 als die Mitbegründer der Gemeinde
nennt[19]). Aber wir sahen bereits, dass ersterer Paulus damals
überhaupt nicht verlassen, und lernen jetzt auch aus I. Th. 3, 6 f.,
dass ihn letzterer in Corinth, wo ja unser Brief entstanden ist,
zur Zeit schwerer Bedrängnisse und Mühsale wieder getroffen
hat[20]). Nur ist dabei nicht mit Ra an eine Judenverfolgung zu denken; denn davon zeigen die Corintherbriefe keine
Spur, obgleich ihre Erwähnung den Judaisten gegenüber sehr
wohl am Platze gewesen wäre[21]). Aber auch in sich ist
der Bericht der Apostelgeschichte, wie er uns jetzt vorliegt,
unwahrscheinlich. Oder sollten die Juden, wenn sie doch ihre
eigne Gerichtsbarkeit hatten, Paulus vor dem römischen Prokonsul verklagt haben, von dem sie doch wissen konnten,
dass er sich nicht zum blossen Exekutor ihrer Urteile her-
geben würde?[22]) Dagegen ist allerdings nicht nur nach act. 18, 8,
sondern auch nach I. Cor. 7, 18. 12, 13 vgl. 9, 20 anzunehmen,
dass in der Gemeinde geborene Juden waren. Doch deckt das
noch nicht die Angabe von Rj, dass Paulus in der Synagoge
gepredigt hätte; denn die überwiegende Majorität der Erst-

17) teilweise gegen ebenda 259 f.

18) über Titius (so freilich nur B*D^b syr^c, א vg *Tίτου*; syr^b sah *Tίτον*
ohne *Ἰούστου*) Justus vgl. Hausrath a. a. O. 216; über die andern Namen
ebenda 217; über die Synagoge ebenda 218.

19) Straatman a. a. O. 158 f. setzt für Silvanus Barnabas, für Timotheus, der nach I. Cor. 4, 17 f. 16, 10 dort unbekannt gewesen sei, Titus
ein; Blom a. a. O. 195 streicht einfach *δι'* — *Tιμοθέου*; vgl. dagegen
oben not. 4.

20) über die Verbindung von *ἄρτι* vgl. Schmiedel a. a. O. 19. (² 25);
sonst unten § 32.

21) Heinrici, Das erste Sendschreiben 8; Schmiedel¨ a. a. O. 38.
(² 52); gegen Weiss a. a. O. 154.

22) gegen Conybeare and Howson a. a. O. 327: Making use of
the privileges they enjoyed as a separate community, and well aware
that the exercise of their worship was protected by the Roman State,
they accused St. Paul of violating their own religious law.

bekehrten waren sicher Heiden. Von solchen ist nach I. Th. 3, 2.
die Entstehung des Briefs in dieser Zeit vorausgesetzt, auch
die Verfolgung der Apostel ausgegangen; ob aber wirklich
Gallio damit zu thun gehabt hat, wird sich erst später
zeigen. Nach der Quelle der Akten verliess Paulus Corinth
scheinbar aus freiem Antrieb und reiste nach kurzem Aufenthalt in Kenchreä nach Antiochien in Syrien weiter, das aber
mit keinem Wort als sein eigentlicher Sitz und Ausgangspunkt
bezeichnet wird [23]). Doch war es dies vielleicht damals in der
That noch; denn die Kollekte, bei der sich Syrien nicht be-
teiligte, fällt ja erst in spätre Zeit. Jedenfalls also liegt kein
Grund vor, den ganzen Aufenthalt als tendenziöse Erfindung
zu verdächtigen [24]). Wohl aber wird sich die vorher von R
eingeschaltete Reise nach Jerusalem später auch aus dem
Galaterbrief als ungeschichtlich erweisen lassen. Damit ist
der Vermutung, damals habe das Apostelkonzil stattgefunden,
von vornherein jeder Boden entzogen [25]). Dagegen liegt wiederum kein Anlass vor, auch den Besuch der galatischen und
der wohl mittlerweile entstandenen phrygischen Gemeinden zu
bezweifeln [26]). Ebenso ist es durchaus glaublich, dass Paulus
in Ephesus, wohin er jetzt zum ersten und einzigen Male kam,
einige Johannesjünger für sich gewonnen habe. Denn wären
darunter schon in unsrer Quelle Judaisten zu verstehen, so
würden sie als solche bezeichnet sein [27]). Auch Andronikus
und Junias [28]) darf man nicht für solche halten, die erst durch
Paulus für seine Grundsätze und Glaubensweise gewonnen
worden wären: das hätte er wohl bemerkt, sie aber nicht ohne
weiteres als Apostel wohlbeleumundet und vor ihm bekehrt
genannt, am wenigsten in jener Zeit. Denn, wie wir noch
sehen werden, gehört jenes Fragment eines Epheserbriefes
mitten hinein in den Streit mit den Judaisten, von deren

---

23) gegen Weiss a. a. O. 154; Weizsäcker a. a. O. 210.

24) Pfleiderer a. a. O. 591; gegen Weizsäcker a. a. O. 209 f.

25) gegen Straatman a. a. O. 108 ff.; Volkmar a. a. O. 44 ff. 54.
65 f.; auch Renan a. a. O. 280 ff.

26) gegen Weizsäcker a. a. O. 211.

27) gegen Keim a. a. O. 1, 517; Straatman a. a. O. 231 ff.; Weizsäcker a. a. O. 341; Holtzmann a. a. O. 395.

28) Röm. 16, 7.

ἄλλος Ἰησοῦς Paulus nichts wissen wollte²⁹). Doch waren sie
wohl auch damals wenigstens in Ephesus noch nicht einflussreich
— denn sonst würde Paulus den Gehorsam der Gemeinde
nicht so rühmen³⁰) —, erst recht also nicht in der Zeit, von
der wir hier reden und in die jedenfalls der erste Corintherbrief gehört³¹). Aus diesem und gleichzeitig aus der doppelten
Zeitangabe act. 19, 8. 10. 22, auf welch letztere Notiz ich später
noch einmal zurückkomme, hat nun Weizsäcker zwei verschiedene Perioden der Thätigkeit Pauli in Ephesus herauszulesen
versucht, die durch die I. Cor. 15, 32 geschilderte Verfolgung
getrennt gewesen seien³²). Aber da II. Cor. 1, 11 vorausgesetzt
zu werden scheint, die Corinther hätten während der letzten
Bedrängnis des Apostels in Asien, von der ihnen doch dieser
offenbar jetzt erst als von etwas neuem erzählt, für ihn ge-
betet, so mussten sie seiner Meinung zufolge schon nach seinen
frühern Briefen und etwaigen mündlichen Nachrichten erwarten
können, dass Paulus auch fernerhin verfolgt werden würde.
Vor allen aber weist der Ausdruck I. Cor. 16, 9 θύρα μοι ἀνέῳγεν
μεγάλη καὶ ἐνεργής mit keinem Wort auf eine neueröffnete,
sondern vielmehr auf eine erst vor kurzem begonnene Thätigkeit hin³³), wie denn auch aus andern Gründen der erste Corintherbrief an den Anfang der ephesinischen Thätigkeit zu
verlegen sein wird. Bei der näheren Untersuchung darüber
wird sich dann ebenso über diese selbst noch näheres ergeben; hier gehe ich gleich zur Schilderung der nächsten
und nach der rezipierten Rechnung dritten Missionsreise Pauli
weiter.

  Es wurde schon oben angedeutet, dass der zweite Teil
dieser von der Apostelgeschichte nur sehr summarisch erzählten
Reise wahrscheinlich der Ueberbringung der aus den Briefen
zur Genüge bekannten Kollekte galt und die Begleiter des
Paulus dabei wohl die Vertreter der an jenem Liebeswerk be-
teiligten Gemeinden waren. Weshalb er sie mitnahm, sagt er
selbst II. Cor. 8, 20: um sich nämlich vor jeder üblen Nachrede

29) II. Cor. 5, 16. 11, 4.
30) Röm. 16, 19.
31) gegen Hausrath a. a. O. 235.
32) a. a. O. 318. 324. 326.
33) Krenkel, Beiträge 234, 3.

wegen der Verwaltung der reichen Liebesgabe zu schützen.
Liess er aber, wie auch aus II. Cor. 9, 4 hervorgeht, die macedonischen Gesandten erst nach Corinth kommen, so wollte er
offenbar von dort aus direkt nach Jerusalem reisen; that er
das schliesslich nicht, so musste er einen besondern Grund
dazu haben, als den die Apostelgeschichte durchaus glaubwürdig den Angriff von Seiten der Juden nennt[34]). Auch sonst
ist ihr Bericht über den eingeschlagnen Weg ganz wahrscheinlich; denn wenn Paulus den Plan gefasst hatte, trotz der frühen
Jahreszeit und der kostbaren Last die Seereise zu wagen, so
brauchte er diesen Entschluss auch jetzt nicht rückgängig zu
machen — wenn ihm nicht die Juden sein Schiff wegnahmen
oder ihm sonst gerade in dieser Beziehung Schwierigkeiten
machten. So reiste die Gesellschaft zu Land durch Macedonien
und ohne Paulus bis an den Hellespont weiter; er selbst folgte
von Philippi aus mit Lukas zu Schiff nach, benutzte dann
seinerseits ein Stück den Landweg und traf die zur See weiter-
reisenden Gefährten erst in Assos wieder. An Ephesus fuhr
man vorbei: aus Zeitersparnis, sagt unser Gewährsmann, und
ich sehe keinen Grund, weshalb man dafür die Furcht vor
einem Zusammenstoss mit Judaisten substituieren will. Verdanken diese doch ihre Existenz in Ephesus letztlich nur einer
mindestens fragwürdigen Auslegung von apoc. 2, 2[35]), werden
aber durch jenes kurz vorher an die Gemeinde erlassene Empfehlungsschreiben für Phöbe eher ausgeschlossen. Noch Ra
fügt in die Abschiedsrede an die Aeltesten der Gemeinde, die
ebenfalls schon redaktioneller Zusatz ist, nicht judaistische Irrlehrer, sondern zu erwartende Gnostiker ein. In Wahrheit ging
die Reise im Fluge weiter, ungeachtet auch der warnenden
Prophezeiungen, die Paulus in Tyrus und Cäsarea zu teil
wurden. Vielleicht kannten diese Jünger, weil näher an Jerusalem wohnend, besser als Paulus, der ja seit Jahren nicht
dorthin gekommen war, die thatsächliche Stimmung der
Urgemeinde gegen ihn[36]). Doch nahm ihn diese zunächst

---

34) **Hausrath** a. a. O. 348; gegen **Weizsäcker** a. a. O. 311.

35) **Hausrath** a. a. O. 252; vgl. **Holtzmann**, Handcommentar
IV, 281.

36) **Hausrath** a. a. O. 350 denkt vielmehr an die Gefahr, die von
den Römern drohte; aber wenigstens der Aufstand des Aegypters hatte

freundlich auf, sann ihm aber dann auf Veranlassung der gesetzesstrengsten Partei gewisse Zugeständnisse an, deren Aufnahme durch Paulus uns freilich nur der judenfreundliche
Redaktor berichtet hat. Dürfen wir dagegen nun hier die Mitteilungen, die Paulus selbst Gal. 2 über das Apostelkonzil
macht, herbeiziehen, so wurde ihm von den Uraposteln ausser
der Beschneidung des Titus auch noch manches andre zuge-
mutet[37]), das er aber alles ablehnte, so dass ihm jene schliesslich das ganze heidnische Missionsgebiet überliessen. Deshalb
war es ein Selbstwiderspruch, wenn Petrus — wohl nicht allzu
lange nachher — in Antiochien, also auf heidnischem Gebiet,
erst zwar mit den Heiden zusammenass, dann aber sich von
ihnen zurückzog. Es ist dies das einzige, was wir nach
dem Apostelkonzil sicher von Petrus wissen; aber auch über
Paulus fehlen uns zunächst alle Nachrichten bis zu seinem
Wiederauftreten in Jerusalem — wohl ebenfalls an einem
Pfingstfest —, das nun zu seiner Festnahme durch die Römer
führte.

c. Die Gefangenschaft (§ 21).

Nachdem sich uns im vorstehenden der Reisebericht des
Lukas als fast absolut glaubwürdig erwiesen hat, werden wir
von vornherein auch seinem letzten Teil mehr Vertrauen ent-
gegenbringen, als früher Baur[1]) und Overbeck[2]), neuerdings
Weizsäcker[3]) und Holtzmann[4]), vor allen aber Straatman[5]) und
van Manen[6]) zugeben möchte. War nämlich das Hauptbedenken der Tübinger der allerdings auch nach unserer Quellenscheidung auf zahlreichen Punkten noch vorhandene Paralle-

---

damals, wie wir sehen werden, wohl noch gar nicht stattgefunden. Auch
weist Röm. 15, 30 vielmehr auf die Juden als Paulus' Feinde hin; vgl.
Weizsäcker a. a. O. 437 ff., der aber doch und wohl richtig die Gereizt-
heit der Juden gegen Paulus auf ihren wachsenden Widerwillen gegen
die römische Herrschaft zurückführt.

37) vgl. oben § 6 not. 60.

1) a. a. O. 240; doch vgl. 243.

2) a. a. O. 364. 425.

3) a. a. O. 439 ff.

4) a. a. O. 420 f.

5) a. a. O. 238 ff.

6) a. a. O. 79 ff. 129. 149.

lismus zwischen der Verhandlung unter Felix und Festus
gewesen, den doch schon Zeller für möglicherweise geschichtlich erklärt hatte[7]), so focht nun namentlich Straatman auch
die einzelnen Erzählungen mit einer Nonchalance, deren man
sich gegenüber Livius oder Polybius entschieden schämen
würde, vor allem deshalb an, weil sie nicht immer mit der
für ein gerichtliches Protokoll allerdings unumgänglichen, für
einen erbaulichen Lebensabriss des Apostels, den Lukas doch
geben wollte, aber durchaus überflüssigen Akribie ausgeführt
werden, sondern es dem Leser überlassen bleibt, wenn er einmal dafür Interesse hat, sich selbst die nähere Vermittlung
des fragmentarisch berichteten zu suchen. Wir werden also
hier den Gang der Erzählung etwas genauer, als es bisher
nötig war, verfolgen müssen, ohne doch erwarten zu dürfen,
jetzt noch alle Rätsel, die der Bericht allerdings für uns enthält, lösen zu können. Indes kommen wir sofort über manche
Anstösse hinweg, wenn wir den Zusammenhang mit dem vorhergehenden aufgeben und diesen Aufenthalt Pauli in Jerusalem als einen von dem Besuch gelegentlich des Apostelkonzils durchaus verschiednen betrachten[8]).

Von asiatischen Juden, die vielleicht überhaupt deshalb
nach Jerusalem gekommen, oder wenigstens hier bereits mit
Paulus in Streit geraten waren, angestiftet, wollte ihn das
Volk als einen Tempelschänder lynchen, als der Tribun Claudius Lysias, der in der gegenüberliegenden Burg Antonia lag,
seine Leute ausrücken und den von seinen feigen Peinigern
zurückgelassenen anscheinenden Störenfried festnehmen liess.
Er hielt ihn zunächst für jenen ägyptischen Aufrührer, der
sich leicht am Fest unter der Menge wieder in Jerusalem ein-
schleichen konnte[10]); aber auch als er aus Paulus' Kenntnis des
Griechischen, die bei jenem nach Josephus nur unter der Hefe
des Volks einflussreichen Abenteurer nicht vorauszusetzen war.

---

7) Die Apostelgeschichte 269 f.
8) gegen Straatman a. a. O. 273 ff.
9) Jonker a. a. O. 8 f.
10) ebenda 14 f. (15: niet onwaarschijnlijk is tevens, dat de krijs-
overste meer van den Egyptenaar geweten heeft dan ons van hem be-
kend is en gronden heeft gehad voor zijn vermoeden die wij niet kennen
en derhalve niet kunnen beoordeelen).

seinen Irrtum erkannt[11]), wollte er ihn nach römischer Gewohnheit geisseln lassen[12]). Da berief sich Paulus auf sein
römisches Bürgerrecht[13]) und wurde so wenigstens seiner Ketten
entledigt[14]). Jetzt wäre es wohl zu einem geregelten Gerichts-
verfahren gekommen[15]), wenn nicht einige vierzig Fanatiker[16])
sich gegen Paulus verschworen hätten, so dass der Tribun
sich genötigt sah, ihn, vielleicht mit anderen Gefangenen, unter
einer ausserordentlich starken Besatzung[17]) nach Cäsarea zum
Prokurator Claudius Antonius Felix zu senden. Hier findet
sich nun auch der Hohepriester Ananias mit den Aeltesten und
einem Sachwalter ein, aber der Statthalter, der ja bereits durch
Lysias genaueres über den Fall gehört hatte, will zwar vor
dessen Rückkehr die Sache noch nicht entscheiden, lässt indes
doch Paulus immer schon milde verwahren und mit seinen
Freunden verkehren, so dass jetzt wohl auch Lukas wieder
zu ihm gekommen und daher der Bericht von hier an vollends
glaubwürdig sein wird[18]). In der That ist es sehr wohl möglich, dass Felix neben andern Gefangenen, die damals in
Cäsarea schmachteten, sich gelegentlich auch Paulus vorführen

11) ebenda 15 ff.; gegen Overbeck a. a. O. 389; Straatman a. a.
O. 278 f.

12) Dass er Paulus erlaubt hätte, hebräisch zum Volk zu reden, wie
Rj will, ist auch sachlich unwahrscheinlich; vgl. Overbeck a. a. O. 390;
Straatmann a. a. O. 279 f.; gegen Jonker a. a. O. 19 f.

13) gegen Straatman a. a. O. 280 (Gelijk het vermoeden dat hij
den Egyptenaar had gegrepen aanstonds week voor de ontdekking dat
Paulus Grieksch verstond, zoo nam hij nu terstond met de verklaring
des apostels dat hij een romeinsch burger was genoegen, ofschoon hij
voor dat geloof hoegenaamd geen grond had, en eerder op de gedachte
moest komen, dat dat burgerrecht eene uitvlucht was om zich tegen de
geeseling te beveiligen); vgl. Conybeare and Howson a. a. O. 589
(He knew full well that no man would dare to assume the right of
citizenship, if it did not really belong to him; for such pretensions were
liable to capital punishment).

14) Der abweichende Bericht 22, 29 f. erklärt sich durch die Komposition, nicht anders; vgl. Jonker a. a. O. 29 ff.

15) Dass dies in der That geschehen, gilt ebenda 30 f. als durch die
Akten nicht ausgeschlossen, aber kaum mit Recht.

16) vgl. ebenda 33, 1; gegen Straatman a. a. O. 337.

17) vgl. Jonker a. a. O. 37, 1; gegen Straatman a. a. O. 284; vgl.
auch act. 25, 3.

18) Conybeare and Howson a. a. O. 613; Wendt a. a. O. 505 f.

liess und dieser ihm und seiner jüdischen Gattin Drusilla dabei
scharf ins Gewissen redete. Ja selbst dass der bestechliche
Freigelassene trotzdem von seinem Gefangenen noch Geld zu
erpressen suchte, ist ganz denkbar, wenn er wusste, dieser
hatte früher Kollektengelder nach Jerusalem gebracht, und
widerspricht auch dem andern für die fortdauernde Gefangenschaft angeführten Grunde, der Rücksicht auf die Juden, nicht:
denn warum sollte sich der schlaue Intrigant nicht auch noch
Dank für seine Geldgier versprechen?[19]) Vor allem aber haben
sich auch sonst schon damals Prozesse derartig lang hinge-
zogen, dass die zweijährige Haft des Apostels nichts auffälliges
hat. Nur dies erscheint bedenklich, dass sich Paulus nicht
gleich anfangs auf den Kaiser berief[20]). Aber vielleicht fürchtete er, dadurch den Prozess noch mehr in die Länge zu
ziehen[21]), während er doch damals schon die Hoffnung hegte,
freigelassen zu werden, und auch Gelegenheit hatte, mit den
Seinen zu verkehren und zu korrespondieren, wie wir später
aus den in diese Zeit gehörigen Briefen an die Colosser und
den Philemon, sowie dem II. Tim. 4, 9 ff. erhaltnen Zettel an
Timotheus ersehen werden.

Der neue Prokurator Porcius Festus hatte begreiflicher-
weise die ersten Tage nach seinem Amtsantritt keine Zeit,
von den Akten jedes einzelnen Insassen seines Prätoriums
Kenntnis zu nehmen, und erfuhr so von Paulus erst in Jerusalem durch den Hohenpriester und die Ersten der Juden[22]).
Er entbot sie zu einer neuen, allerdings erfolglosen Verhandlung nach Cäsarea, suchte aber dann doch Paulus zu über-
reden, er möchte sich in Jerusalem vom Synedrium aburteilen
lassen. Es entsprach dies dem ius revocandi domum[23]), von
dem freilich Paulus selbstverständlich keinen Gebrauch machte.
Er appellierte vielmehr an den Kaiser und das konnte der
Prokurator nicht abweisen. Da er aber die jüdischen Verhältnisse noch zu wenig kannte, um über die Klage gegen Paulus

19) Zeller a.a.O. 289; gegen Hausrath a.a.O. 358; Weizsäcker
a. a. O. 439; Straatman a. a. O. 299.
20) ebenda 303.
21) Jonker a. a. O. 175; vgl. act. 26, 32.
22) Hausrath a. a. O. 365.
23) König a. a. O. 77.

ein elogium aufsetzen zu können, benutzte er die Gelegenheit
eines Besuchs von Agrippa und dessen Schwester, diesem
Rechtskonsulent des jeweiligen Statthalters seinen Unter-
suchungsgefangenen vorzuführen[24]). Wenn man auch dieses
Verfahren unwahrscheinlich gefunden hat, so ist doch nicht
zu übersehen, dass der Verfasser des muratorischen Fragments
den Verfasser des Lukasevangeliums und der Apostelgeschichte
iuris studiosum nennt, wohl eben wegen dieser Kapitel, in
denen er also nichts den thatsächlichen Verhältnissen wider-
sprechendes gefunden haben kann[25]).

So werden wohl auch endlich die Unwahrscheinlichkeiten,

---

24) Jonker a. a. O. 181 f.; gegen Baur a. a. O. 292; auch Weizsäcker a. a. O. 439.

25) Der überlieferte Text der Handschrift lautet: cum eo paulus
quasi ut iuris studiosum secundum adsumsisset, während Ewald, Harnack, Zahn itineris studiosum, Bunsen sogar itineris socium, West-
cott virtutis studiosum, Laurent fratrem studiosum lesen; aber eine
solche durchgreifende Aenderung ist sonst nirgends nötig, auch nicht Z. 6,
wo Routh, Zahn u. a. ex ordine korrigieren, und dürfte also auch an
unsrer Stelle unwahrscheinlich sein, wenn sich dem überlieferten Text ein
Sinn abgewinnen lässt. Nun übersetzt Tregelles ὡσεὶ τοῦ δικαίου
oder τοῦ νόμου ζηλωτήν, was aber doch act. 21, 20 in anderer Bedeutung
steht, Hilgenfeld ὡσεὶ δευτεραγωνιστήν, d. h. als zweiten Rechtsbei-
stand, was auch keinen rechten Sinn giebt, Kuhn ὡσεὶ νόμους μανθά-
νοντα κατὰ Χριστόν, d. h., wie ein berühmter Jurist jungen Leuten praktischen Unterricht erteilt, so hätte Paulus Lukas ins Christentum eingeführt. Aber Christum steht gar nicht in der Handschrift und statt secundum
ist wohl vielmehr mit Gilse, Steckhoven, Zahn u. a. secum zu lesen
(vgl. a. a. O. II, 1890, 25, 3). Endlich quasi kommt auch bei Tacitus in
so abgeschwächtem Sinne vor (ebenda 27, 4), dass man bei iuris studiosum an einen wirklichen angehenden Advokaten denken kann. Dann
aber liegt es am nächsten, den Grund für diese Bezeichnung des Lukas
eben in den letzten Kapiteln der Akten zu sehen. Dass der Fragmentist
aber schon beim Evangelium an diesen Beruf seines Verfassers erinnert,
ist nicht mehr und nicht minder auffällig, als dass er erst bei der Apostelgeschichte den Adressaten beider Werke, den optimus Theophilus nennt.
Jedenfalls wäre dann erst nach der letzteren die Verfasserschaft des
erstern bestimmt worden, so dass die spätre Tradition darüber nichts
Auffälliges mehr hätte (gegen Meyer-Weiss-J. Weiss a. a. O. 273).
Immerhin will auch die hier vorgetragne Erklärung der Worte nur als
eine neue Vermutung über ihren Sinn angesehen sein, die auch durch
die gleichzeitige Bezeichnung des Lukas als iste medicus nicht ausge-
geschlossen ist. (Über die frühern Hypothesen vgl. Kuhn a. a. O. 99 ff.)

die Straatman und van Manen in dem letzten Stück des Reiseberichts c. 27, 1—28, 16 gefunden haben, sich irgendwie lösen
lassen. Doch darf man vor allem nicht dort Schwierigkeiten
suchen, wo in Wahrheit keine sind. Dass bei dem geringen
Verkehr zwischen Cäsarea und Rom zum Transport der Gefangenen ein adramyttenischer Kauffahrer benutzt wurde, hat
nichts auffälliges und erklärt sofort, wie Paulus seine Freunde
begleiten konnten[26]). Merkwürdig aber wäre allerdings die
Nachsicht des Centurio 27, 3, wenn er Paulus erst vierund-
zwanzig Stunden lang kannte und als gewöhnlichen Gefangenen hätte betrachten müssen. Aber sicher war er doch, wenn
er nicht selbst schon um seine Vorgeschichte wusste, dahin
instruiert worden, den sonderbaren Schwärmer, der nur un-
glücklicherweise an den Kaiser appelliert hatte, auch weiterhin nachsichtig zu behandeln. Damit war freilich noch nicht
gesagt, dass er ihn ohne Bedeckung seine eignen Wege gehen
lassen durfte; aber das wird ja auch gar nicht berichtet, sondern vielmehr das Gegenteil vorausgesetzt[27]). Dann findet es
Straatman undenkbar, dass Paulus in dem „Schiffsrat" eine
Stimme gehabt hätte — aber wo ist denn von einem solchen
die Rede?[28]) Weiterhin hätte der Hauptmann auf Malta vor
allem seine Leute mustern, die Gefangenen in Ketten legen
und sich beim Legaten melden sollen — aber wer sagt uns
denn, dass er das nicht gethan hat, auch wenn es Lukas, weil
es für ihn ohne alles Interesse war, nicht erzählte?[29]) War

---

26) Conybeare and Howson a. a. O. 603 f.; Jonker a. a. O. 220 f.;
gegen Straatman a. a. O. 311 f.; van Manen a. a. O. 79.

27) Jonker a. a. O. 224 ff. (229: Als men iemand vertelde dat men
een gevangene, die over zee naar de plaats zijner bestemming vervoerd
werd, op zijn verzoek in de gelegenheid gesteld had in eene stad, waar
men zich onderweg eenigen tijd ophield, zijne zich daar bevindende
vrienden te bezoeken, en men vraagde dan: „en wat denkt gij nu wel,
ging die gevangene onder behoorlijk geleide naar zijne vrienden of als
vrij man, zonder eenig opzicht?" dan zou de persoon, tot wien men zich
richtte, ook al was hij een officier of ambtenaar, die gewoon was, zonder
ter rechter- of ter linkerhand aftewijken, strikt zijn plicht te volbrengen,
misschien alleen uit verbazing over een zoodanige vraag een oogenblik
dralen met de antwoorden: „Natuurlijk, onder voldoende bewaking, dat
spreekt van zelf"); gegen Straatman a. a. O. 315 ff.

28) Jonker a. a. O. 232 f.; gegen Straatman a. a. O. 319 ff.

29) Jonker a. a. O. 264 f.; gegen Straatman a. a. O. 329.

Publius jener Gouverneur[30]), so war es entschieden geschehen, obwohl seine Fürsorge für die Gefangenen vielleicht ähnlich wie die Bekehrung des Sergius Paulus zu beurteilen sein könnte[31]). Die einzige wirkliche Schwierigkeit bildet der siebentägige Aufenthalt in Puteoli, den Lukas auf die Veranlassung der dortigen Gemeinde zurückführt. Man kann wohl nicht annehmen, dass der Centurio deshalb so lange gewartet oder Paulus mit einigen Kriegsknechten zurückgelassen hätte; aber vielleicht hatte die Zögerung zugleich den Grund, dass Julius von Rom nähere Vorschriften über die Ablieferung des verspäteten Gefangenentransportes abwarten musste[32]). Jedenfalls blieb man längere Zeit in Puteoli liegen, so dass die römischen Brüder von der Ankunft des Apostels hörten und ihm auf der via Appia bis nach Appii Forum oder wenigstens Tres Tabernä entgegenkamen[33]). In Rom selbst aber bezog er eine Mietswohnung und verkehrte ungehindert mit den Seinen, worin der Bericht des Reisejournals ja auch durch den Philipperbrief bestätigt wird.

Weiteres erfahren wir erst aus Clemens Romanus. Nach seiner bekannten Aeusserung 5,7 ist Paulus in Rom den Zeugentod gestorben; wahrscheinlich, doch nicht absolut sicher in der neronischen Verfolgung[34]). Denn die Beschuldigung, derenthalben er ursprünglich verklagt war, konnte nach dem bisherigen Verlauf seines Prozesses kaum eine Verurteilung zum Tode nach sich ziehen. Zunächst lebte er noch zwei Jahre mit Lukas zusammen; wie lange später ohne ihn, wissen wir nicht. So kann auch die chronologische Bestimmung des Lebens Pauli nicht bei jenem Datum seines Todes einsetzen, sondern muss vielmehr umgekehrt von dem freilich auch erst zu berechnenden Todesjahr Jesu ausgehen.

---

30) König a. a. O. 84.

31) Jonker a. a. O. 265 f.; gegen Straatman a. a. O. 330; vgl. oben § 20 S. 165 not. 2.

32) gegen Straatman a. a. O. 330; aber auch Jonker a. a. O. 269 ff.

33) Holtzmann a. a. O. 425 f.; zu οὓς ἰδών κτλ. vgl. Conybeare and Howson a. a. O. 671; Jonker a. a. O. 273.

34) nach Stapfer, La Mort de Saint Paul, RCh 1856, 506 f. schon beim Brande Roms, vgl. auch Hausrath a. a. O. 411.

2. Die Chronologie der Hauptereignisse.

a. Die Zeit der Bekehrung (§ 22).

Da für die Berechnung des Auftretens Jesu schon wegen
der Unbestimmtheit seines damaligen Alters die Angaben über
die Zeit seiner Geburt nicht zu brauchen sind und im übrigen
nicht nur die Nachrichten sämtlicher älterer Väter, sondern
wohl auch Joh. 2, 20 auf Lc. 3, 1 zurückgehen[1]), so bleibt von
neutestamentlichen Stellen nur diese als etwa brauchbarer Ausgangspunkt übrig. Da sie aber nicht der christlichen Tradition,
die, nach unsern ältesten Evangelien zu urteilen, von dem
Kunstprodukt der Chronologie nichts wusste[2]), sondern vielmehr schon nach ihrem Sprachcharakter dem autor ad Theophilum entstammt und dieser namentlich in der Datierung
einer ihm wohl schon überlieferten, auch bereits in dieser Tradition zum Reichscensus gewordenen Provinzialschatzung geirrt
hat, so könnte auch an unsrer Stelle eine falsche Kombination
vorliegen[3]). In der That ist nicht nur die Angabe über das
gleichzeitige Hohepriestertum des Hannas und Kaiphas[4]), sondern wohl auch die Notiz über den Besitzstand des Philippus[5])
und die Annahme eines jüngeren Lysanias[6]) ungeschichtlich;
aber trotzdem könnte wenigstens das eigentliche chronologische
Datum richtig sein. Freilich hat Keim wahrscheinlich gemacht,
dass der autor ad Theophilum nach Josephus entweder, wenn
dessen Zeugnis über Jesu Auftreten ant. 18, 3, 3 wenigstens zum
Teil echt sein sollte[7]), für dieses letztere, von dem Amtsantritt

---

1) Keim, Der geschichtliche Christus³ 1866, 236, 1. 237, 1; Geschichte
Jesu I, 406. 615, 2. III, 497, 2; LC 1869, 1377 ff.; Sevin, Chronologie des
Lebens Jesu² 1874, 11 ff. 43 ff. 51 ff. 54; Volkmar, Jesus Nazarenus 1882,
386; Schürer a. a. O. I, 301, 12. Der Artikel über Patristic Evidence and
the Gospel Chronology in der Church Quarterly Review 1892 war mir
nicht zugänglich, ebenso wenig die neueste Untersuchung der ganzen
Frage durch Velický, Quo anno dominus noster mortuus sit 1892.

2) Dagegen entstammte ihr wohl die allgemeine Angabe des Lebens-
alters Jesu auf ungefähr dreissig Jahre Lc. 3, 23.

3) Schürer a. a. O. 454 f. gegen ebenda 369.

4) ebenda II, 157.

5) ebenda I, 353, 3. 600.

6) Sevin a. a. O. 106 ff.; gegen Schürer a. a. O. 602 f.

7) vgl. ebenda 455 f. Naber, Observationes criticae in Fl. Josephum,

des Pontius Pilatus im zwölften Jahr des Tiberius 2, 2 weiter-
rechnend und für die beiden Revolten 3, 1. 2 je ein Jahr in
Anschlag bringend, schliesslich auf das fünfzehnte gekommen,
oder, falls jene ganze Stelle christliche Fälschung wäre[8]), aus
eigner Veranlassung die von Jesu ausgegangene messianische
Bewegung nach jenen beiden andern Aufständen angesetzt und
dafür in derselben Weise dieselbe Zeitbestimmung gefunden
haben könnte[9]). Sicher erweist sich diese als unrichtig aber
erst dann, wenn ihr auf Grund glaubwürdigerer Stellen eine
andre entgegengesetzt werden kann.

Eben dieses Merkmal ist nun freilich der synoptischen
Erzählung vom Tode des Täufers vielfach aberkannt worden.
Wiederum Keim[10]) und mehr noch Sevin[11]), Volkmar[12]) und
Loman[13]) erklären sie als eine auf Grund der Geschichte der
Isebel und Esther, sowie des Wortes Jesu von den tanzenden
Kindlein entstandene Sage: in Wahrheit hätte sich gewiss die
Tochter der Herodias nicht zu einem Tanz vor ihres Stief-
vaters Gästen herbeigelassen. Indes, wenn auch jene ersteren
Vorlagen die nähere Ausmalung des Vorgangs (namentlich das
Versprechen des Antipas, der gar kein Königreich zu ver-
schenken hatte[14]), und die Bezeichnung κοράσιον für Salome,
die, wie wir sehen werden, damals kaum mehr so heissen
konnte[15])), erklären dürften, so ist doch damit die Entstehung
der Geschichte selbst noch keineswegs erklärt. Vielmehr ist
es nach der Sitte des herodäischen und dem Vorbilde des
kaiserlichen Hauses, dem derartige Duodezfürsten ja immer
vor allen in solchen Dingen es gleich zu thun gestrebt haben,

---

Mnemosyne 1885, 279 ff. meint, es hätte an der Stelle ursprünglich eine
Polemik gegen Christus gestanden.

8) Schürer a. a. O. 459; auch Niese a. a. O. klammert den ganzen
Paragraphen ein.

9) Geschichte Jesu III, 479, 2; Aus dem Urchristentum 6 f.

10) Geschichte Jesu II, 512 ff.

11) a. a. O. 96. 124 ff.

12) a. a. O. 356 f. 379 f.

13) Het bericht van Flavius Josephus aangaande de oorzaak en het
datum der executie van Johannes den Dooper, vergeleken met de ver-
halen der Synoptici, ThT 1891, 311 f.

14) Esth. 5, 3. 7, 2; Holtzmann a. a. O. 171.

15) Esth. 2, 2. 7 ff.; Weiss, Leben Jesu II, 15*.

durchaus nicht undenkbar, dass die Tochter der Herodias in dem Wunsche, Antipas dadurch die Erfüllung eines Herzenswunsches ihrer Mutter abzulocken, vor ihm im engern Kreis getanzt habe. Zu alt dazu war sie damals kaum, da sie ja nach dem Tode ihres ersten Mannes, des Tetrarchen Philippus, den König Aristobul von Chalkis und Kleinarmenien, der allerfrühestens 12 n. Chr. geboren war und doch kaum allzu viel jünger als seine Frau gewesen sein wird, geheiratet und ihm drei Kinder geboren hat, während ihre erste Ehe kinderlos geblieben war[16]). Sie könnte also eventuell bei jener schmählichen Szene auch schon das erste Mal verwittwet gewesen sein, wenn diese nämlich nach 33/34, dem Todesjahr jenes Philippus[17]), zu verlegen wäre. In der That folgt das in Verbindung mit andern Angaben des Josephus namentlich aus seinem Bericht über den Tod des Täufers, obwohl man gerade daraus nochmals die ganze synoptische Erzählung nebst der darauf zu gründenden Chronologie als ungeschichtlich erweisen zu können geglaubt hat.

Die Antiquitäten erzählen nämlich 18, 5, 1 f., dass Johannes von Antipas nach dem Schloss Machärus gebracht worden sei, wohin doch auch seine erste Frau, die Tochter des Aretas, wegen seiner ehebrecherischen Beziehungen zu Herodias geflohen war. Daraus folgt offenbar, wie auch im einzelnen zu lesen sei[16]), dass damals Machärus dem Araberkönig gehört

---

16) Keim a. a. O. I, 624; Schürer a. a. O. 366, 29.

17) ebenda 357, 11.

18) Niese liest a. a. O. 161, 4 ff.: ἡ δὲ, προαπεστάλκει γὰρ ἐκ πλείονος εἰς τὸν Μαχαιροῦντα τῷ τε (mit asteriscus!) πατρὶ αὐτῆς ὑποτελεῖ, πάντων εἰς τὴν ὁδοιπορίαν ἡτοιμασμένων ὑπὸ τοῦ στρατηγοῦ ἅμα τε παρῆν κτλ., ebenso Schürer, ThLz 1890, 644 f.: nach M. und an das ihrem Vater Unterthänige; dagegen Straatman, Varia, ThT 1891, 237: dat deze constructie zelfs bij een auteur als Flavius Josephus niet kan toegelaten worden, zal ieder deskundige moeten erkennen. Lat.: praemiserat enim ante multum tempus ad patrem ut ei apud macherunta omnia praepararentur, quae itineris usus exposceret, a ductoribus aretae suscipitur; ed. pr.: τότε — ὑποτελῇ, Bekker, Flavii Josephi opera omnia IV, 1856, 143: τὸν τῷ; Straatman a. a. O.: τὸν τότε τῷ πατρὶ αὐτῆς ὑποτελῇ; Ders., ebenda 303 f.: τῷ Ἡρώδει τῷ τε πατρὶ αὐτῆς ὑποτελῇ. Aber seine Gründe für diese Konjektur sind nicht zwingend und seine Erklärung der Thatsache minder wahrscheinlich als die Hausraths a. a. O. I³, 1879, 373.

hat. Sevin nimmt das nun, da kein Besitzwechsel berichtet
werde, auch für den Zeitpunkt der Gefangennahme des Täufers an; Antipas habe ihn auf die nächste Burg seines Schwieger-
vaters bringen und dort hinrichten lassen, und folgert, weil
dies gute Einvernehmen natürlich mit seiner Untreue gegen
jenes Tochter zu Ende gewesen, dass die ganze Verbindung
zwischen Herodias und dem Täufer lediglich der Sage ange-
höre[19]). Erwies sich aber diese Konsequenz schon oben als
unwahrscheinlich, so ist auch die Voraussetzung dazu bisher
ausser von Volkmar[20]) kaum von irgend jemand acceptiert
und der für dieselbe wiederum massgebende Bericht des
Josephus über die Gefangennahme des Täufers auf andere
Weise erklärt worden. Sevin selbst[21]) markierte ja nach
Bekker, ebenso wie dann Schürer[22]) und auch Loman[23]),
nach der Schilderung der Veranlassung der Feindschaft zwischen Antipas und Aretas eine Lücke im Text des Josephus;
aber auch wenn derselbe, vielleicht durch ungenaue Wieder-
gabe seiner Quelle, den spätern Uebergang von Machärus
an Antipas nicht erzählt hat, so konnte ein solcher doch
recht wohl stattgefunden haben; nur nicht auf friedlichem
Wege — denn dazu hätte sich Aretas sicher nicht verstanden[24]) —, sondern durch Eroberung, wahrscheinlich gleich

---

19) a. a. O. 96. 124; vgl. übrigens auch Hilgenfeld, ZwTh 1871, 149.

20) a. a. O. 356; über Straatman vgl. not. 18.

21) a. a. O. 88, 1,

22) Geschichte I, 362, 20. 370, 36.

23) a. a. O. 305, 1. 315. -- Umgekehrt hielt Hitzig, Geschichte des
Volkes Israel 1869, 567 die Bemerkung, Machärus habe damals dem
Araberkönig gehört, für einen Einschub, da Antipas sonst die Reise
seiner Frau dahin hätte verdächtig finden müssen. Aber wie sollte er das,
wenn er mit Herodias alles so im geheimen abgemacht hatte, dass er gar
nicht befürchten konnte, sein Weib ahne irgend etwas davon, und wenn
er sie wohl auch noch gar nicht wiedergesehen und so aus ihrem Benehmen auf ihre wahre Absicht hatte schliessen können, sondern von der
Reise aus (ἐπεὶ ἐπανεχώρει) den von ihr erteilten Befehl (κελεύει ist
wohl nicht auf ihren Mann, sondern ihre Untergebenen zu beziehen) be-
stätigte und ausführen liess?

24) Sevin a. a. O. 92 f.; Volkmar a. a. O. 380 f.; gegen Hase a. a. O.
592; Hausrath a. a. O. 374; Schürer a. a. O. 365 vgl. 370; auch Scholten a. a. O. 14.

im Beginn des Krieges[25]). Dass nun aber Antipas einen
„politischen Gefangenen", dessen Gefährlichkeit übrigens mit
seiner Beseitigung vorüber war[26]), in eine eben erst eroberte
Festung gelegt habe, scheint mir gar nicht bedenklich, zumal wenn er selbst dort sein Standquartier hatte. Ja, vielleicht nahm er den Täufer überhaupt nur fest, um wenigstens
im Rücken Ruhe zu haben[27]). Wurden so aber die Genesien
des Herodes im Kriegslager gefeiert, so wird dadurch vielleicht
auch der Tanz der Salome noch um einen Grad wahrscheinlicher. Zur Datierung der ganzen Szene aber könnte zunächst
die der zweiten Ehe des Antipas führen, wenn wir auch nicht
annehmen dürfen, die Rüge des Täufers sei gleich darauf gefolgt. Könnte er doch vielleicht erst auf Machärus von dem
Handel erfahren und dort Antipas darüber Vorhalt gethan
haben, wodurch sich zugleich erklären würde, weshalb Josephus
nichts davon weiss.

Antipas befand sich, als er Herodias kennen lernte, auf
einer Reise nach Rom, die Keim früher den Spolien seines
Bruders Philippus gelten liess und also ins Jahr 34 verlegte[25]).
Aber später gab er diese „wennschon plausible" Hypothese
selbst auf, da ja Josephus 18, 5, 1. 4, 6 ausdrücklich bemerkt,
Antipas habe sein Geschäft in Rom vollbracht, das Fürsten-
tum des Philippus aber sei zu Syrien geschlagen worden[29]).

---

25) Keim a. a. O. 586, 2. 622 ff.; gegen Loman a a. O. 298 vgl. ebenda 305, 1. 315.

26) vgl. auch Sevin a. a. O. 127 f.

27) Zur Ausgleichung dieses und seines frühern Verhaltens gegenüber den Juden vgl. Loman a. a. O. 305 f.

28) Der geschichtliche Christus 229; Geschichte Jesu I, 625 ff.; Loman a. a. O. 304 f.

29) a. a. O. III, 488, 2; vgl. Lipsius, Jenaer Literaturzeitung 1874,
714; Hase a. a. O. 584. — Auch Wieselers Annahme, Antipas habe nach
dem Tode der Livia seine Kondolenzvisite bei Tiberius gemacht, leidet
an mancherlei Unwahrscheinlichkeiten, die Sevin a. a. O. 92 f. zusammen-
stellt; aber seine eigne Theorie (ebenda 97), dass er in der Ferne dem
Schrei des allgemeinen Unwillens über die Hinrichtung des Täufers entgehen wollte, ist aus den oben dargelegten Gründen vollends unannehm-
bar. Dasselbe entscheidet gegen Volkmars Verbindung beider Motive
(a. a. O. 364. 384). Endlich Weiss a. a. O. I, 411** setzt die Romreise
wenigstens vor den Tod Sejans, da Herodes später beschuldigt wurde,
mit diesem konspiriert zu haben. Aber konnte das nicht auch schriftlich

Auch wäre unter solchen Umständen Salome, die Wittwe
jenes Philippus, wohl nicht in das Haus ihres Schwagers und
Stiefvaters gekommen [30]). Vor allem aber würde bei einer
so späten Ansetzung jener Reise für die mancherlei Aben-
teuer, die Agrippa I. von da ab bis zu seiner Rückkehr nach
Italien ein Jahr vor dem Tode des Tiberius, also 36 [31]) nach
dem Bericht des Josephus, erlebt hat [32]), kaum Zeit gewesen
sein. Auch war er in jenen Jahren einmal beim Statthalter
von Syrien, Pomponius Flaccus, dessen Amtszeit zwar von
Keim [33]) unter Schürers [34]) Beifall bis 35 verlängert worden
ist, wahrscheinlicher aber nach Tac. ann. 6, 27 schon im
Jahr 33 zu Ende ging [35]). Weiter zurück wird man aber
wiederum für die Reise des Antipas und die Heirat mit Herodias deshalb nicht gehen dürfen, weil darauf nach Josephus
alsbald der ebenfalls nur kurze [36]) und im Jahr 35/36 durch
eine Niederlage des Antipas entschiedne Krieg mit Aretas
folgte, die das Volk als göttliche Strafe für die Hinrichtung
des Täufers ansah [37]). Es erweist sich also hier als wirklich,
was wir oben als möglich annahmen, dass nämlich Salome,
da sie vor ihrer ersten, jedenfalls mehrjährigen Ehe noch nicht
die Stieftochter des Antipas war, erst als Wittwe in seinem
Haus gewesen sein kann, d. h. nach 33/34, welches Jahr somit
zugleich den frühesten Termin für den Tod des Täufers bildet.
Der Jesu fiel jedenfalls später; spätestens auf Ostern 35; denn
Kaiphas wurde an Ostern 36 und Pilatus schon vorher abge-

---

geschehen, oder, wenn mündlich, auf einer der frühern Reisen, die Weiss
selbst ebenda 410 voraussetzt?

30) gegen Loman a. a. O. 304 f. Die verräterischen Söldner aus
Philippus' Tetrarchie bezeichnet Josephus doch ausdrücklich als Ueberläufer!

31) ant. 18, 5, 3; vgl. Schürer a. a. O. 267, 31. 461, 7.

32) ant. 18, 6, 2 f.; vgl. Schürer a. a. O. 460 f.

33) a. a. O. I, 628. III, 490 f.

34) a. a. O. 268 f.; vgl. auch Volkmar a. a. O. 383 f.

35) Sevin a. a. O. 74 ff. Dann wäre die Münze bei Schürer a. a. O.
269 gerade aus dem Todesjahr des Flaccus.

36) ant. 18, 5, 1; Keim, Der geschichtliche Christus 227 f.; Geschichte
Jesu I, 622 f.; Gutschmid bei Euting, Nabatäische Inschriften in Arabien 1885, 85.

37) Keim, Der geschichtliche Christus 230; Geschichte Jesu III, 493;
Sevin a. a. O. 98 ff.

setzt[38]). Nun hat aber nach den Synoptikern Jesu Wirksamkeit, da weder das Gleichnis vom Feigenbaum, an dem der Gärtner dreimal Frucht sucht Lc. 13, 7, noch die sprichwörtliche Fixierung seiner Thätigkeit auf drei Tage ebenda 31 ff., noch die drei- oder vielmehr viermalige Sendung an die Weingärten Mc. 12, 2 ff.; Lc. 20, 10 ff. auf eine ebensovieljährige Predigt deutet[30]), noch auch die Vorgänge beim Todespassah, namentlich der Weheruf über Jerusalem neben dieser Anwesenheit daselbst einen ein- oder mehrmaligen frühern Besuch dort voraussetzen[40]), nur etwas über ein Jahr gedauert[41]). Das ist ja auch die älteste kirchliche Tradition, die sich noch nicht auf die Jesajastelle vom angenehmen Jahr des Herrn Lc. 4, 19, sondern nur auf den Gesamteindruck der ersten drei Evangelien stützte[42]). Jesus ist also spätestens zu Anfang des Jahres 34 aufgetreten und da andrerseits auch der Täufer, selbst wenn Salome die erste Gelegenheit benutzte, ihrer Mutter zu Gefallen sein Haupt zu erbitten, frühestens in diesem Jahr gefallen sein kann[43]), so ist jener äusserste Termin zugleich als der richtige anzusehen: Jesus starb Ostern 35[44]).

---

38) **Keim** a. a. O. III, 485; **Sevin** a. a. O. 78 ff.; **Schürer** a. a. O. 113, 140.

39) **Weiss** a. a. O. II, 338*. 361*; gegen **Weizsäcker**, Untersuchungen 311 f. 443; **Volkmar** a. a. O. 396 f.

40) gegen **Weizsäcker** a. a. O. 307. 309. 311. 335 f.; vgl. 532 f. Uebrigens ist gerade die Bestellung des Esels in Bethanien und des Saals in Jerusalem wohl sagenhaft ausgemalt und die Klage über Jerusalem vielleicht dem Lc. 11, 49 zitierten Weisheitsbuch entlehnt; vgl. **Strauss** a. a. O. 249; **Volkmar** a. a. O. 397; **Pfleiderer** a. a. O. 451. 454; **Holtzmann** a. a. O. 255 f.

41) Mehr folgt auch aus der Erzählung vom Aehrenausraufen am Sabbat Mc. 2, 23 nicht, vgl. **Sevin** a. a. O. 117 f.; **Beyschlag** a. a. O. I, 134. Wenn ersterer aber aus der kurz vor das Todespassah gehörigen Geschichte vom Stater schliesst, Jesus sei bei dem letztjährigen Steuertermin wohl noch nicht aufgetreten gewesen, so ist das doch übereilt: damals konnte Jesus die Abgabe ruhig entrichtet haben, wie er ja überhaupt anfangs sich noch nicht so scharf gegen den jüdischen Gottesdienst aussprach.

42) Altercatio Simonis Judaei et Theophili Christiani bei **Harnack**, TU I, 3, 1883, 33 Z. 10 ff.; **Orig.** princ. 4, 5; **Eus.** h. e. 3, 24, 6; vgl. **Keim**, Der geschichtliche Christus 236 f.

43) So übrigens schliesslich auch **Loman** a. a. O. 312 f. — Näheres liesse sich aus der Angabe entnehmen, es sei dies an den γενέσια des

Möglichst bald nachher müssen wir aber nun schon wegen des oben nachgewiesenen innern Zusammenhangs seiner Predigt mit der Lehre Jesu das Auftreten und Ende des Stephanus ansetzen. Das letztere erfolgte in einem regellosen Volkstumult, während von einer Verhandlung im Synedrium erst der Verfasser von HPe redet. Wir brauchen also nicht darüber zu reflektieren, wie wohl diese Behörde ohne oder auch mit Ein-

---

Antipas geschehen, wenn darunter der Jahrestag seines Regierungsantritts zu verstehen wäre, der nach Hausrath a. a. O. 381, 2 in den August fiel, und nicht vielmehr, wie Schürer a. a. O. meint, sein Geburtstag, den wir nicht wissen.

44) Um die Schlussfolgerung im Texte nicht zu unterbrechen, sei hier nur anmerkungsweise noch auf eine Reihe von Argumenten hingewiesen, die jetzt nachträglich diese späte Ansetzung des Todes Jesu bestätigen können. Wie zuerst Keim, Geschichte Jesu III, 488 f. bemerkte, setzt die erbärmliche Angst des Pilatus vor einem Konflikt mit dem Volk und einer Anklage beim Kaiser voraus, dass er wohl schon einmal auf des ersteren Anklage hin von letzterem verwarnt worden war. Das war aber wegen Aufstellung anstössiger Weiheschilde im ehemaligen Palast des Herodes zwischen 31 und 33/34 geschehen: denn vorher, unter der Regierung Sejans, hätten die Juden bei Tiberius nichts erreicht und nachher hätte sich Philippus nicht mehr an ihrer Klage beteiligen können, vgl. Schürer a. a. O. 411, 136. Dass sie ihm aber beim Tode Jesu direkt mit dem Kaiser, nicht dem Statthalter von Syrien drohen, vor dem er sich doch später und ebenso sein Nachfolger Cumanus zu verantworten hatte, das erklärt Sevin a. a. O. 135 damit, dass dieses Amt vom Tod des Flaccus bis zur Ernennung des Vitellius unbesetzt war: eine nach dem obigen wenigstens mögliche Annahme. Endlich hat Keim a. a. O. I. 459 vgl. 234 auch das Auftreten des Täufers, wenn nicht mit jener, so doch im allgemeinen mit den Gewaltthätigkeiten des Pilatus motiviert: jedenfalls wahrscheinlicher, als mit der Schatzung, an die Holsten, ZwTh 1891, 425 zu denken scheint. Was ersterer a. a. O. 469, 1 endlich noch zum Beweis seiner hier neu begründeten Chronologie im allgemeinen für ein mehr als dreissigjähriges Alter Jesu beibringt, kann um so mehr auf sich beruhen, da auch die Glaubwürdigkeit der Kindheitsgeschichten an dieser Stelle ununtersucht bleiben muss. Ebenso könnte Volkmars Berechnung des Todesjahres Jesu auf 33 aus den von 68 zurückzurechnenden 3½ Jahrzehnten der Apokalypse nur im Zusammenhang mit sämtlichen neuerdings aufgestellten Hypothesen über deren Zusammensetzung und Entstehungszeit geprüft werden; aber wäre jene Beweisführung auch dann noch stichhaltig, so würden doch, da der Umschwung nicht unmittelbar erwartet wird, die 3½ Zeiten ebenso gut auf 35 zurückführen, so dass auch durch diese letzte Instanz die Keimsche Rechnung nicht erschüttert scheint (vgl. Holtzmann, ThJB 1882, 75).

willigung des römischen Landpflegers ein Todesurteil hätte
fällen und vollstrecken können[45]). Denn die Möglichkeit eines
Volksaufstandes bedarf zwar ebenfalls der Erklärung aus den
besondern Verhältnissen, findet sie aber auch völlig in der
notorischen Nachsicht des damaligen Statthalters von Syrien,
L. Vitellius, sowie wohl auch des provisorischen Prokurators
von Judäa, Marcellus[46]). Ob diese Politik mit dem Tode des
Tiberius eine Aenderung[47]) oder vielmehr eine Bestärkung erfuhr[48]), kann hier ununtersucht bleiben, da wir den Tod des
Stephanus jedenfalls früher als den jenes werden ansetzen
müssen. Das folgt nämlich aus der gleich vorzutragenden
Zeitbestimmung der Bekehrung des Paulus, die ja nach dem
oben bemerkten, wenngleich er nichts mit der Ermordung des
Stephanus zu thun gehabt, doch wahrscheinlich erst nach
dieser geschah.

Ich suchte schon früher darzuthun, dass die Nachstellungen
des arabischen Ethnarchen gegen Paulus bei dessen erstem
Weggang von Damaskus stattgefunden haben müssten. Aber
weshalb hatte er ihm denn überhaupt aufgelauert? Was für
ein Interesse konnte er nur in aller Welt an dem jüdischen
Zeloten haben? Und warum floh derselbe gerade nach Arabien, also in Feindesland? Legt man sich diese Fragen vor,
so scheint mir nur eine Antwort möglich: Arctas wollte damals
jede Kommunikation über sein Gebiet hinaus abschneiden, weil
er mit seinen Nachbarn im Krieg lag. Nun sahen wir ja oben,
dass er in den Jahren vor 36 teils wegen einer persönlichen
Beleidigung, teils wegen Grenzstreitigkeiten Antipas befehdete.
Trotzdem werden wir nicht daran zu denken haben. Zwar
hatte dieser vor kurzem die Juden in ihrer Anklage gegen
Pilatus unterstützt und auch gegen Jesum mit ihnen gemein-

<hr>

45) vgl. zuletzt Weizsäcker, apostol. Zeitalter 56 f. Auch Hausraths Bemerkung (a. a. O. II, 347, 1): wenn derselbe Hohepriester Jesus
und Stephanus getötet hätte, so würde die Tradition das wohl erhalten
haben, erledigt sich dadurch, dass überhaupt kein Hoherpriester bei der
Steinigung des letzteren beteiligt war.

46) Renan, Les apôtres 141 ff.; Hausrath a. a. O. 347; gegen
Wieseler a. a. O. 211.

47) Hausrath a. a. O.

48) Renan a. a. O. 142; Schürer a. a. O. 413 f.

same Sache gemacht; aber ihr schadenfrohes Urteil über seine
Niederlage gegen Aretas zeigt doch, dass die gegenseitige
Freundschaft nicht so besonders innig war. An Antipas also
von einem Juden verraten zu werden, das brauchte der Araber
kaum zu befürchten. Vor allem aber besass er damals Damaskus noch gar nicht. Denn zunächst ist die Annahme, dass
es vom Beginn der römischen Zeit bis 106 n. Chr. immer in
einer gewissen Abhängigkeit von ihm geblieben sei[49]), namentlich durch die uns erhaltnen damascenischen Münzen mit dem
Bilde des Augustus, Tiberius und Nero ausgeschlossen. Genauer noch ist beim Grenzstreit der Sidonier und Damascener,
der nach Josephus ant. 18, 6, 3 in den letzten Jahren des Tiberius statt hatte, nur von der Oberhoheit des römischen Statthalters, nicht der des Araberkönigs über letztere die Rede[50]).
Cajus kann ihm aber auch nicht die Stadt geschenkt haben;
denn diese beliebteste Annahme[51]) wäre zwar an sich nach
ähnlichen Gunstbezeugungen des Kaisers[52]) möglich, erklärt
aber in der That die Stelle, zu deren Erklärung sie gemacht
wird, durchaus noch nicht: denn hier ist notwendig an eine
kriegerische Verwahrung der Stadt gegen einen römischen Angriff zu denken. So wenig sich nämlich Aretas vor Verrat an
Antipas zu fürchten brauchte, so nahe lag es, unter den die
Stadt verlassenden Damascenern Ueberläufer zu ihren bisherigen Herren, den Römern, zu sehen. Oder wenn der Ethnarch bemerkt hatte, dass Paulus erst vor kurzem in die Stadt
gekommen war, so mochte er bei der bekannten Judenfreund-
lichkeit des Vitellius auch in jenem Fremdling einen Spion
wittern. Dann verstehen wir auch, weshalb sich Paulus nun
gerade nach Arabien wandte, um nämlich zu zeigen, dass er

49) Marquardt, Römische Staatsverwaltung I², 1881, 404 f.; Mommsen, Römische Geschichte V, 1885, 476 f.

50) de Rohden, De Palaestina et Arabia provinciis Romanis quaestiones selectae 1885, 4 ff.; Schürer a. a. O. 1, 615, 14. II, 85, 167.

51) Wieseler a. a. O. 170 ff.; de Rohden a. a. O. 8; Gutschmid
a. a. O. 85; Schürer a. a. O. I, 618, 2; Schmiedel a. a. O. 247. (² 290.)
Gegen Wieselers (a. a. O. 174 f.) und de Rohdens (a. a. O. 7) Erklärung der fraglichen Münzen vgl. Schürer a. a. O. 615, 11; gegen de
Rohdens (a. a. O. 6) Bestimmung des Todesjahres des Aretas vgl. Gutschmid a. a. O. und Schürer a. a. O. 617.

52) Renan a. a. O. 142 f.; de Rohden a. a. O. 7.

es vielmehr mit Aretas halten würde. Jedenfalls also muss
dieser damals Damaskus den Römern abgewonnen haben; aber
wann konnte das geschehen sein? Vor seinem Sieg über Antipas, ganz abgesehen von dem Widerspruch gegen unsre bisherige Berechnung, auch deshalb nicht, weil er sich dann neben
dem einen noch einen andern, schlimmern Feind geschaffen
hätte und weil vor allem der einzige Grund für das Vorgehen
des Vitellius gegen ihn die Klage des Antipas bei Tiberius
gewesen zu sein scheint. Es kam aber nicht zur Ausführung.
weil der Statthalter mit dem Tode des Kaisers auch seinen
Marschbefehl für erloschen ansah. Gerade während dieser Zeit
muss also Aretas, um seinem Angreifer zuvorzukommen, Damaskus überrumpelt, aber auch, nachdem die Gefahr vorüber-
gegangen, sofort wieder herausgegeben haben: denn sonst wäre
Vitellius allerdings wohl auch ohne direkten Befehl des neuen
Kaisers doch noch gegen den frechen Räuber vorgegangen.
Also fällt auch jene Flucht des Paulus und seine kurz vorhergehende Bekehrung in den Frühling 37; denn Tiberius starb
am 16. März dieses Jahres. Und jetzt verstehen wir nun auch
jene selbst viel besser, als bei der gewöhnlichen Datierung.
Wie wir auch später noch einmal sehen werden[53]), ist jener
Umschwung im Leben des Paulus ja zwar keineswegs als eine
immanente Entwicklung seines Geistes und Gemüts begreif-
bar, aber auch kaum ohne eine vorhergehende innere Dis-
position dazu vorzustellen[54]). Und diese ist nun viel eher
möglich, wenn die übrigen Erscheinungen des Auferstandnen.
an die Paulus doch 1. Cor. 15 die seinige anschliesst, noch nicht
allzu lange zurücklagen. Waren seit ihnen sechs, acht, vielleicht gar zehn Jahre vergangen, wie die bisherigen Berechnungen annahmen, so hätte Paulus diesen Abstand wohl auch
noch etwas deutlicher bezeichnet, als durch das ἔσχατον δὲ
πάντων ὡσπερεὶ τῷ ἐκτρώματι ὤφθη κἀμοί[55]). Endlich ist

53) vgl. § 30.

54) Krenkel, Paulus 27: ein anderes ist es, den göttlichen Anteil
an einem ausserordentlichen Vorgang kurzweg leugnen, ein anderes, for-
schend den natürlichen und sittlichen Anknüpfungspunkten nachspüren,
welche sich der höheren Hand dargeboten haben.

55) über die Echtheit vgl. gegen Straatman a. a. O. 29 Schmiedel a. a. O. 156 f. (² 159 f.)

es wenig wahrscheinlich, dass er an seinem Beginnen erst irre wurde, nachdem er Jahre lang die Gemeinde verfolgt hatte: denn Stephanus mussten wir ja oben möglichst nahe an Jesus heranrücken. Fällt dagegen alles das ins Jahr 37, so ist endlich auch das Wiedervorhandensein einer christlichen Gemeinde in Jerusalem ums Jahr 40, d. h. bei jenem ersten Besuch Pauli, leicht verständlich. Denn unter Cajus waren die Juden selbst viel zu sehr geplagt, als dass sie sich um die Jesusgläubigen hätten kümmern können. Anders wurde das erst wieder unter Agrippa, dessen Christenverfolgung, wenngleich erst von Ra act. 12, 1 ff. berichtet, doch in der Hauptsache historisch sein wird. Aber damit sind wir bereits über die ersten Anfänge der paulinischen Mission hinausgegangen und kehren also jetzt zu dieser zurück, um sie, so gut es hier schon geht, chronologisch zu bestimmen.

b. Die ungefähre Dauer der Missionsreisen (§ 23).

Wie sich auch die chronologischen Ansetzungen des Lebens Pauli im einzelnen von einander unterscheiden mögen: immer fällt das Missverhältnis zwischen der für seine sog. erste und der für die spätern Reisen angenommenen Zeit auf[1]). Denn während jene vierzehn Jahre gewährt haben soll, bleiben für die ganze übrige Thätigkeit gewöhnlich nur etwa sechs bis acht, manchmal noch weniger Jahre übrig. Beide Bestimmungen sind nun aber auch für sich angesehen unwahrscheinlich genug. Sollte sich Paulus so lange in Kleinasien aufgehalten und dabei doch seine Gemeinden nur einmal wieder besucht, Jahre lang also sich selbst überlassen haben, dann aber an ihnen vorübergeeilt und auf dem nächsten Wege nach Europa übergesetzt sein? Doch noch unmöglicher beinah ist jene Zusammendrängung der „grossen" Mission. Zwar die Schnelligkeit und

---

1) Straatman a. a. O. 105: Hoe lang de eerste zendingstocht van Paulus en Barnabas heeft geduurd, zeggen de Handelingen ons niet, maar zeker geen veertien jaren. Laat ons zoo vrijgevig mogelijk zijn, en vier volle jaren voor dezen hunnen arbeid stellen (ähnlich Renan, St. Paul 53: Il y avait quatre ou cinq ans qu'il s'absorbait ainsi dans un cercle assez limité). — Want hoeveel is er, ook volgens Lukas, niet gebeurd tusschen het concilie en s' apostels aankomst te Rome! Vgl. auch Weizsäcker a. a. O. 191.

Häufigkeit des Seeverkehrs schlägt man für jene Zeiten noch
vielfach zu gering an[2]); aber wenn es auch so selbst armen
Leuten, wie Paulus und seinen Gefährten, die wohl eine reiche
Kollekte zu überbringen. hatten, aber gewiss nicht für ihre
Reisebedürfnisse angegriffen haben werden, wirklich gelang,
zwischen Ostern und Pfingsten von Philippi bis Jerusalem zu
kommen, so werden sie doch sonst, namentlich auf minder
belebten Routen, vielfach erst lange auf eine Schiffsgelegenheit
haben warten müssen. Und ebenso brauchten sie auch immer
erst längere Zeit, ehe sie sich an einem fremden Ort, namentlich wenn keine Juden oder σεβόμενοι da waren, so weit eingerichtet hatten, dass sie ihre Missionsthätigkeit nur erst beginnen konnten[3]).   Sehen wir nun aber, wie engverbunden
Paulus gleich nach dem ersten Besuch die Gemeinde zu Philippi war und lesen wir, wie er in Thessalonich, wie ein Vater
seine Kinder, einen jeden ermuntert und ermahnt habe[4]), so
können wir seinen Aufenthalt an beiden Plätzen doch nicht
allzu kurz denken.   Die Notiz, dass er nur an drei Sabbaten
in Thessalonich gepredigt habe, gehört ja auch erst Rj an[5]);
aber ebenso werden die ἡμέραι τινές des Besuchs in Philippi
wohl vielmehr einige Monde gewesen sein[6]).

Versuchen wir also auf Grund solcher Erwägungen die
bestimmten Angaben unserer Quelle über den Aufenthalt auf
einzelnen Stationen zu einer ungefähren Uebersicht über die
Dauer der gesamten europäischen Mission zu ergänzen, so sind
zunächst für die Reise durch Kleinasien und die Gemeinde-
gründungen in Macedonien ungefähr zwei Jahre anzusetzen.

---

2) vgl. Schmiedel a. a. O. 64 f. (² 85 f.) und ausser der hier angeführten Litteratur Conybeare and Howson a. a. O. 628.

3) Renan a. a. O. 55.

4) Phil. 4, 16; I. Th. 2, 11. — Wenn Baur a. a. O. 64 umgekehrt gegen
die Philipperstelle nicht nur aus 1. Cor. 9, 15, das er fälschlich verallge-
meinert, sondern auch aus der Apostelgeschichte argumentiert, so ist das
nur ein neues und besonders eklatantes Beispiel für die oben gerügte
Methodelosigkeit in der Verwendung der letzteren.

5) gegen ihre Geschichtlichkeit auch von Soden, StKr 1885, 289, 1;
Weiss, Einleitung 149; Schmiedel a. a. O. 2. (² 2); gegen Koch, Commentar über den ersten Brief des Apostels Paulus an die Thessalonicher
1849, 9 f.

6) Weiss a. a. O. 147.

Für Corinth rechnet Lukas selbst 18, 11 anderthalb Jahre. Es folgt die Reise nach Syrien 18, 18, ein Anfenthalt in Antiochien v. 23, den man nach Analogie von 16, 12 anch nicht zu gering veranschlagen darf, sowie endlich eine Inspektionsreise durch Galatien und Phrygien, die wegen des später genauer zu besprechenden damaligen Kampfes gegen die Judaisten ebenfalls längere Zeit in Anspruch genommen haben dürfte. Setzen wir für all dies rund zwei Jahre an, so kommen dazu weiterhin zwei und ein viertel Jahr in Ephesus 19, 8. 10, und endlich allermindestens ein Jahr für die Reise nach Griechenland und zurück bis Jerusalem, auf der in Corinth 20, 3 ein dreimonatlicher Aufenthalt stattfand. Wir kämen so hier schon auf ungefähr neun Jahre, die sich aber im Laufe der Untersuchung sogar als noch etwas zu niedrig gegriffen erweisen werden.

Absolut können wir zunächst nicht einmal einzelne Ereignisse datieren. Denn auch wenn, wie es allerdings das wahrscheinlichste ist, Aquila und Priscilla direkt von Rom nach Corinth gegangen waren, wo sie dann Paulus 18, 2 bald nachher traf[7]), so wissen wir doch nicht, in welchem Jahr das Edikt gegen die Juden, das jene verscheuchte, gegeben wurde. Dio Cassius LX, 6 verlegt es zwar in das erste Regierungsjahr des Claudius, das er in seinem Bericht zweimal ausdrücklich bezeichnet[8]), aber er verwechselt es wohl mit dem Toleranzedikt für die Juden, das allerdings in die erste Zeit des Kaisers gehört, und spricht deshalb überhaupt nur von einem Verbot der Versammlungen[9]). Sueton dagegen berichtet vit. Claud. 25 von einer wirklichen Austreibung, die freilich naturgemäss ebenso wenig als die der Astrologen wirklich erfolgreich sein konnte. Eines eigentlichen Widerrufs, für den Anger[10]) und Wieseler[11]) in der Rückkehr des Agrippa nach Rom einen Grund finden, bedurfte es also gar nicht. Aber

---

7) Anger a. a. O. 115 f.; gegen Hausrath a. a. O. 199 f.

8) Lehmann, Studien zur Geschichte des apostolischen Zeitalters 1856, 2 ff.; gegen Wieseler a. a. O. 123; Schürer a. a. O. II, 508, 68.

9) Mommsen a. a. O. 523 f. scheint in der That das Toleranzedikt für die Juden im Reich (?) und das Intoleranzedikt gegen die Juden in Rom in dieselbe Zeit zu verlegen, was doch kaum denkbar.

10) a. a. O. 119 not. r.

11) a. a. O. 127, 3.

auch was man sonst für eine so späte Ansetzung der Massregel anführt, ist nicht stichhaltig. Wenn 51 in Rom eine
Hungersnot herrschte und dereinst bei ähnlicher Gelegenheit
Augustus und Tiberius die Fremden überhaupt oder die Juden
insbesondre vertrieben hatten, so folgt doch daraus noch nicht,
dass Claudius das gleiche thun musste[12]). Auch dass die Auf-
stände der Juden in Palästina 50 und 52 daran Schuld gewesen seien, widerspricht den Worten Suetons[13]) und dass
jene bis nach Rom gewirkt hätten, ist noch weniger mit irgend
einem Wort angedeutet[14]). Denn was Renan auf Grund von
Cic. pro Flacco 28 von dem beständigen Verkehr zwischen
den römischen und jerusalemer Synagogen sagt[15]), beweist
noch nichts für unsern bestimmten Fall. Vielmehr ist es gerade möglich, dass Agrippa, der ja allerdings die palästinen-
sischen Juden immer verteidigte — aber doch auch nur aus
Politik — der Vertreibung der römischen ruhig zusah und
diese also vor 52 fiel[16]). Freilich die Angabe des Orosius VII,
6, 15, dass sie schon im 9. Jahr des Claudius, also 49, stattgefunden habe, ist deshalb nicht zu brauchen, weil Josephus,
auf den sich jener beruft, von der ganzen Geschichte, wie auch
Tacitus, nichts weiss[17]); aber aus andern Gründen werden wir
allerdings für das Edikt sogar noch weiter zurückgehen müssen,
obwohl dagegen zunächst die Erwähnung des Gallio act. 18, 12
zu sprechen scheint. Aber wenn das auch wahrscheinlich
Senecas Bruder und nicht dessen Vater gewesen ist[18]), so
fehlt doch auch Angers[19]) und Wieselers[20]) Berechnung seines Konsulats deshalb die Beweiskraft, weil sie von der
keineswegs absolut notwendigen Voraussetzung ausgehen, erst

12) Anger a. a. O. 117; gegen Wieseler a. a. O. 126 f.
13) Anger a. a. O. 117 f.
14) gegen Wieseler a. a. O.; auch Farrar a. a. O. 317, 5.
15) a. a. O. 103.
16) vgl. Schürer a. a. O. I, 490 ff.
17) ebenda II, 508, 69. Wenn Schmidt a. a. O. 88 f. endlich noch
Eus. h. e. 2, 18, 9 heranzieht, so ist diese Notiz vielmehr von der Apostelgeschichte abhängig.
18) so Smith, Dictionary of Greek and Roman Biography and
Mythology II, 1870, 221.
19) a. a. O. 119 f.
20) a. a. O. 119 f.

Seneca habe ihm jenes, sei es durch Nero, sei es durch
Agrippa, verschaffen können[21]). Und selbst wenn diese Frage
gelöst sein wird, lässt sich das Resultat doch noch nicht
ohne weiteres für die Chronologie des Lebens Pauli verwenden; denn Gallio erscheint nicht in der Quelle, sondern bei
dem ersten Redaktor der Akten, der nicht unbedingt Glauben verdient, zumal er auch Crispus mit Sosthenes verwechselt
zu haben scheint. Wir müssen uns also für diesen wichtigsten Abschnitt des Lebens Pauli zunächst mit relativen Zeit-
bestimmungen begnügen.

c. Das Jahr der Romreise (§ 24).

Ueber die Dauer der Gefangenschaft Pauli berichtet uns
unsre Quelle, dass er nach seiner Festnehmung (wahrscheinlich an einem Pfingstfest) zwei Jahre in Cäsarea verwahrt
wurde, dann mehrere Wochen vor dem grossen Versöhnungs-
tag (im Herbst) abreiste, nach dreimonatlichem Aufenthalt in
Malta im Frühling des folgenden Jahres nach Rom kam und
dort zwei Jahre in einer Mietwohnung verblieb. Für den Beginn dieses fünfjährigen Zeitraums ergiebt sich der terminus
a quo aus der Frage des Chiliarchen 21, 38: bist du nicht der
Aegypter, der vor diesen Tagen, d. h. wohl neulich[1]), die vier-
tausend Mann Sicarier aufwiegelte und in die Wüste führte?
Das war Ostern 56 oder 57[2]) gewesen, die Gefangennehmung
Pauli fiele also vielleicht schon Pfingsten desselben Jahres.
Von der andern Seite her könnte die Notiz 28, 16 ὁ ἑκατόντ-
αρχος παρέδωκε τοὺς δεσμίους τῷ στρατοπεδάρχῃ gute Dienste
leisten — wenn sie ursprünglich wäre und mit Notwendigkeit
nur einen praefectus praetorii voraussetzte, wie es Burrus bis
März 62 war[3]). Da aber weder das eine noch das andre zu
erweisen ist, so kommt nunmehr alles auf Bestimmung des

---

21) vgl. Hertzberg, Die Geschichte Griechenlands unter der Herrschaft der Römer II, 1868, 40, 67: Die Chronologie angehend, so ist dieselbe sehr zweifelhaft; Overbeck a. a. O. 294: eine sehr problematische
Kombination.

1) Lehmann, StKr 1858, 329; Wandel, ZWL 1888, 168.

2) Wieseler a. a. O. 79.

3) Anger a. a. O. 100; Wieseler a. a. O. 83, 1. 86; Steck a. a.
O. 261.

Dort war aber Paulus nur einmal, nämlich bei Gelegenheit
der act. 19 erzählten Ereignisse, deren Zeit wir noch nicht
kennen.

Der Römerbrief gehört in die Zeit des letzten Besuches
Pauli in Hellas act. 20, 2 f., denn er spricht 15, 25 von der
Kollektenreise nach Jerusalem als unmittelbar bevorstehend.
Wäre er schon auf der Reise nach Korinth entstanden, so
würde an der ebengenannten Stelle zuerst diese erwähnt sein;
läge der Angriff der Juden act. 20, 4 schon in der Vergangenheit, dann würde gewiss Röm. 15, 31 oder sonst irgendwo daran
erinnert worden sein[2]). Das gleiche gilt von dem angeschlosse-
nen Empfehlungsschreiben für Phoebe an die ephesinische Gemeinde, nach dem sich Paulus einen Besuch bei dieser um
so mehr ersparen konnte, als er auch sonst nach act. 20, 16
eilig war.

Endlich der Philipperbrief ist zwar nach dem Vorgang
von Paulus, Oeder und Böttger[3]) neuerdings wieder von
O. Holtzmann und Spitta[4]) in die cäsareensische Gefangenschaft verlegt worden, aber wegen der Erwähnung einer den
Apostel umgebenden zahlreichen Gemeinde und verschiedner
Richtung angehöriger Lehrer 1, 12 ff., der trotz der dazwischen
wieder hervorbrechenden Hoffnung auf Befreiung doch vor-
herrschenden Erwartung seines Endes 1, 20 ff. 2, 17[5]) und namentlich des Hinweises auf die Prätorianerkaserne 1, 13[6]) und
den kaiserlichen Haushalt 4, 22 vielmehr aus Rom zu datieren[7]).
Doch bezieht sich das nur auf den jüngern Brief 1, 1—2, 18.
25—30. 4, 1--7. 10—23, dem die angezognen Verse sämtlich
angehören. Wüssten wir, wann Paulus nach Rom gekommen
ist, so könnten wir sogar das Jahr seiner Abfassung angeben.
Denn wir sahen eben von neuem, dass Lukas noch zwei Jahre
bei ihm gewesen ist, und bemerkten schon oben, dass, wenn
unser Philipperbrief in diese Zeit fiele, jener sicher in ihm

---

2) gegen Weiss a. a. O. 226; vgl. Meyer-Weiss, Handbuch über
den Brief des Paulus an die Römer[7] 1886, 13.

3) vgl. Weiss, Einleitung 276, l. a).

4) O. Holtzmann, ThLz 1890, 177; Spitta a. a. O. 281.

5) gegen Farrar a. a. O. 591.

6) Conybeare and Howson a. a. O. 719.

7) Weiss a. a. O.; Lipsius a. a. O. 195.

II. DAS ZEUGNIS DER BRIEFE.

A. DIE GESCHICHTLICHEN ANGABEN DER BRIEFE.

1. Der Galaterbrief und die judaistische Fehde.

a. Die Zeit des Galaterbriefes (§ 26).

Als Paulus an die Gemeinden Galatiens schrieb, war er
mindestens schon zweimal bei ihnen gewesen. Denn dass
Gal. 4, 13 τὸ πρότερον nicht früher, sondern das frühere Mal
bedeutet, folgt schon daraus, weil es sonst ganz fehlen würde[1]).
Und wenn auch die Warnung vor heidnischen Lastern 5, 21 ff.
besser auf die erste Missionspredigt passt[2]), so war doch damals nach der Schilderung 4, 14 f. zu solchen Aeusserungen
wie 1, 9. 5, 3 durchaus kein Anlass[3]). Sie setzen vielmehr das

---

1) Wieseler a. a. O. 30; Commentar über den Brief Pauli an die
Galater 1859, 365 f.; Meyer-Sieffert a. a. O. 15. 17. 246; Lighfoot,
Galatians 41; Weizsäcker a. a. O. 212; gegen Volkmar, Paulus 105 ff.
Sulze, Zur Kritik der Paulusbriefe, Prkz 1888, 981 bezeichnet 3, 1—4, 20
als apokryph und aus dem Römerbrief entlehnt — aber mit so charakteristischen Aenderungen (vgl. unten § 35 ff.), dass schon daran die Hypothese zu schanden werden dürfte.

2) Weizsäcker a. a. O. 215 f.; Lipsius a. a. O. 4 f.; gegen
Lightfoot a. a. O. 25. 209. Völter a. a. O. 103 ff. scheidet u. a. 5, 13 —
11 aus, aber ohne irgendwie zwingende Gründe. Gegen Steck a. a. O.
150 vgl. Gloel a. a. O. 37 ff.; Pfleiderer, Paulinismus 35.

3) vgl. Wieseler a. a. O. 46. 423; Meyer-Sieffert a. a. O. 35. 284;
Lightfoot a. a. O. 78; gegen ebenda 200, sowie Volkmar a. a. O. 87 ff.,
auch 96: „ein solches Immer-Wieder-Anathema-Rufen oder Fluchen im
vollen Bewusstsein der Ohnmacht davon passte nur für einen Poltron, sei
es mehr handwerksburschiger, oder mehr hierarchischer Art, jedenfalls nur
zu einem Menschen ohne viel Herz und mit noch weniger Verstand."

zu erwarten. Denn wenngleich sich diese früher, d. h. wohl
bei jener letzten Anwesenheit Pauli trotz der judaistischen
Opposition zur Beisteuer bereit erklärt hatten[9]), so könnte man
doch aus II. Cor. 8 f.; Röm. 15, 26 schliessen, dass sich später
alle Asiaten davon zurückgezogen hätten. Aber gerade von
der Provinz Asien würde das nicht zutreffen; denn sie war ja
durch Trophimus und Tychikus vertreten; und wenn die Drang-
sale, denen die macedonischen Gemeinden damals ausgesetzt
waren, für diese kein Grund zur Zurückhaltung waren, dann
wohl auch nicht ihre innern Kämpfe für die galatischen Christen.
Waren sie aber beteiligt, so müssen ihre Vertreter auch genannt sein (denn das Verzeichnis derselben ist vollständig;
die Corinther, die wegen jener Judenrevolte act. 20, 3 nicht
etwa ihre Beiträge zurückgezogen haben werden, waren vielmehr durch Paulus selbst vertreten, wie er dies schon I. Cor. 16, 4
für den Fall, dass es die Gabe wert wäre, in Aussicht gestellt
hatte[10])); also werden Gajus und Timotheus die Delegierten
der Galater gewesen sein, und da jener hier Derbäer heisst,
Timotheus aber wenigstens von Rj als aus Derbe und Lystra
gebürtig bezeichnet wird, so müssen auch die Galater nicht
die Bewohner der Landschaft, sondern der Provinz sein. Und
ebenso bestätigt sich diese Annahme nun durch gewisse Beziehungen des Galaterbriefs auf das act. 13 f. erzählte oder sonst
über jene Gegenden bekannte. So ist namentlich Gal. 4, 8 ff.
vgl. 5, 12. 6, 17 entschieden auf den früheren Lunusdienst der
Antiochener hingewiesen[11]), während die Deutung von 4, 14
auf act. 14, 11 doch auch dann ziemlich unwahrscheinlich bleibt,
wenn dieser Bericht des R glaubwürdig ist[12]). Mit Bestimmtheit zu bestreiten ist das von der Verfolgung in Antiochien
13, 45 ff., die Hausrath[13]) Gal. 3, 4. 6, 17, und der in Lystra
act. 14, 19 f., die Straatman[14]) auch Gal. 4, 13 wiederfindet. Beziehen wir diese Stelle vielmehr, auf einen Krankheitsanfall in

9) I. Cor. 16, 1.
10) Straatman a. a. O. 244, 1; gegen Weizsäcker a. a. O. 311.
11) Hausrath a. a. O. 138. 140, 3. 175; Lightfoot a. a. O. 204. 222.
12) Friedländer a. a. O. 551 f.; gegen Hausrath a. a. O. 147;
Jacobsen a. a. O.
13) a. a. O. 143. 146.
14) a. a. O. 119 ff.

Wendet man gegen eine so späte Ansetzung des Apostel-
konzils ein, dass Gal. 1, 21 nur von der Mission in Syrien und
Cilicien die Rede ist, so ergänzt doch auch die gewöhnliche
Auffassung schon Pamphylien, Pisidien und Lykaonien; überhaupt aber handelt es sich hier gar nicht um eine vollständige
Aufzählung der Missions-, sondern nur der Jerusalemsreisen[18]).
Von diesen fiel die zweite nach Gal. 2, 1 vierzehn Jahre nach
der ersten — nicht nach der Bekehrung, sondern siebenzehn
Jahre nach dieser[19]) —, und wenn sie ins Jahr 37 gehörte, so
das Apostelkonzil ins Jahr 54. Daran schloss sich dann bald
— denn Barnabas ist v. 13 noch bei Paulus — der Auftritt
in Antiochien an, bei dem Petrus anfänglich sich auf den
Boden jener Abmachungen stellte, und wiederum kurz darauf,
wir wissen nicht von wo aus[20]), der Brief an die Galater, zu
dessen Zeit noch die Delegierten der Gemeinden in des Apostels Gesellschaft waren: denn das sind die sämtlichen Brüder
Gal. 1, 2, die bei der gewöhnlichen Datierung des Briefes solche

Steck, PrKz 1891, 725 gestrichen, weil es den Zusammenhang unter-
breche und man eher ὅ καὶ σπουδάσομαι erwarten würde. Dazu bemerkt
der letztgenannte weiter: „Dies ist gewiss sehr richtig; denn das ἐσπούδασα setzt die Ueberbringung der Kollekte voraus, die der Zeitlage des
Galaterbriefes nach damals noch bevorstand" — dies aber doch nur nach
der traditionellen Datierung des Briefs, die Steck sonst bekämpft, während er hier einmal aus ihr gegen seine Echtheit argumentiert!

18) vgl. oben § 14 Seite 17; auch Hatch, Paul, Encyclopaedia Bri-
tannica⁹ XVIII, 1885, 417: The form of expression in Gal. II. 1 makes it
probable that he purposely leaves an interval between the events which
immediately succeeded his conversion and the conference at Jerusalem.

19) vgl. oben § 4 S. 14; Baljon bei Steck a. a. O. 724 liest τεσ-
σάρων; sonst vgl. noch unten § 30 not. 23.

20) Straatman a. a. O. 96. 349; vgl. Bijdragen tot de kritiek en
exegese van het N. Testament II, ThT 1877, 34. 36, denkt, wie schon
Eusebius von Emesa, Hieronymus, Theodoret, Euthalius, die beiden syri-
schen und die koptische Version, sowie einige Handschriften und neuerdings Schrader, Der Apostel Paulus I, 1830, 218 ff.; Köhler, Versuch
über die Abfassungszeit der epistolischen Schriften im Neuen Testament
und der Apokalypse 1830, 132 an Rom, die oben not. 16 genannten und
Lightfoot a. a. O. 40. 54 ff. an Macedonien, Conybeare and Howson
a. a. O. 477 f.; Farrar a. a. O. 423 f.; Thomas, La question juive dans
l'Église à l'âge apostolique. Après la réunion de Jérusalem, RQH 1890,
47, 373, 3. 394 an Corinth, was alles durch das oben im Text bemerkte
ausgeschlossen wird.

Schwierigkeiten machen, dass man dabei wohl gar im Widerspruch mit der Unterscheidung Phil. 4, 21 f.[21]) an die ganze
ephesinische Gemeinde gedacht hat. Dagegen wird die hier
befürwortete Verlegung des Briefs in das Jahr 54 oder 55 auch
durch das ganz relative[22]) οὕτως ταχέως Gal. 1, 6 nicht widerlegt,
sondern durch den Vorwurf ἐνιαυτοὺς παρατηρεῖσθε Gal. 4, 10
aufs glänzendste bestätigt. Man kann dabei nicht an Jahrfeste
denken, sondern nur an Sabbatjahre[23]). Ein solches war aber
nun gerade 54/55[24]). Sie brauchten allerdings eigentlich nicht
ausserhalb Palästinas oder wenigstens Syriens gefeiert zu werden[25]), aber da sie sechzig Jahre später Tacitus kennt[26]), der
nach einer neuerdings gefundenen griechischen Inschrift Prokonsul von Asien war[27]), mochten sie auch in Galatien von
Zeloten selbst den Heidenchristen zur Beobachtung empfohlen
worden sein. Was daraus für das Stadium folgt, in der sich
die Opposition zur Zeit des Galaterbriefs befand, werden wir
sogleich sehen.

---

21) Völter, ThT 1892, 25 f. scheidet freilich 4, 22 aus dem Briefe
aus, aber nur auf den nicht zwingenden Grund hin, dass die Bekehrung
von Leuten aus dem kaiserlichen Palast schon 1, 13 hätte erwähnt werden müssen.

22) vgl. Lightfoot a. a. O. 42: The rapidity of a change is mea-
sured by the importance of the interests at stake. — And if so, I cannot
think it strange that the Apostle, speaking of truths destined to outlive
the life of kingdoms and of nations, should complain that his converts
had so soon deserted from the faith, even though a whole decade of
years might have passed since they were first brought to the knowledge
of the gospel. Doch bezeichnet wohl vielmehr der zweite Besuch Pauli
den terminus a quo, von dem aus hier gerechnet wird; vgl. Wieseler
a. a. O. 31.

23) Meyer-Sieffert a. a. O. 261; Wieseler a. a. O. 355; Lightfoot a.a.O. 169; vgl. lev. 25, 10 f. 29. 53; dt. 31, 10 LXX; Philo de Septen.
(Mangey II, 266). Kol. 2, 16 steht ἑορτή für καιροί, ἐνιαυτοί aber fehlen,
weil gerade kein Sabbathjahr war.

24) Schürer a. a. O. I, 29 ff.

25) Oehler-v. Orelli, Sabbath- und Jobeljahr, RE² XIII, 1884, 173 f.

26) hist. 5, 4.

27) Bulletin de Correspondence Hellénique 1890, 621; auch Revue
Archéologique 1890, 16, 436. Ueber schriftliche Quellen der Historien vgl.
Teuffel-Schwabe, Geschichte der römischen Literatur³ II, 1890, 843.

b. Die judaistische Gegenmission (§ 27).

Wenn nach dem gesagten der Galaterbrief nicht nur hinter die Corinther-, sondern sogar hinter den Römerbrief gehört[1]), so bestätigt sich dies weiterhin zunächst an dem über und wider die Judaisten gesagten, mag auch gerade dies noch heute gewöhnlich umgekehrt gedeutet werden[2]). Wir werden das am besten erkennen, wenn wir durch alle überhaupt in Betracht kommenden Briefe hin die drei Hauptpunkte, um die sich der Streit vor allem drehte, zu verfolgen suchen: die Frage nach der apostolischen Würde des Paulus, der Verbindlichkeit der Festgesetzgebung und der Notwendigkeit namentlich der Beschneidung.

Freilich wird gleich bezüglich des ersten Punktes namentlich von Weiss sogar dies bestritten, dass er überhaupt controvers gewesen sei[3]). Aber wenn Paulus in den ersten beiden Kapiteln des Galaterbriefs nachweist, wie er nicht von Menschen oder durch Menschen, sondern durch Jesum Christum und Gott den Vater zum Apostel berufen sei und nun unabhängig von der Urgemeinde und den Uraposteln gewirkt habe, ja von diesen ausdrücklich anerkannt worden und auch dann gegenüber Petrus nicht vom Platz gewichen sei, so war offenbar gegen ihn geltend gemacht worden, er sei nur durch seine Verbindung mit den Uraposteln zur Missionspredigt ermächtigt gewesen, seitdem er jene aber gelöst, ohne alle Autorität neben diesen persönlichen Schülern Jesu. Dass man auch über das Apostelkonzil und den Auftritt in Antiochien falsche Gerüchte verbreitet hätte, ist schon desshalb nicht anzunehmen, weil, wie wir oben sahen, Paulus wahrscheinlich gleich nach jenen Vorgängen schreibt[4]). Dagegen im zweiten Corintherbrief, den ich vorläufig noch als einheitlich betrachte, verteidigt Paulus allerdings nicht sowohl seine apostolische Voll-

---

1) so jetzt wohl auch Kabisch, Die Eschatologie des Paulus 1893, 24.

2) Baur a. a. O. 286 f.; Lüdemann a. a. O. 174 ff. 198; Sabatier a. a. O. 114: Cette lutte est un vrai drama qui s'agrandit et se complique, à mesure qu'il avance de Galatie vers Rome.

3) a. a. O. 186, 1. 187, 1. 204, 3. 219, 1.

4) vgl. überhaupt Lipsius a. a. O. 8; gegen Weizsäcker a. a. O. 220 f. und noch mehr Sabatier a. a. O. 117 ff.

macht, als vielmehr seine christliche und apostolische Persönlichkeit[5]). Denn mochte man ihn auch einen Verführer nennen,
der nur aus sich selbst schöpfe[6]); dass man ihm auch den
Apostolat überhaupt abgesprochen hätte, folgt daraus so wenig,
wie aus der Bezeichnung seiner Gegner als ψευδαπόστολοι
und ἐργάται δόλιοι 11, 13, dass Paulus ihnen die Würde von
διάκονοι Χριστοῦ aberkannte, die er ihnen v. 23 vielmehr ausdrücklich belässt[7]). Hätten sie mit ihrem ἄλλος Ἰησοῦς, den
sie allerdings predigten und auch Paulus ihnen gegenüber bekämpft, zugleich eine andre Ausrüstung für einen Apostel verlangt, so hätte Paulus gewiss seine Vollmacht ähnlich wie
etwa gegenüber den Galatern verteidigt und andrerseits nicht
so unbekümmert um die dann zu erwartende Konsequenz-
macherei der Gegner 5, 16 auf die Kenntnis des irdischen
Christusbildes verzichtet. Auch 12, 12 würde gewiss ausführlicher von den σημεῖα τοῦ ἀποστόλου gehandelt worden sein,
wenn durch sie erst seine Vollmacht überhaupt erwiesen werden musste[8]). Das gleiche argumentum e silentio gilt für den
Römerbrief, der irgendwo einen bestimmteren Hinweis auf
Pauli Apostolat enthalten musste, wenn dies ihm bestritten
war. Vollends im ersten Corintherbrief hätte sich Paulus kaum
4, 9 so einfach mit andern als Apostel bezeichnet, wenn sein
Recht dazu schon bezweifelt gewesen wäre. Und doch hatte
er sich bereits damals 1, 1 ausdrücklich als κλητὸς ἀπόστολος
Χριστοῦ Ἰησοῦ διὰ θελήματος θεοῦ bezeichnen müssen, so dass
daneben wenigstens Stellen, wie 9, 1 ff. 15, 5 ff., kaum in demselben Briefe denkbar erscheinen. Denn hier führt Paulus neben

---

5) Beyschlag, Ueber die Christuspartei zu Corinth, StKr 1865,
229; Zur Streitfrage über die Paulusgegner des zweiten Corintherbriefes,
ebenda 1871, 645; Holsten, Zum Evangelium 21*; Weiss a. a. O. 204, 1.
219, 1; Thomas a. a. O. 393; gegen Baur a. a. O. 297 ff.; Pfleiderer
a. a. O. 85 f.; auch Klöpper a. a. O. 76 ff. 89 f.; Heinrici, Das zweite
Sendschreiben 405.

6) II. Cor. 6, 8. 3, 5. Die andern zur Bestimmung dieser gegnerischen
Angriffe herbeigezognen Stellen, 4, 2 f. 5. 2, 17, brauchen nur als Urteile
Pauli über die Judaisten angesehen zu werden.

7) vgl. auch 10, 11 ff.; Schmiedel a. a. O. 46. (² 63); gegen ebenda
49 f. (² 65 f.); auch Holtzmann, ThJB 1891, 105.

8) Weiss a. a. O. 204, 3; zur Frage der Echtheit vgl. Schmiedel
a. a. O. 252 f. (² 295 ff.); ausserdem Michelsen, ThT 1873, 423.

Petrus und den Zwölfen nicht bloss, sondern auch den fünf-
hundert Brüdern, Jakobus und allen Aposteln sich selbst als
ἰχτρωμα ein; dort beschränkt er seinen Apostolat auf das
Verhältnis zu der corinthischen Gemeinde und giebt ihn im
übrigen auf. Dann kann aber damals seine apostolische Würde
noch nicht bestritten gewesen sein[9]); nur sein apostolisches
Verhalten war kritisiert worden, ja später sollte ein förmliches
Gericht über ihn gehalten werden[10]). Aber ähnlich war ja
schon in Thessalonich seine Lauterkeit verdächtigt worden,
wohl von aussenstehenden Heiden, nicht von Juden, die erst
I. Th. 2, 14 mit den heidnischen Gegnern der Gemeinde in
Parallele gesetzt werden, oder gar von Judaisten, die überhaupt noch nicht aufgetreten waren[11]). Vielmehr ist Paulus auch
hier noch mit der Urgemeinde durchaus eins; denn sonst würde
er nicht so ohne weiteres die Thessalonicher als μιμηταὶ τῶν

---

9) vgl. auch Völter, ThT 1889, 320, der deshalb die Stelle in ihrem
Zusammenhang belässt, während Hagge, Die beiden überlieferten Sendschreiben des Apostels Paulus an die Gemeinde zu Korinth, JpTh 1876,
485 ff. 497 ff. 9, 1—18 ausscheidet und auch Heinrici, Das erste Sendschreiben 236 den Abschnitt wie abspringend und Schmiedel a. a. O.
112. 117. (²139. 144) im Zusammenhang nicht sehr zweckvoll und unter
Abirrung von dem eigentlichen Zwecke ausgeführt findet. Ich komme
auf den Ursprung dieser und der andern oben angeführten Stelle vorläufig unten § 29 not. 6 nochmals zurück.

10) I. Cor. 4, 3; gegen Baur a. a. O. 300; Holsten, Das Evangelium 219; Pfleiderer a. a. O. 97; Schmiedel a. a. O. 48. (²65).

11) I. Th. 2, 14; Hofmann a. a. O. 193. 276; von Soden, StKr
1885, 302 f. 306 f.; Schmiedel a. a. O. 4. (²5); Zimmer, Thessalonicherbriefe 20. 45; gegen Hilgenfeld, Einleitung 241; Weiss, Neutest. Theologie 219, 1; Einleitung 168. 170; Sabatier a. a. O. 90. 100; Schmidt
a. a. O. 25. 34 f. 94 ff.; Klöpper, Der zweite Brief an die Thessalonicher 76; Pfleiderer a. a. O. 70. 72; Brückner a. a. O. 193. 198; auch
Lipsius, Ueber Zweck und Veranlassung des ersten Thessalonicherbriefes, StKr 1854, 914 f. Zur Erklärung des Vorwurfs der πλάνη vgl.
Mc. 3, 21; act. 26, 24; Orig. c. Cels. VIII, 72; der ἀκαρθασία Harnack,
Medizinisches aus der ältesten Kirchengeschichte 1892, 31 (= TU VIII, 3,
1892, 67); der κολακία Epictet. diss. III, 23; auch Hausrath a. a. O.
215; der πλεονεξία Jos. ant. 18, 3, 5; Just. dial. 2. 219 A; Tat. orat. 19 Anf.
25. 162 C; Lucian, Nigr. 25; Pisc. 34 ff.; Icarom. 5. 30 ff.; Dio Cass.
LXXI, 35, 2; auch Hausrath a. a. O. 202; des ζητεῖν δόξαν und über-
haupt Friedländer a. a. O. 720 ff; Hatch, The Influence of Greek
Ideas and Usages upon the Early Church 1888, 100 ff.; deutsch von
Preuschen, Griechentum und Christentum 1892, 72 ff.

ἐκκλησιῶν τοῦ θεοῦ τῶν οὐσῶν ἐν τῇ Ἰουδαίᾳ ἐν Χριστῷ
Ἰησοῦ bezeichnen. Und darum braucht er sich auch im zweiten
Briefe noch nicht als Apostel zu bezeichnen, obwohl damals
bereits sein Verzicht auf die Unterstützung durch die Gemeinde
desgleichen zu seinen Ungunsten ausgelegt worden war[12]). Dagegen in den Corintherbriefen (ebenso wie in denen an die
Römer, Galater, Kolosser[13]) nennt er sich gleich im Eingangs-
gruss Apostel Christi Jesu, weil dort auch innerhalb der Gemeinde selbst kritische Zweifel an der Richtigkeit seines Be-
nehmens Wurzel gefasst und später sogar jene heidnischen
Anklagen auf πλάνη, ἀκαθαρσία und δόλος einen Widerhall
gefunden hatten[14]), wie die auf ἀνθρώποις ἀρέσκειν bei den
zugleich seine apostolische Vollmacht überhaupt bestreitenden
galatischen Irrlehrern[15]).

Bezeichnet so die persönliche Polemik in den Corintherbriefen und dem Galaterbrief eine aufsteigende Linie, so könnte
man darin zugleich eine Bestätigung der oben behaupteten
Reihenfolge derselben finden, wenn sich nämlich erweisen
liesse, dass jene Opposition von einem einheitlichen Zentrum
ausging, wie es dann nur Jerusalem sein könnte. Nun werden
freilich zunächst die galatischen Gegner niemals ausdrücklich

---

12) Calvin, In omnes Pauli apostoli epistolas commentarii 1831,
II, 168; Bengel, Gnomon Novi Testamenti 1860, 517; Sabatier a. a. O.
120; Farrar a. a. O. 328 f.; Holtzmann, Einleitung 214; Schmiedel
a. a. O. 6. (² 6).

13) Ueber den älteren Philipperbrief vgl. unten S. 211; im Philemonbrief wäre eine Selbstbezeichnung Pauli als Apostel unangemessen gewesen.

14) I. Th. 2, 2 f.; II. Cor. 6, 6. 8. 12, 16.

15) I. Th. 2, 4; Gal. 1, 10. Wenn Paulus dagegen I. Cor. 10, 33 unbe-
denklich sagt: πάντα πᾶσιν ἀρέσκω (II, 5, 11 nimmt er wohl vielmehr
schon auf bezügliche Vorwürfe der Gegner Rücksicht; gegen Holtzmann
a. a. O. 221), so darf man daraus zwar auf Posteriorität des Galater-, nicht
aber des ersten Thessalonicherbriefs gegenüber dem ersten an die Corinther schliessen; denn wenn die Gegner in Corinth und Galatien dieselben
waren, wie dies gleich wahrscheinlich gemacht werden soll, durfte sich
Paulus allerdings nicht dort zu dem bekennen, was ihm hier bereits zum
Vorwurf gemacht worden war, während er eine heidnische Missdeutung
seines Verfahrens, die es in der einen Gemeinde erfahren, einer andern
gegenüber ruhig auf sich beruhen lassen konnte. Deshalb empfiehlt er
auch I. Th. 4, 12 Rücksicht auf die Draussenstehenden, I. Cor. 5, 12 aber
eher das Gegenteil. Doch vgl. später II, 8, 21.

mit der Urgemeinde in Verbindung gesetzt [16]), aber wenn sie
gegen Paulus die „Hochstehenden" ausspielten, so glaubten
sie doch offenbar deren Anschauungen zu vertreten, mochten
sie auch selbst nicht gerade von ihnen geschickt sein [17]). Das
ist auch von jenem einen Hauptstörenfried, den Paulus sehr
wohl kennt, zwar wahrscheinlich, aber nicht erweislich [18]).
Noch bestrittener ist die jerusalemische Herkunft der Christusleute — denn das sind die judaistischen Gegner des zweiten
Corintherbriefes [19]). Zwar von Gal. 2 aus kann man jetzt, wo
eben das Zeitverhältnis beider Schriftstücke in Frage steht,
nicht mehr gegen die Möglichkeit einer Rivalität zwischen
Paulus und den Uraposteln argumentieren [20]), wohl aber können
die Christusleute wenigstens zum grössten Teil deshalb nicht
unmittelbare Schüler Jesu sein, weil sie nach I. Cor. 1, 11 ff.
eine Partei in der Gemeinde bilden, in diese aber, da sie ja
wesentlich heidenchristlich ist, nicht so viele Juden eingewan-
dert sein dürften, an die doch bei persönlichen Hörern Jesu
und Petri — der wohl nicht in Corinth gewesen ist [21]) —
mindestens in erster Linie zu denken wäre [22]). Auch scheinen
sie sich nach II, 3, 1 wie an, so auch wiederum von den
Corinthern Empfehlungsbriefe erbeten zu haben, können also

16) Weiss a. a. O. 181. Ebenda not. 2 gegen Franke, Die galatischen Gegner des Apostels Paulus, StKr 1883, 133 ff.

17.) Meyer-Sieffert a. a. O. 17; auch Thomas a. a. O. 366 f.; gegen
Völter, Komposition 168. Jedenfalls zeigt die Art, wie Paulus c. 3 von
den Jakobusleuten unmittelbar zu den galatischen Irrlehrern übergeht,
dass er beide einig glaubte.

18) gegen Weiss a. a. O. 182, 1.

19) Beyschlag a. a. O. 1865, 222 ff.; gegen Pfleiderer a. a. O. 87 ff.
103. 108. Gegen die Streichung von ἐγὼ δὲ Χριστοῦ (Meyer-Heinrici,
Handbuch über den ersten Brief an die Korinther⁷ 1888, IX *) entscheidet,
dass dann das μεμέρισται ὁ Χριστός; ohne rechte Anknüpfung wäre.

20) gegen Beyschlag a. a. O. 233. 258 f.; Farrar a. a. O. 382.

21) Klöpper a. a. O. 71; Schmiedel a. a. O. 42. (² 57); gegen
Harnack, Dogmengeschichte I, 133, 2; Weiss a. a. O. 198, 2; unbestimmt
Weingarten, Zeittafeln und Ueberblicke zur Kirchengeschichte³ 1888, 5.

22) Beyschlag a. a. O. 268 f.; 1871, 637; gegen Hilgenfeld, Die
Bekehrung des Paulus, ZwTh 1864, 165, 1; Die Christusleute in Corinth,
ebenda 1865, 242 ff.; Hausrath a. a. O. 268. 299 f.; Holsten a. a. O.
223 f.; Bleek-Mangold a. a. O. 521; Weiss a. a. O. 201 f.; Schmiedel
a. a. O. 46. (² 62).

nicht ihre Vollmacht einzig und allein auf die Urgemeinde
zurückgeführt haben[23]). Dagegen ist das allerdings wieder
von dem ἐρχόμενος 11, 4 wahrscheinlich und jedenfalls mussten
sie alle, wenn sie nach 5, 16 Christum κατὰ σάρκα kennen
wollten, sich dabei auf die Urapostel beziehen[24]). Dass Paulus
diese trotzdem nirgends bekämpft (denn auch οἱ ὑπερλίαν
ἀπόστολοι 11, 5 sind nur die corinthischen Irrlehrer[25])), liegt
daran, dass er sich wirklich über ihre wahre Meinung unklar
sein mochte. Denn bei seinem später zu besprechenden all-
mählichen Uebergang vom Partikularismus zum Universalismus
glaubte er natürlich, wie schon die oben angeführten Aeusserungen über die Urapostel zeigen, mit diesen, wie früher, so
auch jetzt noch ganz einig zu sein, bis ihm dadurch, dass
sich seine Gegner fortwährend ihm gegenüber auf diese bezogen, zum erstenmal die Befürchtung aufstieg, er möchte
am Ende vergeblich laufen oder gelaufen sein und schliesslich
den Zusammenhang mit der Urgemeinde verlieren. Daraus
erwuchs ihm dann während seines letzten Aufenthalts in Corinth die innere Gewissheit, ein zweites mal mit Titus, auf
dessen Thätigkeit ich noch ausführlich zurückkomme, und
ausserdem mit Barnabas, den er irgendwo wieder traf, nach
Jerusalem hinauf ziehen zu müssen[26]), wodurch er zugleich auf
jenen frühern, aber seitdem wohl aufgegebnen Plan[27]), die
Kollekte selbst mit zu überbringen, zurückkam.

---

23) Beyschlag a. a. O. 1865, 233; gegen Baur a. a. O. 312 f.; Hilgenfeld a. a. O. 253 ff.; Schmiedel a. a. O. 47. ([2] 63).

24) Beyschlag a. a. O. 263 f. Zu dem Ausdruck vgl. oben § 8 S. 51.

25) Beyschlag a. a. O. 227 f.; Klöpper a. a. O. 102. 459 ff.; Holsten a. a. O. 215 ff. 221; Weiss a. a. O. 202; Weizsäcker a. a. O. 299;
Pfleiderer a. a. O. 108*; gegen Baur a. a. O. 309 f.; Hilgenfeld a. a. O.
173, 1. 1865, 260 ff.; Einleitung 298; Sabatier a. a. O. 155; Heinrici a. a. O.
39; auch Thomas, L'Église et les Judaïsants à l'âge apostolique. La
réunion de Jérusalem, RQH 1889, 46, 419, 1. 1890, 47, 367. Vgl. auch die
feine Beobachtung von Holsten, Zur Erklärung von 2. Kor. XI, 4—6,
ZwTh 1874, 42 f.: Aus dem ὑπερλίαν ἀπόστολοι folgt, dass man Paulus
zwar als Apostel anerkannte, aber den andern gegenüberstellte, welche in
überwiegendem Grade Apostel seien, so dass Paulus fast kein Apostel
mehr ist. (Das liegt in dem ὑπέρ.)

26) Gal. 2, 1.

27) I. Cor. 16, 4. II, 10, 26.

Schon der ganze Ton seines Berichts Gal. 2 zeigt, dass Paulus in seinen Erwartungen bitter enttäuscht wurde [28]). Die Urapostel standen eben im Grunde doch auf dem Boden seiner direkten Gegner, wenngleich sie sich jetzt zur Anerkennung der ihm verliehenen Gnade verstanden und ihm die Vorhaut als Missionsgebiet überliessen. Petrus wollte auch Tischgemeinschaft mit den Heiden halten, aber τινὲς ἀπὸ Ἰακώβου führten jenen Streit herbei, durch den vollends jedes Band mit der Urgemeinde zerrissen wurde. Von jetzt ab war der tiefgehende Gegensatz wirklich vorhanden, den die Tübinger fälschlich auch schon für den Anfang der paulinischen Mission voraussetzten und ihre Gegner ebenso verkehrt wegen der früheren Eintracht zwischen Paulus und den Uraposteln auch für später leugneten: beide in schwer verständlicher Verkennung der thatsächlichen Entwicklung des beiderseitigen Verhältnisses, deren Annahme sofort alle Rätsel und Widersprüche löst. Wohl mahnt Paulus immer noch gerade im Galaterbrief 6, 10: Lasset uns gutes thun an jedermann, allermeist aber an des Glaubens Genossen; aber mit der Urgemeinde ist er vermutlich nie wieder in Verbindung getreten; bei seiner Gefangennahme in Jerusalem rührte kein einziger von ihr auch nur einen Finger zu seinen Gunsten [29]). Allein ist er seinen Weg gegangen, immer noch von Gegnern bekämpft, aber doch in andrer Weise als früher. Und hier zeigt sich nun vielleicht am deutlichsten der Zusammenhang der ganzen Opposition mit Jerusalem: nachdem die δοκοῦντες Paulus als Apostel anerkannt hatten, wagten auch ihre Eideshelfer ihm diese Würde nicht mehr abzuerkennen. In jenem ältern Philipperbrief Phil. 3, 4 ff. braucht er sie nicht erst zu beweisen, obwohl er sich Eingangs wohl noch als ἀπόστολος bezeichnet haben wird. Denn das thut er auch Kol. 1, 1, aber einer Verteidigung bedarf es nicht mehr. Ich kann also zu dem zweiten Punkt der judaistischen Polemik weitergehen, der sich bedeutend schneller wird erledigen lassen.

Der Apostel hat Gal. 4, 10 die Beobachtung der jüdischen Festzeiten als Rückfall ins Heidentum und ebenso Kol. 2, 16

28) Für die Einzelexegese vgl. oben § 5 not. 60.

29) gegen Jonker a. a. O. 46 ff.; aber auch Baur a. a. O. I, 227 ff.; Krenkel, Paulus 165.

als Schatten des zukünftigen bezeichnet, aber doch nicht nur
I. Cor. 16, 8, wie der Heidenchrist Lukas act. 20, 6. 27, 9, danach gerechnet und nach 20, 16 sich eingerichtet, zu Pfingsten
in Jerusalem einzutreffen — was ja auch bei völliger Indiffe-
renz, ja positiver Feindschaft gegen die jüdische Festfeier
möglich wäre —, sondern er hat auch I. Cor. 5, 7 ohne ein
Wort der Missbilligung vorausgesetzt, dass die corinthische Gemeinde nicht einen christlichen Ersatz für das jüdische Passah,
sondern dieses selbst feierte [30]), und Röm. 14, 5 f. die wenngleich
nur von ehemaligen σεβόμενοι, so doch aus gesetzlichen Rücksichten beliebte Feier besondrer Tage, d. h. vor allem des
Sabbaths [31]), als an sich gleichgiltig angesehen. Der mögliche
Einwand, Paulus habe der korinthischen Gemeinde, die damals
noch nicht in nennenswerter Weise vom Judaismus infiziert
war, das gestatten können, was er den galatischen verbieten
musste, weil es hier als heilsnotwendig bezeichnet wurde, ver-
fängt nicht gegenüber jener denkbar schärfsten Verurteilung
des ganzen Kultus, von der eben die Rede war. Hier war
kein Schwanken oder gar eine Rückbildung möglich. Und
ebenso hätte Paulus ganz gewiss gegenüber der römischen
Gemeinde, deren sich eben judaistische Lehrer zu bemächtigen
im Begriff waren [32]), einer von diesen zu erwartenden Legali-
sierung jener an sich unschuldigen Gesetzlichkeit im voraus
opponiert — wenn er schon mit den Galatern ähnliche Erfahrungen gemacht hätte. Ich halte also auf diesem Punkte
die Posteriorität des an diese gerichteten Briefes für so evident, dass ich auch alle etwa noch möglichen Bedenken gegen
diese Argumentation auf sich beruhen lassen zu können glaube.

---

30) Lechler a. a. O. 115; gegen Hilgenfeld, Galaterbrief 89 f.;
Meyer-Heinrici a. a. O. 148. Jedenfalls hatte man den Sauerteig entfernt; denn ἄζυμος heisst nicht: der Idee nach gereinigt (gegen ebenda;
Godet a. a. O. 241 f.; Schmiedel a. a. O. 93. (² 118 f.)); und wäre auch der
Sinn der Feier eine Erinnerung an den Tod Christi, so brauchte Paulus
hier nicht erst mit καὶ γάρ darauf hinzuweisen; das Sätzchen begründet
aber ausserdem gar nicht das ἐστὲ ἄζυμοι, sondern das ἐκκαθάρατε τὴν
παλαίαν ζύμην, vgl. I. Cor. 6, 20. 7, 23.

31) Weizsäcker a. a. O. 418 ff.; vgl. Beyschlag, Das geschichtliche Problem des Römerbriefs, StKr 1867, 640. 649 ff.; gegen Weiss
a. a. O. 246; Lipsius a. a. O. 187.

32) Weizsäcker a. a. O. 425.

Aehnlich erhellt dasselbe Verhältnis unsrer Briefe aus dem
für und wider die Beschneidung gesagten. Zur Zeit des Galaterbriefes wurde sie von den dortigen Judaisten als heilsnotwendig verlangt[33]); während des letzten Aufenthalts des
Apostels war sie wohl nur erst als nützlich empfohlen worden.
Wenigstens hatte er damals nur gefolgert, dann müsse der
Beschnittene auch das ganze Gesetz halten, während er jetzt
urteilt: Christus hilft euch nichts mehr, ihr seid aus der
Gnade gefallen, wenn ihr euch beschneiden lasst[34]). Im
ersten Corintherbrief, in dem wir ja jetzt die Stelle 7, 18
lesen, erscheint dies so wenig als Gebot irgendwelcher Partei, dass im Gegenteil manche, die schon beschnitten waren,
es nachträglich unkenntlich zu machen suchten[35]). Im zweiten
Brief ist überhaupt keine Rede davon[36]), aber in dem an die
Römer wird wohl 2, 25 schon vorausgesetzt, dass die Judaisten
die Beschneidung wünschten. Ist so hier eine allmähliche
Steigerung ihrer Forderungen zu beobachten, so war wohl
auch die extremste Position der Irrlehrer des Galaterbriefs
nicht früher, sondern später[37]). Das ist ja nicht nur der
gewohnte Gang der menschlichen Dinge, sondern insbesondere
die übliche Praxis des Proselytismus, der stets mit den Psalmen
und der reinen Gottesidee begann und mit dem Messer der Be-
scheidung endete[38]). Doch wir brauchen gar nicht bei solchen
allgemeinen Erwägungen stehen zu bleiben, sondern können aus
Paulus selbst argumentieren. Konnte er nach jenen Worten
Gal. 5, 2 nicht allein I. Cor. 7, 19 über Beschneidung und Vor-

33) Gal. 6, 12 f. 5, 4, wo νόμος nach dem Zusammenhang das Be-
schneidungsgebot bezeichnen muss, ebenso 3, 2.

34) ebenda 5, 2 ff.

35) I. Cor. 7, 18; vgl. Hausrath a. a. O. 270; Weizsäcker a. a.
O. 278; gegen Straatman a. a. O. 37 ff.; doch vgl. 36 f.: Neen, is de brief
aan de Galaters ouder dan de beide brieven aan de Korinthers; was dus
de hevige strijd over de besnijdenis reeds ontbrand, en ook te Korinthen
ontstaan, dan wordt vs. 18 een psychologisch raadsel. Ueber den Ursprung des ganzen Abschnitts vgl. vorläufig unten § 29 not. 6.

36) vgl. Völter a. a. O. 167 f., der daraus auf Unechtheit des Galaterbriefs schliesst, „der doch der ältere sein soll"!

37) gegen Baur a. a. O. 286 f.

38) Hausrath a. a. O. 170 f.; Farrar a. a. O. 429; Mommsen a. a.
O. 493 f. 542. 550; Schürer a. a. O. II, 553 f. 565; Holtzmann a. a. O. 83.

haut, ohne die Verwerflichkeit der ersteren zu erwähnen, einfach die Beobachtung der Gebote Gottes stellen[39]), sondern
auch kurz vorher die Beschneidung nur ebenso wie den ἐπι-
σπασμός verbieten, als wäre auch sie lediglich ein Verstoss
gegen das wohl als Herrenwort dreimal nach einander angeführte: ἕκαστος ἐν τῇ κλήσει, ἦ ἐκλήθη, ἐν ταύτῃ μενέτω[40]),
aber weiter nichts?[41]) Und konnte Paulus, nachdem er zu jener
Erkenntnis gekommen, im Römerbrief 2,25. 3,1 mit der geringen Modifikation ἐὰν νόμον πράσσῃς das judaistische Schlag-
wort περιτομὴ ὠφελεῖ adoptieren? Zwar löst er es ja nun
im dritten Kapitel auf, aber im neunten kehrt er doch wieder dazu zurück, sofern hier v. 5 unter den διαθῆκαι auch
der Bund der Beschneidung mit Abraham zu verstehen sein
wird. Soll Paulus auch hier noch den Judaisten entgegenkommen oder wenigstens ihnen zu liebe die Differenzpunkte
zwischen seiner und ihrer Predigt zurückstellen, wo doch der
erste derer ἀπὸ Ἰακώβου dieses Spinnengewebe zerrissen
hätte?[42]) Wenn er dagegen später im Kolosserbrief 2,11 ohne
weitere Polemik die christliche Taufe als eine περιτομὴ ἀχειροποίητος ἐν Χριστῷ bezeichnen kann[43]), so ist wohl von den dortigen Irrlehrern die Beschneidung nicht mehr verlangt worden.
War das aber eine Folge des Apostelkonzils, sollten dann nicht
umgekehrt alle Briefe, in denen von demselben noch nichts zu
verspüren ist, früher fallen? Ich habe also endlich auch dieses
Verhältnis der Briefe zu jenem Abkommen an den drei Punkten,

---

39) vgl. dazu auch unten § 35.

40) vgl. Athenag. 33. 37 B.

41) vgl. Lightfoot, On the Style and Character of the Epistle to
the Galatians, Journal of Philology 1857, 324 (im übrigen in den Galater-
commentar verarbeitet und darum hier nicht zitiert): In the one Epistle,
he is dealing with a hypothetical case; he speaks as if to guard against
future error. In the other, he is wristling with an actual evil present in
its most virulent form; gegen Cramer, Exegetica et critica I, Nieuwe
Bijdragen op het Gebied van Godgeleerdheid en Wijsbegeerte VII, 1891,
30: die strijd behoorde in de korinthische gemeente althans reeds tot
het verledene.

42) Schmidt a. a. O. 99, 1.

43) vgl. auch Phil. 3, 3 und zu v. 2 βλέπετε τὴν κατατομήν Gal. 5, 12
ὄφελον καὶ ἀποκόψονται, um die Zusammengehörigkeit der Briefe nochmals bestätigt zu finden.

auf die es sich nach Gal. 2 bezog, etwas näher zu beleuchten, soweit dies eben eine so einfache und leichtverständliche Frage erheischt.

c. Die Entscheidung des Apostelkonzils (§ 28).

Das erste, was Paulus von den Uraposteln erlangte, war, dass sie ihm, wie nicht einmal betreffs Titus, so auch sonst überhaupt keine Auflage machten. Aber warum berief er sich denn dann nicht gegenüber den Schwachen in Rom darauf, wie er doch, auch wenn sie nach dem obengesagten nicht mit der Urgemeinde in Verbindung standen, ebenso gut thun konnte, wie sich I. Cor. 9, 5. 15, 5. 7 gegenüber den Corinthern, die damals noch durchaus keine judaistische (zum Teil entgegengesetzte) Neigungen hatten, auf das Beispiel und die Erfahrungen des Petrus, Jacobus und der Zwölf berufen? Und wenn er das that, warum fertigte er nicht auch die Empfehlung der Beschneidung, wie sie, wenngleich noch in zurückhaltender Weise, in Rom vorkam — I. Cor. 7, 18ᵇ ist vielleicht nur als Parallelglied zu * und wegen des folgenden Zitats hinzugesetzt, — ein für allemal mit dem Hinweis auf das Apostelkonzil ab? Man wende gegen diese Argumentation nicht ein, dass doch auch der Kolosserbrief sich nicht auf jene Beschlüsse bezieht; denn die hier bekämpften Irrlehrer gingen eben über die Urapostel hinaus und werden sich daher nicht mehr an sie gebunden haben, wie auch Paulus selbst seit dem Apostelkonzil nichts mehr auf die δοχοῦντες εἶναί τι gab und ausserdem hier ein Beweismittel zur Verfügung hatte, mit dem sich viel erfolgreicher, als durch alle jene Appellationen an fremde Auktoritäten die Theorien der Gegner zu Boden schlagen liessen: nämlich die Zurückführung des Gesetzes auf die στοιχεῖα τοῦ κόσμου, von der später noch genauer die Rede sein wird.

Kehren wir jetzt zum Apostelkonzil zurück, so war das zweite, was Paulus erreichte, die Scheidung der Missionsgebiete zwischen ihm und Jacobus, Kephas und Johannes. Sie war entschieden geographisch und nicht ethnographisch gemeint[1]);

---

[1] gegen Baur a. a. O. 142 ff.; Schwegler a. a. O. I, 130 f.; Hilgenfeld, Einleitung 230 f.; Sup. Rel. a. a. O. 284; Keim, Aus dem Urchristentum 75; Holsten a. a. O. 77.

denn das wäre eine Verwicklung, keine Lösung der Streitfrage
gewesen. Nun ist aber von einer solchen Abmachung in den
Corintherbriefen und dem Römerbrief weder im Verhalten des
Paulus noch in seiner Polemik gegen die Judaisten — etwa
II. Cor. 10, 12 ff.; Röm. 15, 20 f. — auch nur das allergeringste
zu merken. Man sagt dagegen, soweit man nicht jene schon
oben zurückgewiesene Anschauung von einer gleich zu Anfang verschiedenen Auslegung auch dieser Grenzscheidung
vertritt, immer und immer wieder, durch den Auftritt in
Antiochien Gal. 2, 11 ff. habe Paulus das Abkommen für aufgehoben angesehen und merkt offenbar gar nicht, was für
eine abscheuliche Jesuitenmoral man damit dem Apostel imputiert. Aber sollte der Mann, der I. Cor. 6, 7; Röm. 12, 21
schrieb, zu gleicher Zeit die Maxime befolgt haben: bricht
mein Gegner seinen Vertrag, so kann ich's auch? Und müsste
er dann nicht wenigstens sein Verfahren so gerechtfertigt haben?
Statt dessen berichtet er I. Cor. 9, 20 als etwas ganz natürliches
und unverfängliches, dass er auch Juden gepredigt hätte, und
bezeichnete sich Röm. 1, 5 nicht als Heiden-, sondern als Uni-
versalapostel[2]). Denn dass ($\pi\acute{\alpha}\nu\tau\alpha$ $\tau\grave{\alpha}$) $\overset{\flat}{e}\vartheta\nu\eta$ so gut wie (כָּל־)
הַגּוֹיִם, woran Paulus ja gedacht hat, Heiden und Juden be-
zeichnen kann, sollte man schon wegen Röm. 4, 17 f. vgl.
11 f. 16 (anders Gal. 3, 8) nicht leugnen; dass es aber hier
beide umfassen muss, ergiebt sich aus dem folgenden, sofern
v. 16 Juden und Griechen zu unvermittelt auftreten würden,
wenn erstere nicht schon v. 14 unter den Barbaren[3]) und Un-
weisen verstanden wären, die mit den Griechen und Weisen
zu den $\overset{\flat}{e}\vartheta\nu\eta$ zählen. Freilich wird $^{\prime}Iov\delta\alpha\acute{\iota}\wp$ $\tau\varepsilon$ $\pi\varrho\tilde{\omega}\tau o\nu$ $\varkappa\alpha\grave{\iota}$
$^{\prime}E\lambda\lambda\eta\nu\iota$ hier auch von Lipsius[4]), wie ausserdem 2, 9 f. nach
älteren von Volkmar[5]), Supernatural Religion[6]), Michelsen[7]).
van de Sande Bakhuyzen[8]) und van Manen[9]) gestrichen, aber

2) Holsten, JpTh 1876, 85; gegen Meyer-Weiss a. a. O. 53;
Weiss a. a. O. 228, 1; Weizsäcker a. a. O. 408 f.; Lipsius a. a. O. 91.

3) vgl. Meyer-Weiss a. a. O. 68*.

4) a. a. O. 94.

5) Des Paulus Römerbrief 1875, 4. 74 f.

6) a. a. O. 289 ff.

7) ThT 1887, 174.

8) Conjecturaalkritiek 1880, 235.

9) a. a. O. II, 56.

letztlich doch nur wegen des Galaterbriefs, wo sich Paulus
allerdings 1,16 nur als Heidenapostel bezeichnet. Aber wie
er dort überhaupt, so deutete ich bereits oben an, wegen seiner
jetzigen Trennung von den Uraposteln sein ursprüngliches Ab-
hängigkeits- oder wenigstens Freundschaftsverhältnis zu ihnen
ignoriert, so verlegt er auch das Bewusstsein um seine Bestimmung nur zur Heidenpredigt in die früheste Vergangenheit zurück: eine psychologisch durchaus erklärliche Selbsttäuschung,
die man also nicht durch die unmögliche Deutung von v. 12 ff.
auf eine von der Bekehrung verschiedne Offenbarung Jesu
Christi beseitigen darf[10]). Auch wird sich später zeigen, dass
die damit identifizierte Vision II. Cor. 12, 2 ff. nicht erst in die
Zeit von act. 14 gehört[11]). Denn mochte Paulus auch, nicht
zwar in Lystra, sondern schon vorher zum ersten Mal Heiden
gepredigt haben, so kam ihm das Bewusstsein, dass er ausschliesslich zum Heidenapostel bestimmt sei, doch historisch
erst Röm. 15, 16. Die darauf folgenden Worte sind, wie schon
angedeutet, nach II. Cor. 10, 12 ff. zu verstehen und dies um
so sicherer, als sie hier gar nicht hinzupassen scheinen. Oder
baut denn Paulus nicht thatsächlich auf fremden Grund,
wenn er an die Römer schreibt und sie besuchen will?[12])
Lipsius[13]) und van Manen[14]) scheiden deshalb v. 19cd. 20 bzw.
auch 19a.[15]) 21 aus, aber wie konnte diese Interpolation nur
in den Text kommen, wenn sie wirklich so sinnwidrig ist?
Diesem Bedenken hilft auch nicht der Hinweis darauf ab,
dass Paulus wiederholt betont, er wolle nur auf der Durch-
reise Rom besuchen, was freilich wieder Lipsius[16]) für spätre
Zuthat hält, aber damit noch nicht erklärt hat. Nein, Paulus
würde gewiss nicht nach Rom schreiben oder kommen, wenn
die dortige Gemeinde von Judaisten gegründet oder auch nur
nachträglich in Besitz genommen wäre; eben aus unsrer Stelle

---

10) gegen Straatman, Paulus 73 ff.
11) gegen ebenda 127 f.; Heinrici a. a. O. 468, 3.
12) Röm. 15, 23. 26 f. 1, 10 ff.
13) a. a. O. 195 f.
14) a. a. O. 97 f. 183.
15) ebenso Matthes, Rovers, Loman, Scholten, Baljon bei
van Manen a. a. O. 96.
16) a. a. O. 196 f.

folgt, dass das noch nicht geschehen sein kann, und nur deshalb durfte sich der Apostel auch mit ihr zu schaffen machen.
Hatte er doch ebenso umgekehrt dem Apollos erlaubt, seine
Pflanzung in Corinth zu begiessen I. Cor. 3, 6, während er nur
von den Christusleuten verlangte, sie sollten, wie er, sich an
sich selbst messen und mit sich selbst vergleichen, aber sich
nicht ins ungemessene fremder Leistungen rühmen[17]). Aber weshalb das alles? Warum nicht ein einfacher Hinweis auf die
Entscheidung der Urapostel? Ich weiss darauf nur eins zu
antworten: sie kann eben noch nicht getroffen worden sein.

Dasselbe gilt endlich von der dritten Bestimmung des Konzils, dass Paulus der Armen gedenken sollte. Wir sahen bereits, dass sich seine Bemerkung ὃ καὶ ἐσπούδασα αὐτὸ τοῦτο
ποιῆσαι auf die Zeit vor dem Konzil beziehen muss; aber nehmen wir einmal an, es wäre umgekehrt: musste er nicht, wenn
jenes und der Galaterbrief früher fielen, die Gemeinden, die
er um Beiträge bat, auf jene von ihm übernommene Verpflich-
tung hinweisen? Er thut es aber weder I. Cor. 16, 1 ff. noch
II, 9 oder 8 und doch waren das die einzigen Male, die er
sich überhaupt in jener Angelegenheit an die Corinther wandte,
wie wir jetzt in umfassenderem Zusammenhang sehen werden.

2. Die Corintherbriefe und ihre neuen Erkenntnisse.

a. Paulus' Beziehungen zur Gemeinde (§ 29).

Nehmen wir für die Datierung zunächst des ersten Corintherbriefes einen ähnlichen Ausgangspunkt, wie oben für
die des Galaterbriefes, so darf wohl als allgemein zugestanden
gelten, dass jener nirgends auf eine zweite Anwesenheit Pauli
in Corinth hindeutet[1]). Vielmehr ist sie durch die Art, wie
Paulus 3, 6. 10 von seiner Arbeit an der Gemeinde. redet,

---

17) Über die Ausscheidung der zwei letzten Worte in II. Cor. 10, 12
und der zwei ersten in v. 13 vgl. Holsten, ZwTh 1875, 7, 1; Holtzmann a. a. O. 73; Schmiedel a. a. O. 233 f. (²275 f.), auch Gal. 6, 4.

1) Weiss a. a. O. 193, 1; Pfleiderer a. a. O. 193; Hilgenfeld,
Paulus und Corinth, ZwTh 1888, 171 f. Ueber I, 16, 7 vgl. Kronkel, Beiträge 155 ff.

schlechthin ausgeschlossen [2]). Vor allen aber konnte er, wenn
damals bereits bei einem zweiten Besuch von den Christusleuten jene Beleidigung gegen ihn ausgestossen worden war [3]),
unmöglich in unserm ersten Brief so wenig auf diese Gegner
Rücksicht nehmen. Denkt man dagegen nach II, 12, 20 f. die
$\lambda \acute{v}\pi\eta$ dieser Reise nicht durch Judaisten, sondern durch Sünder
verursacht, so scheinen mir vielmehr jene Verse den Zusammen-
hang zu unterbrechen und auszuscheiden zu sein. Denn so
gewiss sich jetzt $\tau o\widetilde{\iota}\varsigma$ $\pi\varrho o\eta\mu\alpha\varrho\tau\eta\varkappa\acute{o}\sigma\iota\nu$ 13, 2 auf sie zurückbeziehen soll, ebenso sicher überrascht ihre Erwähnung an
dieser Stelle, wo vorher und nachher nur von ganz bestimmten Gegnern die Rede ist [4]). Denn auch 11, 2 f. passt
nicht hierher [5]), während ohne es der Zusammenhang mit
v. 4 ganz straff sein würde. Ich vermute daher, dass beide
Versgruppen dem wegen I, 5, 9 anzunehmenden, vorkanonischen Corintherbrief angehören, zumal nach II, 12, 21 die

---

2) ebenda 163; gegen Schmiedel a. a. O. 266. (² 73).

3) Bleek-Mangold a. a. O. 513; Weiss a. a. O.; Hausrath a. a. O.
261; Holsten, Das Evangelium 157 ff.

4) vgl. Heinrici a. a. O. 533 ff., der namentlich auf die Aehnlichkeit
der Beurteilung des Parteitreibens mit dem ersten Brief, ja namentlich
3, 21 f. aufmerksam macht. Klöpper a. a. O. 92. 99. 115 f. 418 ff. 534 ff.
542 konstruiert, obwohl er den Widerspruch von II. Cor. 7, 7 ff. 8, 7 nicht
übersieht, auf Grund von 6, 14 ff., worauf ich gleich zu reden komme,
auch für die Zeit des zweiten Corintherbriefs ein antinomistisches Heidenchristentum, auf das sich sogar das fanatische Judenchristentum zum Beweis seiner Berechtigung berufen habe. Endlich Schmiedel a. a. O. 229.
255. 259. (² 271. 299. 304 f.) will umgekehrt II. Cor. 12, 20 f. in genauem Zusammenhang mit 10, 1 — 12, 18 nur die Folgen des durch die Judaisten
veranlassten Parteitreibens geschildert finden und deshalb auch diese
Sünder unter die 10, 6 mit Ahndung bedrohten Gegner einbegreifen, erkennt aber 13, 7 selbst den Widerspruch mit 12, 21 an, der sich nur auf
die oben angegebne Weise löst.

5) vgl. Holsten, ZwTh 1874, 9 f.: Das Bild 12, 2 hinkt etwas, da
später dem einen Mann Christus nicht ein andrer Mann gegenübergestellt
wird, sondern der eine wie in zwei Persönlichkeiten auseinandertritt, in
den von Paulus verkündeten Christus und den von seinen apostolischen
Gegnern verkündeten, andern Jesus. Auf diese Wendung des Gedankens
vorbereitend fährt Paulus deshalb fort: v. 3, indem er unter der Schlange
an die Verführer denkt — und dazu Everling a. a. O. 53: Merkwürdig,
dass die falschen Apostel, die mit der Schlange verglichen werden sollen,
gar nicht als Subjekte genannt sind; im allgemeinen auch Klöpper
a. a. O. 456 f.

Lästerrede I, 4, 18 verständlicher ist, als wenn sie auf eine
nicht bestimmt in Aussicht gestellte und nur als selbstverständlich zu erwartende zweite Anwesenheit Pauli geht. Denn eine
dritte wird hier wenigstens ausdrücklich nicht angekündigt;
könnte man das ἐλθών und (πάλιν) ἐλθόντος μου im Zusammenhange mit 12, 14. 13, 1 f. allerdings so deuten, so fällt,
wenn dieser Zusammenhang nicht ursprünglich ist, jeder Anlass dazu hinweg. Für sich angesehen besagen die Worte
entweder, wenn man πάλιν nur auf ἐλθόντος bezieht, dass
Paulus bei seiner Wiederkehr, oder, wenn man es mit ταπει-
νώσει verbindet — was auch deshalb vorzuziehen sein wird.
weil es sonst schon bei ἐλθών zu erwarten wäre, dass er, wie
bei seiner ersten Anwesenheit, I. Cor. 2, 3 — bei der zweiten
II, 2, 1 f. 5 musste er vielmehr trauern —, sich würde schämen
und nun viele, die seitdem oder auch schon vor ihrer Bekehrung
gesündigt und auf jenen vorkanonischen Brief (bzw. auch die
Missionspredigt) hin nicht Busse gethan hätten, beklagen
müssen. Wäre Paulus ihnen dagegen bereits bei einem zweiten Besuch und zwar vor allem brieflichen Verkehr mit der
Gemeinde entgegengetreten, so wäre nicht nur unverständlich.
wie die Corinther seine Warnung vor πόρνοι I, 5, 9 auf Heiden
beziehen oder auch nur zu beziehen sich den Anschein geben
konnten, in welchem Falle indes Paulus ihre Heuchelei als
solche gebrandmarkt hätte, sondern es bliebe auch auffällig.
dass er weder in dem betreffenden Stück jenes ersten Briefes,
das uns höchst wahrscheinlich in II, 6, 14—7, 1 enthalten ist[6]),

6) vgl. Hilgenfeld, Einleitung 287, 1; Sabatier a. a. O. 153, 1;
Franke, 2. Kor. 6, 14—7, 1 und der erste Brief des Paulus an die korin-
thische Gemeinde, 1. Kor. 5, 9—13, StKr 1884, 544 ff.; Whitelaw, A Frag-
ment of the Lost Epistle to the Corinthians, Classical Review 1890, 12;
On 2. Cor. VI. 14—VII. 1; ebenda 248 f. 317 f.; auch Ewald, Die Sendschreiben des Apostels Paulus 1856, 231. 282 f.; Hausrath a a. O. 302, 1;
Heinrici a. a. O. 334; Pfleiderer a. a. O. 115*; Sanday, 2. Corinthians
VI. 14—VII. 1, Classical Review 1890, 359 f.; sowie Schrader a. a. O.
IV, 300 f.; Holsten, Zum Evangelium 386, 1; Renan a. a. O. LXII f.:
Michelsen, ThT 1873, 423; van Manen, Conjecturalkritik 294; van
de Sande Bakhuyzen a. a. O. 266; Baljon, Iets over den tekst van
den tweeden brief van Paulus aan de Korinthiers, ThT 1887, 439 f.; Steck
a. a. O. 160. 358, 1; Völter a. a. O. 299; Krenkel a. a. O. 332 nebst not. 2;
Schmiedel a. a. O. 214 f. Ausser diesem und den eben besprochnen Abschnitten rechne ich zu demselben Brief I, 3, 10—23 (vgl. Osiander,

noch an den bezüglichen Stellen unseres ersten Corintherbriefes in der Art etwa von Gal. 5, 21 auf jene früheren, mündlichen Auseinandersetzungen zurückweist. Sagt man gegen die
letztere Erwartung, der Konflikt sei bereits durch jenen vorkanonischen Brief beigelegt worden [7]), so ist das gerade nicht
der Fall gewesen: die Missstände — denn nur von solchen
ist die Rede — dauerten vielmehr fort und führten sogar zu
jener selbst unter Heiden unerhörten Ausschreitung, gegen die
1. 5 gerichtet ist. Aber wie von dieser, so weiss Paulus auch
sonst um die Zustände in Corinth nur durch Hörensagen, wobei bloss dies noch zweifelhaft bleibt, in welcher Reihenfolge
ihm seine Nachrichten zugegangen sein möchten. Indes scheint
es am wahrscheinlichsten, dass das corinthische Schreiben, das
nach dem Zitat 6, 12. 8, 1 bereits ziemlich autonom lautete,
zuerst und vor Stephanas, Fortunatus und Achaikus eintraf.
Denn sie hatten nach 16, 17 f. den Mangel der Corinther erfüllt, was wegen des eben bemerkten nicht nach Phil. 2, 30
verstanden werden darf, sondern durch das folgende als Be-
ruhigung des Apostels erklärt wird. Mussten die Corinther
aber diese Gesinnung ihrer Vorsteher kennen, so konnten sie
sie nicht zu Ueberbringern jenes Briefs bestellen; und ging
Stephanas dann doch nach Ephesus, so musste das seiner Gemeinde als Kriecherei erscheinen. Paulus dagegen bezeichnet
ihr Verhalten nur als die Pflicht aller: sie hätten ihn beruhigt
und ihre Brüder; mithin waren sie schon wieder in Corinth
und Paulus hatte bereits von dem Erfolg ihres dortigen Auftretens gehört, wahrscheinlich durch die Leute der Chloe [8]).

Commentar über den ersten Brief Pauli an die Korinthier 1847, 190; Godet
a. a. O. 181; Schmiedel a. a. O. 84. ([2] 109)), 7, 17—24 (vgl. Straatman,
ThT 1877, 24 ff.), 9, 1—10, 22. 25—30 (vgl. Pierson et Naber a. a. O. 79 f.
und oben § 27 S. 207 not. 9), 14, 33[b]—35 (vgl. Hilgenfeld a. a. O. 764;
Holsten, Das Evangelium 495 ff.; Grafe a. a. O. 2; Schmiedel a. a. O.
150. ([2] 182); Völter a. a. O. 325, 1; auch Heinrici, Das erste Sendschreiben 458), endlich c. 15 (vgl. oben § 27 S. 207 not. 9 und unten § 42); kann
aber die ausführliche Begründung dieser Teilungshypothese erst später in
einer besondern Abhandlung geben. Vorläufig vgl. gegen die Einheitlichkeit des ersten Corintherbriefs auch noch Kabisch a. a. O. 31 f.

7) Weiss a. a. O.; Schmiedel a. a. O. 55.
8) gegen Heinrici a. a. O. 57; Holtzmann a. a. O. 225; Schmiedel a. a. O. 42. ([2] 58). Holsten a. a. O. 245 ff. nimmt ausserdem an,

Denn wären diese bereits mit dem Brief gekommen, dann
hätte sich Paulus ja bei Stephanas näher nach den corinthischen Parteien erkundigen können, die er jetzt offenbar bloss
durch jene und sehr oberflächlich kennt und deshalb hier nur
eben nennt, 11, 18 aber sogar bezweifelt — denn all die widersprechenden Versuche, die verschiednen Verirrungen und Zweifel, die der erste Brief bekämpft, einer oder der andern jener
Parteien zuzuschreiben, sind ohne jeden Anhalt im Texte[9]).
Waren also vielmehr jene Nachrichten, die Paulus durch das
Hausgesinde der Chloe erhielt, seine spätesten[10]), so geht er
in seinem Brief, wie es ja auch an sich das natürlichste war,
von ihnen aus, dann zu dem Bericht des Stephanas über die
Opposition gegen ihn weiter und endlich zu den ausdrücklichen Anfragen der Corinther über, nachdem er schon gleich
nach dem Eintreffen derselben und vor der Ankunft des Stephanas Timotheus nach Corinth geschickt hatte[11]).

Stephanas hätte die Gemeinde zu jenem Schreiben bewogen, aber das
stimmt weder zu dessen Inhalt, noch der Reihenfolge I, 16, 18. Richtig
ist dagegen, dass Paulus in seiner Antwort den Ton anschlägt, als ob er
der Gemeinde vollkommen sicher sei, aber gerade daraus folgt, dass jene
Vorsteher schon wieder nach Corinth zurückgekehrt waren und der Apostel
neue Nachricht von dort hatte.

9) Weiss a. a. O. 199.

10) gegen Holsten a.a.O. 246; Weiss a. a. O. 204; Weizsäcker
a. a. O. 266; Schmiedel a. a. O. 42. ([2]58); Holtzmann a. a. O.; Pfleiderer a. a. O. 79 f. Dagegen spräche freilich, wenn Paulus bereits 3, 22,
welche Stelle ich oben dem vorkanonischen Brief zuwies, wenigstens von
drei Parteien gewusst hätte. Aber er bekämpft dort wohl nur erst das
καυχᾶσθαι ἐν ἀνθρώποις (vgl. Klöpper a. a. O. 72), aus dem sich allerdings das parteitreiberische φυσιοῦσθαι ὑπὲρ τοῦ ἑνὸς κατὰ τοῦ ἑτέρου
entwickelte. Für diese Genesis der corinthischen Parteien vgl. überhaupt
Renan a.a. O. 373 f.: Chez ces populations légères, brillantes, superficielles
des bords de la Méditerrannée, les factions, les partis, les divisions sont
un besoin social. — L'objet de la division est insignifiant; c'est la division
qu'on veut et qu'on cherche pour elle-même. Les questions de personnes
deviennent, dans ces sortes de sociétés, des questions capitales. Que
deux prédicateurs ou deux médecins se rencontrent dans une petite ville
du Midi, la ville se divise en deux partis sur les mérites de chacun d'eux.
Les deux prédicateurs, les deux médecins, ont beau être amis; ils n'em-
pêcheront pas leurs noms de devenir le signal de luttes vives, la ban-
nière de deux camps ennemis.

11) Weizsäcker a. a. O. 266; gegen Holsten a. a. O.; Schmiedel a. a. O.

War bis hierher alles verhältnismässig klar, so führt zunächst zu dem zweiten kanonischen Brief kein Weg weiter[12]). Der Apostel hat seine neuesten Nachrichten über die Gemeinde nicht von Timotheus, der doch sicher dort gewesen war und wohl auch über seine Erfahrungen referiert hatte[13]), sondern von Titus. der nach II, 7, 10 durch einen von ihm überbrachten Brief Pauli bei den Corinthern eine μετάνοια εἰς σωτηρίαν herbeigeführt hatte. War dadurch aber auch sein Geist beruhigt worden, so war er augenscheinlich schon einmal unter ungünstigern Verhältnissen dort gewesen und hatte ihm Paulus deshalb die Corinther möglichst vorteilhaft schildern müssen, um ihn trotzdem zu einer zweiten Reise zu vermögen[14]). Auf einen frühern Aufenthalt weist auch das προενήρξατο II, 8, 6 vgl. v. 10[15]) und εἰς ὑμᾶς συνεργός v. 23, das sich kaum auf die Reise zur Ueberbringung jenes strafenden Briefs beziehen kann[16]). Ebenso war Paulus selbst seit dem ersten kanonischen Brief noch einmal in Corinth gewesen. Das folgt, wie bereits angedeutet, unzweifelhaft aus 12, 14. 13, 1 f.[17]). Dabei wurde gegen einen Begleiter des Paulus — so erklärt sich am besten die dritte Person des ἀδικηθείς 7, 12[18]) — damit aber indirekt gegen diesen selbst — daher der Ausdruck σπουδή

---

12) Beyschlag, StKr 1865, 253 f.; Heinrici, Das zweite Sendschreiben 5; Pfleiderer a. a. O. 104*; Krenkel a. a. O. 280 ff.; Schmiedel a. a. O. 44. (²60); gegen Holtzmann a. a. O. 230; Weiss a. a. O. 193, 1.

13) Schmiedel a. a. O. 44. (²60 f.); auch gegen Lightfoot, The Mission of Titus to the Corinthians, Journal of Philology 1855, 194 ff.

14) v. 13 f.; Schmiedel a. a. O. 265; gegen Krenkel a. a. O. 275. 356. 421.

15) Schmiedel a. a. O. 62. (²82 f.); gegen Beyschlag a. a. O. 1871, 674; Klöpper a. a. O. 16; Heinrici a. a. O. 64, 2; auch Weizsäcker a. a. O. 307.

16) vgl. überhaupt Hausrath a. a. O. 295; Hagge a. a. O. 517; Schmiedel a. a. O.

17) vgl. namentlich Krenkel a. a. O. 179 ff. Steck a. a. O. 162 meint, 13, 1 bezeichne in verhüllter Weise eben unsern zweiten Korintherbrief als den dritten in der Reihe der paulinischen!

18) Beyschlag a. a. O. 1865, 254 denkt an Timotheus, ebenso bedingungsweise Pfleiderer a. a. O. 106; Titus ist dadurch ausgeschlossen, dass ihn Paulus dann nicht gleich wieder mit dem Zwischenbrief nach Corinth geschickt hätte, an dem ja ausdem, wie wir sehen werden, wahrscheinlich der ἀδικηθείς selbst sich beteiligt hatte.

ὑμῶν τὴν ὑπὲρ ἡμῶν ebenda und εἰ δέ τις λελύπηκεν, οὐκ
ἐμὲ λελύπηκεν 2, 5 — eine Beleidigung ausgestossen, für die
nun Paulus in einem ebenfalls ἐκ πολλῆς θλίψεως καὶ συνοχῆς
καρδίας geschriebenen Briefe Genugthuung forderte[19]): eine,
wie für den vorkanonischen, so auch für unsern ersten Brief
durchaus unpassende Bezeichnung[20]). Verweist dagegen noch
Weiss[21]) auf die Aehnlichkeit zwischen I, 5 und II, 2, 6 ff., so
hat diese nach zahlreichen Vorgängern jetzt auch gegen die
neuesten Verteidiger Krenkel[22]) als Schein erwiesen. Und sagt
jener weiterhin, die Hypothese eines Zwischenbriefs scheitere
unrettbar daran, dass Paulus, statt über Corinth nach Macedonien zu reisen, zuerst hierher gegangen sei, während doch
schon der erste Brief diese Absicht kund gegeben hätte, so
scheint mir gerade diese Verhandlung über die Reisepläne des
Apostels unbedingt einen solchen Zwischenbrief zu fordern.
Denn wäre das kompliziertere Projekt II, 1, 15 f. schon vor
I, 16, 6 f. mitgeteilt gewesen, so hätte Paulus es hier ausdrücklich korrigiert, vor allen aber später gegenüber dem Vorwurf
der Zweizüngigkeit sich auf die dort gegebene Begründung
seiner Meinungsänderung bezogen[23]). Andrerseits wunderten
sich die Corinther nach II, 1, 15 ff. 23 damals über die Ver-
zögerung eines Besuchs, der ihnen also erst bei jener zweiten
Anwesenheit oder in dem darauf folgenden Brief versprochen
worden sein kann. Nun ist das erste deshalb unmöglich, weil
nach v. 13 die Mitteilung schriftlich erfolgte; dagegen, dass es
in dem Zwischenbrief geschah, scheint aber 1, 15 zu sprechen,
wonach die Reise nicht eine Bestrafung, sondern Förderung
der Corinther bezweckte. Schmiedel hat deshalb angenommen,
der kompliziertere Reiseplan müsse schon vorher, in einem
andern Zwischenbrief, mitgeteilt worden sein, der dann in der
Reihe der von Paulus überhaupt nach Corinth geschriebenen
Briefe die dritte Stelle einnehmen würde[24]). Nun ist allerdings

---

19) II, 7, 12 vgl. 2, 5 ff.

20) Krenkel a. a. O. 260 ff.; Schmiedel a. a. O. 45. (²61).

21) a. a. O. 216.

22) a. a. O. 250 ff.; vgl. Schmiedel a. a. O. 184 f. (²220 ff.); eigentümlich Sabatier a. a. O. 144 f.

23) Baur a. a. O. 336; Schmiedel a. a. O. 51. (²69); Krenkel
a. a. O. 245 ff. Ueber I, 4, 18 vgl. oben S. 219.

24) a. a. O. 52 f. 60. 63. (²69. 71).

in der That ein solcher früherer Zwischenbrief zu postulieren,
da Titus und der Bruder II, 12, 18 kaum bei jener ersten Kollektenreise ohne Empfehlung des Paulus in Corinth erscheinen
konnten, und auch in II, 9 teilweise noch erhalten. das ja neben
c. 8 wegen der unerträglichen Wiederholung 9, 1 ff., die freilich
gerade die Einreihung des Kapitels an dieser Stelle veranlasst
hat, und wegen des Widerspruchs zwischen 8. 1 und 9, 2, den
man nicht vertuschen darf, in demselben Briefe unmöglich ist,
wegen v. 3 ff. aber, die offenbar nicht von einer Fortsetzung
längst begonnener Sammlungen, sondern einer erstmaligen Ver-
anstaltung solcher reden, viel besser als zu c. 8 in die Zeit
kurz nach I, 16 passt[25]). Dann hätte Paulus damals auf Grund
günstiger Nachrichten des Timotheus „die Brüder"[26]) von Ephesus aus nach Corinth geschickt — denn an Macedonien als Ent-
stehungsort des Briefs zu denken, nötigt v. 2 nicht: das καυχᾶσθαι konnte auch brieflich erfolgen und hebt das αὐθαίρετοι 8, 3
keineswegs auf. 9, 4 aber scheint nur den I, 16, 6 f. entwickelten
einfachen Reiseplan zu wiederholen[27]); also kann der komplizierte
doch erst in jenem zweiten Zwischenbrief mitgeteilt, nicht schon
widerrufen worden sein. Denn wäre τοῦτο αὐτό 2, 3 die Abänderung des Reiseplans, dann käme die unerträgliche Tautologie
heraus: καὶ ἔγραψα ὅτι ἔκρινα ἐν ἐμαυτῷ τοῦτο, τὸ μὴ πάλιν

---

25) vgl. Semler, Paraphrasis II. epistolae ad Corinthios 1776, 238,
264; gegen Klöpper a. a. O. 396 ff.; Heinrici a. a. O. 384; Schmiedel
a. a. O. 226 f. (² 268 f.); aber ebenso Michelsen a. a. O. 424; Hagge
a. a. O. 453 ff.; Lipsius ebenda 531; endlich Pierson et Naber a. a. O.
108. Auch hätte Paulus zur Zeit von II, 1—8 wohl nicht mehr erwartet,
die Urgemeinde würde in jener Kollekte eine Unterordnung des Bekenntnisses der Corinther unter das Evangelium Christi sehen, wie doch 9, 13
zu verstehen ist; denn damals „war dies nicht von vornherein schon
die Ueberzeugung der Heiligen Jerusalems rücksichtlich der korinthischen
Gläubigen (sondern der Apostel bemüht sich, diese Ansicht erst bei
jenen zu erzeugen") (Klöpper a. a. O. 408). Ueber andre Widersprüche
vgl. die nächste Anmerkung.

26) 9, 3. Nach dem folgenden scheinen sie keine Macedonier gewesen zu sein (gegen Klöpper a. a. O. 339), während das dagegen wenigstens von dem 8, 18 ff. genannten ἀδελφός anzunehmen sein dürfte (ebenda 390).

27) vgl. auch II, 9, 4 μήπως ἐὰν ἔλθωσιν σὺν ἐμοὶ Μακεδόνες καὶ
εὕρωσιν ὑμᾶς ἀπαρασκευάστους καταισχυνθῶμεν ἡμεῖς κτλ. mit I, 16, 2
ἵνα μὴ ὅταν ἔλθω τότε λογίαι γίνωνται.

ἐν λύπῃ πρὸς ὑμᾶς ἐλθεῖν, ἵνα μὴ ἐλθὼν λύπην κτλ. Der
Ausdruck bezieht sich vielmehr auf jenen Zwischenbrief, den
Paulus (ebenso wie er 1, 11 seine Errettung in Asien nachträglich der Fürbitte der Corinther zuschrieb, obwohl er damals noch nichts von ihrem wieder gewonnenen Vertrauen
wusste) recht wohl später 1, 15. 2, 9. 7, 12 als in der festen Zuversicht auf ihre Treue zum Zweck der Offenbarung ihres Eifers
um ihn geschrieben bezeichnen konnte, wenngleich er eigentlich nach 2, 4 aus Herzensangst und Thränen heraus die Bestrafung des Schuldigen verlangt hatte. Aber passt das nun
auf die vier letzten Kapitel des zweiten kanonischen Briefes,
in denen man immer allgemeiner diesen Zwischenbrief wiederfindet?[28]) Dass sie mit dem vorhergehenden, auch wenn dieses
einheitlich wäre, jedenfalls nicht zusammengehören, beweist
ausser dem abrupten Anfang namentlich 12, 16 ff., das sich doch
am natürlichsten auf die Thätigkeit des Titus in der Kollekten-
sache beziehen wird, dann aber c. 8 (f.) widerspricht, sofern hier
ein solcher Argwohn gegen Paulus ausgeschlossen scheint. Auch
kann das nicht früher sein, wie jetzt wieder Krenkel[29]) meint;
denn 12, 18, wo von nur einem Begleiter des Titus die Rede ist,
kann nicht auf die Reise, die er laut 8, 18 f.[30]) 22 f. mit zwei
Brüdern unternahm (sondern nur die in c. 9 bevorstehende)
zurückweisen; c. 8 muss vielmehr später als 10—13 geschrieben
sein, als nämlich jener Verdacht so weit geschwunden war,
dass ihn Paulus 7, 2 einfach mit οὐδένα ἐπλεονεκτήσαμεν ab-
fertigen und sogar es wagen konnte, wieder denselben Titus,
allerdings mit den 8, 18 ff. enthaltenen Garantiemassregeln,

28) Weisse, Philosophische Dogmatik I, 1855, 145; Holtzmann,
Briefe an die Korinther, RE¹ XIX, 1865, 734; ZwTh 1871, 300 ff.; Neues
über die Korintherbriefe, PrKz 1871, 301 ff.; Wagenmann, JdTh 1870,
541, 1; Michelsen a. a. O.; Hausrath a. a. O. 302 ff.; Seufert, ZwTh
1855, 369; Pfleiderer a. a. O. 105 ff.; Brückner a. a. O. 178 ff.; Schmiedel a. a. O. 56 ff. (² 74 ff.); vgl. auch Hagge a. a. O. 482. 508 ff.; Völter
a. a. O. 295.

29) a. a. O. 351 ff.; vgl. schon Semler a. a. O. 309, 350; im allgemeinen auch Davidson, An Introduction to the Study of the New Testa-
ment² I, 1882, 59 f.: The whole letter is made up of pieces written at
intervals; Steck a. a. O. 358; endlich Pierson et Naber a. a. O. 107. 112.

30) nach Steck a. a. O. 194 f. 200 f. Lucas; vgl. gegen alle solche
Deutungen Klöpper a. a. O. 389.

nach Corinth zu schicken[31]). Wenn aber Krenkel gegen unsre
Hypothese weiterhin einwendet, diese vier Kapitel wären kein
Thränenbrief, sondern voll Stolzes und Ironie[32]), so war beides
namentlich für einen antiken Menschen durchaus vereinbar[33]).
Auffällig dagegen scheint zunächst, dass hier gerade von jener
Beleidigung nicht ausdrücklich die Rede ist — der komplizierte
Reiseplan, der ja jedenfalls in Asien, wo nach 10,16 εἰς τὰ
ὑπερέκεινα ὑμῶν εὐαγγελίσασθαι unser Brief entstand, gefasst
wurde, ist wohl in der Ankündigung 12,14. 13,1 thatsächlich
enthalten. Jene Genugthuung aber hatte wohl der ἀδικηθείς
selbst verlangt, dessen Brief Paulus 10,1 fortsetzt, nicht er
selbst, der ja nicht direkt beleidigt worden war. Vielleicht
aber konnte er auch noch gar nicht eine solche Forderung
erheben, da damals die ganze Gemeinde, nicht bloss die
Christusleute, an ihm zweifelten[34]).

Wir sahen bereits, dass dieses Ultimatum, der zweite
Zwischenbrief, in Corinth eine Wandlung schuf und die Stimmung endgültig zu Pauli Gunsten veränderte, erkennen aber zugleich aus dem Rest unsres zweiten Briefes, der eigentlich also
der fünfte ist, dass das in der That jene vier Kapitel gewesen
sein müssen. Denn wenn sich Paulus hier 3,1. 5,12 gegen
den Vorwurf der Selbstempfehlung verteidigt, so konnte dieser
nirgends besser als eben an jenen trotz aller Bescheidenheit
doch von edlem Selbstbewusstsein zeugenden Ausführungen
c. 11 f. anknüpfen. Aber die übrigen Beschuldigungen gehen
jetzt nur noch von den Gegnern aus, deren Anführer die Mehrzahl der Gemeinde bestraft hat, so dass Paulus, ohne für sein
Ansehen fürchten zu müssen, sich zu ihrer Lehre in offenen
Widerspruch setzen kann. Ich deutete bereits an, dass diese
hauptsächlich in der Christologie von der paulinischen abwich,
kann aber erst später ausführen, wie er im Gegensatz zu ihr
die seine fortgebildet hat. Die Gemeinde selbst verwunderte

---

31) Schmiedel a. a. O. 60. 254 f. 265. (² 79. 295 f.).

32) a. a. O. 265 ff.

33) vgl. Schmiedel a. a. O. 265. (² 81 f.); auch Sabatier a. a. O.
148 f., der nach Verwerfung der Hausrathschen Hypothese fortfährt: mais
le ton véhément, ironique et passionné de ces dernières pages nous
rendent, je crois, très-bien celui de la lettre perdue; Klöpper a. a. O. 56.

34) Schmiedel a. a. O. 57 f. (² 75 f.).

sich nur noch über die Abänderung jenes ihr eben mitgeteilten
Reiseprojektes, von der sie irgendwie gehört haben muss.
Paulus war nämlich, wohl der Not gehorchend, schon vor der
Rückkehr des Titus von Ephesus aufgebrochen und unter beständigen Verfolgungen über Troas nach Macedonien gereist,
als hier endlich Titus mit jenen verschiednen, grossenteils
aber so ungemein erfreulichen Nachrichten wieder zu ihm
stiess. Doch auch jetzt ging er zunächst noch nicht nach
Corinth, weil er fortdauernd fürchten musste, ἐν λύπῃ zu
kommen, sondern wandte sich wahrscheinlich nach Illyrien,
bis wohin er ja nach dem bald nachher geschriebnen Römerbrief das Evangelium getragen hatte[35]). Dann aber wird es
auch erlaubt sein, jene Notiz Tit. 3, 12 von einer beabsichtig-
ten Ueberwinterung nicht in Corinth — das dürfte in ἐκεῖ γάρ
liegen[36]) —, sondern in Nikopolis, d. h. wohl dem epirotischen,
hierher zu ziehen. War der Zettel aber an Titus gerichtet,
wie von vornherein deshalb, weil er in den unechten Titusbrief verarbeitet wurde und ausserdem aus dem Grunde, dass
auch II. Tim. 4, 10 wieder gerade Titus nach Dalmatien geschickt wurde, das wahrscheinlichste ist, so befand sich dieser
damals bereits wieder in Corinth[37]), wo jetzt, nachdem der Friede
wiederhergestellt, Apollos recht gut seinen schon zur Zeit von
I. Cor. 16, 12 in Aussicht gestellten Besuch machen konnte und
wir Tychikus in der That nachher unter den Gefährten Pauli
act. 20, 4 finden, während Titus, der ja entschieden mit in
Jerusalem war, entweder erst von Nikopolis aus die Gesellschaft traf oder nur fehlt, weil er keine Gemeinde zu vertreten
hatte, vielleicht aber auch erst von einem spätern Redaktor
der Apostelgeschichte gestrichen wurde. Die Reise erfolgte
nicht, wie ursprünglich beabsichtigt, zur See, sondern wenigstens anfangs zu Lande, aber auch so mit jener fliegenden

---

35) Röm. 15, 19. Zur Echtheit vgl. oben § 28 S. 217; zur Datierung
Anger a. a. O. 84; Farrar a. a. O. 420; Meyer-Weiss a. a. O. 587.

36) Krenkel, Paulus 208; Beiträge 419.

37) vgl. Holtzmann, Pastoralbriefe 119 f.; von Soden, Handcommentar III, 1, 156 f. Krenkel a. a. O. 419 denkt Titus damals vielmehr in Macedonien oder einem andern Teile Griechenlands, was durch
das oben angeführte ausgeschlossen scheint, 459 f. gar in Kreta, wogegen
namentlich der Bericht der Lukasquelle act. 27, 7 ff. entscheidet.

Eile, von der schon oben gesagt wurde und hier bei der jetzt anzustellenden Berechnung der einzelnen Besuche in Corinth von neuem vorausbemerkt werden mag, dass danach die Schnelligkeit des Verkehrs im allgemeinen nicht beurteilt werden darf.

b. Die Zeit der einzelnen Briefe (§ 30).

Wir fanden bei früherer Gelegenheit, dass das Apostelkonzil im Sommer 54 stattgefunden hat. Den Winter zuvor war Paulus in Corinth gewesen, den nächstvorhergehenden in Nikopolis. Mehr Zeit als das Jahr dazwischen und den Herbst vorher erheischte auch die Missionierung Illyrikums nicht. Sommer 52 wäre Paulus also nach Macedonien gekommen, nachdem er Troas in Sehnsucht nach Titus und Asien wegen der Verfolgungen schnell durchzogen hatte; genaueres wissen wir über die Zeit nicht[1]); denn der Aufstand, der ihn wahrscheinlich aus Ephesus vertrieb, braucht doch wahrhaftig nicht seiner früheren Angabe I, 16, 8 zu liebe gerade an Pfingsten stattgefunden zu haben, wie man noch vielfach anzunehmen scheint[2]). Jedenfalls schrieb Paulus jetzt gleich nach der Ankunft des Titus[3]) von Macedonien aus seinen fünften Brief nach Corinth, den wir also II, 1—8. 13, 10—13 lesen. Nach 8, 10 hatten nun aber damals die Corinther schon ἀπὸ πέρυσι angefangen, nicht nur zu sammeln, sondern auch für später-hin ihre Bereitwilligkeit dazu zu erklären[4]). Rechnete Paulus dabei wahrscheinlich nach dem bürgerlichen Jahr der Juden, das mit dem macedonischen zusammenfiel und im Herbst an-

---

1) gegen Heinrici a. a. O. 46.

2) gegen Holsten, PrKz 1885, 198 f.; Holtzmann a. a. O. 226; Schmiedel a. a. O. 64 f., doch vgl. 66. (In ² fehlt eine ähnliche Aeusserung.)

3) Wieseler, Chronologie 357 und Völter, ThT 1889, 296 lassen Titus erst nach 7,1 mit Paulus zusammentreffen, aber es wird doch schon 2, 14 ff. darauf hingedeutet, selbst wenn v. 12 f. später hinzugesetzt wäre, vgl. auch Laurent a. a. O. 24 ff.; Pierson et Naber a. a. O. 102. 110.

4) gegen Textänderungen vgl. Heinrici a. a. O. 376. Das προενήρ-ξασθε ist am einfachsten wie das προενήρξατο v. 6 (vgl. § 29 S. 223) zu erklären, bezeichnet mithin nicht eine Priorität vor den Macedoniern (gegen Klöpper a. a. O. 386; Heinrici a. a. O. 45. 374 ff.; Schmiedel a. a. O. 221. (² 262)), sondern vor der letzten Gelegenheit dazu, dem Besuch des Titus zur Ueberbringung von II, 10—13.

fing[5]), so hätte jene erste Reise des Titus im Sommer 51 stattgefunden. Er begann damals, durch den in II, 9 teilweise
erhaltenen Zwischenbrief des Paulus eingeführt, zugleich mit
einem andern Bruder in der That zu sammeln — denn sonst
hätte man ihm 12,18 keine Veruntreuungen nachsagen können —,
aber bald schlug die anfängliche Geneigtheit der Corinther in
offene Feindschaft um und Titus musste mit seinem Begleiter
aus Corinth fliehen. Jetzt erschien Paulus selbst, vielleicht
mit Timotheus oder einem andern Begleiter, gewiss auf dem
kürzesten Seewege, der bestenfalls nur drei Tage in Anspruch
nahm[6]), erlitt aber ebenfalls eine Niederlage und ging nun
wohl auch wieder zu Schiff nach Ephesus zurück[7]). Noch in
der vollen Aufregung über die ihm angethane Schmach schrieb
er jenen zweiten Zwischenbrief, den ich in II, 10, 1—13, 9 nachgewiesen habe. All das erforderte nur Wochen und spielte
sich kurz nach einander im Sommer 51 ab. In ihn fallen also
auch die beiden Zwischenbriefe, II, 9 und 10—13.

Nun weist aber der letztere in c. 12 auf eine[8]) oder mehrere ὀπτασίαι καὶ ἀποκαλύψεις κυρίου zurück, die Paulus vor
vierzehn Jahren, also im Jahr seiner Bekehrung, gehabt habe.
Wir wissen aus dieser Zeit sonst nichts von solchen; denn das
γενέσθαι ἐν ἐκστάσει act. 22, 17 geht, wie oben angedeutet,
wahrscheinlich erst auf unsre Stelle zurück und ist jedenfalls
mit der ganzen Reise nach Jerusalem, die Paulus nach 9, 23
einige Tage nach seiner Bekehrung unternommen haben soll,
wegen Gal. 1, 17 f. unhistorisch[9]). Sollte daher hier etwa das
Ereignis vor Damaskus selbst gemeint sein? Für unmöglich
wird man das gerade wegen der dafür gebrauchten und eben

---

5) Heinrici a. a. O. 46.

6) Schmiedel a.a.O. 64. (²85); gegen Heinrici a.a.O. 48 ff. Deshalb würde man, selbst wenn man ἀπὸ πέρυσι von dem kirchlichen Jahr, das
im Frühling begann, verstehen wollte, doch für die Reise des Titus nicht
bloss bis auf den Winter 51/52, sondern bis auf den Sommer 51 zurückgehen müssen; denn vom 11. November bis 5. März war mare clausum.

7) vgl. Krenkel, Paulus 129 ff. 224 ff.; Beiträge 245 ff.; Bleek-
Mangold a. a. O. 527, 1; Hagge a. a. O. 514 f.; Weizsäcker a. a. O.
287 ff.; Pfleiderer a. a. O. 103 f.

8) Wieseler a. a. O. 162 ff.; Beyschlag a. a. O. 1864, 206; Klöpper a. a. O. 498; Heinrici a. a. O. 480. 487.

9) gegen Wieseler a. a. O. 165; Laurent a. a. O. 73.

angeführten allgemeinen Bezeichnungen zunächst nicht halten
dürfen. Auch in demjenigen Bericht der Apostelgeschichte
über die Bekehrung Pauli, den wir oben als den ältesten und
der Lukasquelle zugehörig erkannten, ist 26, 19 von einer
οὐράνιος ὀπτασία die Rede und als ein göttliches ἀποκαλύπτειν
seines Sohnes in ihm hat Paulus selbst Gal. 1, 16 seine Ausrüstung zum Heidenapostel beschrieben [10]). Freilich folgt daraus
noch keineswegs der visionäre Charakter dieses Ereignisses;
denn II. Th. 2, 3. 8; I. Cor. 3, 13; (Röm. 1, 18. 8, 18) kommt das
Wort auch von greifbareren Erscheinungen vor; ὀπτασία dagegen bedeutet grammatisch das Sich-zur-Erscheinung-bringen,
setzt also ein an sich unsichtbares Subjekt voraus [11]). Und von
solchen wurden nach übereinstimmendem jüdischen Bewusstsein alle Erscheinungen und Visionen abgeleitet [12]). Wie wir
namentlich aus dem Buche Henoch ersehen, werden im Himmel
in bestimmten Kammern alle Geheimnisse der zukünftigen Welt
aufbewahrt, und zu ihnen nun die Menschen entweder, wie
eben Henoch und Baruch, im Leibe, oder, wie Mose und Jesaja, ausser dem Leibe, d. h. nur der Seele nach emporgehoben,
oder jene umgekehrt zu diesen herabgeschickt [13]). So sind nicht

---

10) Diese Stelle zeigt zugleich, dass Offenbarungen nicht das besondre Vorrecht der Propheten sind; Paulus aber gründet sein Apostelrecht
nicht im allgemeinen auf sie, sondern auf sein ἑωρακέναι τὸν κύριον;
gegen Beyschlag a. a. O. 223 f.; Die Visionshypothese in ihrer neuesten
Begründung, ebenda 1870, 208; Leben Jesu II, 435; vgl. auch Heinrici
a. a. O. 409.

11) Holsten, Zum Evangelium 18 nebst not. 21*; Klöpper a. a.
O. 502; Krenkel a. a. O. 390, 1.

12) Holsten a. a. O. 20; Gunkel a. a. O. 50. 53. 108 f.; gegen Beyschlag, StKr 1870, 193 ff. Auch Steude, Die Verteidigung der Auferstehung Jesu Christi, ebenda 1887, 221 findet, Beyschlag sei der Nachweis nicht gelungen, dass das biblische Bewusstsein in keinem Falle dem
in Vision geschauten Wirklichkeit zugesprochen habe, obwohl er freilich
292 unter Berufung auf Beyschlag im Gegenteil wieder behauptet, die
biblischen Persönlichkeiten hätten aus gehabten und für göttlich bewirkt
gehaltenen Visionen erwiesenermassen nicht geschlossen, dass das in der
Vision geschaute sei überirdische Realität.

13) vgl. Hen. 12, 1 f. 17, 1. 39, 3. 52, 1 vgl. 71, 5 und dazu Dillmann,
Das Buch Henoch 1853, 114; Apoc. Bar. 6, 3; Asc. Jes. 6 ff.; Philo de
somn. (Mangey I, 626); im allgemeinen Klöpper a. a. O. 507 f. und zu
der Auslegung des εἴτε ἐν σώματι οὐκ οἶδα, εἴτε ἐκτὸς τοῦ σώματος
οὐκ οἶδα κτλ. Meyer-Heinrici, Zweiter Brief an die Korinther 363;

nur die Engel Lc. 1, 22. 24, 23, wie das vorhergehende zeigt,
durchaus wirklich gedacht, sondern ebenso auch bei der Ver-
klärung Jesu Moses und Elias und der Macedonier, der Paulus
nach Europa hinüberrief[14]). Desgleichen bestreitet Paulus keineswegs die Realität der Engelvisionen, die die kolossischen Irrlehrer gehabt haben wollten, sondern tadelt nur, dass sie
darüber grundlos aufgeblasen waren. Er hat auch, allerdings
erst II. Cor. 5, worauf ich unten nochmals zurückkomme, gleich
nach dem Tode eine Auferstehung angenommen und schon
I, 15 wenigstens von andern σώματα ἐπουράνια, wie der Geister
der Himmelskörper, und vor allen des letzten Adam, des zweiten Menschen, geredet[15]). Sein Bild sollen wir dereinst tragen
und werden dann von Angesicht zu Angesicht erkennen[16]);
denn jetzt sehen wir nur das Spiegelbild, den Schatten der
σώματα des künftigen Aeon, in dem nach Kol. 2, 17 Christus
herrscht; diese selbst aber nur in Gesichten, wenngleich himm-
lisch-sinnlich-real und deshalb mit aller ihnen gegenüber möglichen Gewissheit[17]). Auch Christum, der jetzt, wie die Engel
am Grabe und die Gerechten der Vorzeit ἐν δόξῃ ist, kann
man somit gar nicht irdisch-sinnlich wahrnehmen[18]); wenn
Paulus, wie I. Cor. 9, 1. 15, 8, von einem Sehen des Herrn spricht,
so muss er es visionär gedacht haben[19]). Und konnte er somit seine Bekehrung als ὀπτασία καὶ ἀποκάλυψις κυρίου be-
schreiben, so muss er sie an unsrer Stelle gemeint haben.

---

gegen Beyschlag a. a. O. 1864, 206 ff. 1870, 202 nebst not. a; Leben Jesu
II, 436, 1; Grafe, Zu 2. Cor. 12, 1—10, BG 1681, 365. Die Ungewissheit bezieht sich aber nur auf die Art, nicht die Thatsache des ἁρπαγῆναι und
ἀκοῦσαι, von dessen Ueberzeugungskraft oben im Texte die Rede sein wird.

14) Beyschlag a. a. O. 1870, 205 gegen 211.

15) Siegfried, Philo 1875, 306; Klöpper, Kolosserbrief 380. 450;
Everling a. a. O. 45 ff.; zu I. Cor. 15, 45 ff. unten § 42.

16) I. Cor. 13, 12; vgl. apoc. Bar. 51, 3. 5. 8.

17) Holsten a. a. O. 73; gegen Beyschlag a. a. O. 1864, 225 ff.; doch
vgl. Neutestamentliche Theologie I, 83: Selbstverständlich ist diese Ideal-
welt höchst real gedacht. ... Aber ihre Realität ist eine andere als die
der Erdenwelt; ähnlich 247.

18) Weizsäcker a. a. O. 7. Was Steude, Die Visionshypothese
in ihrer neuesten Vertretung, BG 1887, 309 f. dagegen sagt, ist richtig,
findet sich aber auch bereits bei Weizsäcker.

19) Für die Möglichkeit dieses Verständnisses von ὤφθη vgl. selbst
Godet a. a. O. II, 333.

Denn handelt es sich in der ganzen Auseinandersetzung, wie
wir oben sahen, nicht zwar um sein Apostelrecht, aber um
seinen Apostelwert[20]), so musste Paulus, wie zum Beweis dafür, dass er sich seiner Schwachheit rühme, sein Verhalten
gegenüber den Nachstellungen des arabischen Ethnarchen in
Damaskus gleich nach seiner Bekehrung[21]), so als wichtigstes
Beispiel von Offenbarungen des Herrn die bei jener selbst anführen[22]). Beachten wir noch, dass er die Bekanntschaft der
Corinther mit diesem Ereignis voraussetzt, so dass sie wissen,
was er meint, wenn er ihnen nur die seitdem verflossene Zeit
angiebt[23]), so kann es sich nur um jene Szene vor Damaskus
handeln. Inwiefern Paulus dabei unaussprechliche Worte hörte,
die kein Mensch aussprechen darf, · werden wir gleich sehen;
nehmen wir es hier als bewiesen an, dann fällt auch der letzte
und bisher stärkste Einwand gegen diese Hypothese dahin,
der aus I. Cor. 15 zu entnehmen war. Denn führt hier Paulus,
nicht zur Begründung seines Apostolats[24]), sondern zum Beweis der Auferstehung Christi die den ältern Aposteln und zuletzt ihm selbst zu teil gewordenen Erscheinungen desselben

---

20) auch gegen Heinrici a. a. O. 410 f. 483.

21) vgl. oben § 13 not. 43.

22) vgl. Beyschlag a. a. O. 222 f.: Wie wunderbar wäre es doch,
dass Paulus, wenn er II. Cor. 12 sein Apostolat hätte verteidigen wollen,
sich bloss auf spätere dunkle Ekstasen, nicht aber, wie Gal. 1, 15, auf jene
erste und entscheidende Christophanie beriefe, von der er sein Apostolat
doch datierte; auch Heinrici a. a. O. 410, sowie Klöpper a. a. O. 511 f.:
Dass der Herr selbst ihm dort erschienen sei, sagt Paulus nicht. Nun
sehen wir aber aus v. 6 deutlich, dass Paulus ein Mehreres und Höheres
ihm zum Ruhme Gereichendes hätte mitteilen können, wenn er gewollt
hätte und ihn nur die Rücksicht auf falsche Ausdeutungen solcher eksta-
tischen Erlebnisse nicht davon zurückhielte. Demnach liegt es sehr nahe,
eine Erscheinung des Herrn selbst hier vorauszusetzen (gegen ebenda
502). — Nach Harnack, Dogmengeschichte I, 239, 1 dachte Marcion die
Bekehrung Pauli ekstatisch.

23) Michelsen a. a. O. 428. Wenn derselbe freilich nun weiter,
daar het genoegzaam vast staat, dat zoowel 1 Kor. als 2 Kor. in 't jaar 58
is geschreven, Gal. 2, 1 δι' ἑπτὰ ἐτῶν lesen will, so ist das nur ein neuer
Beweis für die oben gerügte kolossale Kritiklosigkeit, mit der gerade
diese kritischsten Theologen an den chronologischen Aufstellungen früherer,
unkritischer Zeiten festhalten.

24) gegen Baur a. a. O. 301 f.; Weizsäcker a. a. O. 5; Steude,
StKr 1887, 217 f.

an, so ist allerdings damit die Eventualität weiterer, gleich-
artiger Christophanien ausgeschlossen [25]), und wenn sonst von
Visionen Christi die Rede ist, jene Erscheinung spezifisch davon unterschieden. Ist aber II. Cor. 12, 2 ff. vielmehr auf die
Bekehrung zu beziehen, so hat sie Paulus selbst als ὀπτασία
κυρίου beschrieben; was sie in Wahrheit war, ob nur ein
innerer Vorgang — und dann unbedigt, da die psychologische
Erklärung entfernt nicht ausreicht, eine gottgewirkte, wunder-
bare Offenbarungsvision [26]), die, was den Lichtglanz betrifft,
auch auf seine Begleiter sich ausdehnen oder wenigstens überspringen konnte [27]) —, oder aber auch ein äusserliches Ereignis: das lässt sich nur in viel umfassenderem Zusammenhang
untersuchen und muss hier, wo es sich lediglich um des Apostels eigne Auffassung handelt, durchaus auf sich beruhen.

Kehren wir vielmehr zu der Datierung der Briefe an die
Corinther und der ihnen vorangehenden Ereignisse zurück, so
können wir jetzt, nachdem sich eben die bisherigen Kombinationen ungesucht und glänzend durch eine auf anderm Wege
gewonnene Berechnung bestätigt haben, mit verstärkter Zuversicht von den beiden im Jahr 51 geschriebenen Zwischen-
briefen weiter zurück schliessen. Denn auch der erste enthält
9, 2 eine Zeitangabe, dass Achaja seit einem Jahr gerüstet sei
und der Eifer der Corinther auch die übrigen Gemeinden an-
geregt habe. Es kann das nur durch den zweiten (den ersten
kanonischen) Brief veranlasst worden sein, der zum ersten mal
Ausführungsbestimmungen über die Kollektenangelegenheit
giebt, nachdem allerdings schon der erste Brief bezügliche
Andeutungen gemacht und die Corinther desbalb in ihrem
Gemeindeschreiben nähere Auskunft erbeten hatten. Unser
erster kanonischer Brief fällt sonach in das Jahr 50 und zwar,
wie aus 5, 7 hervorgeht, in die Zeit vor Ostern. Bereits oben
wurde aus 16, 9 erschlossen, dass Paulus damals erst kurze

---

25) Beyschlag, Leben Jesu II, 433, 2.

26) vgl. zur Beurteilung Weiss, Leben Jesu II, 561 f.; Beyschlag,
StKr 1864, 251 f. 261 ff.; Steude a. a. O. 259 ff. 289 ff.

27) Volkmar, Die Religion Jesu 111; Keim a. a. O. III, 591; Hase
a. a. O. 747 f.

28) vgl. § 20 S. 171. Wäre auch der vorkanonische Brief in Ephesus
geschrieben und dann dorthin die Antwort der Corinther, Stephanas und

Zeit in Ephesus gewesen sein könne[28]); Sommer 52, so sahen wir dann, verliess er es und war also zwei und ein viertel Jahr dort gewesen: ganz wie die Akten berichten. Leider sind nun aber über die vorhergehende Zeit ihre chronologischen Angaben so ungenau, dass wir zunächst nichts damit anfangen können. Weiter würde uns der erste Thessalonicherbrief helfen, wenn wir ihn auch nur annähernd zu datieren vermöchten. Doch ehe wir das versuchen, wird es gut sein, zuzusehen, ob er wirklich, wie hinsichtlich der judaistischen Polemik, so auch in andern Beziehungen eine frühere Entwicklungsstufe als die Corintherbriefe bezeichnet. Wir prüfen daher sein Verhalten zu ihren charakteristischsten Aufstellungen, indem wir zugleich deren Spuren in den spätern Briefen verfolgen und so die Untersuchung nach dem nächsten Abschnitt hinüberleiten.

b. Die Probleme der Corintherbriefe (§ 31).

Die hervorstechendste und bedenklichste Eigentümlichkeit der corinthischen Gemeinde war ihre spekulative Neigung, die wohl ebenso wenig als irgend eine andere der im ersten kanonischen Brief besprochenen Verirrungen auf eine bestimmte Partei, etwa die Apollosier, zurückging, sondern vielmehr ein Erbteil der heidnischen Vergangenheit der Gemeinde war. Dadurch wurde nun aber das Kreuz Christi seiner zentralen Bedeutung beraubt; daher Paulus zunächst alle Weisheit der Weisen und alles Verständnis der Verständigen als Thorheit und Unverstand verwarf[1]). Eigentlich zwar hätte die Welt mit ihrer Weisheit Gott in seiner Weisheit erkennen können; aber sie wollte nicht[2]). Später hat das Paulus im Römerbrief weiter ausgeführt[3]), während dagegen in den beiden Thessalonicherbriefen die Heiden schlechthin als μὴ εἰδότες τὸν θεόν gelten[4]). Doch darf man daraus nicht auf Priorität derselben schliessen; denn die gleiche Anschauung fin-

---

die Leute der Chloe gekommen, dann müssten dafür allerdings noch einige Monate in Anschlag gebracht werden; aber nach dem oben zu bemerkenden scheint das nicht wahrscheinlich.

1) I. Cor. 3, 18 ff. 1, 17. 19 f.
2) ebenda 1, 21.
3) Röm. 1, 19 ff.
4) I. Th. 4, 5. II, 1, 8.

det sich auch noch Gal. 4, 8 und ebenso im Judentum[5]) neben
jener andern[6]). Weit wichtiger ist, dass trotz jener Feindschaft gegen alle Metaphysik der Apostel doch den τέλειοι
die verborgene Weisheit Gottes ἐν μυστηρίῳ verkündigen
will[7]). Dass damit, wenngleich nur für die Gegenwart, eine
doppelte Predigt unterschieden wird, lässt sich m. E. nicht
aus dem Texte wegbringen[8]), stimmt aber auch durchaus zu
dem Bericht über Pauli Bekehrungsvision, bei der er unsag-
bare Worte, die kein Mensch aussprechen darf, hörte[9]). Konnte
er sich deshalb nicht in dialektische Erörterungen mit den
Gegnern einlassen[10]), so besass er doch eben für sich und die
Pneumatiker eine γνῶσις τοῦ θεοῦ, eine theoretische und
praktische Gotteserkenntnis, die nun vom fünften Corintherbriefe ab in den folgenden eine ungemein wichtige Rolle
spielt[11]). Dagegen in den Thessalonicherbriefen fehlen alle
diese Begriffe noch, obwohl Anlass genug zu ihrer Verwendung gewesen wäre. Paulus wird also die ganze Anschauung
erst unter dem Eindruck der corinthischen Verhältnisse, vielleicht auch unter dem Einfluss des Apollos ausgebildet haben,
der ja nach der wahrscheinlich glaubwürdigen Ueberlieferung
act. 18, 24 ein schriftgelehrter Alexandriner war.

Alle diese Theorien sind nun aber nur ein Glied in einer
umfassenderen Gedankenreihe, die wir jetzt an zweiter Stelle
zu betrachten haben. Paulus leitet nämlich I. Cor. 2 jene Erkenntnisse der Tiefen Gottes vom Geiste ab, wie auf ihn ja
auch im Alten Testament, im Judentum und in der populären

---

5) z. B. Tob. 13, 3; IV. Esra 3, 32.

6) Sir. 24, 10; Sap. 13, 4 f. 9. — Gegen die angebliche Entwicklung
der Auffassung Pauli vom Heidentum, die Weiss, Neutest. Theologie
257 ff. annimmt, vgl. auch Rogge a. a. O. 75 ff.

7) I. Cor. 3, 6 f.

8) gegen Heinrici, Das erste Sendschreiben 106 f.; zum teil auch
Schmiedel a. a. O. 81. (² 106 f.).

9) II. Cor. 12, 4. Weizsäcker a. a. O. 569 und Everling a. a. O. 39
denken an das Glossolalieren der Engel, aber das war doch überhaupt
unverständlich und also gar nicht aussprechbar.

10) II. Cor. 10, 5.

11) II. Cor. 2, 14. 4, 6; Röm. 1, 16 und dazu Meyer-Weiss a. a. O.
67 f.; 15, 14; Gal. 4, 9; Phil. 3, 8. 10; Kol. 1, 9. 10. 28. 2, 3. 3, 10. 4, 5 (über
Philem. 6 vgl. oben § 7 not. 42); Phil. 1, 9; vgl. Weiss a. a. O. 417 ff.

Anschauung des Neuen Testaments jede ausserordentliche Weisheit zurückgeführt wird [12]). Aber vor allen gilt doch nun hier
als Wirkung des Geistes die Glossolalie, wie sie sich nicht
nur in der Urgemeinde, sondern auch bei Heidenchristen fand,
zum teil gewiss in Anknüpfung an einheimische, aber vielfach
auch erst aus dem Orient importierte Kulte [13]). Wir wussten
längst, dass solche Erscheinungen schon in den spätern Zeiten
Pauli zurücktraten und können jetzt hinzusetzen, dass dieser
Prozess wohl durch seinen Einfluss noch beschleunigt sein wird.
Denn wenn er auch I. Cor. 14, 39 schliesslich sagt: hindert das
Zungenreden nicht, lasst aber alles angemessen und in Ordnung geschehen, so hatte er doch vorher die Glossolalie in
einer Weise beurteilt und eingeschränkt, dass man wohl merkt,
sie war in Corinth in der gefährlichsten Weise ausgeartet. Von
alle dem ist nun aber im ersten Thessalonicherbrief noch keine
Spur zu entdecken. Denn wenn I, 5, 6 f. das $\nu\dot{\eta}\varphi\epsilon\iota\nu$ gegenüber
dem $\mu\epsilon\vartheta\acute{v}\epsilon\iota\nu$ verlangt wird, unter dem ja hier zunächst die
eigentliche Trunkenheit zu verstehen ist, so wird, obwohl sonst
— nämlich act. 2, 13; Eph. 5, 18 — mit dieser die ekstatische
Begeisterung verglichen wird, doch hier nach dem Zusammenhang nur an jene unruhige Vielgeschäftigkeit I. Th. 4, 11 zu
denken sein. Wie sich der Apostel aber nun 5, 19 wirklich
der Glossolalie zuwendet — denn das wird nach dem Gegen-
satz in v. 20 hier mit $\pi\nu\epsilon\tilde{v}\mu\alpha$ gemeint sein —, da sagt er
einfach: den Geist dämpfet nicht; v. 21 ist eine allgemeine
Mahnung, die die pneumatische Rede noch nicht einschränken
will [14]). Freilich gebietet auch der Römerbrief 12, 11: seid
brennend im Geist, aber das ist nach dem vorhergehenden
anders zu verstehen. Hier vollendet sich nämlich jene Um-

---

12) Gunkel a. a. O. s. 25.

13) Heinrici a. a. O. 390; Weizsäcker a. a. O. 571; Gunkel
a. a. O. 2. 20.

14) gegen von Soden, StKr 1885, 307; Schmiedel a. a. O. 25.
(² 32 f.), der auch (ebenda 24. (² 31)) mit Unrecht v. 7. 8ᵃ ausscheiden will;
ähnlich schon Pierson et Naber a.a.O. 6 f. Endlich v. 21 f. hält Resch,
Agrapha, TU V, 4, 1889, 116 ff. 233 ff. für ein mit $\gamma\acute{\iota}\nu\epsilon\sigma\vartheta\epsilon$ $\delta\acute{o}\varkappa\iota\mu\sigma\iota$ $\tau\rho\alpha\pi\epsilon$-
$\zeta\tilde{\iota}\tau\alpha\iota$ zusammengehöriges Herrenwort, das dann erst recht auch hier all-
gemeinen Sinn haben müsste; ebenso (ebenda 216 ff.) v. 19 f., aber noch we-
niger wahrscheinlich, weil zur Zeit Jesu schon die Veranlassung dazu
fehlte.

wandlung des Begriffs des Geistes aus dem einer besondern, wunderbaren Kraft in den des religiös-sittlichen Lebensprinzips der Christen[15]), die in den spätern Briefen fertig vorliegt[16]), aber in denen an die Corinther sich nur erst anbahnt. Am deutlichsten ist hier die neue Auffassung II. Cor. 3, im ersten Brief findet sie sich wohl nur 6, 11; 3, 16 wohl noch nicht. Wenigstens ist die gleiche Aussage I. Th. 4, 8 wegen des καὶ nicht auf den Geist des ἁγιασμός, sondern wohl eben auf die besondern Charismen 5, 19 f. zu beziehen[17]). Denn die Zusammenstellung des heiligen Geistes mit δύναμις und πληροφορία πολλή 1, 5 führt noch in keiner Weise über die populäre Anschauung hinaus; und die Herleitung der Freude über die Erwählung vom heiligen Geist 1, 6 bezeichnet nur den ersten Schritt in jener Entwicklung. Noch deutlicher aber weist endlich die folgende Erwägung dem ersten Thessalonicher- die Priorität vor dem ersten Corintherbriefe zu.

Der grundstürzendste Irrtum nämlich, den Paulus in Corinth zu bekämpfen hatte, war die Bestreitung der Auferstehung. Wenngleich vielleicht von der Unvorstellbarkeit der jüdischen Theorie darüber ausgehend, erstreckte sie sich doch eben auch auf die Thatsächlichkeit jeder solchen Annahme überhaupt. Bei Christen konnten derartige Zweifel offenbar nur Eingang finden, wenn schon eine beträchtliche Anzahl gestorben war[18]), ja die Möglichkeit nicht ausgeschlossen schien, dass vielleicht die meisten nicht mehr sein würden, wenn der Herr wiederkäme. So bezieht sich auch die Beweisführung des Paulus vor allem auf die Toten, obschon er immer zugleich an die Lebenbleibenden mitdenkt; aber erst I. Cor. 15, 51 kommt er mit πάντες οὐ κοιμηθησόμεθα, πάντες δὲ ἀλλαγησόμεθα ausdrücklich auf sie zu sprechen[19]). Ganz anders ist die Situation

<hr />

15) Gunkel a. a. O. 72 ff.; Kaftan a. a. O. 258; Schmiedel a. a. O. 153. (² 185).

16) Gal. 3, 1. 4. (doch vgl. v. 5, wonach auch v. 2 verstanden werden könnte) 5, 5. 16 ff. 22 f. 25; Phil. 3, 3; Kol. 1, 8; Phil. 2, 1.

17) vgl. auch II. Cor. 1, 22. 5, 5.

18) vgl. auch I. Cor. 11, 30 καὶ κοιμῶνται ἱκανοί.

19) Bruins, De parousie in den eersten Corintherbrief, ThT 1892, 388 ff. scheidet v. 51 f. aus, da voor de parousie geene plaats is in de Paulinische theologie!

im ersten Thessalonicherbrief. Hier handelt es sich erst um
einige wenige Heimgegangene, während sich der Apostel noch
mit der Mehrzahl als ἡμεῖς οἱ ζῶντες οἱ περιλειπόμενοι εἰς
τὴν παρουσίαν τοῦ κυρίου zusammenfasst [20]). Der Brief weist
also auf ein viel kürzeres Bestehen dieser Gemeinde im Verhältnis zu der corinthischen hin [21]) und kann keinesfalls später
als der an die letztere geschrieben sein [22]). Auch weiss Paulus,
wie dort, so auch hier noch nichts andres über den Zustand
jener Entschlafenen zu sagen, als dass sie κοιμώμενοι, νεκροί
sind, und doch musste er, um seine lieben Thessalonicher zu
trösten, entschieden anführen, was er anführen konnte [23]). Erst
II. Cor. 5, 1 ff. vgl. 3, 18; Röm. 8, 17 ff. erwartet er gleich nach
dem Tode mit einer οἰκοδομὴ ἐκ. θεοῦ überkleidet zu werden,
die keineswegs ideell nur, sondern sehr real im Himmel vorhanden ist [24]). Er adoptierte damit den freilich schon I. Cor.
15, 13. 16 anklingenden, hier aber platonisch gefärbten indivi-
dualistischen Unsterblichkeitsglauben, der auch im Judentum
neben der nationalen Erwartung einer Vollendung Israels her-
ging [25]) und vollendete zugleich die I. Cor. 15, 35 ff. begonnene
Trennung des irdischen Leibes von dem himmlischen; beides
vielleicht nicht ohne Einfluss des apokryphen Buches der Weisheit, das auch im Römerbrief verwendet scheint und Paulus

20) gegen Baur a. a. O. 366 f.

21) Daher redet Paulus auch immer nur von der Zeit ihrer Gründung
(anders freilich II, 1, 4, aber auch II. Cor. 8, 2), während er von der corinthischen Gemeinde bereits verschiedne Nachrichten hat.

22) vgl. auch das allmähliche Anschwellen der Grussformel vom ersten
Thessalonicher- (χάρις ὑμῖν καὶ εἰρήνη, so übrigens schon II. Macc. 1, 1;
apoc. Bar. 78, 2) über den zweiten Thessalonicher-, die Corinther- und den
Römerbrief (χ. ὑ. κ. εἰ. ἀπὸ θεοῦ πατρὸς ἡμῶν καὶ κυρίου Ἰησοῦ Χριστοῦ)
zum Galaterbrief, wo, freilich mit besondrem Bezug auf die bekämpften
Gegner, ausserdem gleich noch eine Schilderung des Verdienstes Christi
gegeben wird. Die abgekürzte Form Kol. 1, 2 entzieht sich einer Erklärung, der Philemon- und der spätre Philipperbrief bieten wieder den gewöhnlichen Gruss.

23) Sabatier a. a. O. 159.

24) Reuss, Théologie chrétienne II, 240; Pfleiderer a. a. O. 298 ff.;
Paulinismus 275 ff.; Pierson et Naber a. a. O. 121; Schmiedel a. a. O.
200 f. (² 238 f.); Beyschlag, Neutest. Theologie II, 267; gegen Weiss
a. a. O. 391, 4; Klöpper a. a. O. 249 ff.

25) Sap. 1, 13 f. 2, 23 f.

sehr gut damals in Ephesus bekannt geworden sein konnte[26]).
Dass daneben auch weiterhin noch, so Phil. 3, 21, die andre
Gedankenreihe vorkommt, war angesichts der bisherigen doppelten Entwicklung dieses Dogmas, die sich bis auf die neueste
Zeit fortgesetzt hat, nur zu erwarten. Dagegen in dem spätern
Philipperbrief finden wir 1, 23 wieder die Vorstellung von einem
σὺν Χριστῷ εἶναι gleich nach dem Tod[27]), den der Apostel
selbst hier 2, 17 zum ersten mal ausdrücklich vor der Parusie
erwartet. Von dieser Wandlung innerhalb seines Bewusstseins,
die schon längst aufgefallen war[28]), soll vor allen im nächsten
Abschnitt die Rede sein.

3. Die übrigen Briefe und ihre Sonderanschauungen.

a. Die Thessalonicherbriefe und die Erwartung der Parusie (§ 32).

Fanden wir soeben, nachdem wir schon oben nach der
Apostelgeschichte eine zweijährige Zwischenzeit angenommen
hatten, nun auch aus dem ersten Corintherbrief selbst, dass
bis zu ihm, der ja ins Jahr 50 fällt, seit Gründung der Gemeinde mehrere Jahre vergangen sein müssen, so haben wir
damit zugleich annähernd die Zeit des ersten Thessalonicherbriefes berechnet. Er muss nämlich nach der Rückkehr des
Timotheus während jenes anderthalbjährigen Aufenthalts in
Corinth entstanden sein, wie man nicht zwar aus dem ἐν
Ἀθήναις I. Th. 3, 1 schliessen kann — denn sonst müsste man
auch aus dem ἐν Ἐφέσῳ I. Cor. 15, 32. 16, 8 entnehmen, der
betr. Brief sei nicht dort geschrieben — wohl aber aus der
Erwähnung von zahlreichen Gläubigen in Achaja — bei Pau-

---

26) Pfleiderer, Urchristentum 158 ff. 299; Paulinismus 278. 283 ff.

27) vgl. ausser den oben not. 24 genannten auch Weiss a. a. O.
415, 6, der aber doch die Antinomie dadurch wenigstens zu verringern
sucht, dass er nach dem σὺν Χριστῷ εἶναι noch ein höchstes Ziel der
Christenhoffnung annimmt; aber welches sollte das sein? Auch gegen
Stähelin, Zur paulinischen Eschatologie, JdTh 1874, 184.

28) Usteri, Entwickelung des paulinischen Lehrbegriffs 359 f.:
Dähne a. a. O. 190; Beyschlag a. a. O. 255 f. 267; auch Stähelin
a. a. O. 193.

lus immer die alte Landschaft einschliesslich Corinths bezeichnend [1]) — I. Th. 1, 7 f., unter denen nicht bloss Dionysius und
Damaris verstanden werden können, notwendigerweise folgern
muss. Wiederum die Gründung der dortigen Gemeinde kann,
da nach I. Th. 2, 18. 3, 6 nicht nur Paulus, sondern auch die
Thessalonicher sich nach einem Wiedersehen sehnen und ersterer schon zweimal ein solches zu bewerkstelligen versucht hat,
ebenfalls um nicht gar zu kurze Zeit zurückliegen, so dass
wir sie, von jenem ephesinischen Aufenthalt zwei Jahre für die
Reise von Corinth und anderthalb Jahr für den dortigen Aufenthalt zurückrechnend, keinesfalls erst nach 46 werden ansetzen dürfen [2]). Aber all das giebt uns noch kein bestimmtes
Datum. Vielleicht fänden wir es, wenn wir wüssten, worauf
sich die Vollendung des göttlichen Zornes über die Juden be-
zöge, von der 2, 16[b] die Rede ist. Freilich wird, wie früher von Ritschl und jetzt von Spitta dieser Halbvers [3]), so
von Pierson und Naber und Schmiedel sogar der ganze Abschnitt v. 15 f. angefochten, weil der Ausfall gegen die Juden
nicht motiviert sei [4]). Erinnern wir uns indes, wie nach den
Akten, für die gerade an den hier in Betracht kommenden
Stellen 3, 13 ff. 4, 10 eine sehr alte Quelle anzunehmen sein
wird, der Justizmord der Juden an Jesus einen solchen blei-
benden Eindruck auf die ersten Gläubigen machte, dass sie
ihn jenen bei jeder Gelegenheit immer wieder vorrückten, so
ist die gleiche Erscheinung auch bei Paulus nicht mehr so
auffällig, zumal wenn er selbst unter solchen Verfolgungen
mitzuleiden gehabt hat. Das ist ja an sich nicht unwahrscheinlich, wenngleich wir die Berichte des judenfeindlichen

---

1) vgl. I. Cor. 16, 15. II, 1, 1. 9, 2. 11, 10; Röm. 15, 26; anders act.
18, 12. 27. 19, 21 R. Durch das oben bemerkte wird übrigens die S. 168
gegebne Widerlegung von Weizsäcker a. a. O. 235 überflüssig.

2) So erweist sich die oben § 28 not. 1 angeführte Vermutung Renans und Straatmans als thatsächlich ungefähr richtig und steht jedenfalls die Dauer der ersten und der spätern Missionsreisen in einem bessern
Verhältniss zu einander, als bei der traditionellen Chronologie.

3) Ritschl, Hallesche allgemeine Litezaturzeitung 1847, I, 1000;
anders Rechtf. u. Vers. II, 142; Spitta, Die Offenbarung des Johannes
untersucht 1889, 501.

4) Pierson et Naber a. a. O. 10 ff.; Schmiedel a. a. O. 17. ([2] 21);
vgl. Baur a. a. O. 97.

Redaktors der Apostelgeschichte darüber angesichts der paulinischen Briefe für unglaubwürdig erklären mussten[5]). Und lagen
diese Erfahrungen jetzt auch um Jahre zurück, so konnte bei
Paulus doch die Erinnerung an sie wieder lebendig geworden
sein, wo er das schliessliche Strafgericht dafür sich nahen zu
sehen glaubte. Dabei lässt sich nun aber wegen des ἔφθασεν, das
auf ein einzelnes, markantes Faktum hindeutet, weder an die
Verstockung Israels[6]) noch an den Verlust seiner staatlichen
Selbständigkeit[7]) denken. Besser passte schon die Hungersnot unter Cuspius Fadus und Tiberius Alexander, sowie dieser
oder jener Zusammenstoss mit den Römern, die indes doch
eben nichts so besonderes waren, dass man in ihnen das letzte
Gericht hätte sehen können[8]). Freilich scheint dieser Einwand
auch gegen die Deutung unsres Halbverses auf das Juden-
edikt des Claudius zu gelten: denn eine ähnliche Massregel
hatte schon Tiberius ergriffen, ja Cajus sogar den Tempel
bedroht. Aber wenn auch, wie wir oben gesehen haben, dieses
Attentat nicht ohne Einfluss auf die jüdisch-christliche Eschatologie blieb, so ging doch damals noch die Gefahr vorüber:
jetzt wartete man noch ganz anders auf die Parusie des Herrn
und ergriff also begierig jedes Anzeichen, das auf das Ende
hindeuten konnte. Hatte doch Paulus, als er unsern Brief
schrieb, an seinen Wirtsleuten, Aquila und Priscilla, die Wirkungen jenes Edikts beständig vor Augen und konnte also
von ihm auch noch weiter reichende Folgen erwarten[9]). Ist
diese Annahme richtig, dann müssten wir freilich jene Juden-
austreibung noch früher, als Orosius, ansetzen[10]), ohne doch
für sie oder die Abfassung des ersten Thessalonicherbriefes
damit ein bestimmteres Datum, als das oben angegebene, zu
gewinnen.

5) vgl. oben § 19 f.

6) gegen Weiss a. a. O. 170, 1; Farrar a. a. O. 332; von Soden
a. a. O. 298; Pfleiderer, Urchristentum 72.

7) gegen Hilgenfeld a. a. O. 243.

8) gegen Grimm a. a. O. 774. Die letzten dort angeführten Mord-
szenen sind übrigens schon durch das oben vorläufig über die Zeit unsres
Briefes ermittelte ausgeschlossen.

9) vgl. Schmidt a. a. O. 86 f.; Baljon, De 1e brief aan de Thessalonicensen, ThSt 1888, 191.

10) vgl. oben § 23 S. 193 f.

Ebenso wenig ist aus dem zweiten Brief unmittelbar seine
Zeit zu ersehen. Dass der Mensch der Ungesetzlichkeit keine
bestimmte geschichtliche Person sei, sahen wir bereits; wohl
aber muss τὸ κατέχον eine Macht sein, die sich in der jüngsten
Vergangenheit irgendwie gegenüber der bereits einreissenden
ἀνομία geltend gemacht hat[11]); denn jetzt erst kennen es die
Adressaten[12]). Man versteht darunter gewöhnlich noch immer,
von andern unmöglichen Erklärungen gleich abzusehen[13]), die
römische Staatsgewalt[14]), die dann irgendwie gerade damals
in der angedeuteten Weise eingegriffen haben müsste. Nur
kann sich das nicht etwa auf eine Linderung der Trübsale der
Christen beziehen; denn diese dauern nach 1, 4 ff. augenscheinlich unverändert fort. Aber auch aus einem andern Grunde
noch, den ich gleich besprechen werde, scheint diese Deutung
unmöglich, so dass wir uns, so lange nicht inschriftliche Funde
es aufklären, bezüglich des κατέχον mit Augustins nescimus
bescheiden müssen. Für die Bestimmung der Zeit unseres

---

11) Alers, το κατέχον en ὁ κατέχων, (2. Thess. 2: 6 en 7) ThSt
1888, 175: τὸ κατέχον is de aanduiding van een feit, van een algemeen,
althans bij de gemeente bekenden in onmiddelijk verband met het voren-
gezegde staand feit; gegen Hofmann a. a. O. 318 f.; Westrik a. a. O.
189 ff.; Bahnsen, Zum Verständnis von 2. Thess. 2, JpTh 1880, 696 ff.;
Pfleiderer a. a. O. 358; Reimpell, Das κατέχον im zweiten Thessalonicherbrief, StKr 1887, 711 ff.; aber auch Bentkowski, Les Epitres
aux Thessaloniciens 1880, 87 f.: Paul, en écrivant sur le κατέχον, nous
parait s'exprimer ainsi dans le fond de sa pensée: 'Christ ne viendra pas
avant l'apostasie, et cette apostasie fermente, mais voilà, il y a un 'mais',
il y a quelque chose qui retient, ... vous savez. ...'

12) gegen Hofmann a. a. O. 316 f.; Klöpper, Studien aus Ostpreussen 1889, 101.

13) Dazu rechne ich von neueren die von Michelsen, Paulinisme
en Petrinisme in 't na-apostolische tijdvak, ThT 1876, 73 ff. 1877, 217;
Kreyher a. a. O. 139 ff.; auch Döllinger, Christentum und Kirche² 1868,
288; Hitzig a. a. O. 583; Spitta a. a. O. 497 ff. und endlich Alers a. a O.
176: κατέχον is het feit, dat God nog in Zijn' tempel zetelt, ὁ κατέχων God,
nog zetelende in Zijnen tempel. (vgl. dagegen schon Usteri a. a. O. 350*).

14) Farrar a. a. O. 727 führt als Grund für diese Auslegung auch
an: because we see an obvious reason why it should have been only
hinted at, since to express it would have been a positive danger both to
the writer and the community (vgl. 349); aber wie konnte es gefährlich
sein, das römische Reich — nicht als μυστήριον τῆς ἀνομίας — sondern
als τὸ κατέχον zu bezeichnen?!

Briefes sind wir vielmehr lediglich auf sein Verhältnis zu
andern angewiesen. Wenn nun 3, 9 wirklich auf II. Cor. 11, 7 f.
und II. Th. 3, 14 auf II. Cor. 2, 6 ff. 7, 12 zurückblickte: dann
wäre damit allerdings auch die Reihenfolge beider Briefe bestimmt. Aber die letztgenannten Stellen setzen verschiedne
Arten von Widersetzlichkeiten voraus und die ersterwähnte
Beschuldigung fanden wir schon oben vielmehr im Munde von
Heiden. Eher könnte man für diese Ansetzung des zweiten
Thessalonicherbriefes auf die Beurteilung der Obrigkeit Röm. 13
hinweisen, sofern sie vielleicht aus jener Erfahrung von der
Macht des κατέχον II. Th. 2, 6 zu erklären wäre[15]). Allerdings
scheint Paulus I. Cor. 6 noch anders zu urteilen: denn wenn
man auch auf die Bezeichnung der Heiden als ἄδικοι und
ἄπιστοι v. 1. 6 nicht zu viel Wert legen darf, da sie so allgemein rezipiert war, dass man sich kaum noch etwas besonderes dabei dachte, so lässt sich das ἐξουθενημένοι ἐν τῇ
ἐκκλησίᾳ v. 4 schlechterdings nicht mit dem θεοῦ διάκονο;
Röm. 13, 4 nicht vereinigen[16]). So bezeichnet in der That diese
Auffassung einen Fortschritt gegen früher; aber wollten wir
ihn trotz des oben geäusserten Bedenkens gegen diese Erklärung des κατέχον auf die angegebne Weise erklären, dann
müssten wir eben den zweiten Thessalonicherbrief erst nach
dem ersten an die Corinther ansetzen. Man könnte dann 3, 2
unter den ἄτοποι καὶ πονηροὶ ἄνθρωποι an Juden denken[17]),
die nicht zwar zur Zeit von act. 18, wohl aber zur Zeit von
20 Paulus nachstellten, zur Not vielleicht auch in II. Th. 2, 5
einen wiederholten Besuch in Thessalonich angedeutet finden.
Aber dagegen spricht zunächst schon dies, dass hier jene spätre
Bedeutung von πνεῦμα noch durchaus fehlt — auch 2, 13 liegt
sie noch nicht vor —, dann aber und vor allen dass der Apostel
unmöglich nach Jahren in dieser Weise auf einen frühern Brief
zurückgreifen konnte, ohne doch irgend etwas von dem seither
ausser und in ihm vorgegangenen zu erwähnen. Wie wir wegen
ihrer Aehnlichkeit den Römer- und Galaterbrief möglichst nahe

---

15) Klöpper a. a. O. 87.
16) Bruins a. a. O. 482 ff. streicht I. Cor. 6, 1—8, vgl. oben § 31
not. 19.
17) Weiss, Neutest. Theologie 219; Sabatier a. a. O. 90. Zur
Lesart vgl. Baljon a. a. O. 349 f.

an einander heranzurücken haben werden, so müssen wir auch die beiden Thessalonicherbriefe in dieselbe Zeit — sagen wir die Jahre 47 und 48 — und den ersten in den Anfang, den zweiten an das Ende des corinthischen Aufenthalts verlegen, während dessen ja auch der hier mit unterzeichnete Silvanus zum letzten mal in Pauli Gesellschaft erwähnt wird.

Mit Unrecht dagegen hat man sich für diese Ansetzung unseres Briefes auf seine Sonderanschauung, die Lehre vom Antichrist, berufen. Wenngleich nämlich Röm. 11 allerdings überwunden[18]), ist sie doch I. Cor. 15 noch nicht aufgegeben, geschweige denn ausgeschlossen[19]). Vielmehr wird dort v. 24 vorausgesetzt, dass Christus nach seiner Wiederkunft πᾶσαν ἀρχήν καὶ πᾶσαν ἐξουσίαν καὶ δύναμιν vernichten werde, wobei man ganz wohl an den Antichrist mitdenken kann. Noch weniger aber hat Paulus II. Th. 2 bereits die Hoffnung aufgegeben, die Parusie noch zu erleben; vielmehr erwartet er dadurch 1, 7 mit den Thessalonichern unmittelbar aus seiner gegenwärtigen Bedrängnis errettet zu werden[20]). Erst II. Cor. 5, 8 ff. begegnet die allerdings abweichende Erwartung, noch vor dem Gericht sterben zu müssen, das dann dereinst die nach dem Tode noch fortgehende Entwicklung abschliessen wird. Dass aber Paulus damit in der That eine neue Erkenntnis vortragen will, folgt daraus, dass er ohne dies hier gar nicht so ausführlich von jener Erwartung zu reden brauchte[21]). Wahrscheinlich war ihm in den Trübsalen, von denen namentlich unser zweiter Corintherbrief (hauptsächlich 1, 8) so eingehend redet, der Gedanke an jene Möglichkeit gekommen[22]). Freilich heisst es, wie II. Cor. 4, 14, so auch

---

18) Beyschlag a. a. O. 255 f.

19) gegen Baur a. a. O. 101; Krenkel a. a. O. 86; Sabatier a. a. O. 101; Pfleiderer, Paulinismus 257. Michelsen a. a. O. 215 ff. scheidet freilich 23—28 aus, aber im wesentlichen nur wegen seiner vorgefassten Meinung von der Unechtheit der Thessalonicherbriefe; Bruins a. a. O. 391 ff. sieht darin drei verschiedene Interpolationen, vgl. oben § 31 not. 19.

20) gegen Baur a. a. O. 102; Schmiedel a. a. O. S. (²9).

21) Schmiedel a. a. O. 202. (² 237).

22) Sabatier a. a. O. 153 ff.; Holtzmann, Zur Kritik 202 f.; Pfleiderer a. a. O. 275; Beyschlag a. a. O. 266; gegen Weiss a. a. O. 391, 4. — Uebrigens beweist auch die Beurteilung dieser Leiden nachträglich noch

schon I, 6, 14: ὁ δὲ θεὸς καὶ τὸν κύριον ἤγειρεν καὶ ἡμᾶς ἐξεγερεῖ διὰ τῆς δυνάμεως αὐτοῦ, aber wenn darin wirklich ein Zweifel an der unmittelbaren Nähe der Parusie liegen sollte, so würde dem, da nach dem oben gesagten I, 15, 51 f. älter zu sein scheint, das μαρὰν ἀθά 16, 22 ebenso wenig widersprechen, als das ὁ κύριος ἐγγύς Phil. 4, 5 der Erwartung des Todes, wie schon in dem ältern Brief 3, 11 vgl. I. Th. 4, 16, so namentlich in dem jüngern 1, 21 f. 2, 17 [23]). Auch im Römerbrief rechnet er wohl trotz 13, 11 ff. mit der Möglichkeit seines Abscheidens vor der Parusie, wenn er in jenem Triumphgesang am Ende des achten Kapitels auch durch den Tod nicht von der Liebe Gottes geschieden zu werden gewiss ist. Und ebenso setzt doch wohl die im elften Kapitel ausgesprochne Zuversicht, nach dem Eingang der Heiden würde auch Israel selig werden und dann die Weissagung Jes. 59, 20 f. in der Parusie Christi sich erfüllen, voraus, dass er diese erst in weiter Ferne erwartete. Aber damit sind wir bereits auf ein Problem gekommen, das eigentlich dem Römerbrief angehört, ja das hier eine so hervorragende Stellung einnimmt, dass man es stellenweise, wenngleich entschieden mit Unrecht, sogar zum Hauptthema hat machen wollen [24]), das aber jedenfalls, verglichen mit sei-

---

einmal die Posteriorität des Galaterbriefs gegenüber den Corinther- und auch dem Römerbrief; vgl. Lightfoot a. a. O. 50 f.: In the First Epistle to the Corinthians he alludes to his sufferings for the Gospel more than once ... But the mention of them is only occasional; it does not colour the whole epistle. In the Second Epistle the case is vere different. Here it is the one topic from beginning to end. But though the whole letter is one outpouring of affliction, yet we feel that the worst is already past. Auch im Römerbrief, fahre ich, Lightfoot z. T. korrigierend, fort, werden 8, 38 f. Verfolgungen noch als gegenwärtig und 15, 30 f. als zukünftig vorausgesetzt, während Paulus Gal. 6, 17 auf seine Leiden zurückblickt, nicht in the first moment of abatement, while the recollection is still fresh upon him, sondern als auf etwas Vergangnes, von dem er nur noch die Narben an sich trägt.

23) gegen Stähelin a. a. O. 193, 4, der aber richtig bemerkt: Bezeichnend ist das Verhältnis von I. Th. 2, 19 zu Phil. 1, 6; dort hofft Paulus selbst die Gemeinde der Parusie entgegenführen zu können, hier tröstet er sich im Gedanken an seinen wahrscheinlichen Abschied mit der fortdauernden und zum Ziele führenden Wirkung Gottes auf dieselbe.

24) Baur a. a. O. 351. Umgekehrt halten Weisse a. a. O. 146 und Völter a. a. O. 274; Komposition 31 ff. 73 ff. 83 ff. die Kapitel für inter-

ner Behandlung in den übrigen Briefen, die schon oben für die Entstehung des genannten Briefs gegebene Berechnung bestätigen wird.

b. Der Römerbrief und die Verwerfung Israels (§ 33).

Wenn Paulus anfangs mit den Uraposteln und der Urgemeinde wesentlich einig war, so kann er nicht, was ja auch von vornherein unwahrscheinlich wäre[1], damals schon den Heiden gepredigt oder gar Israel für verstossen gehalten haben. In der That sahen wir bereits oben, dass er noch im ersten Corintherbrief 9, 20 Juden und Griechen als ganz gleich zugänglich (bezw. unzugänglich) für die Predigt vom Kreuz ansieht, und müssen daraus schliessen, dass er auch durch jenes Zorngericht, das er I. Th. 2, 16 sich nun völlig über Israel entladen sieht, dieses nicht etwa vom Heil ausgeschlossen gedacht haben kann[2]. Anders ist das schon im zweiten, nach unsrer Zählung fünften Corintherbrief. Möglich, dass jene Verfolgungen, die ja nach 11, 24. 26 zum Teil von seinen eignen Volksgenossen herrührten, auch diese Meinungsänderung herbeiführten: jedenfalls gelten schon II. Cor. 3, 14 die Juden, zunächst gegenüber der Vergänglichkeit des alten Bundes, damit aber zugleich gegenüber der Freiheit des Geistes Christi als verstockt[3]. Das gleiche Urteil wird Röm. 10, 16, wenngleich mit der einem treuen Sohne seines Volks natürlichen Zurückhaltung gefällt und c. 11 davon nur der Rest ausgenommen, der, wie der Apostel selbst, sich bekehrt hat. Aber dereinst soll auch ganz Israel selig werden, denn Gott kann seinen Gnadenratschluss über sein Volk nicht bereuen. Freilich war dieses περισσὸν τοῦ Ἰουδαίου eigentlich schon 2, 21 ff. 3, 9 ff. 4, 10 ff. nicht nur seiner subjektiven Erscheinung, sondern auch seiner objektiven Thatsächlichkeit nach[4] bestritten worden, obwohl

---

poliert, **Bauer** a. a. O. 47 ff.; **Pierson et Naber** a. a. O. 153; **Steck** a. a. O. 233 f. 241 f. 360 ff.; **van Manen** a. a. O. 78 ff. für andern Ursprungs als das vorhergehende.

1) **Straatman** a. a. O. 71 f.; gegen **Matheson** a. a O. 68 und die oben Einleitung § 3 not. 7 genannten.

2) gegen **Weiss** a. a. O. 219 ff. 370, 7.

3) teilweise gegen **Klöpper**, Das zweite Sendschreiben 198 f.

4) gegen **Immer**, Theologie des Neuen Testaments 1877, 249; vgl.

es doch gleich 3, 30, wo die Gleichberechtigung von Juden
und Griechen zum ersten mal aus Gottes Einheit erwiesen
wird, in der Unterscheidung ἐκ πίστεως und διὰ τῆς πίστεως,
die, wennschon schwer zu formulieren, doch sicher beabsichtigt ist, und ebenso 4, 16 in dem ebendaher so ge-
schraubten[5]) οὐ τῷ ἐκ τοῦ νόμου μόνον ἀλλὰ καὶ· τῷ ἐκ
πίστεως Ἀβραάμ unwillkürlich wieder hervortritt. Und so
konnte Paulus in der That hier noch den Juden zuerst und
dann den Griechen das Heil zusprechen[6]); aber in allen übrigen Briefen fehlt eine ähnliche Formel. Gal. 3, 28; Kol. 3, 11
vgl. schon I. Cor. 12, 13 besagen nur: wenn einmal ein Jude
sich bekehrt, dann steht der Grieche mit ihm auf gleicher
Stufe; ja Gal. 6, 16 werden Beschneidung und Vorhaut nach
einem schon Deuterojesaja geläufigen Sprachgebrauch[7]) als
das Israel Gottes zusammengefasst[8]); aber als Volk ist Israel
nach dem Fleisch ausgetrieben und statt seiner schon in
Abraham vielmehr die Heidenwelt berufen. Ich nannte die
Hauptbeweisstellen für diese Anschauung, zu der ein geborner
Jude doch ganz gewiss nicht schon am Anfang seines Lebens,
sondern erst nach manchen bittern Erfahrungen kommen konnte,
schon am Anfang meiner ganzen Abhandlung und füge hier
nur noch 3, 14 hinzu, wonach die Befreiung der Juden vom
Gesetz deshalb erfolgte, damit an den Heiden sich die Abraham gegebenen Verheissungen erfüllten[9]). Man darf das nicht

---

vielmehr Lipsius a. a. O. 118: Hieraus folgt, dass die Beschneidung, weit
entfernt einen Vorzug der Juden, auf den sie sich als Unterpfand ihrer
Gerechtigkeit berufen könnten, zu begründen, vielmehr gerade das Unterpfand ist für die Glaubensgerechtigkeit der Unbeschnittenen. Völter
a. a. O. 20 ff. 24 ff. 56 ff. 73 ff. hält die betr. Stellen für später interpoliert,
van Manen a. a. O. 57 f. wenigstens 2, 25—29.

5) Diese Ausdrucksweise wäre unerklärlich, wenn sich wirklich in
diesem „Nicht nur — sondern auch" der ganze Charakter des Römerbriefs, seine irenisch-konziliatorische Tendenz, spiegelte, wie Pfleiderer
a. a. O. 329; Farrar a. a. O. 452, 3 meinen.

6) Röm. 1, 17. 2, 8 f.; gegen die oben § 28 S. 216 not. 4—9; vgl. § 5
not. 19 genannten.

7) Jes. 45, 25; vgl. Delitzsch, Der Prophet Jesaja³ 1879, 481.

8) vgl. schon I. Cor. 10, 18; Lipsius a. a. O. 68; gegen Weiss a. a.
O. 369, 5.

9) Wenn andrerseits 2, 15 die Heiden als ἁμαρτωλοί bezeichnet
werden, so verwendet Paulus diesen gebräuchlichen Ausdruck nur, um

nach Eph. 2, 13 ff. erklären wollen, wonach allerdings durch die
Lösung jener trennenden Scheidewand auch Juden und Griechen
eins geworden sind; denn der Brief ist eben nachpaulinisch;
die hier benutzte Kolosserstelle 1, 27 aber redet nur von dem
herrlichen Reichtum des Geheimnisses unter den Heiden[10]), so
dass auch von hier aus die Vordatierung des Galaterbriefes
sich bestätigt. Dagegen hat die Zeit des Kolosserbriefes bisher unbestimmt bleiben müssen und soll daher jetzt in einem
letzten Abschnitt untersucht werden.

c. Der Kolosserbrief und die Lehre von den Engeln
(§ 34).

Man streitet, ob der Kolosser- und der mit ihm zusammengehörige Philemonbrief von Cäsarea oder Rom aus geschrieben seien und hat für die eine wie für die andre Annahme
viel unhaltbares geltend gemacht[1]). Dass Onesimus eher nach
der Hauptstadt der damaligen Welt, als nach dem verhältnismässig unbedeutenden Seehafen fliehen konnte, mag man vielleicht zugeben; ob er dann aber auch, ohne schon selbst Christ
zu sein, Paulus gefunden hätte, dürfte weniger einleuchten.
Oder man sagt, Paulus habe nur in Rom die von den Briefen
vorausgesetzte Verkehrsfreiheit gehabt; aber ward sie ihm nicht
auch von Felix schon gleich nach der ersten Verteidigung
gewährt? Und endlich ist's doch mindestens ebenso wahrscheinlich, dass er von Cäsarea aus über Kolossä nach Rom,
als dass er, wie man nach Phil. 2, 24 vgl. Röm. 15, 24 annimmt,
von Rom über Macedonien nach Spanien reisen wollte[2]). In
Wahrheit freilich gehört ja nun eben dieser Plan, die Philipper
zu besuchen, bereits dem ältern Brief an diese an, den ich
oben wegen seiner Stellung zu der judaistischen Opposition
zwischen dem Galater- und Kolosserbrief einreihen zu müssen
glaubte. Genauer müsste er nach 2, 20 f. geschrieben sein, als
Paulus eben verhaftet worden war und sich alle seine Ge-

---

ihn gleich auch auf die Juden anzuwenden; Phil. 3, 5 ist, wie II. Cor. 11, 22,
in polemischer Absicht gesagt; gegen Immer a. a. O. 249; Boyschlag
a. a. O. 121.
10) Klöpper, Kolosserbrief 328.
1) ebenda 49 f.; Weiss, Einleitung 252.
2) gegen von Soden, Handcommentar III, 1, 16. (² 1893, 17).

führten bis auf Timotheus von ihm zurückgezogen hatten[3]). Um
so mehr drängte es ihn, obwohl er die Philipper wohl schon
oft, namentlich bei seiner letzten Reise nach Hellas und zurück,
act. 20, 1. 6 vor den Judaisten gewarnt hatte, jetzt, wo er diese
ganz durchschaut, seiner Gemeinde noch einmal sein Urteil
über die Gegner mitzuteilen. Alles nähere wollte er ihnen
mündlich erzählen, vorher aber auch noch den Timotheus zu-
schicken. Mit dieser Sendung dürfen wir nun vielleicht den
doch wohl an Timotheus gerichteten Zettel II. Tim. 4, 9—18 in
Verbindung bringen. Denn in Macedonien ist er damals und
soll auf der Rückreise einen Mantel und Bücher in Troas ab-
holen, die Paulus dort zurückgelassen hatte. Wir wissen nicht,
wann dies geschehen sein mag; war es zur Zeit von act. 20, 13,
so hätte doch Paulus, wenn er sich nicht selbst damit be-
schweren wollte, seinen Gefährten sein Gepäck ins Schiff mit-
geben können; vergass er es aber, so war während der nicht
ganz kurzen Zeit, die wir zwischen jener Reise und diesem
Brief werden annehmen müssen, doch gewiss Gelegenheit gewesen, es durch irgendwelche Bekannte mitbringen zu lassen.
Man wird also vielmehr an eine spätere Reise zu denken
haben, von der uns in der That jenes andre Billet an Timotheus, das II. Tim. 4, 19—21 aufbewahrt ist, Kunde giebt. Denn
wenn Paulus hier seinem Schüler mitteilt, Erastus sei in Corinth geblieben, Trophimus in Milet krank zurückgelassen worden, so musste jener ja, wenn sich das auf der Reise act. 20, 4 ff.
ereignet hätte, selbst längst davon wissen. Möglich übrigens,
dass Paulus bei jener spätern Reise wirklich den Erastus nach
Macedonien vorausschickte, und so dem Bericht act. 19, 22 wenigstens eine richtige historische, wenngleich falsch angebrachte
Erinnerung zu Grunde liegt. Aber Timotheus kam wohl auch
bei jener Gelegenheit überhaupt nicht nach Macedonien, sondern nur nach Ephesus und sollte dort Aquila, Priscilla und
das Haus des Onesiphorus grüssen[4]). Paulus mochte auch

---

3) Schmidt, Hyperkritik 24 f. deutet Phil. 3, 2 ff. auf die Anarchie
in Jerusalem ums Jahr 62 — ganz gegen den Kontext.

4) Spitta, Ueber die persönlichen Notizen im zweiten Briefe an
Timotheus, StKr 1878, 556 f. behauptet auf Grund der acta Pauli et Theclae,
Onesiphorus habe in Ikonium gewohnt und dort sei also damals auch Ti-
motheus gewesen: eine falsche Folgerung aus der richtigen Erkenntnis,

diesmal nicht selbst hingehen und rief von irgend einem Punkte
Kleinasiens Timotheus wieder zu sich zurück. Freilich sind
dabei bei Begleitern Pauli die römischen Namen v. 21 auffällig,
aber solche finden sich ja auch in dem Epheserbrief Röm. 16[5]).
Jedenfalls müssen wir auf Grund dieser Verse eine nochmalige
Missionsreise des Paulus, die er vielleicht gleich nach dem
Vorfall in Antiochien antrat, und ebenso eine Abordnung des
Timotheus, in der Reihe der uns bekannten (I. Th. 3, 1 ff.;
I. Cor. 4, 17. 16, 10 f. II, 2, 6 ff. 7. 12?) die dritte, annehmen, wor-
über gewiss ein oder mehrere Jahre vergangen sind. Die ge-
nauere Zeitbestimmung werden wir erst finden, wenn wir be-
trachten, in welchem Verhältnis das erstbesprochne Fragment
II. Tim. 4, 9—18, das sich also auf die Phil. 2, 19 ff. projektierte
vierte Reise des Timotheus bezieht, zu dem Kolosser- und
Philemonbrief steht, von denen wir ja oben ausgingen und zu
denen wir daher jetzt zurückkehren.

Hier hat nun schon Krenkel im wesentlichen richtig gezeigt, dass die II. Tim. 4, 9 ff. vorausgesetzte Situation im Ver-
gleich zu der aus den eben genannten Gefangenschaftsbriefen
ersichtlichen die spätere ist[6]). Denn die hier noch in der Umgebung des Apostels befindlichen Gehilfen haben ihn dort verlassen und, dass sie vielmehr später wieder zu ihm gekommen
wären, ist durch das v. 10 über Demas bemerkte ausgeschlossen.
Da aber ferner Timotheus erst nach dem Kolosser- und Philemonbrief, in denen er noch als Mitverfasser zeichnet, jene
versprochne Reise nach Philippi ausgeführt haben kann, so
braucht ihm von dem Verbleib der in jener Zwischenzeit von
Paulus wieder abgereisten Brüder nichts berichtet zu werden.
Das gilt wohl von Epaphras[7]), sowie jedenfalls von Markus,
den Paulus kurz nach dem Kolosserbrief abgesandt haben wird
und jetzt Timotheus wieder mitbringen soll[8]). Umgekehrt
mochten Crescens und Titus, die hier II. Tim. 4, 10, aber noch
nicht in dem Kolosser- und Philemonbrief genannt werden,

---

dass 4, 9—18 allerdings nicht nach Ephesus gerichtet sein kann (vgl. auch
Krenkel, Beiträge 434, 1).

5) gegen ebenda 455, 1.
6) ebenda 435.
7) Kol. 4, 12 f.; Philem. 23.
8) Kol. 4, 10; Philem. 24; II. Tim. 4, 11.

erst nach diesen, aber noch während der Anwesenheit des
Timotheus bei Paulus eingetroffen sein. Doch liesse sich auch
annehmen, dass jene beiden deshalb nicht unter den Grüssen-
den des Kolosser- und Philemonbriefes erscheinen, weil sie
den Adressaten unbekannt waren. Aus diesem Grunde fehlt
ja jedenfalls Jesus Justus Kol. 4, 11 schon im Philemonbrief
— nicht weil er kurz zuvor abgereist war; denn beide Briefe
gingen zusammen*). Tychikus dagegen, der sie damals
mit Onesimus überbracht hatte, war wohl wieder zurückgekehrt und von neuem verschickt worden, diesmal nach Ephesus; denn handelte es sich um jene frühere Reise, auf der er
ja auch höchstens vorübergehend Ephesus besuchte, so brauchte
Paulus dem Timotheus nicht erst davon zu erzählen[10]. Aber
wo ist Onesimus geblieben? Dass Philemon etwa die Bitte
des Apostels doch nicht erfüllt hätte, ist kaum anzunehmen;
so war er wohl auch zu irgend einer Mission verwedet worden, vielleicht ebenfalls schon vor der Abreise des Timotheus.
Mithin bleibt schliesslich nur Aristarch zu vermissen, von dem
daher Krenkel nicht unwahrscheinlich vermutet, er sei eben
der Ueberbringer jenes Billets an Timotheus gewesen[11]. Nun
weist aber die ganze ihm darin vorgezeichnete Reiseroute auf
Cäsarea als Abfassungsort hin[12], wo also auch der Kolosser-
und Philemonbrief geschrieben sein müssen, und zwar im Anfang der dortigen Gefangenschaft. Denn kann man auch die
erste Verteidigung II. Tim. 4, 16 kaum in act. 24 (und dann

---

9) gegen Krenkel a. a. O. 445.

10) vgl. Lemme a. a. O. 24; gegen Spitta a. a. O. 584, der meint,
Tychikus solle gegen die ursprüngliche Absicht (Kol. 4, 8?) länger in
Ephesus bleiben und an seiner Stelle Markus zu Paulus zurückkehren.

11) a. a. O. 446.

12) Dann wird auch Ἀλέξανδρος ὁ χαλκεύς kein jüdischer Aeltester
(oder gar einer von den Hohenpriestern act. 4, 6), der in Cäsarea den Prozess gegen den Apostel zu führen gehabt hätte, sein — denn vor einem
solchen konnte doch Paulus seinen Schüler bei seiner Ankunft dort noch
früh genug warnen —, sondern wahrscheinlich ein Bürger von Ephesus,
der bei jener spätern Reise des Paulus ihm viel böses that — während
der Redaktor der Lukasquelle die beiden Besuche dort verwechselte und
ihn so schon 19, 33 auftreten liess, offenbar ohne hier viel mit ihm anzufangen zu wissen. Spitta a. a. O. 596 ff. sucht ihn in Troas, ähnlich Hesse
a. a. O. 41*.

etwa die Stärkung zur Heidenmission II. Tim. 4, 17 in dem Traum act. 23, 11) wiederfinden, da die bis dahin seit der Gefangennahme verflossenen fünf Tage nicht recht für die Abfassung jenes Philipper-, des Kolosser- und Philemonbriefes, die Abreise einer Anzahl andrer Gefährten des Paulus und schliesslich des Timotheus selbst hinreichen dürften, so beziehen sich doch die fraglichen Aeusserungen unzweifelhaft auf die erste Zeit des Prozesses gegen Paulus [13]). Das bestätigt sich durch Kol. 4, 3, wo der Apostel sich eine geöffnete Thür für die Predigt des Evangeliums wünscht und durch Philem. 9, wo seine Gebundenheit doch wohl als etwas neues erscheint. Vor die Appellation an den Kaiser weisen ja auch die mannigfachen Zukunftspläne, die in jedem Fall, nachdem das eigentliche Verfahren einmal eingeleitet war, weniger verständlich sind. Aber leider konnten wir oben für den Wechsel der Prokuratoren nur das Jahr 58 als frühesten und 60 als spätesten Termin ansetzen und dürfen daher auch jetzt bezüglich des ersten Philipper-, des Kolosser- und Philemonbriefs mit Sicherheit nur soviel sagen, dass sie vor 60 geschrieben sind. Das ergiebt sich übrigens auch daraus, dass andernfalls irgendwie des Erdbebens hätte gedacht werden müssen, das im Jahre 61 Laodicea, Kolossä und Hierapolis zerstört zu haben scheint. Fiel aber der Amtsantritt des Festus wahrscheinlich ins Jahr 60 und gehören unsre Briefe an den Anfang der zweijährigen Gefangenschaft, so sind sie schon 58 geschrieben, vorher etwa 56 jener erste Zettel an Timotheus II. Tim. 4, 19—21, kurz nachher der zweite v. 9—18 und 61 oder später von Rom aus der dritte, der in 1, 15—18 erhalten ist und ausserdem 3b. 4 umfasst haben wird [14]). Denn die Thränen des Timotheus erklären sich am besten daraus, dass er bei

13) gegen ebenda 29 ff. Auch das ἐρύσθην ἐκ στόματος λέοντος II. Tim. 4, 17 ist, da es nicht ἐκ τοῦ στόματος τῶν λεόντων heisst, vielmehr wie I. Cor. 15, 32 das ἐθηριομάχησα bildlich zu verstehen; vgl. Hesse a. a. O. 33; Heinrici a. a. O. 520, 2; gegen Spitta a. a. O. 605 f.

14) vgl. oben § 7 S. 47 not. 2 und zur Bestätigung der obigen Datierung des Brieffragments die Berührungen zwischen II. Tim. 1, 3 ὡς ἀδιάλειπτον ἔχω τὴν περὶ σοῦ μνείαν ἐν ταῖς δεήσεσίν μου νυκτὸς καὶ ἡμέρας und Phil. 1, 4 πάντοτε ἐν πάσῃ δεήσει μου ὑπὲρ πάντων ὑμῶν μετὰ χαρᾶς τὴν δέησιν ποιούμενος, auch zwischen II. Tim. 1, 4 ἵνα χαρᾶς πληρωθῶ und Phil. 2, 2 πληρώσατέ μου τὴν χαράν.

der Einschiffung Pauli nach Rom ihn nicht begleiten durfte,
wie man sonst eigentlich hätte erwarten sollen, sondern noch
in Asien zurückbleiben musste. Auf jene Notiz hin wird er
nun aber, nachdem er also zum fünften Male verschickt worden
war, nach Rom zu seinem Meister geeilt sein und dort im
Jahr 63 mit ihm den zweiten Philipperbrief geschrieben haben.

Was nun aber den Kolosserbrief in erster Linie vor den
andern auszeichnet, das ist seine Engellehre. Zwar hat man
bei genauerem Zusehen auch in den älteren Briefen schon
zahlreiche Elemente einer solchen entdeckt; trotzdem aber
glaube ich, in jenem den Höhepunkt einer Entwicklung nachweisen zu können, die je mehr und mehr die allgemein ver-
breiteten angelologischen Vorstellungen nicht zwar, wie man
des Apostels Aussagen noch immer vielfach rationalisiert, zu
bildlichen Bezeichnungen verflüchtigte, wohl aber, wie man
treffend gesagt hat, im protestantisch-monotheistischen Sinne
einschränkte und kritisierte[15]). Doch muss man dazu zwischen
den einzelnen Ordnungen der Engel unterscheiden, soweit sie
sich eben aus Paulus' Angaben erkennen lassen. Es wäre z. B.
verkehrt, Gal. 1, 8 ohne weiteres mit I. Cor. 2, 6 in Verbindung
zu setzen und daraus, dass dort den ἄγγελοι θεοῦ noch eine
gewisse Autorität zugeschrieben, hier aber den ἄρχοντες τοῦ
αἰῶνος τούτου[16]) die wahre Weisheit abgesprochen wird, zu
schliessen, dass der erste Corintherbrief jünger als der an die
Galater wäre. Mit der aus diesem angezognen Stelle ist vielmehr 1. Cor. 13, 1 und noch mehr II, 11, 14 zu vergleichen, wo
die Sprache der Engel[17]), wenngleich der Liebe unterlegen,
doch noch ihr zunächst steht, und der Engel des Lichts, in

---

15) Spitta, Der zweite Brief des Petrus und der Brief des Judas
1887, 524; Matheson a. a. O. 254. 257: Paul did for the first century
what the man of modern science has done for the nineteenth: proclaimed
the unity of nature and the binding of all things under a common law;
aber gegen ebenda: the principalities and powers Col. II, 15 are not actual
existences but existences in the imagination.

16) vgl. Everling a. a. O. 11 ff., zu dessen Beweisen gegen die gewöhnliche Erklärung der Worte ich noch hinzufüge, dass gar kein Grund
ersichtlich wäre, weshalb Paulus hier die Weisheit, sei es der jüdischen,
sei es auch der heidnischen Machthaber abgelehnt haben sollte — selbst
wenn diese eine solche besessen hätten.

17) vgl. ebenda 39.

den sich der Satan verstellt, den Aposteln Christi an die Seite
gestellt wird, während dagegen Gal. 1, 8 selbst seine Auktorität
der des Apostels weichen muss[16]) und vollends Kol. 2, 18 die
Engelerscheinungen für so wertlos gelten, dass man sich nur
in fleischlichem Sinne ihrer rühmen könnte. Deutlicher noch
ist aber die allmähliche Degradation der Welt- und Elementargeister[19]). Sind sie I. Cor. 2, 6 nur erst dem Untergang geweiht
und Röm. 8, 38 der Siegesgewissheit der Christen gegenüber
machtlos, so gelten sie Gal. 4, 9 schon jetzt als $\dot\alpha\sigma\vartheta\epsilon\nu\tilde\eta$ $\varkappa\alpha\grave\iota$
$\pi\tau\omega\chi\acute\alpha$ und endlich Kol. 2, 15 als durch Christum völlig unter-
worfen[20]). Dazu wird in beiden Briefen, wie für den letztern
ausser 2, 20 auch der Zusammenhang zwischen v. 14 und 15
zeigt, das Gesetz auf die $\sigma\tau o\iota\chi\epsilon\tilde\iota\alpha$ zurückgeführt, durch dessen
Sühnung und Aufhebung nun auch sie ihrer Macht beraubt
sind, wie wir dies gleich noch einmal im einzelnen sehen
werden, wenn wir jetzt, durch den im vorstehenden erbrachten
Nachweis einer über nicht weniger als sechszehn Jahre sich
erstreckenden schriftstellerischen Thätigkeit des Apostels und
die bisher schon gelegentlich vorgetragenen Beobachtungen
über eine allmähliche Entwicklung gewisser Nebenlehren dazu
mehr als bisher berechtigt, auch in der Ausgestaltung seiner
Hauptsätze gewisse Etappen zu unterscheiden und danach
seine Briefe in das richtige Zeitverhältnis zu einander zu
setzen versuchen wollen.

16) Deshalb wird auch 4, 14 mit Holsten, Das Evangelium 116;
Kähler a. a. O. 21. 44; Everling a. a. O. 76 Bote, nicht Engel zu über-
setzen sein.
19) vgl. ebenda 65 ff.
20) Matheson a. a. O. 254 f.

B. DIE LEHRENTWICKLUNG INNERHALB DER BRIEFE.

1. Die Lehre vom Gesetz.

a. Das Gesetz als rechtfertigend (§ 35).

Wir haben schon bei verschiednen Gelegenheiten gesehen, dass Paulus anfangs die urapostolische Lehre vertreten haben muss, können dies aber jetzt auch noch aus seinen eignen Aeusserungen schliessen, die zum Teil ebenfalls bereits in anderm Zusammenhang angeführt wurden. So sprach ich schon oben von der Stelle Kol. 2, 11 f., wo die Ablegung des Fleischleibes und die Taufe auf Christum als περιτομὴ ἀχειροποίητος bezeichnet wird. Wenn aber trotzdem Paulus schon vorher im Galaterbriefe 5, 2 die Beschneidung als geradezu verdammlich hingestellt hatte, so scheint allerdings in diesem Punkt bei ihm eine prinzipiell-ideale und historisch-empirische Betrachtung neben einander hergegangen[1]), eine Entwicklung aber ausgeschlossen zu sein. Und doch glaube ich eine solche gerade innerhalb dieser verschiednen Gedankenreihen sowohl bezüglich der Beschneidung, als auch hinsichtlich des Gesetzes im allgemeinen nachweisen und so erst die Widersprüche, die durch Unterscheidung der ethischen und rituellen Seite des Gesetzes gleich gar nicht zu lösen sind[2]), völlig erklären zu können.

Röm. 2, 25 gilt, wie bereits früher erwähnt, unter Voraussetzung der Gesetzeserfüllung die Beschneidung als nützlich;

---

1) Fleischhauer, Die paulinische Lehre vom Gesetz, StW 1883, 45; Weizsäcker a. a. O. 132; Pfleiderer, Urchristentum 201 f.; Beyschlag a. a. O. 125.

2) Weiss, Neutest. Theologie 262, 3; Ritschl a. a. O. 254; Tiling, Die paulinische Lehre vom ΝΟΜΟΣ 1878, 9; gegen Holsten, Zum Evangelium 21 f.

das war nach jener Aeusserung im Galaterbrief schlechthin undenkbar. Aber noch deutlicher folgt seine Posteriorität aus der Beurteilung des Gesetzes im grossen und ganzen. Wie I. Cor. 7, 19, mag nun hier ein eignes Wort des Apostels oder ein Zitat aus einem Apocryphum des Moses vorliegen[3]), die Beobachtung der göttlichen Gebote als seligmachend gilt, so noch ausdrücklicher Röm. 2, 13[4]). Das Gesetz ist die leibhaftige Verkörperung der Erkenntnis und Wahrheit Gottes, geistlich, heilig, gerecht und gut und zur Erlangung des Lebens gegeben; ja es ist der eigentliche Zweck des Erlösungswerkes, dass die Satzung des Gesetzes bei uns erfüllt würde[5]). Dagegen im Galaterbrief wird 2. 21 nicht mehr, wie Röm. 3, 31, das Gesetz, sondern die Gnade Gottes aufgerichtet und auch 3, 12, ebenso wie schon Röm. 10, 5 lev. 18, 5 nur wegen des ὁ ποιήσας, dem die πίστις gegenübergestellt werden soll, zitiert[6]); ja v. 21 wird dem Gesetz gerade das bestritten, was ihm Röm. 7, 10 zugestanden war, dass es nämlich lebendig machen könnte[7]), und ebenso 5. 6. 6, 15 bei sonstiger Uebereinstimmung mit I. Cor. 7, 19 doch an Stelle der τήρησις ἐντολῶν θεοῦ charakteristischerweise die πίστις δι' ἀγάπης ἐνερ-

---

3) Euthalius (bei Zaccagni, collectanea monumentorum veterum I, 1698, 51) leitet Gal. 6, 15 aus einem ἀπόκρυφον Μωϋσέως, Syncellus (ed. Dindorf I, 48), der aber nach Schürer a. a. O. II, 636 offenbar aus Euthalius geschöpft hat, bestimmter aus der ἀποκάλυψις Μωϋσέως ab; doch findet es sich in der uns bekannten sog. ἀποκ. M. nicht. Nun bezeichnet aber ein Codex des 11. Jahrhunderts (bei Montfaucon, bibliotheca bibliothecarum I, 1739, 195) als Zitat ex Apocrypho Moysis vielmehr die Worte οὔτε περιτομή τι ἰσχύει οὔτε ἡ ἀκροβυστία Gal. 5, 6, geht also vielleicht nicht auf Euthalius, sondern eine andre Quelle zurück. Und ist jene Form allerdings wohl erst paulinisch, so konnte doch diese oder noch eher I. Cor. 7, 19 recht wohl in einer jüdischen Schrift sich finden.

4) vgl. Delitzsch, Paulus des Apostels Brief an die Römer 1870, 76.

5) Röm. 2, 20. 7, 10. 12. 14. 8, 4. Michelsen a. a. O. 1887, 175. 184 hält 2, 13. 7, 12b—14a; Völter a. a. O. 20 ff. 56 ff., wie schon bemerkt, überhaupt 1, 18—3, 20. 8, 1. 3—39; endlich van Manen a. a. O. 56 ff. 70 ff. 2, 13—15. 25—29. 7, 7—25 für interpoliert, bzw. übernommen: immerhin ein Beweis für die hier vorliegende Schwierigkeit.

6) Fleischhauer a. a. O. 47; gegen Weizsäcker a. a. O. 140. — Gegen Völter a. a. O. 90 ff. vgl. unten § 38 not. 12.

7) Man beachte auch, wie das Interesse des Apostels Gal. 3, 21 der ἐπαγγελία, Röm. 7, 7 dem Gesetze gilt.

γουμένη, bzw. die καινή κτίσις gesetzt; was freilich auch schon
etwas von der sonstigen Lehre unsres Briefs, wie wir sehen
werden, abweicht und vielleicht nur deshalb gesagt wurde.
weil ein Zitat, das Paulus einmal bringen wollte, sich nicht
noch mehr abändern liess. So führt schon hier der Galaterbrief ein Stück weiter vom Judentum ab und zum Marcionismus hin[8]). Doch lässt auch er sichs 5, 14 noch angelegen
sein, wie schon der Römerbrief 13, 9 f. die Erfüllung des Gesetzes in dem Gebot der Nächstenliebe nachzuweisen. Ja selbst
damit ist die bleibende Bedeutung des Gesetzes für Paulus
noch nicht erschöpft; wie in der Haggada lebt es durch den
Messias in neuer Gestalt wieder auf[9]).

Wohl ist in Christo, wie wir noch sehen werden, an Stelle
des Buchstabens der Geist getreten, aber doch wird auch
dieser Röm. 8, 2 wieder zu einem νόμος gemacht und bekennt
sich der Apostel I. Cor. 9, 21 als ἔννομος Χριστοῦ[10]). Wenigstens dieser letztere Ausdruck ist keineswegs nur formal zu
verstehen und auch nicht aus Konnivenz gegen die Judaisten
zu erklären[11]): denn diese waren, wie wir sahen, damals in
Corinth wohl überhaupt noch nicht vorhanden. Als sie dann in
Galatien einflussreich geworden: da hätte Paulus gewiss ihnen
zu liebe nicht so, wie Gal. 6, 2 von einem Gesetz Christi geredet; dass er es that, beweist vielmehr die ungeheure Bedeutung, die selbst da noch jener Begriff für ihn besass. In
den spätern Briefen dagegen hat er ihn vermieden, so dass
wir wohl auch hier eine Entwicklung werden sehen dürfen.
Aber viel deutlicher noch ist sie nun innerhalb des in der
eben besprochnen Beziehung nicht verschiedenen Gebietes der
Hauptbriefe rücksichtlich jener zweiten, historisch-empirischen
Betrachtungsweise des Gesetzes.

b. Das Gesetz als verdammend (§ 36).

Die älteste Stelle, die die seiner Bestimmung entgegengesetzte Wirkung des Gesetzes schildert, würde I. Cor. 15, 56

---

8) Steck a. a. O. 75.
9) Delitzsch a. a. O. 85.
10) Völter, ThT 1889, 321 hält v. 20b. 21 für interpoliert, aber auf
durchaus unzureichende Gründe hin.
11) gegen Grafe, Lehre vom Gesetz 4. 20.

sein, wenn dieser Vers nicht, wie auch schon von Straatman[1]), Völter[2]) und Schmiedel[3]) bemerkt worden ist, als spätre Interpolation zu gelten hätte. Er passt ja schon äusserlich durch seine nüchterne Verstandesmässigkeit nicht in den überschwänglichen Jubelton. Und beim Lesen von v. 55 wird jeder beim Stachel des Todes an seine Schrecklichkeit wegen des Bewusstseins der Schuld, aber nicht an seinen Ursprung in der Thatsache der Sünde denken. Mithin finden wir in den Corintherbriefen erst II, 3, 6 ff. jene Frage behandelt, aber in einer Weise, die schon äusserlich die Neuheit des Problems verrät. Nur ganz nebenbei wird der allgemeine Erfahrungssatz: der Buchstabe tötet, der Geist macht lebendig, auf den alten Bund des Buchstabens bezogen und dieser deshalb ein Dienst des Todes genannt, ohne dass dabei schon an die ausgeführten Theorien des Römer- und Galaterbriefes zu denken wäre[4]). Die Minderwertigkeit des Gesetzes wird vielmehr aus ex. 34, 29 ff. geschlossen, ebendadurch aber diesem doch noch eine gewisse δόξα zuerkannt.

Viel weiter geht schon der Römerbrief. Zwar könnte auch hier 4, 15 eine unechte Glosse[5]) (oder eine spätre Randbemerkung des Apostels) sein, aber dadurch würde die Antwort auf unsre Frage keine andre werden. Denn schon 3, 20 wird als Zweck des Gesetzes die Erkenntnis der Sünde und dann 5, 20 sogar die Mehrung der Uebertretung vorangestellt und umgekehrt 6, 14. 7, 5 f. als Grund der Sünde einfach das Gesetz bezeichet, durch dessen Aufhebung also auch jene beseitigt ist[6]). Aber dagegen bäumt sich doch wieder das jüdische Gewissen des Apostels mit aller Macht auf und versucht, das Gesetz zu entlasten. Deshalb wird die Schuld auf die Sünde

---

1) Kritische studiën over I. Kor. (11—15) II, 1865, 254.

2) a. a. O. 315.

3) a. a. O. 170. (² 205). Dagegen setzt Steck a. a. O. 154 f. wesentlich wegen dieses einen Verses den Corintherbrief hinter dem an die Römer an; denn seine andern Beweise für dieses Verhältnis beider Briefe sind keineswegs zwingend; vgl. auch Brückner a. a. O. 151.

4) Heinrici, Das zweite Sendschreiben 146; vgl. Lipsius, Die paulinische Rechtfertigungslehre 1853, 64; gegen Klöpper, Das zweite Sendschreiben 187 ff.

5) Michelsen a. a. O. 178; van Manen a. a. O. II, 61.

6) Röm. 7, 1 ff.

geschoben, wenngleich diese doch eben erst durch's Gesetz
überaus sündig werden sollte, und nun deren unheimliches
Walten geschildert, während das Gesetz wieder als Ausdruck
des göttlichen Willens gilt. All das geschieht aber mit solcher
Wärme und Anschaulichkeit, dass es den Apostel zum Schau-
spieler machen heisst, wenn man darin die Schilderung seines
Zustands vor der Bekehrung, wenngleich vielleicht vom Standpunkt der Gegenwart aus[7]), findet. So schreibt nur einer, der
diesen Kampf eben durchlebt, nicht nur einen Kampf zwischen
Sünde und Gerechtigkeit, sondern zugleich zwischen der alt-
orthodoxen und einer liberaleren Auffassung des Gesetzes, die
eigentlich zu seiner Verwerfung führen musste[8]).

Im Galaterbrief ist diese Konsequenz gezogen und die
alte Bedenklichkeit überwunden. Das Gesetz ist nach 3, 19
einfach im Interesse der Sünde hinzugesetzt worden, was aber
hier so überrascht, dass man die grammatisch ja allerdings
unmöglichen Versuche einer andern Erklärung wohl versteht.
Greift man statt dessen einmal auf den Römerbrief zurück[9]),
so muss man ihn auch wirklich zeitlich vor den an die Galater
setzen, wie ja ebenso v. 22[a]. 23 nur von dort aus zu verstehen
sind[10]). Und dadurch bestimmt sich dann wieder der Sinn,
in welchem das Gesetz v. 24 unser Zuchtmeister heisst, deshalb nämlich, weil es uns hindert, anders als durch den Glauben an Christum zur Gerechtigkeit zu kommen[11]). Nicht einmal mittelbar ist daran mitgedacht, dass das Gesetz, indem

---

7) so neuerdings Westphal, De epistulae Pauli ad Romanos
cap. 7, 7—25 commentatio 1888.

8) So galt auch von Paulus, was Harnack a. a. O. III, 701 von
Luther schreibt: Er glaubte, mit sich und seiner Sünde zu kämpfen; aber
in Wahrheit rang er mit der Religion seiner Kirche: eben das, was ihm
Trost gewähren sollte, offenbarte sich ihm als der Schrecken.

9) Farrar a. a. O. 437, 6: We might not be able to follow these
pregnant allusions of the Epistle if we did not possess the Epistle to the
Romans as a commentary upon it. Wenn er fortfährt: The Galatians
could only have understood it by the reminiscences of Paul's oral teaching,
so wird sich unten auch diese Auskunft als unmöglich erweisen.

10) Steck a. a. O. 60.

11) Baur a. a. O. II, 218 f.; Lightfoot a. a. O. 147; Holsten a. a.
O. 110 f.; Lipsius a. a. O. 80; Fleischhauer a. a. O. 54; Grafe a. a. O.
13; Witt, Die Stellung des Apostels Paulus zum mosaischen Gesetz
1889, 10; Beyschlag a. a. O. 128.

es die Menschen ihre Unfreiheit und Ohnmacht fühlen lässt,
das Verlangen nach Erlösung wachruft und damit die Fähigkeit, die erlösende Gnade anzunehmen, vorbereitet; denn wäre
dies die Meinung, so würde die Bemerkung, dass mit der Erscheinung des Glaubens die Thätigkeit des Zuchtmeisters auf-
hörte, so selbstverständlich sein, dass sie gewiss weggeblieben
wäre. Auch 4, 24 ff. heisst es vom alten Bund einfach: εἰς
δουλείαν γεννᾷ, und von dem irdischen Jerusalem: δουλεύει
μετὰ τῶν τέκνων αὐτῆς[12]). So hat neuerdings auch Brückner
auf diesem Punkte eine Verschiedenheit zwischen dem Römer-
und Galaterbriefe zugegeben[13]); aber zur Evidenz kommt die
Posteriorität des letztern erst durch die für die besprochne
Wirkung des Gesetzes hier gegebne Erklärung.

c. Das Gesetz als vergänglich (§ 37).

Röm. 7 wird die Aufhebung des Gesetzes aus der auch
Heidenchristen vertrauten Gesetzesbestimmung über die Wieder-
verheiratung verwittweter Frauen bewiesen, indem der gestorbne
Mann auf Christus und das nun vom Gesetz freie Weib auf
die Gläubigen gedeutet wird. Hätte der Apostel wohl zu dieser künstlichen Allegoristik seine Zuflucht genommen, wenn
ihm damals schon zum Bewusstsein gekommen wäre, dass
durch Betonung der spätern Entstehung des Gesetzes, die
Röm. 3, 20 nur eben erst von ferne anklingt, und dann seine
Ableitung von den Engeln und einem Mittler, der einen doppelten, also nicht reingöttlichen Ursprung desselben voraussetzte, das Gesetz von vornherein als der Verheissung an
Abraham gegenüber inferior erwiesen war? Ja, konnte Paulus
dann noch so, wie Röm. 2 vom Gesetz reden? Ritschl fürchtete
seinerzeit durch diese Schwierigkeit würde seine im wesentlichen richtige Erklärung der στοιχεῖα wieder in Frage gestellt
werden[1]); konsequenter muss man vielmehr um ihretwillen die
bisherige Annahme über das Zeitverhältniss des Römer- und
Galaterbriefs in ihr Gegenteil umkehren.

---

12) Völter, Komposition 102 f. streicht v. 24—27, wie schon Cramer
bei Mejboom, ThT 1891, 245 v. 14—28, aber ohne genügenden Grund.
13) a. a. O. 123 f.
1) a. a. O. 253.

Doch enthält nun nichtsdestoweniger auch dieser noch
besondre Beweise für die Aufhebung des Gesetzes, die aber
nur noch deutlicher die Priorität des Römerbriefs erkennen
lassen. Denn wenn es Gal. 2, 19 heisst: ich bin durch's Gesetz
gestorben. so ist das nur aus Röm. 7, 10 einer- und v. 4, vielleicht auch 8, 2 andrerseits zu verstehen[2]). Dann liegt es aber
auch schon um dieser Parallele willen nahe, in der Galater-
stelle bei Gesetz zugleich an die Verleitung zur Sünde zu
denken, die jetzt beseitigt sei, und würde der Vers sich also
ausgezeichnet an v. 17 anschliessen, wenn nicht v. 18 dazwischen
stände. Aber, wie schon Weisse sah[3]), kann er nicht ursprünglich sein. Paulus begründet nach μὴ γένοιτο mit γάρ immer
eben diese Ablehnung, nie die vorhergegangene Frage. Und
gesetzt auch, es wäre das hier einmal der Fall, so würde
diese Erklärung gar nicht zu v. 17 passen. Dort fragt Paulus,
ob Christus nicht etwa ein Sündendiener würde, wenn auch
die Juden, um gerechtfertigt zu werden, wie die Heiden sich
als Sünder ansehen müssten[4]). Aber selbst wenn man bei
εὑρέθημεν καὶ αὐτοὶ ἁμαρτωλοί an die den Judaisten anstössige
Entbindung von gesetzlicher Sitte oder überhaupt die Sünd-
haftigkeit auch der Gerechtfertigten denken wollte[5]), so könnte
diese „religiöse Inkonsequenz" unmöglich v. 18 als παράβασις
bezeichnet werden, selbst wenn man dies nach Röm. 4, 15 verstehen — und so doch wieder die Posteriorität des Galaterbriefs anerkennen wollte. Denn vor allem müsste, wenn hier
das Χριστὸν ἁμαρτίας διάκονον εἶναι[6]) zurückgewiesen werden
sollte, mindestens ein τότε oder etwa dem ähnliches dabei-
stehen. Dass man aber überhaupt hier eine solche Anmerkung

---

2) vgl. Steck a. a. O. 69.

3) vgl. Lipsius, Handcommentar 33; eine Ahnung der Schwierigkeit auch bei Pierson et Naber a. a. O. 32.

4) Lightfoot a. a. O. 116 f.: Seeing that in order to be justified
in Christ it was necessary to abandon our old ground of legal righteous-
ness and to become sinners (i. e. to put ourselves in the position of the
heathen) may it not be argued that Christ is thus made a minister of sin?
This interpretation — paves the way for the words διὰ νόμου νόμῳ
ἀπέθανον which follow.

5) Holsten a. a. O. 89 ff. 159 f.; Kühler a. a. O. 35; Pfleiderer,
Paulinismus 306*; Lipsius a. a. O.

6) folglich darf man v. 14ᵃ nicht mit Völter a. a. O. 93 f. 111 streichen.

für nötig hielt und eine falsche anbrachte: das beweist nur
von neuem, wie schwer verständlich der Text ist, so lange
man ihn nicht aus dem Römerbrief erklärt und diesen damit
als bereits vorhanden annimmt.

Ebendazu nötigt endlich auch noch die andre, dann Kol.
2, 14 wiederkehrende Theorie des Galaterbriefes über die Aufhebung des Gesetzes, die in 3, 13 f. enthalten ist. Wir sahen
oben, dass Paulus v. 12 bei dem Zitat aus lev. 18 wohl nur
an dem ὁ ποιήσας gelegen war, das er dem ἐκ πίστεως gegenüberstellen wollte. Trotzdem aber konnte er dadurch daran
erinnert werden, dass das Gesetz, wie dem Thäter Leben, so
dem Uebertreter Tod in Aussicht stellte und also, sollte das
nicht eintreten, wenigstens eine Sühnung des Fluchs verlangte.
Daher denn die Theorie v. 13, bei der es im Grunde aber vielmehr auf die Aufhebung des Gesetzes überhaupt ankommt[7]).
Wie diese mit jener gegeben sein kann, auch das ist, direkt
und indirekt, nur aus dem Römerbrief zu ersehen, sofern dort
7, 8 ff. Sünde und Gesetz identifiziert wird und v. 4 umgekehrt
durch die Aufhebung des Gesetzes auch schon ein neues Leben
für in Gott inauguriert gilt. Ich glaube also, dass in der That
namentlich in der Gesetzesfrage die seinerzeit von Bruno Bauer
und dann von Steck behauptete anerkannte Abhängigkeit des
Galater- vom Römerbrief unleugbar ist und aus diesem Zeitverhältnis beider auch die geringere Konsequenz des letzteren
sich zur Genüge erklärt, ohne dass es noch länger des verlege-
nen Geredes von einer irenischen Tendenz desselben bedürfte.

2. Die Soteriologie.

a. Die Rechtfertigung (§ 38).

Hat sich durch den eben gegebenen Nachweis einer all-
mählichen Entwicklung des paulinischen Antinomismus der
gleich anfangs geäusserte Zweifel an der Richtigkeit seiner
Zurückführung auf die Bekehrung als berechtigt gezeigt, so

---

7) Ist also diese Stelle nach jener zu erklären, dann sicher nicht in
der Weise S c h w e i z e r s (Die Lehre des Apostels Paulus vom erlösen-
den Tode Christi von Galat. 3, 13 und 14 aus beleuchtet, StKr 1858, 436 f.
442 ff. 450.)

ist damit zugleich auch die entsprechende Behauptung rücksichtlich der Rechtfertigungslehre widerlegt. In der That steht
Paulus auch in dieser Beziehung noch in den Thessalonicher-
und dem ersten Corintherbrief durchaus auf dem Standpunkt
der Urapostel. Wie diese nach den alten Quellen des ersten
Teils der Apostelgeschichte[1]) die Wiederkunft Christi zum Gericht und als Vorbereitung darauf Busse predigten, so bewegt
sich auch zunächst der erste Thessalonicherbrief beinahe ausschliesslich um diese zwei Pole[2]). Das Wort πίστις kommt
öfters vor, aber noch nirgends in dem spätern solennen Sinne;
δικαιοῦν und seine Derivate finden sich überhaupt noch nicht.
Dann kann aber auch act. 13, 38 f., mag nun dort eine Ergänzung[3]) oder eine Ersetzung[4]) der Gesetzesgerechtigkeit
durch die aus Glauben gelehrt werden, jedenfalls nur eine
Zurückdatierung der späteren Lehrweise des Apostels in frühere Zeiten sein; denn in seinen Briefen findet sich diese nach
deren gewöhnlicher Datierung zuerst in dem an die Galater.
Dass man sie, von einer gleich zu besprechenden Stelle abgesehen, in den Corintherbriefen wieder vermisst, wird gewöhnlich aus dem mangelnden judaistischen Gegensatz erklärt. Aber
konnte der Apostel wirklich, nachdem er einmal den Grundsatz Gal. 2, 16 aufgestellt, so wie 1. Cor. 1, 30 über die Erlösung
reden? Hier muss nämlich δικαιοσύνη wegen des parallelen
σοφία ebenfalls einen activen Zustand[5]) bedeuten, ἀπολύτρωσις
aber, weil zuletzt stehend, nicht die objektive Grundlage der
δικαιοσύνη und des ἁγιασμός[6]), auch nicht die definitive, erst
im Endgericht eintretende Erlösung aus der Schuldhaft, die
Christus durch seinen Tod vermittelt hat[7]), sondern die erst
auf Grund der Heiligung eintretende Versöhnung. Erst II, 3, 9

---

1) act. 2, 36 f. 3, 19 ff.; vgl. Beyschlag a. a. O. I, 308. James,
Peter's Early Teaching, The O. and N. T. Student 1892, 351 ff. blieb mir
unbekannt.

2) vgl. Immer a. a. O. 216 ff.; Sabatier a. a. O. 92 ff.; auch Find-
lay, The Gospel of St. Paul at Thessalonica, Expositor 1890, 256 ff.

3) Schwegler a. a. O. II, 96 f.; Zeller a. a. O. 299; Overbeck
u. a. O. 205 f.

4) Hilgenfeld, ZwTh 1878, 323; Sabatier a. a. O. 82.

5) Ritschl a. a. O. 222, 2. Ebenso wohl 1. Cor. 6, 11.

6) gegen Heinrici a. a. O. 101, 1.

7) gegen Weiss a. a. O. 304, 9.

findet sich δικαιοσύνη in dem Sinne von Rechtfertigung — denn
zu dieser Uebersetzung nötigt allerdings der Gegensatz κατά-
κρισις[8]) —, indes wir haben bereits oben gesehen, dass gerade
an dieser Stelle die Spekulationen des Galaterbriefes noch unbekannt sind. Für die Rechtfertigungslehre aber folgt die
Posteriorität des Galaterbriefs nicht nur den Corinther-, sondern nun auch dem Römerbrief gegenüber noch ganz besonders deutlich aus der Art, wie sie in dem letzteren entwickelt wird.

Vergegenwärtigen wir uns den Gedankengang der vier
ersten Kapitel, so wird bekanntlich 1, 17 als ihr Thema die
δικαιοσύνη θεοῦ ἐκ πίστεως εἰς πίστιν aufgestellt. Um deren
Notwendigkeit zu beweisen, wird zunächst auf das Strafgericht
über die Gottlosen hingewiesen, ebendasselbe aber auch denen
angedroht, die es ihrerseits auszüben zu sollen glauben und so
gerade wie jene gegen ihre bessere Einsicht handeln. Denn
Gott wird schon einem jeden nach seinen Werken vergelten,
ohne dass dabei auf Unterschiede der Person oder Nationalität
Rücksicht genommen würde. Nun aber zeigt ja die Schrift,
dass thatsächlich niemand das Gesetz erfüllt hat, ja sie behauptet nach des Apostels Auslegung geradezu, dass dadurch
überhaupt niemand gerecht werden kann. Dieses Urteil ist
dem in 2, 13 gefällten gerade entgegengesetzt. Wie wenig sich
dieser Widerspruch dadurch heben lässt, dass man sagt, Paulus
stelle sich von 1, 18 ab mindestens zwei Kapitel hindurch nur
auf den Standpunkt der Gegner — obwohl er das doch mit
keinem Worte andeutet — oder auch dadurch, dass man vermutet, er wolle seinen judaistischen Gegnern möglichst weit
entgegenkommen — obwohl solche Konzessionen, die im folgenden wieder aufgehoben wurden, doch absolut nutzlos sein
mussten: — darauf brauche ich hier nicht noch einmal zurückzukommen. Noch weniger aber kann man, ohne sich einer
direkten Verkehrung des Sachverhalts schuldig zu machen,
immer wieder mit Baur behaupten: was im Römerbrief die
vollendete, nach allen Seiten hin ausgebildete Entwicklung der

---

8) Heinrici, Das zweite Sendschreiben 174; gegen Lipsius, Die
paulinische Rechtfertigungslehre 10; Ritschl a. a. O. 266; aber auch
Schmiedel a. a. O. 190. ([2] 227). Im allgemeinen vgl. Lightfoot, Journal of Philology 1857, 324 f.

paulinischen Lehre ist, sehen wir im Galaterbrief noch in den
ersten, aber schon mit aller Bestimmtheit gezogenen Grund-
linien vor uns[9]). Das Verhältnis ist genau das umgekehrte:
im Römerbrief bildet sich der Gegensatz zwischen Gesetzesbeobachtung und Glaube, obwohl die Notwendigkeit des letzteren dem Apostel schon feststeht, erst heraus, womit denn
zugleich die Annahme einer konstanten Form der paulinischen
Predigt des Evangeliums, auf die sowohl der Römer-, als der
Galaterbrief zurückweise, unmöglich gemacht ist[10]). Der letztere verwendet vielmehr die Resultate, die dort erst gefunden
wurden, namentlich 2, 16. 21. 5, 2. 4 bereits als Prämissen[11]);
wenn er sie aber 3, 10 noch einmal begründet, so geschieht
das durch einen unvollständigen Schluss, zu dem der feh-
lende Untersatz — οὐδεὶς δὲ ἐμμένει πᾶσιν τοῖς γεγραμμένοις ἐν τῷ βιβλίῳ τοῦ νόμου — nur aus Röm. 3, 10 ff. zu ergänzen ist[12]).

Ebenso steht sich in dem ältern Philipperbrief Gesetz und
Glaube scharf gegenüber, nur dass aus dem letzteren sogleich
das neue Leben abgeleitet wird, wie wir dies in dem nächsten
Abschnitt als durchaus paulinische Anschauung erkennen werden. Andrerseits hat Paulus auch sonst einmal mehr die
rituellen, ein andermal mehr die ethischen Bestandteile des
Gesetzes betont, ohne sie doch etwa durchgängig verschieden
zu beurteilen[13]). Ein Grund, wegen dieser Stelle den Philipperbrief für unecht zu erklären, liegt also nicht vor; er erweist
sich vielmehr in diesem seinem frühern Teil auch hier wieder
als dem Galaterbrief nahe verwandt, während dagegen die
spätre Hälfte den alten Gegensatz zwischen Glauben und
Werken vermissen lässt und so vielmehr mit dem Kolosserbrief zusammengehört. Denn auch die dortigen Irrlehrer woll-

---

9) a. a. O. 287. 343; vgl. Lightfoot, Galatians 49; Farrar a. a.
O. 423, 3.

10) gegen Bleek-Mangold a. a. O. 549*.

11) Ritschl a. a. O. 284.

12) Steck a. a. O. 57; auch Lüdemann a. a. O. 177; gegen Holsten
a. a. O. 92, bei dessen Erklärung von v. 11 derselbe etwa lauten müsste:
ὅτι δὲ οὐδεὶς ἐμμένει πᾶσιν τοῖς γεγραμμένοις κτλ. V. 11 f. ist also
allerdings in diesem Zusammenhang überflüssig, deshalb aber noch nicht
mit Völter a. a. O. 90 ff. auszuscheiden.

13) Fleischhauer a. a. O. 45 f.; Grafe a. a. O. 8 f.; Weizsäcker
a. a. O. 129.

ten ja durch ihren Gesetzesdienst die Versöhnung im Tode Christi nicht ersetzen, sondern nur ergänzen. Wäre aber vielleicht auch gegen solche Theorien noch eine eingehendere Ausführung der Röm. 3, 24 ff.; II. Cor. 5, 15 ff. vorliegenden Gedankenreihen wirksam gewesen, so war das doch viel mehr von der hier vorgetragnen Lehre von der Aufhebung des Gesetzes zu erwarten, auf die ich sofort nochmals zurückkomme. Jedenfalls darf man wegen dieses Mangels nicht den Kolosserbrief, jene drei Verse ausgenommen, Paulus absprechen [14]).

b. Die Versöhnung (§ 39).

Wie wiederum jene alten Quellen der Akten zeigen [1]), haben die ersten Christen den Tod Jesu noch nicht als sühnend gewertet, sondern zunächst als eine Verschuldung der Juden angesehen. Wir sahen bereits, dass dasselbe auch Paulus I. Th. 2, 15 noch thut, obwohl er daneben schon 5, 10 vgl. 4, 14, freilich erst in allgemeinster Form, die objektiv-juridische Auffassung des Leidens stellt. Auch im ersten Corintherbrief kommt trotz der Betonung des gekreuzigten Christus 1, 23. 2, 2 doch durchaus nicht deutlich zu tage, was dieser Tod eigentlich zu bedeuten hat [2]). Man darf dies nicht auf die Unreifheit der Corinther für die σοφία θεοῦ schieben [3]); denn die letztere bezog sich nach 2, 9. 12 wohl vielmehr auf die Heilsgüter der Endzeit [4]). Auch klingt 5, 7 ganz wie ein erster typologischer Versuch [5]) — sühnende Bedeutung hatte ja gerade das Passahopfer nicht — und betreffs 6, 20. 7, 23 hat Ritschl wenigstens darin Recht, dass man dieses ἠγοράσθητε nicht nach dem ἐξηγόρασεν Gal. 3, 13. 4, 5 zu deuten brauche [6]). Aber man kann weiter gehen und sagen: nachdem Paulus Gal. 2, 21 dem

14) gegen Holtzmann, ThLz 1883, 32 f.

1) vgl. oben § 16 S. 146.

2) Lüdemann a. a. O. 194.

3) I. Cor. 3, 1 ff.

4) vgl. oben § 18 not. 26 und die Verwendung des gleichen Zitats an den von Resch a. a. O. 154 ff. 251 f. und Chase a. a. O. 17 f. angeführten Stellen, ausserdem Bratke, Der neugefundene Hippolyt-Commentar zum Buche Daniel 1891, 43 f.; Apoc. Pe. 7 bei Harnack, Bruchstücke des Evangeliums und der Apokalypse des Petrus, TU IX, 2, 1893, 17. 52.

5) vgl. oben § 27 not. 30.

6) a. a. O. 256 f.

Tode Jesu eine solche Bedeutung abgewonnen hatte, dass er
von seiner Thatsache aus gegen die Rechtfertigung durch's
Gesetz argumentiert, da konnte er ihn unmöglich so, wie
I. Cor. 2, 8, auf die Herren dieser Welt, d. h. die Dämonen, zurückführen, und II. 13, 5, wenngleich nur aus Nachgiebigkeit
gegen die Christusleute und unter Vorbehalt sofortiger Korrektur, als einen Tod aus Schwachheit bezeichnen. Erst 5, 15 ff.
findet sich hier die ausgebildetere Theorie über die Sühne-
bedeutung des Leidens Jesu, die dann Röm. 3, 25 ff. weiter ausgeführt wird, aber im Galaterbrief ohne Parallele bleibt. Er
hat dafür jene im Kolosserbrief wiederholte Spekulation von
der Sühnung und Aufhebung des Gesetzes durch den Tod
Christi, welch letztere noch der Römerbrief nur durch die bereits besprochene allegorische Umdeutung des Ehegesetzes zu
beweisen wusste. Aber noch deutlicher zeigt sich an diesem
Punkte die Priorität der Corintherbriefe vor dem an die Galater. Wenn Paulus diesen, um sie von ihren gesetzlichen
Neigungen abzubringen, vorhält, er habe ihnen doch den gekreuzigten Christus vor Augen gemalt, so muss für sein jetzi-
ges Bewusstsein durch diese Thatsache zugleich auch die Aufhebung des Gesetzes bewiesen sein. In der That ist das Kreuz
nach 5, 11 deshalb ein σκάνδαλον, weil es die Beschneidung
beseitigt, und sagt Paulus 6, 12 deshalb den Judaisten Furcht
vor Verfolgung durch das Kreuz Christi nach, weil die durch
es vollzogne Abschaffung des Gesetzes die Juden zum Wider-
stand gegen das Evangelium reizen musste. Aber dass er das
nicht schon bei seinem letzten, geschweige denn bei dem ersten
Besuch in Galatien gepredigt hatte, geht daraus hervor, dass
noch I. Cor. 1, 23 in einem allgemeineren Sinne von dem Aerger-
nis des Kreuzes die Rede ist. Vielmehr setzt der Galaterbrief
auch hier den an die Römer voraus und war ohne ihn nicht
zu verstehen, ist deshalb auch von seinen ersten Empfängern
nicht verstanden worden: die Provinz ging schon bald darauf
dem Paulinismus verloren und kehrte zu einem rituellen Reli-
gionswesen zurück, zunächst in der jüdischen, dann in der
byzantinischen Form, schliesslich in der des Islam[7].

---

7) Hausrath a. a. O. 184.

c. Die Heiligung (§ 40).

Wichtiger noch, als die eben berührte Anschauung von
dem Werk Christi ist für unsern Zweck eine andre Deutung
desselben, die jener nicht zwar, wie es wohl manchmal angesehen wird, durchgängig übergeordnet[1]), aber doch beinah von
Anfang an nebengeordnet ist. Christus ist nicht allein der Ver-
söhner, sondern auch der Heiliger. Zwar in den Thessalonicherbriefen ist davon ausser I, 3, 12. II, 2, 16 f. noch kaum etwas zu
spüren; I, 5, 5 heissen die Gläubigen Kinder des Lichts, weil sie
die ihnen äusserlich überlieferten παραγγελίαι κυρίου halten[2]).
Dagegen nach dem ersten Corintherbrief ist Christus, wie wir
sahen, uns von Gott geworden zur Weisheit, Gerechtigkeit, Heiligung und so zur Erlösung; wir haben uns gereinigt, geheiligt
und sind so gerecht geworden durch den Namen des Herrn Jesu
Christi und im Geiste unseres Gottes[3]). Man darf diese mystischen
Aussagen um keinen Preis in jenes andre, juristische Schema
hineinzwängen wollen; denn nirgends wird das neue Leben an
den Tod Jesu unmittelbar angeknüpft[4]). Auch II. Cor. 5 ist
das nicht der Fall, obwohl es vielfach so angesehen wird.
Aber wenn es hier zunächst v. 15 heisst: einer ist für alle gestorben, also sind sie alle gestorben, so ist das rein juristisch
zu verstehen; die ethische Umwandlung erscheint im weiteren
nicht als Folge, sondern als Zweck des Todes Christi für
alle[5]). Wenn einer in Christo ist, dann ist er eine neue Krea-
tur, v. 17, aber nicht durch Aneignung seines Todes.

So lautet allerdings unser Spruch Gal. 6, 14 f. Aber aus
dem Brief allein ist weder diese, noch die vorhergehende Erörterung 2, 19 f. zu verstehen. Wie wir oben sahen, widerlegt
Paulus hier jenen Vorwurf des libertinistischen Antinomismus
durch den Hinweis auf seine eigne Erfahrung: ich bin durch's
Gesetz dem Gesetz abgestorben. Man fragt: ja, wie denn?
und findet die Antwort darauf nur im Römerbrief. Dasselbe

---

1) Holsten, Zum Evangelium 440 ff.; vgl. 253; Kaftan a. a. O.
253 ff. 308 ff.; Weizsäcker a. a. O. 135 f.; dagegen Weiss a. a. O. 309;
Pfleiderer a. a. O. 229*; Brückner a. a. O. 109.

2) vgl. Weiss a. a. O. 216.

3) a. a. O. 1, 30. 6, 11.

4) Heinrici a. a. O. 570.

5) Weiss a. a. O. 305, 6.

gilt von der Vertauschung von Rechtfertigung und Geistes-
empfang im dritten Kapitel und der kurzen Formel: so viele
eurer auf Christum getauft sind, die haben Christum ange-
zogen v. 27⁶). Paulus war eben so erfüllt von jenen Theorien
des Römerbriefs, die deshalb aber auch keine blossen Theorien
für ihn gewesen sein können, dass er sie — ebenso wie die
Auffassung vom Kreuzestod als der Aufhebung des Gesetzes —
auch den Galatern gegenüber ohne weiteres voraussetzte, obwohl er ihnen sicher bisher noch nicht in diesem Sinn gepredigt hatte. Andernfalls müsste diese Deutung des Werkes
Christi auch schon in den Corintherbriefen begegnen, wo sie
gegenüber den heidnischen Lastern so vorzüglich zu brauchen
gewesen wäre. Später, in jenem älteren Philipperbrief 3, 10
und dann im Kolosserbrief 2, 12 f. 20. 3, 2 hat Paulus sie ja
verwandt — warum also nicht auch dort schon?

Doch die Priorität sogar des Römerbriefs vor dem Galaterbrief lässt sich auf diesem Punkt auch noch aus dem ersteren
selbst erweisen. Nachdem nämlich Paulus, wie wir oben sahen,
in den ersten vier Kapiteln die Versöhnung durch Christi Tod
geschildert hatte, folgert er daraus c. 5, dass wir auch dereinst
durch sein Leben vor dem Zorn gerettet werden würden. Deshalb gelte die Parallele zwischen Adam und Christus, die schon
I. Cor. 15, 21 f. auf Tod und Leben angewandt worden war, nun
ebenso von Sünde und Gerechtigkeit. Aber die letztere erscheint auch hier zunächst noch als Forderung, so dass unsre
Stelle in nichts über I. Cor. 6, 20. 7, 23. II, 5, 15 hinausführt.
Erst als Paulus sich nun 6, 1 im Namen seiner Gegner den
so vorbereiteten Einwurf macht: dann sollen wir wohl in der
Sünde verharren, damit die Gnade desto grösser werde? — da
deutet er nun zum ersten mal Christi Tod selbst in die Ueber-
windung der Sünde in uns und seine Auferstehung in unser
neues Leben um⁷). Aber schon v. 15 folgt dann wieder eine
Argumentation aus den schlimmen Folgen der Sünde, 7, 1 ff.
darauf jene Allegorie des Eheverbots für die Frau eines noch
lebenden Mannes, und endlich 7, 7 ff. die grossartige Schilderung von der Aufhebung des Gesetzes durch sich selbst, wonach nun 8, 9 nicht mehr der Tod und die Auferstehung Christi.

6) Steck a. a. O. 55 f. 62.
7) gegen Weiss a. a. O. 311.

sondern wieder, wie früher, der Geist Gottes oder Christi als
Grund des neuen Lebens erscheint. Jene Theorie war also
offenbar für Paulus selbst im Römerbrief noch etwas neues,
während sie dann in dem an die Galater die ganze Darstellung beherrscht: ein deutlicher Beweis, dass beide Briefe nur
in dieser und nicht in der umgekehrten Reihenfolge entstanden
sein können.

3. Die Christologie.
a. Namen und Stände Christi (§ 41).

Es ist nach dem vorstehenden von vornherein zu erwarten,
dass Paulus auch über Jesum zunächst so gelehrt hat, wie die
Urapostel. Darum mag auch jene Predigt in Antiochien act.
13, 16—24ᵃ. 26. 32 f. 38 f., an die wir allerdings am Ende eine
spätere Anschauung angefügt fanden, doch im übrigen recht
wohl das ursprüngliche Evangelium des Apostels widerspiegeln.
Rechnet er doch auch Röm. 1, 4 noch die Gottessohnschaft
Christi ἐν δυνάμει erst von der Auferstehung ab[1]), obwohl
unmittelbar vorher und später öfter der Name auch schon
für den historischen, ja präexistenten Christus vorkommt.
Ebenso steht es im Galaterbrief, während dagegen nicht nur in
den beiden Thessalonicher-, sondern auch im ersten Corintherbrief υἱὸς θεοῦ nur vom erhöhten Christus vorkommt[2]). Könnte
dies schliesslich Zufall sein, so macht doch nun Paulus
selbst an der schon oben angeführten Stelle II. Cor. 5, 16 vgl.
3, 17. 4, 4 einen Unterschied zwischen seiner frühern und
jetzigen Erkenntnis Christi[3]). Diese lässt das alte vergehen
und ein neues werden; wie wir oben sahen, noch nicht unmittelbar, sondern nur mittelbar durch den Tod Christi; die
γνῶσις κατὰ σάρκα muss also, wie bezüglich der Urapostel,
auf die sich die Christusleute und Paulus selbst früher berufen hatten, ihre Bekanntschaft mit Jesus, so bezüglich dieses selbst sein irdisches Leben und Lehren betreffen. Darauf

1) Weiss a. a. O. 286; Pfleiderer a. a. O. 115 ff.; gegen Gess,
Christi Person und Werk II, 1, 1879, 204; aber auch Holsten a. a. O. 427;
Lüdemann a. a. O. 113. Michelsen a. a. O. 1873, 423. 1876, 71. 1887,
169 ff.; Völter a. a. O. 29 ff.; van Manen a. a. O. 36 ff. 137 beseitigen die
schwierigen Worte, wenngleich nicht in durchaus übereinstimmender Weise.

2) I. Th. 1, 10; I. Cor. 1, 9. 15, 25; vgl. Schmidt, Der erste Thessalonicherbrief 118.

3) vgl. Klöpper a. a. O. 294 f.

hatte aber Paulus nach dem ersten Thessalonicherbrief in erster Linie, im ersten Corintherbrief wenigstens bei allen wichtigeren Gelegenheiten zurückverwiesen[4]); II. Cor. 10, 1 denkt er vielleicht noch an das irdische Leben Jesu[5]); dagegen 8, 9 vgl. Phil. 2, 5 ff. exemplifiziert er nur an seiner Menschwerdung[6]). Vom Verdienst Christi ist auch in dem ältern Philipperbrief, der 3, 7 an II. Cor. 5, 16 erinnert, nicht mehr die Rede und schon der Galaterbrief, der 6, 15 ebenfalls auf II. Cor. 5, 17 zurückweist, schildert zwar noch das Werk Christi, beginnt aber doch gleich 1, 1 mit einem Hinweis auf die himmlische Würde Christi; daher ihm auch Lightfoot mit Recht das Motto voranstellt: τί ζητεῖτε τὸν ζῶντα μετὰ τῶν νεκρῶν; Dann aber kann er nicht vor, sondern muss erst nach den fünften Corintherbrief gehören. Deutlicher noch ist die folgende Entwicklungsreihe, die unsre Chronologie bezüglich der eben nicht erwähnten Briefe bestätigen wird.

b. Die Präexistenz Christi (§ 42).

Unter Voraussetzung der Einheitlichkeit des ersten Corintherbriefs hat man nach 11, 3 auch unter ὁ ἔσχατος Ἀδάμ und ὁ δεύτερος ἄνθρωπος 15, 45. 47 natürlicherweise bisher immer Christus verstanden. Aber da in beiden Versen das zweite Glied nach dem ersten erklärt werden muss, so wäre beide male von der Entstehung, nicht von der Menschwerdung oder Erhöhung Christi die Rede[1]), er gälte also als erst nach

---

4) I. Th. 4, 15; I. Cor. 7, 10. 25. 9, 14. 11, 1. 24 f.

5) Klöpper a. a. O. 424; Heinrici a. a. O. 416, 2; Schmiedel a. a. O. 228. (² 270).

6) ebenda 220. (² 261): Desto deutlicher beruht es auf Geringschätzung des Kennens Christi κατὰ σάρκα (5, 16), wenn er für eine so einfach menschliche Sache wie eine Liebesgabe als Vorbild nur die Menschwerdung anzuführen weiss. Auch 1, 5 sind die παθήματα τοῦ Χριστοῦ doch wohl die Leiden, die Paulus in der Nachfolge Christi, um seinetwillen zu erdulden hatte, nicht die Leiden Christi, die auf ihn gewissermassen überflössen; Heinrici a. a. O. 89 f.; gegen Klöpper a. a. O. 119 f.; Schmiedel a. a. O. 175. (² 210).

1) vgl. Holsten, Das Evangelium 432 f. 435 *. 437 * und **; Pfleiderer a. a. O. 213; Paulinismus 117 f.; Schmiedel a. a. O. 168 f. (² 202 f.), die aber doch schliesslich jene „Bestimmung" Christi erst „dadurch verwirklicht" sehen, „dass der im Fleisch erschienene Christus durch Tod und Auferstehung die fleischliche Menschheit Adams in seiner Person abgethan, und die geistliche Menschheit in sich urbildlich zur Erscheinung ge-

Adam entstanden[2]). Das würde vollends durch v. 46 zur Gewissheit erhoben: denn hier könnte Christus — er müsste ja
dann unter τὸ πνευματικόν verstanden werden — unmöglich
als das zweite hingestellt sein, wenn er thatsächlich schon
vorher existierte. Dasselbe entscheidet gegen die etwa noch
mögliche Berufung auf den jüdischen Grundsatz: ἰδοὺ ποιῶ
τὰ ἔσχατα ὡς τὰ πρῶτα[3]), als ob Paulus, weil Christus der
Erstgeborne gewesen, ihn auch einmal als den letzten Adam,
worauf doch hier alles ankam, hätte bezeichnen können. Vielmehr bleibt der Widerspruch mit 8, 6.[4]) 11, 3[5]) bestehen — so
lange man unsre Stelle von Christus versteht. Aber dazu liegt
in ihr selbst gar kein Anlass vor. Die Anwendung der rabbinischen Benennung הָאָדָם הָאַחֲרוֹן auf den Messias ist vielmehr
erst später nachweisbar; und Paulus scheint auch 10, 4 den

bracht hat" — wovon im Texte nur leider kein Wort steht, wie es doch
für ein entsprechendes Verständnis desselben absolut nötig war.

2) Dabei ist gleichgiltig, ob man in v. 45c Worte des Apostels sieht
(Holsten a. a. O. 431; Heinrici, Das erste Sendschreiben 538) oder,
was wegen des in LXX fehlenden πρῶτος und Ἀδάμ und des engen
Anschlusses der zweiten Hälfte immer das wahrscheinlichere bleiben
wird, Zitat aus einem Midrasch. Jedenfalls gründet sich die Spekulation
hier auf gen. 2, 7. Nach Siegfried a. a. O. 284 wird Beresch. rabb. c. 14
aus dem doppelten Jod in וייצר erschlossen, dass es sich um zwei Bil-
dungen handelt (שתי יצירות), und zwar יצירה בן החתולים ויצירה מן
חבלרובם oder auch ב "יצירה בטולם חוה ויצירה לסח. Vgl. ferner Schütt-
gen, horae hebraicae 1733, 671 f.: Loco Geneseos citato dicitur, quod
Deus Adamo primo inspiraverit נשמת חיים, quod Apostolus (?) vertit
ψυχήν ζῶσαν: postea vero additur, quasi de alio quodam sermo esset:
Et factus est Adam נשמ חייה, quod hic redditur πνεῦμα ζωοποιοῦν.
Nimirum Iudaei Cabbalistae discrimen faciunt inter נפש et נשמה, quarum
illam nobiliorem hanc vero ignobiliorem statuunt. Vielleicht aber kennt
Paulus auch die gleiche Ausdeutung von gen. 1 und 2 (Philo de opific.
mundi, ed. Mangey I, 32. 49), wobei die Reihenfolge der beiden Menschen
die umgekehrte wird, und wendet sich dagegen in v. 46. Straatman und
Baljon wollten v. 45 streichen, aber wegen des folgenden ist er wohl
nicht zu entbehren. Völter, ThT 1889, 313 f. scheidet v. 29—49, ebenda
1892, 135 wenigstens v. 35—49 aus, aber ohne irgendwie genügende Gründe.

3) Barn. 6, 13; vgl. Resch a. a. O. 261 ff. 292 f.; Bratke a. a. O. 29 f.

4) vgl. Meyer-Heinrici a. a. O. 233; Pfleiderer, Urchristentum
21. 5; Paulinismus 122; gegen Holsten a. a. O. 309***. Völter a. a. O.
1889, 319 streicht 5ᵇ. 6ᵇ.

5) vgl. Holsten a. a. O. 341 ff.; Pfleiderer, Urchristentum 215 f.;
Paulinismus 119 f.; Schmiedel a. a. O. 129. (² 158); gegen Heinrici
a. a. O. 304 f.

präexistenten Christus noch nicht als himmlischen Menschen zu denken[6]. Dann aber müssen beide Stellen älter sein, als die früher angeführten, und, wie schon oben angedeutet, dem vorkanonischen Corintherbrief angehören; denn von unserm ersten Briefe an gilt Christus nach 11, 3 wohl als in menschlicher Gestalt präexistierend. Und doch ist auch diese Vorstellung allmählich gesteigert worden, wobei ähnlich, wie eben beobachtet, zwei ursprünglich getrennte Gedankenreihen später zusammenwuchsen. Denn I. Cor. 11, 7 gilt der Mann als $\varepsilon i\varkappa\grave{\omega}\nu$ $\varkappa\alpha\grave{\iota}$ $\delta\acute{o}\xi\alpha$ $\vartheta\varepsilon o\tilde{v}$, ohne dass dabei schon an Christus erinnert würde; aber wenn nicht schon II, 4, 4, so heisst dieser doch nun Kol. 1, 15 als präexistenter $\varepsilon i\varkappa\grave{\omega}\nu$ $\tau o\tilde{v}$ $\vartheta\varepsilon o\tilde{v}$, wenngleich sich das leibhaftige Einwohnen der ganzen Fülle der Gottheit wohl auch hier 2, 9 noch auf den erhöhten bezieht, in dessen Lebensgemeinschaft die Gläubigen zum Vollbestand des Heilsbesitzes gelangt sind[7]. Dagegen Phil. 2, 6 wird Christus auch vor der Zeit eine göttliche $\mu o\varrho\varphi\acute{\eta}$ beigelegt[8], die zwar dem $\check{\iota}\sigma\alpha$ $\vartheta\varepsilon\tilde{\omega}$ $\varepsilon\check{\iota}\nu\alpha\iota$ nicht gleichsteht, aber trotzdem über alles bisher von Christus ausgesagte weit hinausgeht. Und doch liegt die Anschauung in der Verlängerungslinie der früheren; ein Grund, auch nur 2, 6 f. aus unserm Briefe auszuscheiden, ist mithin nicht vorhanden[9].

c. Das Reich Christi (§ 43).

Der eben geschilderten höchsten Auffassung von der präexistenten Stellung Christi entspricht ein analoges Verständnis seiner himmlischen Herrlichkeit. Nach I. Cor. 15, 28 soll Christus schliesslich wieder Gott unterthan werden, damit dieser alles in allem sei, was natürlich nicht mit den griechischen Auslegern und den alten Dogmatikern von einer traditio triumphatoria, sondern nur von einem wirklichen Rücktritt zu verstehen ist. Kol. 1, 16 erscheint dagegen, wie Röm. 11, 36 Gott,

6) Holsten a. a. O. 324* sieht in 4ᵇ Zuthat eines alten Typologen im Geiste des Verfassers des Barnabasbriefs, aber die rabbinischen Paralelen bei Schöttgen a. a. O. 623 f. lassen dergleichen auch schon bei Paulus erwarten.

7) Klöpper, Kolosserbrief 393 f.; von Soden a. a O. 44 f. (²45 f.).

8) vgl. Nestle, $\check{\varepsilon}\nu$ $\mu o\varrho\varphi\tilde{\eta}$ $\vartheta\varepsilon o\tilde{v}$ $\dot{v}\pi\acute{\alpha}\varrho\chi\omega\nu$ Phil. 2, 6, StKr 1893, 173 f.; Apoc. Pe. 5. 13 bei Harnack a. a. O. 17.

9) gegen Brückner, PrKz 1885, 321 f.; Chronol. Reihenfolge 217 ff.; auch Völter, ThT 1892, 132 ff.; sowie Holsten, JpTh 1876, 123 ff.

Christus als Ziel der Weltschöpfung, was man wohl kaum, wie I. Th. 4, 17; Röm. 14, 9, als ein Abstrahieren von dem allerletzten Endpunkt der eschatologischen Vorgänge fassen kann[1]). Eher gilt Phil. 2, 9 ff. die Anbetung Christi im Himmel als Ziel der Geschichte überhaupt und wird hier zugleich von den Himmelsbewohnern, d. h. den Engeln, erwartet[2]). Das geht nun ebenso sehr über Kol. 2, 15, als dieses über I. Cor. 15, 24 ff. hinaus. Hier sollten die Mächte, bei denen man nicht etwa wegen des Widerspruchs mit der Kolosserstelle an die Machthaber der heidnischen Welt denken darf[3]), erst nach der Parusie Christi vernichtet werden; dort gelten sie, als Urheber des Gesetzes angesehen, mit diesem als bereits durch den Kreuzestod ihrer Macht beraubt; aber erst im Philipperbrief wird ihnen Teilnahme an der himmlischen Verehrung Christi zugeschrieben. Die nächste Stufe war offenbar, dass auch die Versöhnung schon auf sie bezogen wurde; aber diesen Schritt hat Paulus noch nicht gethan, sondern erst die spätre Entwicklung, nämlich Eph. 1, 10 und Kol. 1, 20.

Auch sonst liesse sich vielleicht auf Grund andrer Gedankenreihen von der nachpaulinischen Theologie aus zurückschliessen, welche echten Briefe ihr zunächst vorangegangen sein müssen; aber das im einzelnen nachzuweisen, würde bei den dazu nötigen Voruntersuchungen hier viel zu weit führen. Ich begnüge mich also damit, zum Schluss nur noch an dem Zeugnis des Hebräerbriefs die vorgetragne Theorie über die Reihenfolge der Paulinen zu verifizieren und dann durch einige Nachweise sprachlicher Verwandtschaft der zusammengehörigen Briefe, von der ja gelegentlich auch schon die Rede war, wahrscheinlich zu machen, um endlich unter Wiederaufnahme des im ersten Teil aufgestellten Umrisses des Lebens Pauli mit Hilfe der jetzt gewonnenen Resultate eine Uebersicht über seine apostolische Thätigkeit zu geben.

---

1) gegen Klöpper a. a. O. 225 f. Zu dem πάντοτε I. Th. 4 vgl. Hen. 10, 10; Ap. Bar. 40, 3.

2) gegen Weiffenbach, Zur Auslegung der Stelle Phil. 2, 5—11 1884, 53 f.; vgl. Hilgenfeld, Neutest. Forschungen, ZwTh 1884, 503.

3) gegen Klöpper a. a. O. 431 f. Zur Echtheit der Stelle vgl. oben § 32 not. 19.

SCHLUSS.

1. Das Zeugnis des Hebräerbriefs (§ 44).

Dass der Hebräerbrief den Bestand des jerusalemischen Tempels und Opferdienstes zur Voraussetzung habe, ist allerdings nicht aus dem zur Beschreibung desselben gebrauchten Präsens zu beweisen[1] — ebenso wenig freilich aus dem Imperfekt und den Aoristen 9, 1. 2. 13, 7 zu widerlegen[2] —, wohl aber wegen der ganzen Argumentation anzunehmen[3] — denn nur unter dieser Voraussetzung ist der Schluss 8, 4 richtig[4]. Wäre Christus auf Erden, so würde er nicht Priester sein, da hier andre sind, die Gaben darbringen. Wären sie nicht da — ja wären sie auch nur einmal seit Christi Auftreten eine Zeitlang nicht dagewesen —, so hätte Jesus ja damals auch auf Erden Priester sein können, was der Verfasser eben bestreitet. Und ebenso bliebe es dann unerklärlich, dass sich der Verfasser den Beweis aus der Zerstörung Jerusalems, mit dem, wenn auch nicht alles, so doch etwas zu machen war, so ganz anders als der Verfasser des Barnabasbriefes hat entgehen lassen. Zumal wenige Jahre nach der Katastrophe

---

1) vgl. besonders Kurtz, Der Brief an die Hebräer 1869, 38 ff. 49 ff.

2) Kühner, Ausführliche Grammatik der griechischen Sprache² II, 1, 1870, 125 f. 135 nebst not. 1; gegen Holtzmann, Die Adresse des Hebräerbriefs, ZwTh 1867, 11; von Soden, JpTh 1884, 653; Brückner a. a. O. 247.

3) Hilgenfeld, Einleitung 380 f.; auch Beyschlag a. a. O. 283; vgl. die ähnliche Beweisführung über die Zeit des Buchs der Jubiläen bei Schürer a. a. O. 680.

4) vgl. schon K. R. Köstlin, Ueber den Hebräerbrief, Theologische Jahrbücher 1854, 417 ff.; auch gegen Riehm, Der Lehrbegriff des Hebräerbriefs 1858 f., 473. 505. 534.

hätte sie irgendwie nachwirken müssen [5]) — und weiter hinab-
zugehen wird doch schon durch die Erwähnung des „Bruders"
Timotheus [6]) verboten. Auch die sonstige Beschreibung der
Gemeindeverhältnisse führt nicht notwendig auf spätere Zeit [7]);
die Benutzung des Josephus ist nicht zu erweisen [8]); die der
Paulusbriefe war schon sehr frühzeitig möglich [9]); die typo-
logische Verwendung und irrige Beurteilung der Thora auch
vor 70 erklärlich [9]); endlich die Umbildung paulinischer Lehren
in Fortsetzung des eignen Beispiels des Apostels schon sehr
zeitig denkbar, ja notwendig. Und wenn nun unser Brief,
wie es allein seiner ausdrücklichen Angabe 13, 24 entspricht,
nach Rom gerichtet war [10]), so wird man bei der 10, 32 ff. 13, 7
geschilderten Verfolgung, von der nirgends eine spätre unterschieden wird, nur an die neronische denken können. Wie
lange sie schon währte, ist aus $\tau\grave{\alpha}\varsigma$ $\pi\rho\acute{\sigma}\tau\epsilon\rho\sigma\nu$ $\acute{\eta}\mu\acute{\epsilon}\rho\alpha\varsigma$ 10, 32
nicht zu entnehmen; denn die Zeitbestimmung ist dehnbar [11]);
ein grössrer Zwischenraum scheint durch die Bestimmung $\delta\iota\alpha$-
$\varkappa\sigma\nu\acute{\eta}\sigma\alpha\nu\tau\epsilon\varsigma$ $\tau\sigma\tilde{\iota}\varsigma$ $\acute{\alpha}\gamma\acute{\iota}\sigma\iota\varsigma$ $\varkappa\alpha\grave{\iota}$ $\delta\iota\alpha\varkappa\sigma\nu\sigma\tilde{\nu}\nu\tau\epsilon\varsigma$ 6, 10 ausgeschlossen;
und denkt man endlich bei den $\acute{\eta}\gamma\sigma\acute{\nu}\mu\epsilon\nu\sigma\iota$, die nach 13, 7 den
Märtyrertod erlitten [12]), mit an Paulus und beachtet zum andern,
dass von dem jüdischen Krieg noch nichts zu spüren ist, so
wird durch all das die gewöhnliche Ansetzung unsres Briefes
auf 64—67 [13]) als bestätigt gelten können.

   Zugleich aber folgt daraus, wie dies ja auch oben bereits
vorausgesetzt wurde [14]), dass seine Auseinandersetzung mit dem

---

   5) vgl. selbst Pfleiderer, Urchristentum 628.
   6) über die Echtheit dieser Notiz vgl. von Soden a. a. O. 436 ff.;
gegen K. R. Köstlin a. a. O. 433, 1; Overbeck, Zur Geschichte des
Kanons 1880, 15 f.; Lipsius, GGA 1881, 350 ff.; Brückner a. a. O. 36.
248, 1; Weizsäcker a. a. O. 473.
   7) gegen von Soden a. a. O. 653 f.
   8) vgl. oben § 10 not. 53 a. E.
   9) gegen Mejboom, Jezus en Paulus in den Hebraeërbrief, ThT
1884, 416.
   10) vgl. Holtzmann, Einleitung 307.
   11) von Soden a. a. O. 654.
   12) Bleek, Der Brief an die Hebräer II, 1840, 999; Weiss, Handbuch über den Brief an die Hebräer 1888, 351.
   13) vgl. Holtzmann a. a. O. 302.
   14) § 18 S. 158; gegen die ebenda not. 15 genannten.

Judentum unmöglich bloss akademischer Art sein kann. Denn
wenn hier allerdings nicht mehr von der Beschneidung die
Rede ist, so sahen wir ebenfalls schon früher, dass eine solche
Forderung nach dem Apostelkonzil überhaupt nicht mehr erhoben wurde. Die den römischen Christen angepriesenen δι-
δαχαὶ ποικίλαι καὶ ξέναι bezogen sich vielmehr, wie schon
dieser Ausdruck und die Röm. 14 derselben Gemeinde über
βρώματα erteilten Vorschriften wahrscheinlich machen, auf reine
und unreine Speisen[15]. Dass im übrigen die rituellen Bestimmungen in den Vordergrund treten, liegt daran, dass der
Verfasser gerade sie als im Christentum erfüllt nachweisen
konnte und wollte. Aber zugleich ist doch auch das ganze
übrige Gesetz entwertet, wenn in c. 1 die Erhabenheit Christi
über die Engel verfochten wird.

Schon dies erinnert ja an den Kolosserbrief, ohne dass es
wirklich auf ihn zurückzugehen brauchte. In der That hat
der autor ad Hebraeos sicher nur den Römer- und ersten
Corintherbrief benutzt[16]. Aber sachlich berührt er sich zumeist mit dem an die Galater. Oder scheint nicht die Beurteilung des Gesetzes als μὴ δυνάμενος ζῳοποιῆσαι Gal. 3, 21
fortgebildet in der der alttestamentlichen Opfer als μὴ δυνά-
μεναι κατὰ συνείδησιν τελειῶσαι τὸν λατρεύοντα Heb. 9, 9?
Auch die damit zusammenhängende Bezeichnung des Christentums als Σιὼν ὄρος καὶ πόλις θεοῦ ζῶντος Ἱερουσαλὴμ ἐπου-
ράνιον Heb. 12, 22 hat doch ihr nächstes Vorbild an der gleichen Allegorie Gal. 4, 21 ff., ebenso wie die ganze Trennung
des alten und neuen Bunds[17] an der oben nachgewiesenen
absoluten Entgegensetzung beider im Galaterbrief. Dabei bleibt
der Zusammenhang mit alexandrinischen Spekulationen durchaus anerkannt, aber gerade auf diese konnte ja der Verfasser
durch jene Theorien des Galaterbriefs aufmerksam werden. Ja,
vielleicht ist auch das Urteil über die zum Judentum Abfallenden

15) vgl. Delitzsch, Brief an die Hebräer 674 ff.; auch I. Macc. 1, 44.
16) Holtzmann, ZwTh 1867, 4 ff.
17) K. R. Köstlin a. a. O. 466; Immer a. a. O. 405; Davidson
a. a. O. 201 f.; Brückner a. a. O. 227; gegen Reuss a. a. O. 556; Schmiedel, Quae intercedat ratio inter doctrinam epistolae ad Hebraeos missae
et Pauli apostoli doctrinam 1875, 13; Pfleiderer, Paulinismus 375;
Weiss a. a. O. 475 ff.

Heb. 6, 6 nach jenem zu verstehen. Wollte der Verfasser die Beobachtung des Gesetzes nur als Verwerfung des Sühnopfers Christi bezeichnen, so konnte er wie 10, 29 von τὸν υἱὸν τοῦ θεοῦ καταπατήσαντες καὶ τὸ αἷμα τῆς διαθήκης κοινὸν ἡγη- σάμενοι reden; bezeichnet er sie aber gerade als ἀνασταυροῦν- τες ἑαυτοῖς τὸν υἱὸν τοῦ θεοῦ καὶ παραδειγματίζοντες, so scheint er vorauszusetzen, dass auch an dem Tode Christi das Gesetz schuld sei. Und das ist ja nun die Anschauung eben des Galaterbriefs, wenn hier an der des öftern angezognen Stelle 3, 13 Christus durch das Gesetz zum ἐπικατάρατος ge- worden erscheint. Aber benutzt hat der Hebräerbrief den an die Galater nicht, wie ihn ja auch Clemens Romanus noch nicht kennen dürfte. War unser Verfasser gleichwohl mit seinen Theoremen vertraut, so muss er sie mündlich von der römischen Gemeinde oder von Paulus selbst gelernt haben. Predigte aber dieser damals in Rom noch in dieser Weise, so kann endlich auch der Galaterbrief erst nach den Corintherbriefen und dem Römerbrief und zunächst vor seiner Gefangennahme geschrie- ben sein. Zur Gewissheit erhoben wird das durch die folgende und letzte Betrachtung.

2. Die sprachliche Verwandtschaft zusammen- gehöriger Briefe (§ 45).

Soll aus dem gleichen Wortschatz zweier Schriftstücke auf ihre gleichzeitige Entstehung geschlossen werden, so sind da- bei natürlich von vornherein solche Ausdrücke aus dem Spiel zu lassen, die nur in jenen beiden vorkommen konnten und in andern fehlen mussten. Ebenso aber könnte es bei vielen andern Zufall sein, dass sie sich gerade nur dort und nicht auch sonst finden. Die Entscheidung darüber liesse sich in jedem einzelnen Fall nur auf Grund umfassender Unter- suchungen über den ganzen Sprachgebrauch der damaligen κοινή und auch dann kaum in allseitig überzeugender Weise treffen. Ich beschränke mich also vielmehr darauf, für die sprachliche Zusammengehörigkeit zweier Briefe, die ich bisher schon gegen die gewöhnliche Anschauung zusammenrücken zu müssen glaubte, in der Weise die Gegenprobe zu machen, dass ich ebenso gewissenhaft die Worte zusammenstelle, die jene

mit den Briefen gemeinsam haben, in deren Nähe sie die traditionelle Ansicht versetzt. Aber auch dieses Doppelbeweises
meine ich für die Nachbarschaft der Corinther- und Thessa-
nicherbriefe durch die Untersuchungen von Baur, der ja freilich
aus ihnen ein entgegengesetztes Resultat zog[1]), und für die
des Kolosser- und Philipperbriefs durch die von von Soden[2])
überhoben zu sein. Nun mussten wir aber gerade diesen letzteren zum Teil nach dem Galaterbrief ansetzen, auf dessen
Verwandtschaft mit jenem wiederum schon Baur[3]), freilich im
Interesse seiner Bestreitung des Briefs, und Lightfoot[4]) und
Farrar[5]) zum Beweis ihrer Ansetzung desselben vor den andern
Gefangenschaftsbriefen hingewiesen hatten. Genauer finden
sich bei Paulus folgende Worte des Fragments sonst nur im
Römer- und Galaterbrief:

λατρεύειν nur Röm. 1, 9. 25; Phil. 3, 3.

φυλή nur Röm. 11, 1; Phil. 3, 5.

Βενιαμείν nur Röm. 11, 1; Phil. 3, 5.

μενοῦνγε nur Röm. 9, 20. 10, 18; Phil. 3, 8.

δικαιοσύνη ἐκ oder διὰ νόμου, bzw. πίστεως nur Röm.
    4, 11. 13. 10, 5. 6; Gal. 2, 21. 3, 21. 5, 5; Phil. 3, 9 vgl. 6.

στοιχεῖν nur Röm. 4, 12; Gal. 5, 25. 6, 16; Phil. 3, 16.

(7) σύμμορφος nur Röm. 8, 29; Phil. 3, 21 vgl. 10;

während der Abschnitt bloss mit spätern Briefen nur den einen
Stamm πολιτευ gemeinsam hat: πολίτευμα Phil. 3, 20; πολι-
τεύεσθαι Phil. 1, 27: trotz des sehr verschiednen Umfangs beider Briefgruppen eine Bestätigung jener Vordatierung von
Phil. 2, 19—24. 3, 2—21. 4, 8 f. Indes weit augenfälliger noch
ist die sprachliche Verwandtschaft des Galater- mit den letzten
Corinther- und dem Römerbrief einer-[6]) und dem ältern Phi-
lipper- sowie dem Kolosserbrief andrerseits auch da, wo nicht
so, wie in den früher besprochnen Beziehungen, sachliche

---

1) a. a. O. II, 342 ff.; vgl. Schmidt a. a. O. 75 ff.; von Soden a. a. O.
1885, 264 ff.

2) Handcommentar III, 1, 14 f. (² 16).

3) a. a. O. 62. 8S.

4) Philippians 32 ff. 41 ff.

5) a. a. O. 592 nebst not. 2.

6) vgl. auch Lightfoot, Journal of Philology 1857, 303 f. 308 f. 315 f.

Uebereinstimmung vorliegt. Während sie sich sonst bei Paulus nicht finden, kommen vor:

εὐαγγέλιον ἕτερον II. Cor. 11, 4; Gal. 1, 6.

παρ᾽ ὅ Röm. 12, 3; Gal. 1, 8. 9.

ἀνθρώπους πείθειν II. Cor. 5, 11; Gal. 1, 10; πιθανολογία Kol. 2, 4.

προκόπτειν Röm. 13, 12; Gal. 1, 14.

ἀφορίζειν II. Cor. 6, 17; Röm. 1, 1; Gal. 1, 15. 2, 12.

μήτηρ Röm. 16, 13; Gal. 1, 15. 4, 26.

ἀπέρχεσθαι II. Cor. 1, 16; Röm. 15, 28; Gal. 1, 17.

οὐ ψεύδομαι II. Cor. 11, 31; Röm. 9, 1; Gal. 1, 20; Kol. 3, 9.

κλίμα II. Cor. 11, 10; Röm. 15, 23; Gal. 1, 21.

ἀναγκάζειν II. Cor. 12, 11; Gal. 2, 3. 14. 6, 12.

ψευδάδελφοι II. Cor. 11, 26; Gal. 2, 4.

παρεισέρχεσθαι Röm. 5, 20; Gal. 2, 4.

καταδουλοῦν II. Cor. 11, 20; Gal. 2, 4.

πρὸς ὥραν II. Cor. 7, 8; Gal. 2, 5; Philem. 15.

        (freilich πρὸς καιρὸν ὥρας I. Th. 2, 17.)

ὑποταγή II. Cor. 9, 13; Gal. 2, 5.

πρόσωπον λαμβάνειν Gal. 2, 6; προσωπολημψία Röm. 2, 11; Kol. 3, 25.

τοὐναντίον II. Cor. 2, 7; Gal. 2, 7.

πτωχός II. Cor. 6, 10; Röm. 15, 26; Gal. 2, 10. 4, 9.

        (πτωχεία II. Cor. 8, 2. 9; πτωχεύειν ebenda.)

ἀνθιστάναι Röm. 9, 19. 13, 2; Gal. 2, 11.

συναπάγεσθαι Röm. 12, 16; Gal. 2, 13.

(καταλύειν II. Cor. 5, 1; Röm. 14, 20; Gal. 2, 18.

παραβάτης Röm. 2, 25. 27; Gal. 2, 18.

(παράβασις Röm. 2, 23. 4, 15. 5, 14; Gal. 3, 19.))

συνιστάναι II. Cor. 3, 1. 4, 2. 5, 12. 6, 4. 7, 11. 10, 12. 18. 12, 11; Röm. 3, 5. 5, 8. 16, 1; Gal. 2, 18; (Kol. 1, 17).

ἀνόητος Röm. 1, 14; Gal. 3, 1. 3.

προγράφειν Röm. 15, 4; Gal. 3, 1.

ἐπιχορηγεῖν II. Cor. 9, 10; Gal. 3, 5; Kol. 2, 19.

Ἀβραάμ II. Cor. 11, 22; Röm. 4, 1. 2. 3. 9. 12. 13. 16. 9, 7; 11, 1; Gal. 3, 6. 7. 8. 9. 14. 16. 18. 29. 4, 22.

(σπέρμα Ἀβραάμ II. Cor. 11, 22; Röm. 4, 13. 16. 18. 9. 7. 11, 1; Gal. 3, 16. 19. 29.)

καταρᾶσθαι Röm. 12, 14; κατάρα Gal. 3, 10. 13; ἐπικατάρατος ebenda.

ἐξαγοράζειν Gal. 3, 13; Kol. 4, 5.

ἐπαγγελία II. Cor. 1, 20. 7, 1; Röm. 4. 13. 14. 16. 20. 9, 4.
    8. 9. 15, 8; Gal. 3, 14. 16. 17. 18. 21. 22. 29. 4, 23. 28.
    (vgl. besonders Röm. 9, 7 f. und Gal. 4, 23. 28.)

(ἐπαγγέλλεσθαι Röm. 4, 21; Gal. 3, 19.)

κατὰ ἄνθρωπον λέγω Röm. 3, 5; Gal. 3, 15.
    (aber ähnlich auch I. Cor. 9, 8. 15, 32. 3, 3.)

κυροῦν II. Cor. 2, 8; Gal. 3, 15.

κληρονομία Gal. 3, 18; Kol. 3, 24.

(κληρονόμος Röm. 4, 13. 14. 8, 17; Gal. 3, 29. 4, 1. 7.)

    (κληρονομεῖν auch im I. Cor.)

συγκλείειν Röm. 11, 32; Gal. 3, 22. 23.

ἄρσην Röm. 1, 27; Gal. 3, 28.

θῆλυς Röm. 1, 26. 27; Gal. 3, 28.

υἱοθεσία Röm. 8, 15. 23. 9, 4; Gal. 4, 5.

ἀπολαμβάνειν Röm. 1, 27; Gal. 4, 5; Kol. 3, 24.

κράζειν Röm. 8, 15. 9, 27; Gal. 4, 6.

Ἀββᾶ ὁ πατήρ Röm. 8, 15; Gal. 4, 6.

μακαρισμός Röm. 4, 6. 9; Gal. 4, 15.

    (μακάριος auch I. Cor. 7, 40.)

εἰ δυνατόν Röm. 12, 18; Gal. 4, 15.

ἐκκλείειν Röm. 3, 27; Gal. 4, 17.

ἀπορεῖσθαι II. Cor. 4, 8; Gal. 4, 20.

δουλεία Röm. 8, 15. 21; Gal. 4, 24. 5, 1.

εὐφραίνειν II. Cor. 2, 2; Röm. 15, 10; Gal. 4, 27.

τί λέγει ἡ γραφή; Röm. 4, 3. 11, 2; Gal. 4, 30.

ἐλευθεροῦν Röm. 6, 18. 22. 8, 2. 21; Gal. 5, 1.
    (freilich ἐλευθερία und ἐλεύθερος auch sonst.)

ὀφειλέτης Röm. 1, 14. 8, 12. 15, 27; Gal. 5, 3.
    (ὀφείλημα nur Röm. 4, 4.)

πείθεσθαι Röm. 2, 8. 8, 38. 14, 14. 15, 14; Gal. 5, 7.
    (freilich πέποιθα auch sonst.)

βαστάζειν Röm. 11, 18. 15, 1; Gal. 5, 10. 6, 2. 5. 17.
    (vgl. besonders Röm. 15, 1 und Gal. 6, 2.)

---

7) ebenda 304: The position of ἐγώ, thus suspended, has a closer
parallel in 2 Cor. II. 10, than in any other passage I have observed in
St. Paul.

ἐγώ vorangestellt II. Cor. 2, 10; Gal. 5, 10.[7])

τί ἔτι Röm. 3, 7. 9, 19; Gal. 5, 11.

ἀφορμή II. Cor. 11, 12. 5, 12; Röm. 7, 8. 11; Gal. 5, 13.

κατεσθίειν II. Cor. 11, 20; Gal. 5, 15.

τελεῖν II. Cor. 16, 6; Röm. 2, 27. 13, 6; Gal. 5, 16.

ἀσέλγεια II. Cor. 12, 21; Röm. 13, 13; Gal. 5, 19.

ἔχθρα Röm. 8, 7; Gal. 5, 20.

(freilich ἐχθρός auch sonst)

θυμός II. Cor. 12, 20; Röm. 2, 8; Gal. 5, 20; Kol. 3, 8.

μέθη Röm. 13, 13; Gal. 5, 21.

κῶμος Röm. 13, 13; Gal. 5, 21.

προείρηκα καὶ προλέγω II. Cor. 13, 2; προλέγω ὑμῖν
  καθὼς καὶ προεῖπον Gal. 5, 21.[8])

οἱ τὰ τοιαῦτα πράσσοντες Röm. 1, 32. 2, 2. 3; Gal. 5, 21.

μακροθυμία II. Cor. 6, 6; Röm. 2, 4. 9, 22; Gal. 5, 22; Kol.
  1, 11. 3, 12.

χρηστότης II. Cor. 6, 6; Röm. 2, 4. 3, 12. 11, 12. 22; Gal.
  5, 22; Kol. 3, 12.

πάθημα II. Cor. 1, 5. 6. 7; Röm. 7, 5. 8, 18; Gal. 5, 24; Phil.
  3, 10; Kol. 1, 24.

στοιχεῖν Röm. 4, 12; Gal. 5, 25. 6, 16; Phil. 3, 16.

παράπτωμα II. Cor. 5, 19; Röm. 4, 25. 5, 15. 16. 17. 18;
  Gal. 6, 1; Kol. 2, 13.

καλὸν ποιεῖν II. Cor. 13, 7; Röm. 7, 21; Gal. 6, 9.

(καλοποιεῖν freilich auch II. Th. 3, 13.)

ὡς καιρὸν ἔχωμεν Gal. 6, 10; καιρὸν ἐξαγοραζόμενοι
  Kol. 4, 5.

ἴδε Röm. 11, 22; Gal. 6, 11 (ἴδετε Phil. 1, 30 B gegen ACDE.)

πηλίκος Gal. 6, 11; ἡλίκος Kol. 2, 1.

γράμμα II. Cor. 3, 6. 7; Röm. 2, 27. 29. 7, 6; Gal. 6, 11.

---

8) Lightfoot's Erwägung (a. a. O. 317), that the passage from the
Galatians (5, 19 ff.) forms a more suitable connecting link, and therefore
better occupies the middle place (zwischen II. Cor. 12, 20 f. und Röm. 1, 29 f.
13, 13) than that from the Corinthians würde, an sich schon nicht zwingend,
namentlich dann hinfällig, wenn der Lasterkatalog Röm. 1, 29 ff. aus der
Liturgie des grossen Versöhnungstages stammte (vgl. Harris, The Teaching of the Apostles 1887, 82 ff.) und dann im Galaterbrief verkürzt worden wäre; II. Cor. 12, 20 f. ist wohl eine selbständige Zusammenstellung
des Apostels, den besondern Verhältnissen angepasst (vgl. oben § 29
S. 219).

κτίσις II. Cor. 5, 17; Röm. 1, 20. 25. 8, 19. 20. 21. 22. 39;
   Gal. 6, 16; Kol. 1, 15. 23.

καινὴ κτίσις II. Cor. 5, 17; Gal. 6, 15.

κανών II. Cor. 10, 13. 15. 16; Gal. 6, 16; (Phil. 3, 16.)

(81) παρέχειν Gal. 6, 17; Kol. 4, 1.

Daneben ist die Zahl der mit den Thessalonicher- und dem
ersten Corintherbrief gemeinsamen und sonst bei Paulus ver-
missten Worte auffällig gering; es findet sich nämlich

ἄρτι I. Th. 3, 6; II, 2, 7; I. Cor. 4, 11. 13. 8, 7. 13, 12. 15, 6.
   16, 7; Gal. 1, 9. 10. 4, 20.

ζηλωτής I. Cor. 14, 12; Gal. 1, 14.
   (aber ζηλοῦσθαι auch sonst.)

σάρξ καὶ αἷμα I. Cor. 15, 50; Gal. 1, 16.

σπουδάζειν I. Th. 2, 17; Gal. 2, 10.
   (aber σπουδή und σπουδαῖος auch sonst.)

δῆλον ὅτι I. Cor. 15, 27; Gal. 3, 11.

ξύλον I. Cor. 3, 12; Gal. 3, 13.

διατάσσειν I. Cor. 7, 17. 9, 14. 11, 34. 16, 1; Gal. 3, 19.

ὄντως I. Cor. 14, 25; Gal. 3, 21.

παιδαγωγός I. Cor. 4, 15; Gal. 3, 24. 25.

φοβοῦμαι μή πως II. Cor. 11, 3. 12, 20; Gal. 4, 11.

πειρασμός I. Cor. 10, 13; Gal. 4, 14.

ὅρος I. Cor. 13, 2; Gal. 4, 24. 25.

ζύμη I. Cor. 5, 6. 7. 8; Gal. 5, 9.

ζυμοῦν I. Cor. 5, 6; Gal. 5, 9.

ἀναλίσκειν II. Th. 2, 8; Gal. 5, 15.

αἵρεσις I. Cor. 11, 19; Gal. 5, 20.

ἐγκρατεύεσθαι I. Cor. 7, 9. 9, 25; ἐγκράτεια Gal. 5, 23.

προλαμβάνειν I. Cor. 11, 21; Gal. 6, 1.

μὴ πλανᾶσθε I. Cor. 15, 33. 6, 9; Gal. 6, 7.

(20) ὁ σπείρων φειδομένως, φειδομένως καὶ θερίσει II. Cor.
   9, 6; ὃ ἐὰν σπείρῃ ἄνθρωπος τοῦτο καὶ θερίσει
   Gal. 6, 7.

Da der zweite Corinther- und Römerbrief zusammen nur
wenig länger sind, als die Thessalonicher- und der erste Corintherbrief, so verschwinden die letztgenannten Parallelen
gegenüber den erstangeführten: ein Resultat, das man doch
wohl kaum für zufällig wird erklären können.

3. Uebersicht über die apostolische Thätigkeit Pauli (§ 46).

Hat sich so das Hauptergebnis der vorstehenden Untersuchung von neuem in einer Weise bestätigt, dass an der
Priorität des Römer- vor dem Galaterbrief kaum mehr ein
Zweifel sein kann, so bin ich doch weit entfernt, mir einzu-
bilden, alle Rätsel, die uns die Chronologie des Lebens Pauli
aufgiebt, gelöst zu haben. Zum Teil sind sie wohl überhaupt
unlösbar und dann ist es vielleicht immerhin etwas wert, eben
dies nachgewiesen zu haben. Im allgemeinen aber meine ich,
von neuem auf eine Menge für unsre Frage zu berücksichti-
gender Instanzen hingedeutet zu haben, die man vielleicht
anders auffassen, aber nicht länger gänzlich wird ignorieren
können. Unser Problem ist lösbar, wenn nicht in dieser, dann
in einer andern Weise. Den besten Prüfstein für die Richtigkeit aller solcher Aufstellungen würde aber erst eine um-
fassende Behandlung der paulinischen Theologie abgeben, die
ich natürlich hier nicht liefern konnte, vielleicht aber später
einmal versuchen darf. Doch wird gerade dafür, nach den
bisherigen Erfahrungen zu urteilen, eine wenigstens in den
Hauptpunkten gesicherte Chronologie des Lebens Pauli nötig
sein, wie sie sich nach den hier gewonnenen Resultaten fol-
gendermassen gestalten würde:

37 Bekehrung,
40 erster Besuch in Jerusalem,
40—ca. 45 erste Missionsreise, hauptsächlich in Galatien,
ca. 45—Frühling 50 zweite Missionsreise durch Griechenland über Antiochien und Galatien nach Ephesus,
47—48 anderthalbjähriger Aufenthalt in Corinth,
47 erster Thessalonicherbrief,
48 zweiter Thessalonicherbrief,
49 oder 50 erster (vorkanonischer) Corintherbrief,
50—52 zweiundeinvierteljähriger Aufenthalt in Ephesus,
50 zweiter (erster kanonischer) Corintherbrief,
51 dritter Corintherbrief (II. Cor. 9), Besuch in Corinth,
vierter Corintherbrief (II. Cor. 10—13),
52—54 dritte Missionsreise über Griechenland nach Jerusalem,

52 fünfter Corintherbrief (II. Cor. 1—8),

52/53 Ueberwinterung in Nikopolis, Tit. 3, 12—14,

53/54 Ueberwinterung in Corinth, Römerbrief,

54 Apostelkonzil, antiochenischer Streit, Galaterbrief,

ca. 56 vierte Missionsreise in Kleinasien, II. Tim. 4, 19—21,

58 Gefangennahme in Jerusalem, erster Philipper-, Ko-
losser- und Philemonbrief, II. Tim. 4, 9—18,

61 Ankunft in Rom, II. Tim. 1, 15—18,

63 oder 64 zweiter Philipperbrief,

64 Hinrichtung.

Man wird nicht leugnen können, dass durch diese Gruppierung der einzelnen Ereignisse in Pauli Leben sich viele
Schwierigkeiten, von denen eingangs die Rede war, aufs einfachste lösen. Welche weiteren Konsequenzen dagegen sich
etwa daraus ergeben könnten, das habe ich während der
Untersuchung absichtlich ganz ausser Acht gelassen und nur
zur Rechtfertigung des ganzen Unternehmens zu Anfang kurz
berührt. Auch hier zum Schluss möchte ich nochmals bitten,
sich durch solche Rücksichten nicht etwa den Blick für die
Beweiskraft der hier vorgetragenen Erwägungen trüben zu
lassen. Wie sie auch dereinst nach Berücksichtigung der
mannigfachsten andern Faktoren noch weiter fruchtbar gemacht werden mögen: zunächst handelte es sich lediglich
darum, eine für die Geschichte des Urchristentums eminent
wichtige Frage in befriedigenderer Weise, als bisher geschehen,
zu beantworten. So war die vorliegende Arbeit gemeint und
so möchte sie beurteilt sein.